哥伦比亚大学"毅荻书斋"存藏

张学良口述历史

（访谈实录）

1

张学良 / 口述
张之丙 张之宇 / 访谈
《张学良口述历史》编辑委员会 / 整理

当代中国出版社
Contemporary China Publishing House

图书在版编目(CIP)数据

张学良口述历史(访谈实录)/张学良口述.张之丙 张之宇访谈.《张学良口述历史》编委会整理.—北京：当代中国出版社，2014.8
ISBN 978-7-5154-0450-9

Ⅰ.①张… Ⅱ.①张… ②张… 张… ③张… Ⅲ.①张学良(1901~2001)—生平事迹 Ⅳ.①K827=7

中国版本图书馆 CIP 数据核字(2014)第 082693 号

此简体版仅限在中华人民共和国境内（不包括中国香港、澳门特别行政区及中国台湾）出版发行。未经授权出口本书将被视为违反版权法。

未经出版社预先书面许可，不得以任何方式复制或发行本书的任何部分，也不得在数据库或检索系统中存储。

出 版 人	周五一
责任编辑	宗 边
责任校对	康 莹
装帧设计	古涧文化
出版发行	当代中国出版社
地　　址	北京市地安门西大街旌勇里 8 号
网　　址	http://www.ddzg.net 邮箱：ddzgcbs@sina.com
邮政编码	100009
编 辑 部	(010)66572264　66572132　66572154　66572434　66572180
市 场 部	(010)66572281 或 66572155/56/57/58/59 转
印　　刷	北京润田金辉印刷有限公司
开　　本	787×1092 毫米　1/16
印　　张	155 印张　2584 千字
版　　次	2014 年 8 月第 1 版
印　　次	2014 年 8 月第 1 次印刷
定　　价	2980.00 元(全七卷)

版权所有，翻版必究；如有印装质量问题，请拨打(010)66572159 转出版部。

哥伦比亚大学"毅荻书斋"存藏"张学良口述历史"整理与编辑委员会

项目策划： 陈达枢　新田满夫　陈锦煌　松村达生
　　　　　　陈　非　陈　捷

总 主 编： 杨天石
主　　编： 张友坤
副 主 编： 胡玉海　王海晨
执行主编： 周五一
编　　委：（按姓氏笔画排列）
　　　　　　王海晨　刘东社　孙晓林　李云峰　张天社
　　　　　　张友坤　陈　非　胡玉海　杨天石　杨奎松
　　　　　　杨　瀚　范丽红　周五一　郭俊胜　郭冠英
　　　　　　钱　进
编 辑 组： 孙晓林　周五一　陈　非　韩知更　杨志奇
　　　　　　杨立平
　　　　　　（董正、吴宁、任小平、柯琳芳、阎力平等参与了部分编辑或资料核实工作）

出 版 说 明

一、"毅荻书斋"存藏张学良口述史资料的由来

张学良是中国现代史上许多重要事件的当事人和参与者,对20世纪的中国历史有着重要的影响。1936年12月西安事变后,张学良被囚禁达五十余年,直到1990年才逐渐恢复人身自由,1995年后定居美国,2001年10月14日逝世。张学良恢复人身自由后受到各方关注,多国媒体和学者对他进行了访谈。1991年美国哥伦比亚大学口述历史研究中心与张学良商定开展口述历史的工作,从1991年12月至1993年8月,由张之丙、张之宇担纲对张学良进行了60次访谈,共采得录音带145盘,录音资料约7000多分钟。这些资料现存于哥伦比亚大学"毅荻书斋"。

二、"毅荻书斋"存藏张学良口述史资料的特点

张学良解禁后,多家媒体和出版机构先后出版了一些名为张学良口述的文章和书籍。哥伦比亚大学"毅荻书斋"所藏的"张学良口述历史"资料较张学良的其他口述作品,具有以下特点:

1. 这是张学良一生所做的口述回忆中时间最长,工程最为浩大,最有系统的,依据采访录音带听录的口述文本资料多达120余万字。

2. 口述内容十分广泛、丰富而详尽,不仅涵盖了张学良的一生,还涉及许多政治人物和历史当事人,以及政治、经济、军事、社会、文化、历史、艺术、宗教、哲学诸方面。

3. 访谈时张学良所处环境较以前宽松,是历次口述中最为坦诚的,涉及的话题深度超越以往,对许多事件、人物、问题进行了评论,表达了晚年张学良对自己一生和国家、民族历史的总结性认识。

4. 在诸多口述中,这是最正式的一部。全部口述历史工作经过张学良生前亲自授权。

5. 这是张学良口述历史中唯一没有公开出版的。

三、"毅荻书斋"存藏张学良口述史资料的价值

张学良的口述历史访谈主要围绕其一生及其经历的事与人展开，口述中充满了对祖国对中华民族的深挚情感。张学良的口述细化了许多历史情境，使一些事件更加丰满，许多人物更加鲜活；他的口述也填补了一些历史事件的空白、断点，纠正了一些讹传，澄清了一些混沌模糊的历史真相；张学良的一些"即兴点评"，使有些复杂的历史叙述变得简单明白，有些茫昧的人物变得清晰；张学良对其亲历的历史事件和接触过的众多历史人物都有比较冷静、客观的认识评价，对自己一生的所作所为、是非功过也都有坦诚的叙述。

张学良口述历史除了因为张学良在历史上的特殊地位而使其具有不可替代性价值之外，他本人叙事风格的个性化也是一大特点。访谈内容真切具体，语言风格率性独特，方言口语生动自然，讲述话题随性而易，不囿常规。总体而言，个人色彩纯粹，较少有其他因素掺杂。同时，也由于张学良的特殊经历、鲜明的个性、90多岁高龄的记忆性失误，以及访谈者对受访者的迁就等原因，口述中也存在内容重复、叙述松散零碎等问题和缺憾。

整体上看，张学良口述历史具有很高的史料价值，无论对学术研究，还是有文史爱好的普通读者都是不可替代的作品，是研究张学良和中国近现代史的重要史料。

四、"毅荻书斋"存藏张学良口述史资料整理的情况

美国哥伦比亚大学曾组织人员对张学良口述历史的访谈录音作了文字抄录，但由于历史、文化差异等原因，抄录的文稿差错很多，不堪使用。为使这一口述历史资料发挥应有的作用，经美国哥伦比亚大学图书馆授权，圣智学习集团（Cengage Learning）和日本雄松堂联合当代中国出版社整理和出版这一口述历史资料，整理工作主要由当代中国出版社负责实施。当代中国出版社获得授权后，于2009年成立了"'毅荻书斋'存藏'张学良口述历史'整理与编辑委员会"。编委会由中国社会科学院近代史研究所、辽宁大学、沈阳大帅府博物馆、温州大学、中国第二历史档案馆、西北大学等单位的十余位民国史和张学良研究专家、学者组成。经过反复研商，编委会制定了一套完整、规范的"张学良口述历史"资料整理方案与细则。

编委会确定的整理工作基本原则为：

1. 充分尊重历史，确保符合口述者原意，尽可能保存口述资料中一切有历史价值的内容；

2. 尽可能保留访谈录音的原貌，访谈中明显的错误以注释方式予以订正。力求吸收海内外史学界在民国史，特别是张学良研究领域中取得的丰富成果；

3. 整理过程坚持准确、规范的标准，辅以必要的参考资料和方便实用的检索工具，以提升原始口述材料的价值，有助于读者查阅、利用。

4. 以专家及一般近代史读者为目标读者对象，对正文加工及添加注释时要兼顾普通读者。

在编委会的指导和参与下，对哥伦比亚大学"毅荻书斋"所藏145盘访谈录音资料的整理工作大体分两步走：一、听录并形成文本资料；二、将文本资料整理、编撰成"张学良口述历史"作品。

听录并形成文本资料又分两个阶段：第一阶段，对全部录音资料做听录工作，形成初次文本；第二阶段，组织专业编辑人员对照初次文本做复听校录，尽可能消除初次听录时（即非访谈表述本身的）出现的错误，形成校订文本。

随后，编委会的专家和编辑人员以整理编辑方案细则为依据，对校订的听录文本加工编辑，拟定标题、核查资料、撰写注释等等。各次访谈的主要整理人为：胡玉海（第一次至第十次访谈）；钱进（第十一次至第二十次访谈）；王海晨（第二十一次至第三十次访谈）；范丽红（第三十一次至第四十次访谈）；李云峰、刘东社（第四十一次至第五十次访谈）；李云峰、张天社（第五十一次至第六十次访谈）。张友坤对六十次访谈做了通读和统稿。

出版社和特约的编辑人员在此基础上又进行了部分访谈资料的查对、注释的复核与补充、人名统一、体例规范等工作，并编写了人物和事件条目、编制了索引。

五、"毅荻书斋"存藏张学良口述史资料的整理及编辑体例

1. 保持访谈原貌，保持访者与被访者对话的方式不变；全书按访谈时间排序，一次访谈为一个单元，共设60个单元。

2. 设立标题，方便读者查阅。根据访谈的主要内容设两级标题，即每一次访谈为第一级标题，之下依不同内容设第二级标题。

3. 通顺文句。听录文本中，凡语句不通，或有明显语病的句子，适当修改。在确保文意不变的前提下，通过增加或删减文字、调整词句、修改标点等方式，尽量做得文从句顺，文意清晰；残缺不完整的句子，补上必要的词语，使得文意基本清楚。整理者的补文均用符号［］表示。

4. 删除过于枝蔓（如纯粹的寒暄问候、闲聊）或完全重复的内容。但是，尽可能保留有价值的信息，如，有些谈话虽与历史无关，但能反映访谈情景和对了解张学良生活习性有益的，都予以保留。

5. 尽可能地消除听录时（即非录音表述本身的）出现的错误。

6. 增加注释。注释范围：（1）专有名词及少数专业术语和特殊方言语词。（2）订正错误或列举异说。（3）补充性说明。

口述访谈中涉及的人物、事件众多纷繁（如提到的人物多达1200余人），有的人和事反复谈及，原则上谈及的人和事在首次出现时尽量在当页作简要的注释（包括说明性、考证性的注）。

访谈中因缺少时间、地点、基本情况的交代，或存在没有说清楚的地方，影响对上下文的理解时，通过加注补充相关情况，以明了叙述内容。原文不作改动。

六、编撰《注释/索引》卷

为辅助读者查阅、使用口述资料，特编撰与此配套的《注释/索引》卷。

1. 口述访谈中涉及的人和事都尽可能在《注释/索引》卷中以条目形式出注。由于访谈中涉及的人物和事件面广、量多，本着尽量为读者提供信息和线索的原则，有些人物较为生僻，资料稀缺，只好将现有资料勉力提供。限于水平，注释和人物简介中难免存在不当甚至错误，敬请谅察。

2. 同一人物或事件的不同名称、称呼或说法（如，人物的字、号、别名）以通用的为主条，其他的称呼或说法参见主条。

3. 《注释/索引》卷收列的所有人和事都标注出该人物和事件出现在某次访谈中。如【十五】1、8，即表示该人物或事件在第十五次访谈的第一和第八小节中涉及。

这部口述史资料的整理工作得到了全国政协文史委员会的支持，出版工作得到了国家出版基金的资助，特在此表示感谢！

导言[①]

张友坤　胡玉海　王海晨

人类传承历史记忆始于"说",而不是"写";人们了解历史始于"听",而不是"读"。被称为群经之首的《易经》始于伏羲氏,那时还没有文字,不可能"写",只能靠口传;三千弟子追随孔圣人习儒,那时还没有《论语》,不可能"读",只能靠"听";每个人最初了解的历史常识,多来自父母的嘴,不是课本,因为那时还在牙牙学语时。

"说"是传承历史记忆最原始的方式,"听"是历史记忆的最初"原点"。

"说"比"写"简单,"听"比"读"容易。"易则易知,简则易从","说"具备化繁为简、化难为易、化"死"为"活"的特点,因而,任何民族、任何时代,人们都没有放弃大人给孩子讲故事,教师给学生讲课的手段。但文字发明后,"说"史方式在社会精英阶层似乎"退居二线"。

直到20世纪40年代,西方人借助录音机才使"退居二线"的"说"史方式再次走上前台。一个叫亚伦·芮文斯(Allan Nevins)的西方学者还给它起了一个好听的名字:"口述历史"。于是,口述历史逐渐火爆全球。

"口述历史"在西方"火"了40多年后,开始进入中国。人们逐渐认识到:任何一位沧桑老人的离去,都意味着一座历史博物馆的崩塌。为了"抢救"历史,中国大地上掀起了一股"口述潮"。新闻记者、学者、出版者纷纷迎潮而泅,踏浪争雄,冠以"口述史"的文章、节目、出版物如雨后春笋般地"泛绿"争奇。到目前为止,运用口述方法传承历史记忆做得最精彩的民国人物应该是张学良,在编辑整理张学良口述历史方面倾力最多的中国出版社应该是当代中国出版社。这一评价,也可能属于一管之见,但绝不是无根由的妄言。一是我们近年来热衷于现代口述历史的理论学习与探讨,也算

[①] 本文由王海晨教授执笔。

做"半个弄潮儿";二是一直关注国内有关口述史著作的出版,并在研读基础上对各种版本作过比较;三是我们了解当代中国出版社为推动口述历史勃兴所做出的贡献和长期规划,尤其是我们直接参与了《张学良口述历史》(美国哥伦比亚大学"毅荻书斋"存藏版)的整理工作,并积累了一些实践经验;四是我们30多年来从没有放弃对张学良的关注与研究,并有一些学术体会。

以下我们将整理张学良口述历史过程中形成的"管见"作一展开,与读者作一交流,希望我们的一管之见,能对读者有些许助益。

一、我们对口述历史是怎么理解的?

谈到张学良口述历史,首先要搞清什么是口述历史?

学界对什么是口述历史尚无定论,笔者第一次看到张学良口述原稿和书名时便产生了一些疑问:本书是以什么标准界定口述历史的呢?

学界对口述历史的定义有哪些争论?

"口述历史"一词是舶来品,起源于西方。自它诞生的那天起,对口述历史概念的争论一天也没有停止过。现代口述历史进入中国后,争论仍在延续。

为了加深编委会成员对口述史理论、概念的理解,当代中国出版社为各位成员每人发了一本西方口述史家唐纳德·里奇著、王芝芝和姚力翻译的《大家来做口述历史》(当代中国出版社,2006年版),笔者还找来杨祥银博士撰写的《与历史对话——口述史学的理论与实践》(中国社会科学出版社,2004年版),保罗·汤普逊著、覃方明等翻译的《过去的声音——口述史》(辽宁教育出版社,2000年版)等著作认真阅读。

学界对口述历史概念的界定主要有以下四种:

一是强调工具性。采访者与口述者中间放个录音机,将口述者所说的原原本本录下来,即为口述历史。[1] 口述历史就是指口头的、有声音的历史,它是对人们的特殊回忆和生活经历的一种记录。

二是强调叙述性。口述历史是亲历者叙述的历史。"叙述"就不仅仅是

---

[1] 如现代西方口述史家路易斯·斯塔尔认为,口述历史是通过有准备的、以录音机为工具的采访,记述人们口述所得的具有保存价值和迄今尚未得到的原始资料。英国学者保罗·汤普森也认为,口述历史是关于人们生活的询问和调查,包含着对他们口头故事的记录。参见杨祥银:《与历史对话——口述史学的理论与实践》,中国社会科学出版社2004年版,第5—6页。

口述，还包括历史当事人自己用笔写下来的历史，认为它同口述只是方式和工具不同，实质是一样的。①

三是强调互动性。口述历史不是口述者的"自言自语"，而是采访者和口述者的问答记录。采访者在事前要有完善的准备，有在大量阅读基础上形成的采访计划。访谈中，采访者与口述者互动，口述历史不仅包含口述者的观点，也包含采访者的观点。②

四是强调综合性。口述历史是在口述录音、录影或文字记录基础上，"经过整理、校正而编辑成的一种史料"。③

我们对口述历史的含义是怎么理解的？

本书编委会对上述四种观点进行了争论和分析。

如果按第一种观点，即"有声音的历史"来收录，只要把存藏于录音机（摄像机）里张学良的声音转换成文本就行了，不需要任何加工整理。

如果按第二种观点，即"口述历史是叙述的历史"，张学良在幽禁期间"奉命"写的《西安事变回忆录》，自传体《杂忆随感漫录》、日记、书信等都应该收入本书之内。

如果按第三种观点，口述历史是有计划的"问答录"，那应该包括张学良不同历史时期的各种答记者问。

第四种观点基本涵盖了第一种和第三种，只不过它更强调整理、校正和编辑环节，并提出了口述史料和口述历史的区别（此点将在下一小节讨论）。

对口述历史如何定义不是文字游戏，它是对研究对象的一种界定。结合本书的编辑意图，编委会从口述历史与回忆录、现代口述与传统口述、口述历史与传统的新闻采访、口述历史与"个人叙述"的区别等问题入手，展开了多次讨论，最后综合西方学者唐纳德·里奇、中国社会科学院虞和平、左玉和研究员、杨祥银博士等人的观点，认为现代口述历史应该具备四个要素：即采访、口答、录制、整理。一是采访者有计划地问；二是口述者口头回答；三是用电讯设备现场录音录影，四是对录制载体进行专业整理。即以录音访谈的方式搜集个人口传记忆，并对其进行专业整理而形成的文字才称得上是

---

① 程中原：《谈谈口述史的若干问题》，《扬州大学学报（人文社会科学版）》2005 年 02 期。
② 唐纳德·里奇认为："口述历史是以录音访谈（interview）的方式搜集口传记忆以及具有历史意义的个人观点。口述历史访谈指的是一位准备完善的访谈者（interview），向受访者（interviewee）提出问题，并且以录音或录影记录下彼此的问答。"唐纳德·里奇著，王芝芝、姚力译：《大家来做口述历史》，当代中国出版社，2006 年，第 2 页。
③ 虞和平：《口述史学的学术特点》，《北京党史》2005 年 06 期。

现代口述历史。

为什么以访、答、录和整理作为衡量口述史的主要因素？

有人认为：口述历史就是亲历者的口述。确实，口述历史的第一要素是口述，那我们为什么要特别强调"问"、"答"、"录"和"整理"的重要呢？这不仅涉及对现代口述历史形成过程的强调，更涉及到口述历史与口述档案、回忆录、新闻访谈、有声日记、讲话录音、窃听录音等的重要区别。

"问"出来的有声历史，和其他录音有着本质的不同。（1）"问"的目的是为了挖掘文献中没有记载、或记载模糊的史料，没有"问"的声音，没有学术目的的录音不是口述历史。如窃听录音。（2）"问"是有准备、有计划的。先问什么？后问什么？怎么问？都是经过精心设计的，不是两个人或几个人随便闲聊，更不是个人的演讲录音。（3）"问"的声音发自于具有学术训练的专业人员，专业人员的"问"可将受访者的口述引入学术轨道。没有专业人员参与的录音，不能称其为口述历史。如一般性新闻采访。

有"问"有"答"的口述，与自言自语、自问自答的口述录音不同。自言自语、自问自答的录音，即便"述"的内容是亲历者的亲历、亲见、亲闻，也不能称为口述历史，因为那是有声回忆录，或是有声日记，有声回忆录、有声日记和一般回忆录、文字日记没什么大的区别，不具有现代口述的本质特征。

用电讯设备现场录音录影，与采访文字记录不同。（1）受访者口述，采访者作文字记录，与录音录影不仅是形式上的不同，更重要的是不准确，再训练有素的速记，也无法将口述者所说的内容一字不差的记录下来，不准确、漏记、误记都会影响口述史的质量。（2）即便把口述者的口述一字不差地写成文字，也无法将口述者在口述时的情绪起伏记录下来，而口述者在谈到不同问题时语气的加重与减轻、音调的上扬与下沉、语速的加快与放缓、面部表情的轻松与忧郁，都体现着口述者对口述内容的重视与轻鄙、赞同与反对、得意与无奈、喜悦与愤怒，等等。（3）采访者与口述者之间放个录音机或摄像机，其作用不仅是将口述原原本本的记录下来，它还具有提醒口述者"你说的将成为历史的记录"，"你要为你所说的负责任"。一个小小的电讯设备，具有无形的"威慑"功能，这有助于强化口述者对历史负责的意识，使一些口述者在想说假话时有所收敛。

录制下来的口述录音录影，需要整理、加工、考证、辨伪，这是口述历史和口述档案的重要区别。未经加工整理的口述记录是口述档案，或称口述史料，经过专业整理的才称得上是口述历史。

二、张学良口述历史究竟有多少个版本？

根据上述理解，张学良口述历史，主要形成于86岁至99岁之间。这期间，以录音的形式保存口传记忆的访谈不下10次，但真正属于有计划、有准备、较为系统的访谈，并经过史学工作者加工成文本和电视信号的，主要包括以下五种：

（1）《海峡两岸大披露——张学良口述历史》。1986年，张学良侄女张闾蘅把大伯与她的谈话录音带送给时任全国政协副主席吕正操。吕嘱咐秘书张友坤将录音整理成文，严守秘密，待机发表。2001年10月15日，张学良驾鹤西去，为怀念张学良将军，纪念西安事变65周年，张将该文发表于是年12月6日的《南方周末》。① 这是目前发现的最早的一部张学良口述历史，也是经过大陆学者整理加工的第一部张学良口述历史。

（2）《张学良口述历史》。张学良口述，唐德刚撰写，采访时间为1990年上半年，共录制了11盘录音带，② 2007年由中国档案出版社出版。全书16万字，口述历史部分近10万字，分为身世、年少时、女人们、将领们、不做东北皇帝、九一八与西安事变、余生七章。

（3）《张学良——昭和史の最后の证言》。1990年6月和8月日本NHK电视台采访张学良，形成音像资料18盘，当年制成电视片《张学良现在有话要说》，相继在日本和台湾播出，根据录像带转成文稿的书籍《张学良——昭和史の最后の证言》同时在日本正式出版。1992年由管宁、张友坤译成中文，由辽宁人民出版社出版，书名为《缄默50余年张学良开口说话·日本NHK记者专访录》，口述部分约13万字，分为张学良登场、年轻领袖、"满洲事变"与"满洲国"、西安事变、监禁生涯五章。

（4）《世纪行过——张学良传》（4集电视纪录片）。在对张学良长期采访基础上，郭冠英又赴中国大陆，按张学良一生走过的路线实地采访，于1993年制成《世纪行过》电视片，分白山黑水、国难家仇、西安事变、真自

---

① 由于1986年蒋经国还活着，张学良谈话内容主要局限在家事和东北易帜以前的事情。而涉及西安事变的只有几句话："我做事向来是高深莫测，绝不要人家知道，你们懂吗?，看我脸在笑，可我要杀人，这才叫厉害。当年蒋'总统'在西安也没有想到我会那么做。今年我86岁了，才跟你们说这个话。"可见张学良认为发动西安事变是他'厉害'的表现。

② 张之宇对此有异议，见张之宇著：《张学良探微——晚年纪事》，江苏人民出版社，2004年版，第308—313页。

由四集,每集50分钟。2000年在香港凤凰卫视中文台首播。该节目从筹备整理到最后播出,曲曲折折,长达10年之久。

郭冠英曾服务于台湾"行政院新闻局",与曾奉命"保护"张学良的王新衡之子王一方是同窗好友,经王介绍于20世纪70年代与张学良相见,后来成为"忘年交"。他的《世纪行过》是中国人制作的唯一一部以影视为载体形式的张学良口述历史。

(5)哥伦比亚大学版张学良口述历史。1991年,张学良从大陆到台湾45年后首次被允许离开台湾赴美探亲,"天下口述史第一校"哥伦比亚大学(以下简称"哥大")及时捕捉到了这一机会,并为此迅速组织了采访和整理张学良口述历史的专门小组,出身燕京名门世家,既熟谙国故,又长期服务于哥大东亚系的教师张之丙及胞姐张之宇担纲采访,自1991年12月17日至1993年8月3日,前后共采访60次,共采得录音带145盘。这是本书的主体部分。

三、哥伦比亚大学版何以最具权威性?

衡量张学良口述历史版本的权威性,似应把握如下几个因素:

一是哪个版本程序更符合学术规范?衡量程序是否规范有几个条件:(1)采访的目的是否"纯粹"?是为了求实,还是为了猎奇?是为了学术,还是为了"换钱"?是为了挖掘一个真实的张学良,还是为了借采访张学良塑造采访者自己?(2)有无采访计划?(3)是否使用了电讯设备?是现场文字记录,还是录音录影?(4)是否经过了加工整理?加工整理的程度如何?

二是哪个版本内容更全面?说的是一件事儿、几件事儿?还是一生的事儿?

三是哪个版本更真实?真实是口述史的生命。影响口述史真实的因素是多方面的:(1)张学良是在什么情况下说的?是在幽禁期间?还是在自由之后?(2)他对谁说的?是对日本人,还是对中国人?是对家人,是对官员,还是对学者?(3)他是怎么说的?是无意中和人聊天,还是有准备的口述?

四是哪个版本更具"合法"性?(1)张学良本人对版本所记录的内容核实过没有?(2)张学良本人是否认同所记内容,并同意公开这个版本?(3)发表者是否取得了权利所有人的正式授权?

在张学良所有口述历史的版本中,哥伦比亚大学的藏本最具权威性。为什么这么说呢?

第一，它是张学良口述历史中最符合学术规范的一个版本。事前有计划、采访时有录音、事后有整理。

第二，它在几个版本中是唯一一部由世界口述历史研究的"重镇"——哥伦比亚大学主持完成并收藏的版本。采访者张之宇姐妹俩是受哥大委派，采访的目的不是猎奇，从张学良嘴里"捞"出些轶闻趣事，再拿去换几块美金，或给自己脸上涂层来自名人的"金色"，而是哥大口述历史研究中心的工作；是哥大起始于1958年"中国政要人物（1911年至1949年）口述资料"庞大计划的后续。采访张学良工作的组织者是哥大口述历史研究中心主任桂励（Ronald Grele）博士，业务指导是哥大收集中国政要口述资料计划的制定者之一——马丁·韦慕庭（Martin Wilbur）教授。这一采访阵容足以说明它的学术严肃性。

第三，它是部头最大、内容最全面的一个版本，字数100多万，内容涉及方方面面。它是张学良百年人生中口述历史的最后一个版本，也是历次口述中最为坦诚、说得最为真切的一个版本。在此前的历次口述中，他对有些政治内幕、政治人物的评价，或避而不谈，或半吞半吐，1992年开始，他才逐渐"解放"，道出了许多不为人知的历史细节，讲出一些语惊四座的心声。

第四，它是档案资料最为完备的一个版本。档案资料包括145盘录音带、《张学良口述历史60节内容图表》、根据录音整理成的文本、张学良与哥大口述组的来往函件等。

第五，它是唯一经张学良授权公开，并履行了合法手续的版本。张学良对不同的人做过几次口述，形成了不同的版本，唯有哥大版经他生前授权于2002年公开，也是张学良口述历史中唯一没有公开出版的一部；2008年美国哥伦比亚大学图书馆授权，圣智学习集团（Cengage Learning）和日本雄松堂联合当代中国出版社开始对这一口述录音资料的整理工作。整理工作主要由当代中国出版社负责实施。

四、为何权威版本也需要加工整理？

任何口述原稿都需要加工整理。因为任何口述都是个人的记忆，个人记忆受生理、人格、价值观、创造历史时所处的空间地位、距离记忆对象的时间长度及看事物的角度、所处政治环境等因素影响，因此，个人记忆具有主观性、模糊性和不完整性。

记忆永远是经过主观选择后的历史片断，它不可能是历史全貌的整体复制，而且它一定带有对记忆对象的主观诠释。而历史需要的是真实、准确和完整。因此，对于个人记忆未被选择的关键之处需要修补，对记忆的模糊之处需要澄清，对于零散的记忆"碎片"需要"拼图"。

张学良的记忆也不例外。说哥大版最具权威性，是和其他几个口述版本比较而言，是从采访过程的规范性、采访团体的专业性、所述内容的丰富性、档案资料的完备性、版本的合法性角度而言的，不是说它不需要整理，记忆本身的问题、载体转换过程中抄录错误问题依然存在。

哥大版最原始载体为录音光盘，当代中国出版社拿到录音盘后，组织人员根据录音转抄成了文本，并对近2000多页的文本和录音进行了逐一核对，对文本"听不清"部分复听，补充了大量遗漏内容；对将声音载体转成文字载体过程中出现的抄录错误进行了加工，整理出新版文本。张学良暨东北军史研究会会长胡玉海教授，日夜兼程，每天工作14个小时，阅读了口述的全部内容，对文本存在的问题进行了梳理，提出了十方面的问题。

第一，主题不集中，主线不突出。哥大版张学良口述历史依访谈次数将其分成60个单元，每个单元涉及内容诸多，很难理出主线，也很难用一两句话概括其主题。

第二，跳跃性强，"东"还没说完，又开始说"西"。从访谈内容上看，每次开始时，采访者都提出一两个或几个主题，有时，张学良围绕主题，只谈了几句，就跳到了另一个主题，有时，从一开始就没按主题去讲。

第三，缺乏完整性，"一地碎片"。由于主题不集中、跳跃性强，造成许多内容缺乏连贯性和整体性，一件事情常常是有头无尾，或有尾无头，不了解背景的人看到的只是"一地碎片"，看不出一个事件或一个人的整体面目。

第四，内容重复。从全部内容上看，有一定数量的重复，有的重复不只一两次，甚至多达三四次。

第五，不准确性。口述涉及到的人名1000多个，有的不准确，张冠李戴；个别时间不准确，有的相差数天、数月，有的乃至几年；个别官职、部队番号不准确，本来是旅长说成了军长，本来是——五师，说成了——五旅。等等。

第六，史实性错误。有的属于记忆性错误，时间久远，记混了；有的可能是"粉饰性"错误，如他坚持认为是列宁送给他父亲张作霖一把宝刀；有的可能属于错误"故意"，如他说九一八事变时，蒋介石下野了。

第七，句子不完整。有时一句话只说一半，就没下文了，有的根据前后文可以猜出来没说的那半句是什么，有的根本无法猜测。

第八，语法不通，语意模糊。有的句子听录音能听明白，但转换成文字后，离开声音却看不明白了；有的句子的意思能看明白，但文字不符合现代汉语语法要求。

第九，所述内容有的不是历史。很多处是大段大段的闲聊，谈采访时的天气、谈台北交通拥挤、客套话……，与主题无关，与历史也无关。

第十，个别内容涉及他人隐私。

上述这些问题的存在，说明口述历史的权威版本也是需要加工整理的。

五、整理口述原稿面临哪些困惑？

从存在的问题看，整理是必要的，也是困难的，它给整理者带来诸多困惑。

第一，编排体例上的困惑。

如按采访顺序，依采访单元立章，可分为60章。其优点是：（1）保持了口述的原始状态，符合"档案""不可更改"原则和"原生态"原则，做到了对口述档案"原汁原味"的"保鲜保真"。（2）读者可依据采访顺序了解口述由浅入深的过程，把握张学良在二年口述过程中心态变化的真实轨迹。（3）可为口述史家深入研究提供一个未经"人工"雕琢的原始样本，为日后多角度、多层次的考证、辨伪、研究保留一份原始记录。缺点：所述主题不够集中，内容零散，层次不明，各单元内容重复，非专业研究人员对此可能感到不便。

如将60个采访单元打乱，按历史时序和所谈内容集中归类，重新确立章目。这种方法也是优劣参半。其优点是：（1）整体性强。内容集中，主线突出，层次清晰，现有公之于世的口述历史大多采用此法。（2）可读性强。将"碎片""织补"成了一体，情节连贯，故事完整。（3）文字简洁，去除了重复、罗嗦，节省版面，也节省读者的阅读时间，减少了许多猜测。缺点是：（1）破坏了口述的原始状态，品尝不到"原汁原味"，降低了"口述档案"的价值。（2）现代口述历史的"问答式"不见了，采访者与口述者的互动环节没有了，口述历史的特点被淡化。（3）张学良口述过程中的心态变化轨迹被遮蔽，去掉所谓"冗余"信息的同时也毁掉了研究者考证的线索，为多角度、多层面的深入研究带来了不便。

第二，"半截话"带来的困惑。

张学良口述历史中"半截话"比较多，有几种"半截话"比较难处理，不"补"不合适，读者看不懂，"补"了也难合适，有可能补的不准确。比如他讲他的心理活动，说一半停下了；一种可能他找不到太合适的词来形容；一种可能他不愿意说了，所以把话头停在了那里，很难判断他想说什么。

第三，删除重复段落的困惑。

任何人的记忆都是有选择的，重复也是一种记忆选择。张学良口述历史中重复的内容有规律可寻。一是他痛心的事情，如他的老师郭松龄反对他的老爸一事，他重复多次；一是他痛恨的事情，如皇姑屯炸车案、日本在华暴行、日本战犯入靖国神社等问题；一是他愤愤不平的事情，如杨虎城被杀；一是他自觉得意的事情，如东北易帜如何摆脱日本纠缠、如何和汪精卫斗智斗勇；一是他敬佩或有恩于他的人，如他的父亲张作霖、周恩来、宋美龄；一是他爱恨交加的人，如蒋介石；一是他的主要政治观点，如国家和平统一、爱国、爱人如己等主张，他都时有重复。他重复的事情，多为他认为重要的事情，在他经历的那段历史中也确实是至关重要的，而且他每次重复又不是简单重复，每次都有一点儿新情节，或新观点，删之可惜，不删又显得罗嗦。

第四，修改方言、口语风格的困惑。

张学良是东北人，直到晚年，乡音未改，说一口地道的东北话，他的口述充满着十足的"东北味"。东北人听了会感到十分亲切，不了解东北话的人听了会感到陌生与不好理解。

他在口述中披露，他和蒋介石的矛盾有些就源于蒋听不懂他的东北话。

"你比方说，我为什么不去？那就是我要去啊，他（蒋介石）就认为我要你办事，你不去。"

"误会很大，我这人有时说话转弯子，他（蒋）就听反了。"①

蒋能把张学良说的东北话听反了，南方读者会不会也听反呢？如果对张学良的语言风格进行修改，把他说的东北方言都改了，那还是不是张学良的口述了呢？

第五，注释的困惑。

张学良口述历史中提到的人物有1100多人，其他如地名、官职、军队番号、事件、历史典故等更是满篇皆是，大多需要注释。怎么注释？脚注？尾注？这些名词在口述中不只一次出现，多者达上百次。如果采用只在第一次出现时作注，读者必须从头至尾的通读才能看到注释，如果读者只选择自己

---

① 导言部分未注明出处的引文，均引自本书。

感兴趣的部分阅读，很可能看不到注释；如果采用脚注方式，阅读起来比较方便，但有的一页之中，需要注释的地方比较多，尤其是再遇到考证性注释，注释文字可能多于正文，这样读起来就不太方便；如果采用尾注，正文是"干净"了，但读者又必须承受来回翻查之苦。

无论有多少困惑，也必须一一突破，因为我们追求完美，我们的目标是奉献给读者一部最好的口述历史。

六、我们是如何整理的？

因为原口述文本存在前面所说的问题，对其进行整理是必要的；因为有上一节所说的诸多困惑，对其整理又不是一件简单的事情。另外，口述历史在我国刚刚兴起，有关口述历史的定义尚在争论之中，这对整理规范的确立和认同也带来了诸多问题。对于已经出版的一些口述历史著作的整理方法，学界也是褒贬不一。为慎重起见，当代中国出版社周五一社长邀请海内外知名学者、资深编辑，如中国社会科学院杨天石研究员、华东师范大学杨奎松教授、台湾郭冠英先生、三联书店编审孙晓林等，和本书整理组织成员就整理原则、具体方法、操作程序等问题进行多次专题研讨，最终形成了本书整理工作的基本原则、难点问题处理方法、编辑体例和工作细则。

基本原则

整理张学良口述历史，我们遵循的是两个原则："尊重原则"和"慎重原则"。尊重原则是为了"求真"、"保鲜"；慎重原则是为了"科学"、"可信"。

尊重原则是总体原则，主要包括三方面含义。一是尊重历史，求真复原。求真复原，一是求口述之真，确保口述历史的原风原貌、"原汁原味"、"原生态"，不改张学良的口语风格，不改原有的采访顺序和体例，文字稿绝对以录音为准。二是求史实之真，吸纳海内外史学界的研究成果，以注释方式对记忆性错误提供正说、对模糊问题进行考辨、对重大遗漏进行补充，但坚持张学良的口述和整理者的观点皆然分开，不混为一谈，整理者的考辨只能在注释中表达。

二是尊重口述者。张学良口述是他本人的亲历、亲见、亲闻、亲感，他的观点、态度和思想感情，应该得到充分的尊重。整理他的口述，坚持"求真不求善"，以张学良"原声"为准绳，哪怕他说的观点、事实明显和文献记载不同，甚至是错误，也保留他的说法；哪怕他说的对其他人明显不利，也不妄改妄删，因为他已经是不能说话的人了。

三是尊重采访者。采访者的问话、插话一律原样保留。慎重原则是尊重原则的具体化，是对具体整理方法的指导。对一时搞不懂的话、弄不明白的事、理解不清楚的观点，坚持"多闻存疑"，不妄猜。有把握的地方，再改，改就力求准确；有把握的地方，再下笔作注，注要有根据，"无征不信"。

编排方式

全书按访谈时间排序，一次访谈为一个单元，共设60个单元，以不破坏原来口述顺序和风貌。

全书设两级标题：第一级标题60个，一个单元一个，以关键词的方式立题，一般以二至三个关键词为限，以概括单元内的主要内容。为保持口述原貌，让读者了解时间背景和现场情况，标题下写明访谈者、被访者、同座者姓名和访问日期。如：

第二十一次访谈　幽居岁月　枪杀杨常　忏悔录风波

访谈者：张之丙（简称"访一"）

访谈者：张之宇（简称"访二"）

被访者：张学良

同座者：赵一荻

访问日期：1992年6月20日

为解决一级标题无法完全概括该单元全部内容和内容较散、层次不够分明的弱点，单元内设若干二级标题，以明确所述内容和层次，为突出口述特点和张学良语言个性，二级标题一般以第一人称、张学良原话立题。如："明白人不用辩，混蛋你跟他辩什么"、"离开东北，就像草没根了"、"八项主张不是谁抄谁，大家都这么主张"、"毛泽东没说公审蒋介石"、"日本人投降了，我心里很安定"、"我在高雄时连洗脸水都没有"、"我预言将来美国一定是罗马，快完了"。

文字修改

文字修改坚持以"可改可不改，不改；可删可不删，不删"为原则。

对文字稿中的误字、衍字、脱字、病句，以录音为"底本"改补。"底本"与文本发生矛盾时，在不影响读者理解句意情况下，保留"底本"说法。

对口述录音中的错字、多余的字、漏掉的字、听得懂但转成文字后令读者费解的病句，在理解前后语意前提下适当修改文字，加一字、减一字、换一字、同一句话前后调整文字顺序的，直接修改，不作标示，如果补多个字以括号表示，补字以［］标识、补充说明性文字则以（）标识。如：

"我说惩罚，不是因他在兵工厂［有什么问题］。"

"他（曹锟）的女儿，是他（张学良）四弟的未婚妻。"

重复段落的删除

对于议论天气、寒暄问候、采访者闲聊，所述内容不含历史信息，直接删除。

有两处以上叙述同一件事或同一内容，并且所述完全相同，删除后不影响对上下文的理解，只保留第一次叙述，其他段落直接删除。

如果所述不完全相同，有详略、侧重点不同等细微差别，不删。

所述事件、人物虽前后重复，但所要说明的观点、评价前后不同，不删。

所述观点、评价前后重复，但所述观点、评价是基于不同的历史事件、不同的人物、不同的看问题角度，不删。

"半截话"的添补

此处是"半截话"，但在其他口述段落中表达过完整意思的，可将他处的"后半截话"移置过来。

此处是"半截话"，但在他所写的其他文字中可找到相关语言的，可以补上。

根据上下文有把握知晓他要说什么，不补令读者费解的，补上。

"补文"尽量接近张学良的口语风格。

根据上下文，能看懂的，不补。

虽然从语法上句子不够完整，但意思能看明白的，不补。

不明白张学良要说什么，或可能有几种补法的，不补。

只要能看懂的，不囿于语法而削足适履；宁可留下半截话让人猜，也不让因句子补得不准确而有违张学良本意。

校订注释

注释部分分人物注、事件注、典故注、专有名词注、文献引文注、时间注、方言俚语注、学术考证性注释等。

人物注分一般性注释和特定性注释。一般性人物注释单独成册，这部分注释一般应包含：姓名、生卒年、字号、籍贯、主要职务、当时任职或身份、简历、与访谈中的人物或事件的关系等。特定性注释随文注释，选取与文内密切相关的信息，特别注意挖掘亮点、细节。

历史上的著名人物，与张学良关系不密切的，如袁世凯、罗斯福、康熙、唐太宗等，注释从简；正文中有介绍的、反复出现的大人物，注释从简，如蒋介石、张作霖等等。历史上不属于著名人物，在其他文献中很难查找，但和张学良关系密切的，注释从详。

对考证性注释，要求史实确凿，言之有据，符合学术规范，引用的资料提供文献出处。

所有注释尽量使用叙述性语言，慎用评论性语言。

七、我们为什么这样整理？

采用这样的整理方法有可能是一种"费力不讨好"的选择，因为目前中外读物还很少见到这样的口述历史整理方法。一般冠以"口述历史"，包括冠以"自述"字样的书籍都和传记差不多，按口述者人生的时间顺序以人系事。像本书这样严格按采访的时间顺序划分单元、实录口述过程与内容的作品极为少见。一般读者已经习惯于读传记式的作品，读到这本类似于"访谈实录"式的"资料"，而且部头又这么大，可能会感到诸多不便。

我们为何选定有可能"费力不讨好"的体例，前面第四、五、六小节已经说了一部分缘由，即主要是为了给读者一个真实，奉献给读者一桌"原汁原味"的口述"大餐"，以"依声照录"方式确保口述的"原生态"之真。除此之外，还有几点是基于对张学良个性、口述历史特殊性和目前整理口述历史存在的问题的考虑。

第一，张学良是中国近代历史的亲历者和许多重大事件的创造者，他对历史的叙述和评价本身就是历史，就是档案，应该得到完整的保护。

传统档案的第一属性是它的原生性，根据这一认识人们习惯将在人类社会实践活动中直接形成的"死"的文件规定为档案，而事后的回忆、追述因带有因人而异的"流动性"色彩和"不直接"特色而长期被排除在档案之外。这种理解显然有它的道理。但我们不能忘记人类保存档案的目的是什么？它不是为了保存而保存，而是为了利用而保存，是作为事后查考的凭证来保存，目的是通过档案来了解逝去的社会实践，还原某些事实，甚至再现当时的历史情形等。既然一个事件、一段历史由于各种原因没有留下当时的记忆，这一事件、这一段历史又对今天或未来极具意义，我们必须尽可能知道当时的情形时，只能采取通过知情者、历史亲历者的口述来得到历史的记忆。张学良的记忆尽管有人不认同其具有"原生性"，但也是我们能够找到的最接近于"原生性"的资料,最起码它的价值具有如档案一般的功能与作用。正因为基于这样的理解,我们将张学良口述录音视为"口述档案",给予和传统档案相差不多的地位与待遇。

有人说个人记忆带有主观性,其实主观性不是口述史独有,其他史料,包括档案、官方文件也在所难免。只要有人参与的事物都存在着主观性问题。如果把口述者、口述史纳入口述史学的研究对象来考虑,口述史的主观性恰恰是它的价值所在。张学良是历史的创造者,创造者的记忆本身就包含着创造者对历史的理解、对历史的评价。这些不正是历史研究者挖空心思想得到的吗?

历史走向客观、走向真实之路,是由众多"主观"材料构筑而成的,每个人的"主观"都是一种视角,都是一种素材,口述者的主观口述为研究者的客观追求提供了新的视角和素材。

第二,张学良的人生是丰富多彩的人生,他身上的每一种色彩都是对历史的丰富,我们不应该根据个人治学习惯、价值观或人为制造出来的"语法"而淡化其色彩。

晚年张学良,在回望人生时说:"我是三朝元老","正好在这个历史最热闹的时代"。

他在这个热闹的时代里,不是"看客",更不是一般的"过客",基本上没离开过最热闹的政治漩涡。20岁成为北洋军中最年轻的陆军少将、25岁晋升为最年轻的陆军中将、28岁即执掌一方、30岁升任全国陆海空军副司令、35岁晋阶国民党陆军一级上将,一路快跑,15年走完了许多将军一生也走不到头的路。他是个"爱国狂",为了国家统一,不当"皇帝"当"臣子";为了凝聚抗日实力,"剿匪"副司令不"剿匪",反而"通匪";为了挽救民族危亡,不仅当面骂"委员长"和袁世凯没什么两样,还敢把"委员长"抓起来;为了逼蒋兑现抗日承诺,不仅放蒋,还以身赴死送蒋。政治生命"36岁就结束了",感情之树却常青百年,生活之树更是花枝招展。会开飞机,会打网球,抽过大烟,玩过女人,吃喝玩乐样样不外行。幽禁54年,内有红颜知己相陪,外有痴情者频送秋波,纵是《红楼梦》里的情魔情圣的贾二公子在世,也会自觉不知逊色几筹。① 这样的经历本身,就够生动感人的了,再经他毫不隐讳地亲口讲述,其真切感人,自不待言,对这样的口述不应该

---

① 参见唐德刚:《论三位一体的张学良将军》,[美]傅虹霖著,王海晨、胥波译:《张学良的政治生涯——一位民族英雄的悲剧》,辽宁大学出版社,1992年第二版,第10页。

动"大手术"。

原样保留，可以把张学良身边的"热闹"尽收眼底，可以通过他的个人多姿色彩看到那个时代的色彩，让历史不太单调。

第三，张学良的语言风格迥异，飘逸清新，个性一以贯之，构成一个不可分割的整体，动其骨伤其筋，动其顺序伤其神，应该保持其本色。

张学良虽然自1930年离开东北，从来没回过家乡，从他的口述录音中发现，他不仅乡音未改分毫，东北人的那种特有的语言风格使张学良口述历史在口述历史精品群中独树一帜。

"民国十三年，又打起来了。奉直战争，我简单说吧，那时候他（吴佩孚）来了21万人，确实是21万人，我们奉天只有7万人。我们军人作战最怕犯的错误是逐次增加。怎么讲逐次增加呢？就是你们这军队，拿上一点，又拿上一点，我就说他的结果吧，他的虽然21万，他就是调来一个师，送上去，打败了；又来一师，又打败了，这叫逐次增加。你把军队拿上去，一下子都拿上去，你明白了？"

"他犯了这个错误，（我们）整个把吴佩孚、把直系，可以说北洋军阀，一下打没了，整个！我们……哎呀！光枪缴几万支，七八万支，我就知道光缴炮就四百多门，你说战役多厉害吧，打得……直隶（直系）整个没有了，整个给打没了。所以，那么样的，我不但在奉天，在中国，我也很有点儿名。"

"有点名望了，问题也就来了。"

战争双方投入的兵力、胜者因何而胜、败者因何而败、战争结果，包括战争给他自己带来的影响，说得一清二楚，且非常生动。"又打起来了"、"简单说吧"、"整个给打没了"，极具个性化。

张学良口述史的风格有一种其他文献史料少有，其他口述史也不多见的一种魅力，他一边说一边评，而且充满比喻、隐喻、俏皮话、反话、成语、格言，尤其是他对古诗词的引用，信手拈来。读他的口述史，经常会把文稿不自觉地放下一会儿，想象一番他说这段话时的表情、口气、手舞足蹈的样儿。有些段落仿佛就是一个小品剧本，即使看不到张学良当时是怎样的表情，也能感觉得到他口述时的诙谐、幽默和老顽童式的"顽皮"，也能想象得到，他在说这段历史的那一刹那，举手投足可能就是当年的再现，如果读者细细品味，也会被他特殊的语言带进当时的现场。

第四，张学良是位经常被"误读"的人物，他自己不止一次地在口述中说:"我没有别人说的那么好,也不像别人说的那么坏。"究竟是哪些问题说的"好过了头儿"?是"千古功臣"?"民族英雄"?哪些问题说的"坏过了头儿"?是台湾个别学者说的"千古罪人"?是唐德刚说的"如果没西安事变,张学良什么也不是,蒋把他一关,关出了个中国的哈姆雷特"?他指的是人们对他"自由"之后为何不回大陆的不解?还是对口述历史为何三起三落的不满?

对这些问题,张学良在口述中都有或明或隐的说法,有些话可能对相关方不利,但我们应该考虑张学良已经不能再说话了,其他活着的人有可能不断地"披露""死无对证",真假难辩的"新史料"。维护张学良的权利是整理者、出版者的责任,对一个已经离世的老人说过的话,从哪个角度说,都是值得珍惜的。

研究历史需要"进得去","出得来",但首先是要"进得去";看口述史是要恪守"平其情"、"思其反",但首先要倾听口述者怎么说。

一位活着的时候受尽人间屈辱,死后仍然倍受争议的人;一位人生百年里有54年时间被迫"锁嘴",生活在形同"冰箱"里的人,打开"冰箱"门时,他已经是90多岁高龄,竟然还有勇气将他一生的经历、感受,用生动的语言,娓娓道来,这真是一大奇迹!有的话他说的可能"不合时宜",有的话可能还带着"副司令"的口气,有的可能还是半个多世纪前的"老观点",这不正是史家所需要的吗?何况这些话不是出自普通的老人,而是为民族做出过巨大贡献的张学良先生!他说的即使是错话,也是历史的一部分。

第五,我们为什么保留采访者的问话?这是对采访者的尊重,也是对历史的尊重。没有张之宇姐妹俩的付出,可能就没有哥大版,最起码不会有我们看到的这个哥大版。

西方口述史家谢娜·格卢克说:"最好的口述历史恰似受访者的一方独白",[1] 而采访者是个"绝佳的听众"。[2] 这就说明了采访者在口述过程中的地位,有学者将其称之为被动性。采访者的被动性取位目的是突显口述者的主动性和口述的连贯性。这种取位方式适合多数口述史采访。一是由做口述史的目的决定的,做口述史的目的是获取真实的史料,真实史料获得的关键

---

[1] [美]唐纳德·里奇著,王芝芝、姚力译:《大家来做口述历史》,当代中国出版社,2006年版,第83页。
[2] [美]唐纳德·里奇著,王芝芝、姚力译:《大家来做口述历史》,当代中国出版社,2006年版,第74页。

是口述者能够敞开心胸，敞开心胸需要营造一种轻松的氛围，这种氛围的营造需要的不是采访者的指手画脚，而是点头、微笑、倾听；二是口述者与采访者在口述采访过程中的地位决定的，口述者是历史的叙述者、提供者，采访者则是收集者、服务者、引导者而非指导者；三是口述史的精彩之处常常是口述者对历史细节的言说，而这种精彩常常是在冗余信息裹挟着自然"流淌"出来的，如果采访者认为口述者说的离题太远而阻止其冗余信息的讲述，恐怕也阻止了他的精彩。这就是写文章和口述的区别所在。只有采访者"耐着性子"做一个"绝佳的听众"，口述者才能感到舒适自在，他才会"冒出"一些真实的、未经自己"过滤"的精彩。

当然，采访者的被动性主要表现在采访过程中，采访前采访者则是主动的，要去主动地和口述者建立融洽的关系、设计详细的采访计划、查阅与口述者相关的资料、准备录音录像设备、选择与布置采访地点与环境、计划采访次数与每次采访的时间、草拟具体的采访题目、设计口述者愿意接受的提问角度与方式、预想采访中出现的问题及其解决办法等。这些带有"主动性"的工作做得越细、越"主动"，才能保证采访过程中的"被动性"。说采访者的"被动"也不是说在采访过程中一言不发，主要是在姿态上变"主动"为"被动"、在方法上变"指导"为"引导"、在口气上变"刨根问底"为"顺倾转圆"，这就需要采访者事前做好大量的准备工作，包括材料上的、心理上的、技巧上的细节设计。唯有如此，才能获得鲜活的历史。新鲜的历史是很少有人知道的，活的历史是由众多细节史实构成的，而新鲜的细节往往是在口述者不经意间流露出来的。这一点，张氏姐妹做得很出色。

第六，出版者、整理者的伦理是尊重读者，相信读者。就历史出版物而言，就是尊重读者独立解读历史的权力，相信读者辨别是非的能力。读者阅读张学良口述历史是为了阅读张学良这个人，为了看到一个真实的张学良。我们没有办法让读者看到"活着"的张学良，唯一能做到的是让读者看到他自己对自己原原本本的口述。如章开沅教授所言，整理口述历史如冶炼钢铁，如果在纯铁矿石里面滤掉或增加一些成分，会人为增加冶炼的困难。在一定意义上说，错、散、重、乱，是口述史不可避免的弱点，但我们必须看到，口述者心中的"真实"正是夹杂在错、散、重、乱中间才得以冲破理性的阻挠，溜出记忆之谷的。口述史的"活力"也正是通过这种个性语言的瞬间言说、未经深思熟虑的感性表达体现出来的。读者乍看《张学良口述历史》，可能感觉如同一座未经过装修的建筑物，甚至砖墙未沟缝，墙体未罩面，各种钢筋、管道裸露在外,破砖碎瓦随处可见,这对参观的人来说视之不雅,对使用者用之不便,但对研究建筑结构、检查用材质量、关心安全系数的人来说求之不得,即免去了凿墙、钻地之苦,又免去了对"是否美容过"的怀疑。

八、本书的学术价值在哪里?

张学良口述历史值得期待。

回过头看学界对张学良的研究,可以说煌煌巨著蔚然大观。但那都是别人说,他自己怎么说?他自己说自己和别人说他有什么不一样的地方?这既是本书的"看点",也是它的学术价值所在。概而言之,本书"看点"、价值主要有三:一是在史实方面,他把许多历史的空白点补上了,许多断点接上了,许多模糊之处澄清了,许多"成说"否定了,许多轰轰烈烈的历史原来只是缘于一句话、一件常人看来不是事儿的小事儿、一个有违常理的突兀想法等细节说出来了。二是在心理方面,他自敞胸襟,主动揭开隐秘的内心世界;他自揭自短,将自己丑陋的一面,包括他父亲的、家族内部的,不避讳地晾晒在光天化日之下;他自述情感潜流,将受到刺激后的心理触点、痛点、转折点叙述得酣畅淋漓。三是评价方面,他对历史、对政治、对军事、对外交、对教育、对宗教、对人生、对人物,无所不评,且常有不凡之论,甚或是惊人之语。

第一,补白。许多历史事件的空白、断点,得以填补

史学的任务之一是研究"过程"的,将一件事情的来龙去脉搞清楚。研究"过程"最怕的是"断点"、"断线",出现空白。

张学良口述历史的内容可概括为"三亲"、"五事"、"一评"。为方便理解,这里稍加解释:"三亲"(亲历、亲见、亲闻),既是他自己为"说什么"而划定的选择范围,也是"怎么说"的心理标准。"五事"(政事、家事、情事、心事、琐事),既是他口述历史的具体内容,也是整理者对口述内容的分类概括。"一评"(评论),既是他积五十多年心头块垒之一吐,更是他积百年人生经验之一发。

对"五事"的回忆是口述历史的主体,其中政事部分包括北洋政权"你上台,他下台"的政治内幕、"你打我,我打你"的原因和结果。如"曹锟贿选"、"北京政变"、"两次直奉战争"、"郭松龄反奉"、"皇姑屯炸车案"等。南京政府时期"国策"出台与推行的来龙去脉,"政争"的表象与症结。如"东北易帜"、"中东路事件"、"中原大战"、"九一八事变"、"西安事变"、"国共内战"等。家事部分,包括祖辈、父辈、平辈、晚辈的生死,家道兴衰的过程等。情事，即感情经历，包括他崇拜过谁？赞美过谁？怨恨过谁？宠爱过谁？为何而崇拜？为何而赞美？因为什么而怨恨？宠爱的缘由与结局，等等。心事，包括他从政、治家、修身的心理轨迹，如他对日本的愤怒与恐惧心理的产生，对蒋介石爱恨交织的心理挣扎，政事、家事、情事给他带来的心理困扰等。琐事，有些是"政事"中的节外生枝，有些是大事中的细枝末节，有些是身边的家常琐事，有些是情事中的零七八碎，有些则纯属没必要示人的个人隐私。

上述提到的许多方面都具有一定的补白性质，举例来说，如：

他几岁结婚？第一次去南京带的是于凤至还是赵一荻？中原大战期间阎锡山要和他联合发表通电，后来怎么不发了？具体的原因是什么？热河抗战前汪精卫、宋子文到北平督战，他怎么和汪精卫闹翻了？国联调查团的报告刚起草完，还没定稿，他怎么就看到了全文？谁交给他的？在欧洲期间，他都见到了谁？谈了什么？1935年东北军被红军吃掉了两个师，他在南京一个月，都干了什么？和南京政府怎么交涉的？他第一次在上海接触的共产党领导人是谁？他为什么不愿见宋庆龄？捉蒋前两天，他和蒋介石谈崩了，离开蒋的房间后，并没有离开华清池，他到哪去了？东北军将领去华清池见蒋前他都要逐个训话，回来后都要向他报告，他们都谈些什么？幽禁在奉化期间，原来是于凤至和赵一荻轮流陪护，怎么突然赵就不来了，一下消失了两年多，究竟是怎么回事？他在台湾被幽禁45年，这45年都干了些什么？三次奉命写回忆录，是怎样一个过程？他当时是什么样的心态？他学习基督教14年，都跟哪些人学的？他是基督徒吗？"三张一王"团团转，是怎么"转"起来的？唐德刚采访他十多次，怎么后来戛然而止了？自由之后，他有机会回大陆，为什么不回来？等等。

一部口述史，能填补如此多的历史空白点，将如此多的历史断点接续上，除了他，别人是很难做到的。这种唯一性、不可替代性的价值，将随着时间的流逝，愈益彰显。它的完成，不仅仅是张学良史料库或民国史史料库里多了一部书、增加了100多万字那样简单，它的价值已经超出了史学视域之外，如研究文学的，研究方言的，研究心理学的，研究民俗学的，研究伦理学的，都可以从中获得收益。

第二，正讹。许多讹传得到纠正，许多"成说"遭到否定

人们的记忆是有选择的，记忆力最强的历史老人也是一样。人们记住的大概只有三种人：大好人、大坏人和有争议的人。怀疑、好奇、探秘是人们的天性，有争议的人大多好坏难辨，不是一种颜色，多为五光十色，甚至神秘难测。如同钻石一样，在不同的光线下、站在不同的角度，人们记录下的同一块钻石是不一样的，越是顶级的钻石越是五彩缤纷。

民国政坛不乏这类人物，但像张学良这样多姿多彩者，鲜有其人。蓝色（国民党一级上将）、红色（"我就是共产党"）、褐色（崇拜墨索里尼）、黑色（"胡匪崽子"）、粉色（"花花公子"），色色不缺。民国历史上有神秘色彩的历史人物比比皆是，但张学良可谓独占鳌头。活了101岁，半个多世纪做囚徒；和北洋军、北伐军、中国工农红军、日军、苏联红军，都打过仗，直到走进坟墓时，还戴着一顶"不抵抗将军"的帽子；在历史上数次使中国由分裂转向统一，仍有人称他为"千古罪人"；他口口声声"无话不可对人言"，但一提到西安事变，"至死不说"；他最爱家乡，生前却将墓地选在了夏威夷……

正因为他身上有这么多色彩、有这么多疑团，人们才写下了那么多的文字，才有史家做出"在当代世界级名人中，恐怕要数张学良的生平传记最多"的感叹。① 不仅是生平传记，张学良生前，被新闻记者、作家、文学家、旧部、崇拜者、愤恨者、"淘金者"、"好事者"，差不多追逐了整整一个世纪，他的每一件事，接触过他的每一个人，哪怕是惊鸿一瞥，"也会变成各国新闻的'花边'"，"坊间有关张氏夫妇的著作汗牛充栋，往往在海峡两岸一销数十万册，各书中虽免不了瞎子摸象、人言言殊，但读者的兴趣却并不因传闻异词而稍减"。②

面对案积山堆式的资料，张学良说："我觉着历史上的记载疑案重重，就如我这个人还活着的，对于我这个人的记述，我所听到的、看到的，多不正确。我这人性格毫不护短，我自己知道。我自己的事，我所听见外间记载、传闻我的事情，常使我大笑不止。"③ 他笑什么？从他口述历史中，可以发现，他一笑有些人乱编："这不是我说的，这是他（编者）说的"；二笑"大家"乱评："我做的，没有他写的这么好，也不像他说的这么坏"；三笑"作家"胡猜："他又不是我，他怎么还能写我心里怎么想？"四笑"大人物"有意隐瞒："他知道怎么回事，这是他故意不说"；五笑自己受环境所迫说了假话："我是没办法，只能那么说"。他更多的时候是生气，甚至以"放屁"嗤

---

① 毕万闻著：《张学良口述历史解密》，中国文史出版社，2002年版，第1页。
② 唐德刚：论张学将军的赤子之心，《张学良世纪传奇》上卷，山东友谊出版社，2002年版，第1页。
③ 张学良原著，张之宇校注：《杂忆随感漫录——张学良自传体遗著》，台北：历史智库出版股份有限公司，2002年版，第177页。

之以鼻。张学良在他的口述历史中说了80多次"胡说八道"、"胡说"、"瞎说八道",至于"不是这么回事","不对"之"评语"就更多了。

那么,张学良的口述历史究竟否定了以往哪些观点?纠正了哪些"胡说八道"?澄清了哪些"根本不是那回事"的事?揭开了哪些长期困扰史学界的谜团?下面仅举几件大事为例:

关于中东路事件,以往都说是苏联挑衅,从苏联领事馆里搜出大量违法文件,然后苏联武装侵略,张学良才被迫应战。张学良说:"不是人家挑衅,是我们挑衅。""这件事我们做得很不好。""没什么证据,叫人搜集什么呀""那时我看,日本我们自己打不败了,所以我的目标是要跟俄国打……我就想站起来……也是对日本一个表示,我敢打。"

关于西安事变的主角,长期以来,史学界一直认为是张学良。张学良说:"那西安事变,可以说他(杨虎城)是主角哇,不过名义我是主角了。"

关于西安事变八项主张,有学者认为是张、杨抄共产党的。张学良说:"不是谁抄谁的,大家都是这个主张。那时大家的意见差不多都是那样子。"

关于放蒋有无前提条件问题,大陆与有些台湾学者,意见一直相左。这一公案吵了半个世纪,直到张学良开口说话,才算了此公案。"这一点我要说,蒋先生他答应的事,他没反悔。头一样他不剿共了。"

可见,如果没有张学良口述历史的形成和公开,这些讹传恐怕要永远传下去。如果历史是以这些讹传的史料为依据而写成的,其历史的真实性必将被扭曲,其价值必然大打折扣。

第三,印证。一些令人生疑的回忆录被确认,一些混沌模糊的历史被澄清

许多历史是建立在人们的回忆基础上的,但任何人的回忆,也代替不了当事人的回忆。口述史大师唐德刚先生说,其他人的回忆即便无误,"仍只属于小道消息;只有他本人讲,才属第一手。"[1] 人们对小道消息愿意听,但不愿意信,史家更看重资料的原始性。这就造成众多的非直接当事人写的回忆录,尽管写得也无大错,史家也轻易不敢用,即便用了,也是战战兢兢,心无底数。

张学良口述历史的价值之一,它印证了部分回忆录写得并不错,对众说纷纭的记载也有正本清源之功。

例如,张学良的机要秘书郭维城在回忆"九一八"事变时写到:"张学

---

[1] 郭冠英:《〈张学良口述历史〉诞生详情》,《领导文萃》2009年13期。引文为唐德刚的观点。

良没有估计到日本能那么快发动对东北的全面进攻……，他又过高估计英美出面调停的可能与分量"，所以他对日本采取了不抵抗的态度。这一观点在张学良晚年形成的口述历史中得到了完全的印证。张学良说："我自己承认'九一八'事变就是我判断错误。……我认为日本不会打的，像后来他的举动。我认为日本是挑衅，找点麻烦，可以多要点好处哇。我是这么个判断。""那时候我们想依靠国联，没想到国联没有力量，没想到。"

例如，张学良部将骑兵军军长何柱国曾写多篇回忆"郭松龄事件"和"杨常事件"的文章，但史学界对何氏回忆较少引用，其原因是何在东北军中属于士官派，与杨宇霆关系密切，同郭松龄矛盾较深。此次见到张学良口述历史，笔者作了详细比较，两相对照，基本吻合。

在澄清模糊史实方面的例子更多。

例如，张、杨捉住蒋介石后，发表了著名的《抗日救国八项主张》，但这"八项主张"究竟为何人起草？许多论著和回忆录或语焉不祥，或互相矛盾。《西安事变纪实》记载：是"张杨授意几个秘书仓促草成的。"① 几个秘书，究竟是哪几个秘书？是张学良的秘书？还是杨的秘书？说得最明确的是应德田，他说是"稿子最后由黎天才拟出，大家看过，略做修改，于十二日抓蒋后发出。"② 2009 年《文史春秋》第 5 期刊载一篇文章，题目为：宋绮云：《抗日救国八项主张》的起草者。③ 这样，"八项主张"通电稿由谁起草就至少有了三种说法。张学良在口述中拨开了这些迷雾：

"没有黎天才的事，怎么会出了个黎天才呢？是吴家象，他是我的秘书长，就是他。那个宣言是吴家象写的，[写得] 并不好。"④

---

① 申伯纯著：《西安事变纪实》，人民出版社，2008 年版，第 110 页。此书写于 1959 年，初版于 1979 年。
② 应德田著：《张学良与西安事变》，中华书局，1980 年版，第 94 页。
③ 周唯一：《宋绮云：〈抗日救国八项主张〉的起草者》，《文史春秋》2009 年第 05 期。
④ 西安事变前后，中国共产党发表了两个重要文献，内容与张、杨提出的"八项主张"很接近，于是就有了"谁抄谁"的问题。现将"八项主张"及中国共产党的两个文献的要点抄录下来，以供读者比较。"八项主张"的内容为："改组南京政府，容纳各党各派，共同负责救国；停止一切内战；立即释放上海被捕之爱国领袖；释放全国一切政治犯；开放民众爱国运动；保障人民集会结社一切政治自由；确实遵行总理遗嘱；立即召开救国会议。"1935 年 8 月 1 日，中共中央发表《为抗日救国告全体同胞书》，即《八一宣言》。宣言提出：抗日救国收复失地；实行民主自由、释放一切政治犯；联合一切反对帝国主义的民众作友军，联合一切同情中国民族解放运动的民族和国家，对一切对中国民众反日解放战争守善意中立的民族和国家建立友谊关系。1937 年 2 月 9 日《中共中央给中国国民党三中全会电》中提出了五项要求：停止一切内战，集中国力，一致对外；言论、集会、结社之自由，释放一切政治犯；召集各党、各派、各界、各军的代表会议，集中全国人才，共同救国；迅速完成对日抗战之一切准备工作；改善人民的生活。

看来，哪怕最简单的历史事实也会被搞错，真正能使历史拨云见日的最直接材料，还是历史当事人的回忆。张学良的功过是非，姑且不论，但撰写历史离开历史创造者的参与，有些迷雾要想拨开、有些混沌要想澄清、有些半信半疑要想得到确认，还真不是一件容易的事儿。

张学良曾兼任十几所学校的校长、董事长、董事，好多人都自称是他的学生；东北军最强盛时有30多万人，都是他的部下，当时团长以上军官多为军校毕业，也都能写点东西；另外，张学良当年在东北一手遮天，重义气、讲感情、爱惜人才，又乐善好施，由他个人资助出国留学的就不止百人。能写回忆录的人、应该写回忆录的人太多了。他传奇式的人生，又为想动笔者提供了随处可见的题目，尤其是半个世纪蒙冤被囚，更令许多人出于同情、感恩、愤怒拿起了笔，有的从大事上下笔，"拨乱反正"，有的从小处着墨，"用事实说话"，因此，写他的回忆录远比民国时期任何人的都多，包括蒋介石。这些回忆录，良莠不齐，真伪难辨，因为他们写的也都是"三亲"之事。长时间内，一些史家研究张学良都离不开这些回忆录。你怀疑他写的某个情节可能不可信，但就是张学良他两个人的对话，或他两个人办的事；你说他是真的吧，有的地方确实感觉不太符合常理；你说它是故意给张学良"洗过"，或借给张"洗过"自己也"清白"了，别人也会从这些话中找出不是"洗过"的证据；你说它都是真的吧，你下笔的时候好像良心举着大棒子就站在你的身后。张学良说话了，有些事情就不是孤证了，即便是张学良和其他人写的回忆录有出入，由于多了一份资料，也为辨别孰真孰假、何处真何处假提供了可以比较分析的条件。

第四，细化。许多历史事件变得更加丰满，许多历史人物变得更加鲜活

口述史和其他原本就是文本的资料相比，有一个特殊的地方，就是对于历史细节的叙述。而一般来说，所谓"正规"的史书在记录史实方面在侧重于宏观、理性，历史细节和感性，尤其是亲历者的个人感受往往不见了。历史本来是由细节构成的，历史人物和活着的人一样是有血有肉的，但人们在把鲜活的历史用文字来描述的时候，许多有价值的情节、生动的细节、鲜活的血肉，除了被篇幅挤掉、被宏观叙述所淹没外，多数被姓"严"的抛弃了。有的被"严谨"挡在了门外，认为"罗嗦"；有的被"严肃"丢进了废纸篓，认为"庸俗"；有的被"严法"枪毙了，认为有损形象（主人或他人），等等。于是，一棵枝叶繁茂、花果累累的大树，就剩下了一根树干，被堆在了"木材"库里；一只能跳能蹦的东北虎，被挤干了血，掏出了五脏六脏，制成了标本。随着时间的流逝，那根没有绿叶、没有花果的圆木，一会儿被扛去复原"民国大厦"，一会儿被拿去作"西安事变纪念馆"的门柱；那只东北虎标本，一会儿被放在南京博物馆里，一会被放在沈阳大帅府内，解说员不停地告诉一拨一拨来访者，这就是当年威震长白山的东北虎之王。

复原历史，让历史人物站起来，是史学家永远的追求，也是永远无法实现的追求。历史的细节和亲历者的个人感受又常常是复原历史的重要材料，愈是反映历史细节的史料，愈是亲历者的个人记忆、感受愈是有价值的，尽可能将被"严公"抛弃的历史细节捡回来一些，给人们在想像空间里驰骋的时候提供一幅导向图，也是史学家的责任。在制作这幅导向图时，恐怕口述历史是不能被忽视的依据。张学良口述历史可谓是记录历史细节和个人感受的生动史料。

张学良晚年，谈起马君武先生于1931年11月20日发表于上海《时事新报》上的《哀沈阳》。"我最恨马君武那句诗了，就是赵四风流朱五狂。九一八时我在医院呢，所以我说马君武胡扯八道，说我跳舞，我走路［都］走不动，都得谁给扶着。"

为什么马君武先生写张学良跳舞呢？怎么不说他打麻将？张学良说："那时我出去总带着两个护士，那两个护士我不让她穿白的衣服。也许有一个护士长得比较像胡蝶，我也常常到中央公园去早晨散步，有人看见我总带着两个女人出去，所以人家误会，明白吗？"

历史需要重视细节，忽略了细节，往往会作出错误的判断。但怎么重视细节，也无法细到他不让搀扶他的护士穿白衣服，一个护士长得像胡蝶。更让人想不到的是，张学良和蒋介石的一些矛盾产生于误会，而误会的原因竟是彼此听不懂对方说话。

"我们两个言语上有误会，我们两个有时候误会很大。因为我说话，他有些听不大懂。""蒋先生一生气就讲他的奉化话，我简直听不懂。这听话听不懂有很大关系，你也不能老问他。"

为了听明白蒋介石的说话，减少彼此误会，张学良从欧洲归来要求留在侍从室，侍从室是涉关蒋的性命的地方，蒋认为张"是个不安分的人"，说什么也不让他留在侍从室，他这才去剿共去了。

张学良佩服周恩来的原因是多方面的，有一个细节张学良到晚年还记忆犹新，说明周恩来给张学良印象之深。张第一次见周是肤施会谈，张将给他当秘书的共产党员刘鼎也带去了。

"周恩来都不知道他是谁,他就告诉'我是小刘',大概在共产党内他就叫小刘,周恩来就点点头,就知道了。他们共产党我看着很奇怪,很有意思,他给周恩来一个报告,里头写什么我不知道,都用线缝着,周恩来当我的面把它扔到一边,他没看。"

这几段回忆,是典型的历史细节的记录和情景再现,它清晰地勾画出历史人物变化着的思想曲线和历史事件之间的因果关联,从一个最易被人忽视的侧面,丰富了历史事件的完整性和复杂性,人们从中可以感觉到,历史的真实从张学良口中正在"复活"。然而,这样的历史细节在其他史书中是无法查见的,而在张学良口述历史中却比比皆是。

第五,点睛。有些复杂的历史变得简单,有些茫然的人物变得豁然

历史是复杂的,有时令人感到茫然。变复杂为简单,变茫然为豁然,早在数千年前,古人就开始追求,《易传》就有这样的话:"乾以易知,坤以简能。"据此,古人把复杂的天文、地理、人事简约成用几根长的草棍和几根短的草棍摆出来的"八卦"。此后,这一传统被承袭下来,先秦典籍有"君子曰",司马迁作《史记》有"太史公曰",其实,都是将复杂变简单、将茫然变豁然的努力。

张学良口述历史虽没有"君子曰"之类的提示,但他的夹叙夹议,其作用和"君子曰"、"太史公曰"相当接近。依笔者看来,张学良口述历史中比"五事"更耀眼、比披露秘闻更精彩的部分就是他的"即兴点评"。如果将张学良口述史比作他用"嘴"描绘出来的一条20世纪之龙的话,"三亲"相当于他画龙的选材与构图原则,"五事"相当于龙的形体,"即兴点评"就是他的点睛之笔。

张学良点评国民党军队打不过红军的原因时说:"打不过共产党的原因,就是我们没有中心思想。""我们这种军队,都是雇佣兵,今天我可以在你这当兵,明天我也可以到那儿去当兵。不同之点在这。所以我跟蒋先生讲,我们打不过他,固然他少,我们多;他团结,我们是个散沙。"

谈到毛泽东和万里长征时,张学良说:"毛泽东这个人啊,天生能领导。都是带兵的,万里长征……我要领,会领没了,他(士兵)不跟你走,他跑了。他(毛泽东)能统御,他有这个力量。"

张学良点评蒋介石的失败原因:"他不用人才,用奴才。他的思想非常旧,旧的思想,不是近代的思想。他要有机会,他真能当皇帝。"

在谈到周恩来时,他说:"周恩来这人好厉害,连我的部下,杨虎城的人都听他的。他说出的话很有道理。这个人好厉害,不但会讲,也能处置事情,是我佩服的一个人。"

在评价他一生仅有的两位"长官"时,他说:"我父亲有雄才,无大略;蒋先生刚好相反,有大略,无雄才。"

他和访谈者闲聊钓鱼,也能与人生哲学联系起来:"钓小鱼要走,钓大鱼要守。"

在总结自己百年人生时说:"我的事情是到36岁,以后就没有了;从21岁到36岁,这就是我的生命。"

皆为画龙点睛之笔,且极富个性,听之有震撼之感,思之有哲理意蕴。他的"现场""即兴点评",不仅为研究张学良个人的人生观、历史观提供了珍贵的依据,也为研究那段历史提供了新的视角。

《张学良口述历史》的出版,将给张学良研究、民国史研究,甚至是中国近代史研究带来不小的冲击与震撼,无论是对口述历史怎么写?由谁来写?怎么整理?用什么方法整理?还是对历史过程的研究、历史规律的探索等问题都带来一些新史料、新视角、新思路。它将促使张学良研究从以往的宏观现象研究到微观心理研究、从社会理性研究到研究个人感性、从文本互证到文本与口述互证、从传者描述到传者和传主共同描述、从解释张学良到再现张学良的转型。

因为整理《张学良口述历史》,所以先于读者接触了这部书稿,以上文字,是我们先睹为快的体会。当然,每位读者看过这部书都将有自己的体会,一定有读者不同意我们的观点,或者不同意我们的某些观点,或者不同意我们的整理方法,甚至认为我们误读了张学良。茅海建先生在他的《苦命天子:咸丰皇帝奕詝》一书导言中有一段话,也正是我们想说的,拿来作为本篇文字的结尾:

"我想,我一定会有误读,但使我心安理得的是,现代历史学理论居然已经证明,误读也有其存在的价值。于是,我便敞开来说,读者也不妨随便看看。"

二〇一三年九月

总 目 录

第一次访谈	两次直奉战争　郭松龄反奉 …………………………	1
第二次访谈	郭军反奉　杨常事件　影响我的人 …………………	21
第三次访谈	东北换旗　东北陆海空军　日本侵略 ………………	57
第四次访谈	主张和平统一　什么叫军人　西安事变的秘密 ……	87
第五次访谈	中东路事件　东北建设　旅欧考察　调停中原大战 ……	133
第六次访谈	东北天气　戒烟痛苦　围剿红军 ……………………	177
第七次访谈	对日本看法　父子情深　东西文化 …………………	191
第八次访谈	"九一八"事变　日本军人　抗日与信仰 ……………	251
第九次访谈	日本侵华　用感情带兵　中央军与杂牌军 …………	281
第十次访谈	愿丢包袱　不送蒋他会讨伐　历史由后人评说 ……	309
第十一次访谈	张家人名字来历　民间习俗　京剧艺术 ……………	321
第十二次访谈	安内与攘外　青年会影响大　父子相知深	
	周恩来能唱主角 ……………………………………	341
第十三次访谈	研究佛教　信仰基督教　不喜欢王阳明 ……………	387
第十四次访谈	民初混战　苦心建设东北　山海关之役 ……………	439
第十五次访谈	哥大韦慕廷　查抄苏联大使馆　父亲的统御力	
	东北土匪 ……………………………………………	451
第十六次访谈	我的原则是要真实　武装进交民巷 …………………	487
第十七次访谈	郭松龄　杨宇霆　父亲做大元帅　西安事变	
	端纳的评价 …………………………………………	505
第十八次访谈	金万昌相面　在家我是老大 …………………………	561

第十九次访谈　欣赏蒋经国　张宗昌带兵　生在逃难途中……573

第二十次访谈　开辟三省　老帅有雄才无大略　袁世凯是曹操
　　　　　　　虚名误人……601

第二十一次访谈　幽居岁月　枪杀杨常　忏悔录风波……615

第二十二次访谈　蒋经国接管之后　南京受审之后……657

第二十三次访谈　忆东北旧部　谈史书错讹……681

第二十四次访谈　东北易帜　中东路事件　武装调停中原大战……731

第二十五次访谈　西安事变　周蒋会面……775

第二十六次访谈　东北空军　东北海军　西安事变……829

第二十七次访谈　张蒋分歧　国共区别　蒋宋矛盾……907

第二十八次访谈　军法会审　两岸前途……935

第二十九次访谈　信奉基督教　如何研究历史……977

第三十次访谈　漫忆旧事　杂谈人生……1033

第三十一次访谈　我的父亲　婚姻家庭　求学经历……1077

第三十二次访谈　内战之苦　郭松龄事件的影响　孟禄访谈……1143

第三十三次访谈　新旧两派　郭松龄之死　三角同盟……1205

第三十四次访谈　共产党太厉害　贵阳治病　统一问题……1267

第三十五次访谈　名号由来　带兵之道　杨常事件……1321

第三十六次访谈　看照片　住北京饭店　买王府……1357

第三十七次访谈　端纳骂蒋介石　蒋介石日记　反对理学……1375

第三十八次访谈　男人女人　冒险戒毒　出国旅行……1385

第三十九次访谈　艳晚事件　东北铁路　历史典故……1411

第四十次访谈　做人之道　笑骂由人　《大公报》风波……1439

第四十一次访谈　收藏　屠杀　戏剧……1465

第四十二次访谈　西安事变　基督教……1507

第四十三次访谈　外国友人　西安送蒋……1535

第四十四次访谈　王永庆资助　奉系将领 …………………………… 1565

第四十五次访谈　东北旧部　奉天官银号 ……………………………… 1589

第四十六次访谈　哥伦比亚大学珍藏文物 ……………………………… 1607

第四十七次访谈　父亲张作霖　孩时往事 ……………………………… 1617

第四十八次访谈　北洋时代　吉林剿匪　直奉战争　爸爸孝顺 ………… 1625

第四十九次访谈　"九一八"事变　与汪精卫冲突　西安事变 ………… 1637

第五十次访谈　东北旧事　评说吴佩孚 ………………………………… 1653

第五十一次访谈　外籍友人　蒋氏父子 ………………………………… 1687

第五十二次访谈　领袖　辅弼　部属 …………………………………… 1733

第五十三次访谈　子承父业　痛恨内战 ………………………………… 1785

第五十四次访谈　郭松龄之变 …………………………………………… 1823

第五十五次访谈　杨常事件　戒毒出洋 ………………………………… 1857

第五十六次访谈　东北文教　杨常事件 ………………………………… 1887

第五十七次访谈　西安事变 ……………………………………………… 1911

第五十八次访谈　性情　信仰 …………………………………………… 1923

第五十九次访谈　英雄　书画　兰花 …………………………………… 1931

第六十次访谈　平生情志　佑国福民 …………………………………… 1939

附：张学良生平大事年表 …………………………………………………… 1959

注释/索引 ……………………………………………………………………… 1

本 卷 目 录

第一次访谈　两次直奉战争　郭松龄反奉 ………………… 1
 1. 老帅想收回外蒙疆土之计划 ……………………………… 1
 2. 我看不起吴佩孚就是这一点 ……………………………… 4
 3. 作战最怕犯的错误是逐次增加 …………………………… 6
 4. 处患难容易处富贵难 ……………………………………… 8
 5. 父亲称我为"张汉卿先生" ……………………………… 10
 6. 我知道这个人早晚非要变不可 …………………………… 13
 7. 杨宇霆的死与郭有关系 …………………………………… 17

第二次访谈　郭军反奉　杨常事件　影响我的人 ………… 21
 1. 父亲怀疑我和郭松龄合作 ………………………………… 21
 2. 郭松龄后来有点懦弱 ……………………………………… 26
 3. 郭杀姜登选大失人心 ……………………………………… 27
 4. 杨宇霆这个人很傲慢 ……………………………………… 29
 5. 王树翰叫我忍耐再忍耐 …………………………………… 32
 6. 关于日本顾问的影响 ……………………………………… 36
 7. 杀杨、常由一块银圆来决定 ……………………………… 39
 8. 父亲晚上来找我"显灵" ………………………………… 42
 9. 我是扮成伙夫回来的 ……………………………………… 45
 10. 报仇也不是这么报法 …………………………………… 47
 11. 受张伯苓、普赖德、余日章的影响 …………………… 50
 12. 蒋夫人说我"又走错路了" …………………………… 52

第三次访谈　东北换旗　东北陆海空军　日本侵略 ……… 57
 1. 日本派林权助来当说客 …………………………………… 57
 2. 你杀了我还不叫我流血 …………………………………… 61

3. 把青天白日旗挂出来了 ……………………………………… 62
4. 汪精卫提出我们俩同时辞职 …………………………………… 66
5. 东北兵工厂是中国第一 ………………………………………… 71
6. 东北空军是我创办的 …………………………………………… 73
7. 沈鸿烈与东北海军 ……………………………………………… 75
8. 邹作华与东北炮兵 ……………………………………………… 76
9. "九一八"事变，日本真是吞了个炸弹 ……………………… 78
10. 土肥原是个侵略"专家" ……………………………………… 81
11. 你日本能够补偿得起吗 ………………………………………… 83

第四次访谈　主张和平统一　什么叫军人　西安事变的秘密 …… 87

1. 我一贯主张中国统一 …………………………………………… 87
2. 谁也没有深刻理解三民主义 …………………………………… 89
3. 我从来不答应日本什么条件 …………………………………… 91
4. 加拉罕与中俄会议 ……………………………………………… 92
5. 对年轻学生我不使手腕 ………………………………………… 94
6. 我向来是主张和平的 …………………………………………… 97
7. 傅作义跟我个人很好的 ………………………………………… 100
8. 看事情总是从大处着眼 ………………………………………… 102
9. 我这个人不会说假话 …………………………………………… 104
10. 中央唱完高调就不管了 ………………………………………… 107
11. 铁道部长不知那条铁路在哪儿 ………………………………… 110
12. 在欧洲接待我的都是朋友 ……………………………………… 112
13. 那跳河当然是我先跳啊 ………………………………………… 114
14. 你们不懂什么叫军人 …………………………………………… 117
15. 军人这个事是不能讲理的 ……………………………………… 119
16. 西安事变的秘密是四个字 ……………………………………… 122
17. 在讲武堂我就这么出了名 ……………………………………… 124
18. 在二次直奉战争我的名望更大了 ……………………………… 127
19. 十八九岁女孩子没裤子穿 ……………………………………… 130

第五次访谈　中东路事件　东北建设　旅欧考察　　　　　调停中原大战 ……………………………………………… 133

1. 看沈阳家乡的地图 ……………………………………………… 133

2. 顾维钧这个人很能干 ·· 136
3. 顾维钧是我们的好朋友 ·· 137
4. 中俄外交，人家胜利我们失败了 ······································ 140
5. 跟蒋先生第一次见面是在北京 ·· 142
6. 搜查苏联大使馆主要是抓共产党 ····································· 143
7. 苏联说的白俄军是张宗昌的部下 ····································· 145
8. 加伦元帅被斯大林枪毙了 ·· 146
9. 宋哲元是很有人格的 ·· 147
10. 让蒋下台是你干还是我干 ·· 149
11. 巧电主要是武装调停 ·· 149
12. 我是野心勃勃地建设东北 ·· 151
13. 那时的东北实在是很富庶 ·· 153
14. 那奉票毛得不得了啦 ·· 156
15. 东北的矿藏十分丰富 ·· 158
16. 我骂我的老师是坐井观天 ·· 159
17. 他们叫我黄嘴鸭团长 ·· 163
18. 想看看法西斯思想到底怎样 ··· 164
19. 发生福建事变蒋先生叫我回来 ····································· 165
20. 英国人是很讲究的 ··· 167
21. 后来我反对我自己的思想 ·· 169
22. 东北军还有很大的力量呀 ·· 173

第六次访谈 东北天气 戒烟痛苦 围剿红军 ··············· 177
1. 东北的天气特别的冷 ··· 177
2. 这种人你怎么救济他 ··· 180
3. 我爸他真会给我扎上木狗 ··· 182
4. 军人不能说没有忍耐呀 ·· 184
5. 何立中、牛元峰两师长都是精华呀 ·································· 187
6. 这个问题最让我伤心 ··· 188

第七次访谈 对日本看法 父子情深 东西文化 ··········· 191
1. 我坐在飞机上挨了一枪 ·· 191
2. 那日本完全是向我示威 ·· 194
3. 那时日本是世界第三强国 ··· 195

4. 台湾和东三省是不能比的 …… 198
5. 日本浪人与川岛芳子 …… 198
6. 对河本、冈村、本庄繁的看法 …… 200
7. 主将下决心是要有根据的 …… 203
8. 你知道共产党可真是厉害 …… 205
9. 得民心者得天下也 …… 206
10. 蒋先生他不听我这一套 …… 208
11. 用霸道是征服不了中国的 …… 209
12. 贵州种鸦片东北产大豆 …… 212
13. 我五妈生了四个儿子 …… 213
14. 我有时候扯淡写点玩意儿 …… 214
15. 在意大利有人偷我的东西 …… 216
16. 我最佩服的是林肯这个人 …… 217
17. 我爸爸不愿老百姓受苦 …… 219
18. 我们父子间感情很深 …… 220
19. 米勒大夫帮我戒烟 …… 223
20. 我们受了中国文化的捆绑 …… 226
21. 宋儒理学阻碍了自然科学 …… 231
22. 所谓武力都是科学的武力 …… 234
23. 你到外国去你反而要爱国 …… 235
24. "领事贩卖人口",丢尽中国脸 …… 236
25. 那时北京政府发不出饷啊 …… 238
26. 我姨说你小子不是个东西 …… 241
27. 当了代表说自己"没带表" …… 242
28. 吴佩孚说我是黄口孺子 …… 244
29. 吴佩孚不是一个好军人 …… 247

第八次访谈 "九一八"事变 日本军人 抗日与信仰 …… 251

1. 从长远看我判断得不错误 …… 251
2. 劝阎锡山不要重蹈自己的覆辙 …… 254
3. 日本人说你只有用箭射回去 …… 255
4. 国联这个团体没有用啊 …… 257
5. 日本少壮派军人太狂妄 …… 258

6. 那日本军队他不投降 ……………………………………… 261
　　7. 是中国人泄露了中村事件 …………………………………… 264
　　8. 柳条湖事件是日本故意做出来的 ………………………… 266
　　9. 政治的事情不是交情的事情 ……………………………… 268
　　10. 那时是因为中国不统一啊 ………………………………… 271
　　11. 我曾经想要上山当土匪 …………………………………… 273
　　12. 我成功过我也失败过 ……………………………………… 274
　　13. 抗战时有些人净说大话 …………………………………… 276
　　14. 所谓信仰是从内心发出来的 ……………………………… 278

第九次访谈　日本侵华　用感情带兵　中央军与杂牌军 ……… 281
　　1. 我是站在日本方面判断的 ………………………………… 281
　　2. 日本人都给日本打报告的 ………………………………… 283
　　3. 我手底下有两员大将 ……………………………………… 285
　　4. 苗剑秋这人很好玩的 ……………………………………… 286
　　5. 好像拿鸡蛋碰石头一样 …………………………………… 287
　　6. 打不过共产党的原因是我们没有中心思想 ……………… 289
　　7. 是一种感情不是什么主义 ………………………………… 292
　　8. 失败我也问心无愧呀 ……………………………………… 294
　　9. 我没有存心损害他人为自己 ……………………………… 296
　　10. 欧洲、英国他们都自顾不暇呀 …………………………… 298
　　11. 我是随着老百姓意愿去抗日 ……………………………… 299
　　12. 利用剿共来消灭我们军队 ………………………………… 300
　　13. 打不打你们自己看着办吧 ………………………………… 302
　　14. 红军也不和杂牌军死乞白咧打 …………………………… 304
　　15. 杂牌军对中央都是不满的 ………………………………… 305

第一次访谈
两次直奉战争　郭松龄反奉

访谈者：张之丙（简称"访一"）
　　　　张之宇（简称"访二"）
被访者：张学良
同座者：赵一荻
访问日期：1991年12月17日

访　一：今天是12月17号。下午三点半，我们是在张学良将军的住宅①，特别访问张学良将军，这是第一次，在座的有张学良将军和张学良夫人。我们现在开始。

1. 老帅想收回外蒙疆土之计划

访　一：少帅，今天我们再一次见面，我们想根据昨天咱们所谈的，再继续向您讨教。昨天，您很感兴趣想跟我们说一说，您没有跟别人说过的，就是我们张作霖②老帅当初的一个工作计划，您还记得大概是怎么回事？您愿意现在说一说吗？
张学良：什么工作计划？
访　一：就是我们老帅本来要向外扩充版图的计划，我觉得这是历史上很要紧的一个资料。
张学良：那时候我父亲他想，我现在没拿地图我说不出来，他想往西扩展，他的意思不想做内战的事情，想往那个地方开展，预备开展三个省。

---

① 张学良的住宅，即中国台湾省台北市阳明山复兴路70号。
② 张作霖，张学良的父亲，奉系军阀首领。

访　一：三个省？从什么地方往西开展，您记得吗？

张学良：那我一说，你要问我这事，我应该有个地图，我可以说。

访　一：下次我们拿个地图来。

张学良：我有地图。

访　一：您有是吧？

张学良：他往西开展，他那时候的意思，就可以简单地说，他想把中国疆土扩大，也实在这也是中国疆土，没开发的。他不想参加内战。他这问题，破坏的问题，那时候他是东三省巡阅使①啦，他兼一个名义叫蒙疆区经略使②。

访　一：哪一个略？

赵一荻：略，就是你说的略。

访　一：策略的略。

张学良：所以他要做这个计划，他把我留守［在奉天］，就是他的事情由我给他做。

访　一：交给您了。

张学良：他自己出去，把军队也都差不多调动到边上，什么郭松龄③军队，已经都调动了，飞机也都去了。他的这问题就这样的。我说这真是历史的事情。

访　一：是啊！

张学良：在外头知道的很少。当年在北京有过，就是直皖战争完了一件事情，我这人记年月日，记不太清楚了。

访　一：那没关系。

张学良：那时候在北京最重要的事情，就叫三巡阅使的会议④。那时中国势力就是三个巡阅使，三个……一个是东北巡阅使，东三省巡阅使是我父亲；一个直鲁豫巡阅使是曹锟；两湖巡阅使是王占元⑤。他们

---

① 巡阅使，官名。北洋政府对控制两省以上的军阀，授予巡阅使官衔。1918年9月7日，大总统令特派张作霖为东三省巡阅使。

② 1921年2月4日，外蒙古封建主在当时盘踞在中俄边界的白俄残匪唆使下，再次宣布"独立"。北洋政府认为讨伐外蒙问题，是当时中国的头等大事。1921年5月25日，徐世昌总统在中南海怀仁堂宣布："征蒙的用兵和指定指挥官，全由张作霖负责。"5月30日，以总统令正式发表：特派东三省巡阅使张作霖任蒙疆经略使，"各该特区都统，均应归该经略使指挥节制。"

③ 郭松龄，奉系主要将领。时任奉军第八混成旅旅长，与张学良的第三混成旅合署办公。

④ 此次会议，由内阁总理靳云鹏倡导，原定在北京举行。后因张作霖、曹锟先后到达天津，便约王占元到天津开会。1921年4月27—28日，会议在曹家花园举行。史称"北方四巨头会议"。

⑤ 王占元，北洋时期的军阀，陆军上将，曾任两湖巡阅使兼湖北督军。

三巡阅使开一个会议，这个问题，是历史上很大的一件事情，这问题就自这儿起来的。那么我父亲那时的主张，不要再打内战了，那么势力都在他们三人手里，大家三人好好地合作。那个时候，这事情打吴佩孚①身上起来的。怎么在吴佩孚身上起来呢？那时候曹锟②他们所谓直派，就想扩展势力，他暗中想扩展。我父亲多少知道一点，他想拿掉两湖，想把王占元赶走。那么后来结果，他还是出现直奉大战，主要自这儿起来的。那时候我还没参与，在旁边，小孩子听着。就说，我父亲跟曹锟我们是有亲戚关系的。

访 一：怎么个亲戚关系呢？

张学良：有亲戚关系，他的……我还说不出来。

赵一荻：他（曹锟）的女儿，是他（张学良）四弟的未婚妻。

张学良：嫁给我四弟，是很有名，[是] 我的四弟学思③的未婚妻，是他的未婚妻。所以，这个谈话时，我在旁边来着，我父亲这人很有意思。那么就说，谈呐随便谈，曹锟，他说到一句话，那时候就是对皖系、对段祺瑞说，皖系打倒了。那么对皖系战争这件事来说，本来王占元是在理的，但是王占元没出力量。怎么没出力量呢？段祺瑞他的妹夫，是谁？就是长江上游的司令，那么就在王占元上头，王占元可以把他解决，但是王占元没动手，没做这件事。换句话说，没有用太大力量。那么曹锟呢，就不大很满意，不满意，就提起了这件事情。吴光新④，那时候他叫长江上游的什么总司令，也有军队。

访 一：我去查。

张学良：那个意思是，应该把吴光新的军队给解决，但是他没做这件事情。没做这件事情，曹锟就说，王占元在这里耍滑头。

访 一：本来是研究商量好的？

张学良：本来是三个巡阅使合作的，那么，打得很厉害了。可以说是直系，自那么起来的，直系把皖系打倒了。说到这话，我在旁听见。他，曹锟就表示，稍微随便表示一下，他说：王占元，王占元叫王子春，他说王子春不对，对不起人，意思就是说他耍滑头，就是他没出力。

---

① 吴佩孚，直系军阀的首领。
② 曹锟，直系军阀的首领。
③ 指张学思，张学良的四弟，曾任中国人民解放军海军参谋长。
④ 吴光新，皖系将领、陆军上将，段祺瑞的妻弟。1917 年任长江上游总司令兼四川查办使，1920 年兼任湖南督军。

他的意思是露出来好像要把王占元拿掉，因为王占元力量没他大。把王占元拿掉，后来他还是做这计划了，那么他要拿掉两湖巡阅使。我父亲说——我父亲喊他三哥，他行三，曹三爷——"三哥！你可小心呐，你要那么做，我可抠你屁股哇！"就是我在后边，我要发动了！他说："我不过是问问你的意见，一般随便说说而已了。"这问题就自这儿来的，随便说说而已，完了。那么，我把话得说回来了。我父亲后来回来，他就做他的蒙疆经略使，正赶这时候——所以说这件事与国家有很大关系，那我父亲已经差不多都行动了，叫我留守，那儿都计划都行动了，差不多都在那儿布置——这曹锟行动起来了，他看奉天，所谓东北往那边移动了，他就对王占元下手了，把王占元解决了①。

2. 我看不起吴佩孚就是这一点

访 一：他趁老帅注意到这边的时候？②

张学良：他看奉天〔的军队往关外走〕、关内的事不管了，所以他就行动了。那我父亲就把军队抽回来了，军队没完全去呢！这就是第一次奉直战争起来的主因——说我父亲说话："我在后边，我要动的！"

访 一：说话算话。

张学良：奉天军队就行动了，就是所谓第一次奉直战争了③。那时候不能说跟曹锟，但曹锟在后头，曹锟大将是吴佩孚，那么，就跟吴佩孚打起来了。我说到我自己，我的起来就在这时候起来的。那时候奉天军分东西两路，西路军是张景惠④，在北京的，他带着有两个师，

---

① 1921年年初，湖北民众强烈反对王占元，倒王运动迅猛，吴佩孚联合湘军驱王。同年8月，王占元被迫辞职。

② 张作霖被任命为蒙疆经略使后，利用从北洋政府领来的三百万元征蒙费，扩充军队，调兵遣将，大力准备征蒙事宜。并于1921年6月13日召开军事会议布置征蒙计划。29日，张作霖召各蒙王17人来奉，拟开蒙事会议。7月1日，张作霖委派第二十八师师长张作相代理东三省巡阅使署、奉天督军署日常事务，征蒙军队陆续出发。12日，第二十八师报告已抵达热河朝阳，继续向赤峰前进。13日，第二十九师报告已陆续向海拉尔进发。26日，第二十七师第一混成旅抵达满洲里。29日，张作霖遵照北京政府24日缓征的电令，召开军事会议讨论对蒙善后问题。

③ 奉直战争，通称直奉战争。1922年、1924年直系军阀与奉系军阀进行的两次战争。第一次直奉战争，1922年4月29日打响，5月5日停战，6月18日双方签订停战协定。

④ 张景惠，奉系主要将领，张作霖的把兄弟。曾任奉军副司令、民国陆军总长等职。"九一八"后投降日本，曾任伪满洲国总理大臣。

我现在记不太清楚，两师三个旅军队，西路军张景惠是总司令；东路军是我父亲是总司令，东路军分三个梯队，我是一个梯队①，我指挥三个旅，那时我本身是一个旅长，但是变成梯队长，就指挥上梯队。那时我才22岁。二十几岁，我出头就自这么出来的。那简单说就打起来了。奉天失败了。西路军张景惠差不多全［被人家消］灭，都叫人给解决了；东路军是三个梯队，我是一个梯队。东路军的两个梯队也打败了，我这个梯队没打败，不但没打败，我打胜了。那么这时候，撤退的时候，军队打败了，退却了，我这军队没打败，还打胜了也撤退了。因此之故［我就出名了］。我这人本来人家看我很年轻，在我父亲方面，后来我就代表所谓新派，我父亲这些老将们不大看得起我，因这件事［他们］对我很重视了。那么，打败回到奉天，等到山海关的时候……所以我很奇怪吴佩孚这个人，我对吴佩孚看不起的，那时候，他要是追击过来，自山海关追击过来，他要是用全力解决，可以把东北给解决了，因为东北的力量已经打败了，军队给打得很厉害，就剩我的梯队了。到山海关又对敌一下子，可是我们相当于打胜，不能说大胜，把直隶军挡住了，那么就谈和了，不打了。就在这点上，我现在说，我看不起吴佩孚，假使吴佩孚他用力量往东北打，可以把东北军给解决了。

访 一： 那您说这很奇怪了，因为他势力在那儿，情势也是战胜的情势，他为什么？

张学良： 他不来也是有原因的，他有原因，什么原因呢？那时候北京政府是黎元洪总统②，那时曹锟要想当总统，想夺取这总统。你明白吗？他（吴佩孚）要回去做这件事情去了。那就把东北这件事情放到那儿了。所以这件事，讲说起来，这就是我说了，我现在说这个作战，我们所谓战略战术，战略就是你的大计划，他这战略不对，不是不对，所以，这一点我对吴佩孚看不起，就是他没有脑子，虽然是军人，但不是真正受教育很高的军人，他对这些事情，不是太［懂］，所以我看不起吴佩孚，就是这一点。那么简单说，讲和了，不打了，就在山海关对峙，不打了。这就是所谓第一次奉直战争。那么奉直战争，这事情当时我并不知道，后来我才知道，在父亲文案桌子

---

① 张学良时任东路军第二梯队司令。
② 黎元洪，两任（1916.06—1917.07，1922.06—1923.06）中华民国大总统。

里，有一篇东西，我才看见。那时我的权力并不大，我不过是一个旅长。

访　一：梯队长。

3. 作战最怕犯的错误是逐次增加

张学良：不是，［是］旅长。后来临时打仗时派的是梯队长，指挥三个旅。他们将领们给我父亲上个条呈，那时我父亲重要的军事事情，都在张作相①手里，他是我父亲手下的大助手，张作相这人实在是好人。他们将领们就意思说，你（张作霖）回［奉天］去，可以很好地把军事的问题交给他。就是交给我，认为"他还可以"。回到奉天，奉天成立一个陆军整理处，专门要整理军队了。整理处统监是我父亲，副监有两个人②，我不过是当个参谋长，我是整理处参谋长，实际差不多行动全都是我在主张。简单说，回奉天就是整军经武了。我那时很年轻，很不客气，我把作战失败的两个旅长都枪毙了③，［他们］都是我父亲的老部下。

访　一：那两人是谁来着？

张学良：我都忘记了，我现在记不住了，一个姓鲍，我给枪毙了。大家对我这人也就［有认识了］，一方面也看我很厉害，一方面也就看得起我。那么，自这时候［开始］，军队的权差不多，不能说全权，差不多都到我手里了。这是整军经武，那么，起来就是第二次奉直战争④。那么，过了两年，就是民国十三年，我说这事是民国十一年。后来，第二次奉直战争是民国十三年，十三年又打起来了。奉直战争，我简单说吧，到了山海关，可以说是我就分了两军，两个方面。一个是我这方面，差不多把吴佩孚的军队全灭在山海关。因为这样子，我的名望，我张学良的名望不但在东北，在中国全国都晓得了。那一下子把直军，不但

---

① 张作相，奉系主要将领，张作霖的把兄弟。曾任吉林督军兼吉林省长等职。
② 1922年7月22日，奉军在省城奉天成立了"东三省陆军整理处"，委任孙烈臣为总监，张作相、姜登选为副监，张学良为参谋长。1925年，将"东三省陆军整理处"改为"东三省陆军训练处"，由张作霖任统监，姜登选、韩麟春、李景林、张学良为副监。
③ 在整饬军纪中，张学良将在第一次直奉战争中不听指挥、临阵逃脱、贻误战机的三人（第六旅旅长鲍德山、第二旅旅长兼呼伦贝尔镇宇使张奎武、第十混成旅第一团团长许益三）执行枪决。
④ 第二次直奉战争，发生于1924年9月—11月。

直军，可以这么简单说，把当年所谓北洋军阀——最后的北洋军阀①就是直军——差不多把那些军队都给消灭了。那时候他来了21万人，确实是21万人，我们奉天只有7万人②。

访 一：21万，您只有7万，三比一。

张学良：可是叫我们7万人把他们整个打垮了，不但给打垮，整个给解决了。怎么样解决了？我说这个恐怕你也不注意这话。

访 一：您说，我都注意，我学习。

张学良：我们军人作战，最怕犯的错误是逐次增加。

访 一：逐次增加？

张学良：怎么讲逐次增加呢？就是你把这军队，拿上一点儿，又拿上一点儿，我就说他的结果吧，他的虽然21万，他就是调来一师，送上去，到那儿就打败了。又来一师，又打败了，这叫逐次增加。你把军队拿上去，一下子都拿上去，明白？

访 一：对，对。实力雄厚。

张学良：他犯了这个错误，整个叫我们打败了。不但打败了，整个把吴佩孚，可以说直系，整个北洋军阀，一下打没了。……哎呀！他有一个师好厉害！

访 一：怎么厉害法？

张学良：很会打仗！那个时候，我现在说不出来了。张宗昌③跟李景林④，他们两个就那时候起来的，我们缴了械，我简单说，光枪就缴几万支，七八万支，我就知道光缴炮就四百多门，你说战役多厉害吧，打得……直系整个儿没有了，整个儿给打没了。所以，那么样的，不但奉天，在中国我也很有点儿名。

访 一：那是民国十三年，第二次奉直战争，奠定下您在整个全中国，在军事领导上的地位。

---

① 北洋军阀，清朝末年民国初期军阀派系，由袁世凯为首的"北洋新军"主要将领组成。
② 在第二次直奉战争中，直军投入兵力20余万人，奉军投入6个军兵力15万人。由姜登选、韩麟春任正、副军长的奉军第一军，有一万六千人；由张学良、郭松龄任正、副军长的第三军，有二万六千人。第一、三两军负责山海关、九门口正面战场的主攻。此外，汤玉麟的第七旅、蔡平本的第二十五旅及黑龙江的第十七混成旅，为第一、三军的后援。
③ 张宗昌，奉系主要将领，第二次直奉战争时任奉军第二军副军长。战后任山东军务督办兼山东省省长。
④ 李景林，奉系主要将领，第二次直奉战争时任奉军第二军军长。战后任直隶军务督办。

4. 处患难容易处富贵难

张学良：有点名望了。可是这样的起来了，就是问题来了。

访　一：怎么呢？

张学良：我跟你说啊！处患难容易处富贵难。

访　一：嗯，这是一个哲学上的大道理，处患难容易处富贵难。那您身经大敌，以7万打垮21万人，北洋都等于全军覆灭了，您倒反而觉得比处富贵容易？

张学良：这就问题来了，这倒难了。我父亲呢，我就说我父亲，他不听我这一套的，我有时候给他上主意，我父亲他倒是对的，我父亲觉得我就是我，不是我要干什么。我就简单说这问题来了，我父亲总是，不是压我！你这小子，你！你！这一打胜了，我就简单说吧，这李景林呢，就到了……这话要说起来很长了。

访　一：您慢慢说。

张学良：不是，我们当时一出发，歃血为盟，我这些将领啊，说我们出去打仗，谁也不许抢地盘，谁也不许占地盘。占地盘，你明白吗？

访　一：懂啊！

张学良：当督军①，当什么，不占地盘。我们当时跟我父亲，都是给他打，给中国打平了咱们再说。可是，所以我说处患难容易处富贵难。一进关打胜了，李景林到了河北就是拿了直隶督军。本来我们自己内定，原来直隶有个将领叫王承斌②，是东北人，这人我们都很佩服他，预备把直隶给他，可是到那儿，这李景林［就当督军了］，所以我父亲对这件事，我对我父亲，我对我父亲不……我父亲这人很讲感情，不是那么厉害的人，不是。我的主张，到直隶就把李景林枪毙。

访　一：跟我们当初所决定的不一样。

张学良：不应该抢地盘！你怎么就地抢地盘？你等于不服从命令，不服从这

---

① 督军，官名，中国古代地方军政长官。汉代曾设督军御史，为监军之官。辛亥革命后，各省最高军政长官称都督。不久后设民政长，都督专管军事。民国五年（1916年）袁世凯死后，都督改称督军。1922年黎元洪倡"废督裁兵"未成，遂改督军为督理某省军务，简称督理，也称督办。1924年第二次直奉战争后，段祺瑞任命各省军事长官用督办称谓。

② 王承斌，直系将领，陆军上将。曾任直隶省省长。

个！我父亲那时候……那一下子问题来了！张宗昌到山东，山东督军。所以就处富贵难了。李景林，就是直隶督军，姜登选①是安徽督军，杨宇霆②是江苏督军。那么，简单说吧！当然大家也都有力量啦，可是打硬仗都是我们，可是我们没有事情。所以这问题，就说郭松龄之变，就是暗中藏下来的。郭松龄就说，"我们倒霉，打都是我们打的了。"打得最厉害是我了，我底下，并不是我啦！郭松龄是我的大将，那么他就说，"我倒霉，我在你手底下。"

访 一：对，这个有所闻。

张学良：我在你手底下，因为你爸爸压着你了，但我就倒霉了，被压起来。他（郭松龄）是心中很不平的。那么这问题来了。这事我再想想，这事怎么起来的。杨宇霆到了江苏、安徽，那时候，南方的军队，孙传芳、还有谁的军队来了，把他们打败了，把江苏挡住了，把他们打退回来，那时候冯玉祥也出来了。等到退到了天津的时候，大家开了一个会议③，大家就很不平了。不平在哪儿呢？这自杨宇霆身上起来的，杨宇霆回到奉天，他本来是奉天总参议，所谓总参议是什么呢？就是我父亲手底下［管大事的］——

访 一：参谋长的意思？

张学良：比参谋长还高。

访 一：参谋总长？

张学良：他整个负责任了，差不多等于。他去到江苏做督军，他总参议没辞，可是没辞，举荐我给他代理，我给他当总参议，我给他执行这权力。那么他打败了回到奉天，他还是兵工厂督办，还是总参议，这事情惹起大家很不平。你知道这总参议权力很大呀！差不多等于我父亲第二把交椅啊！那么为这件事情啊，我就跟我父亲［提建议］，当时就在天津会议，大家很愤恨，最不平的当然是郭松龄了，还有很多人愤恨不平，几个人都说不平的话，甚至于姜登选，他都说不平的话。那么我父亲为这事很生气，这时候问题来了，我就跟我父亲说啊！大家在会议时气很不平，我就给父亲打个电话，我就说这个

---

① 姜登选，奉系主要将领，第二次直奉战争时任奉军第一军军长。战后任安徽军务督办，旋为孙传芳驱逐。
② 杨宇霆，奉系主要将领，1925 年 8 月任江苏军务督办，旋为孙传芳驱逐。
③ 在奉军从江苏、安徽全线败退的形势下，张学良奉命入关督师。1925 年 11 月 12 日，在天津曹家花园召开重要将领会议，有李景林、韩麟春、郭松龄、汤玉麟、姜登选等，讨论军事问题。

事情，你对于杨宇霆，你应该对他有个惩罚！我说惩罚不是［针对］他在兵工厂的事，怎么讲，经济上的事情，他是滥用钱的。

访 一：当然。

张学良：那我是拿这名义，那我父亲很生气，很生气，不断说你不要在那边，你回奉天，不要在那边。要我回奉天。

访 一：这次会议是您主持的？

张学良：不是我主持，是大家开，也不是我开启的。我父亲在奉天，我在天津呢，这会议之下，大家气势很不好，那么我就问我父亲，我父亲说很生气。问题就这么来了，调我要我回去，回奉天，不要我在天津，让我回去。我临走的时候说，你们不要在这块儿吵，我说我会有办法，你们慢慢地，别吵，我回去能把这事情给［解决了］。当时，这问题来了，尤其这李景林说："哎呀，兄弟，还是你回去我都怕了。"怕我父亲办我，我说你们别吵。后来是谁在旁边说："把兄弟吵死了！你们别跟他吵了，你们让他回去。"我回去了，到了奉天①，当时是头天晚上。第二天我就觉得这事情不对了。忽然有个电话，说郭松龄带着军队到了滦州停下来了②。我就觉得这事情不对，我心里就觉得这事情不对，我给滦州打了一个长途电话，那里接电话的一个人，也是我的部下，也是跟他很密切的人，他说话很支吾，我就很奇怪了，心里很着急，也不敢说这桩事。好，第二天早晨，这可把我整苦了。第二天早晨起来，郭松龄领着我的部下，当时我的军队都在他手里，我自己部下，打一个通电，我差点儿投海死了！唉，我是这样子，出了这事情明知有变了，我就自奉天离开，不能坐火车去山海关，他把火车断了③。

5. 父亲称我为"张汉卿先生"

访 一：郭松龄把火车断了？

---

① 1925年11月13日，张学良返回奉天。返回奉天后，张劝其父张作霖"罢兵言和"。14日，张作霖通电主和。

② 在奉军纷纷北撤中，1925年11月18日，郭松龄与冯玉祥订立密约，划分国民军与郭军的势力范围，形成冯、郭反奉联盟。后，李景林亦加入此联盟，发动后李又退出。

③ 1925年11月22日，郭松龄在滦州发表通电，请张作霖下野，由张学良继任。24日，发表第二次通电，指斥杨宇霆揽权弄兵，要求张作霖立即下野。当天，张学良乘车去见郭，行至连山，交通受阻，转海路前行。

张学良：不是！他把铁道占领了，我就预备坐海军的船到了秦皇岛，由秦皇岛上陆去见他。我就在船上，嗨，忽然接到奉天来个电报，我说我差点儿投海死了，我大哭一场，少数我带的卫士，还有几个秘书，就看着我，在那儿看我大哭。我忽然接个电报，"张汉卿先生"，嗯？谁给我打来的？我一看，底下署名的是我父亲跟奉天省长王永江。

访 一：称呼您张汉卿先生？老帅生气了？

张学良：你听我说，这电报我看见了，他说，现在这个所有东北军队打一个通电给奉天。

访 一：给老帅？

张学良：让他们退位，把奉天事情让给我，举我［为头］，那么请我回奉天去接事就是了①。你说这事我多难过了，这怎么办呢？我正在船上，这事情变化这么大了！

访 一：越来越复杂！

张学良：太复杂了！那么我就难过极了，这怎么办呢？我还是得想法平定这件事情啊！这都是我的部下了。郭松龄当时是这样，我是总司令，他是副司令②，这军队一直是如此的，那么大家也不知道是怎么回事儿，我就还是……不行啊！这事情我得负责任，还得了了啊！我就讲这很有意思了。那我赶快到了大连，回到大连，我就想是回去，还是不回去？我也有心不想回去，我想我自己走了。那么到了大连，杨宇霆也在大连，他说："你不回去不行啊！这事情得你去了，没人能了！"那么，他劝我，你无论怎样也得回去。结果我想想，还是我回到奉天③。回到奉天的时候，还是我出来，这个军队，一直就到了新民埠④，离奉天120里了，就到了那个地方。那么，我也就到了前线去了，自奉天转回去，我手无寸铁了，就带少数的军队，

---

① 张学良接到这个电报后，致电张作霖、王永江："万急，铁密。上将军、王省长均鉴：有戌电敬悉。学良一无知人之明，二无用人之能，三无辅佐上将军之才，四无调和诸同仁之技，无颜再见关东父老及祖宗坟茔，抛妻弃子终身不养矣。尚有回天之日，必有后会之时，乞父老安康保重，勿过焦虑。天理人心，必有公判。学良已在启程，拟到秦侦察，一放闷气后再禀行踪。学良叩。"（辽宁省档案馆：《奉天署档》；另见毕万闻编：《张学良赵一荻合集》第一部，时代文艺出版社，2000年，第64页）
② 第二次直奉战争时，张作霖将奉军称镇威军，张学良、郭松龄为镇威军第三军正、副军长。
③ 1925年11月29日，张学良和杨宇霆一起回到奉天。当天，张作霖举行军事会议，宣布讨伐郭松龄，令张学良为前线指挥。
④ 新民埠，今辽宁省新民县城，位于沈阳城西53.9公里处。

一部分就是郭松龄原来也是这军队的，有一部分投诚了，有一营的人。

访 一： 不听郭松龄的了？

张学良： 投诚我了，我就带这一点儿军队，还有少数父亲给我点儿枪，给我点儿钱，那么我就到了新民埠与郭松龄对峙了！那么，郭松龄一直是，我是总司令啊，我的部下很奇怪了，怎么这个总司令跑到这边来跟我们打呢？所以部下也不知，我跟你讲，也很好玩！后来把这事情弄清楚了，郭松龄把我免职了，不是总司令，他是总司令，因为我跟他对敌了。

访 一： 副司令把总司令免职了？

张学良： 不是，他是总司令。那么我的部下就很奇怪了，"我们不能跟他打"。这问题就来了，我跟郭松龄根本没打，怎么没打呢？已经要打了，对敌了，要打了，郭松龄就给下命令要打的时候，有旅长，有几个人就不听命令。

访 一： 他不能跟您打？

张学良： 不跟我打，把命令给他送回去了，没接受。另外他就给团长下命令，直接给，他大部分团长，［对他的］命令不接受，不接受。他一看大势已去，他就走了，根本没打，就这样他就走了。

访 一： 这也就是说，在军事上是一个很特殊的情况，下了命令军队都不听，只好收回成命，自己走了。

访 二： 您只有一旅人？

张学良： 只有一营人，是人家投降的。

访 二： 那您只有一营人，怎么敢回去跟郭松龄对峙呢？

张学良： 我这人心中相当有这把握。你听，在这里我说一个笑话：那时候，我还带着炮兵一营，有炮兵，我父亲给我很多钱，奉天军火乱七八糟的，也给我收拾收拾。这营长他哥哥是那边原来我的旅长，他就是炮兵营长，我们到了巨流河①，军队列上就预备打了。抓到一个兵，抓住那边来的兵，他（炮兵营长）就问，还是他哥哥那个旅的兵，他就问他［哥哥］在哪儿呢？他说，他（那个士兵）指下边什么地方，就是司令部，他（炮兵营长）说："操他妈的，开炮打

---

① 即奉天辽河，位于沈阳城西约45公里、新民县城东约10公里处。今京沈铁路经此。

他!"我说:"你,你,那是你哥哥,你打可以打,不要骂他!你不能骂他!那是你亲哥哥!"他说打死他!我说:"你不要骂他,那是你亲哥哥。"很有意思,这是个笑话了。

访 一:所以就是说,所有的军心还在您这边呢。
张学良:我这人,可以当你们说,我不愿你把这段记载,大家对我感情非常好。

6. 我知道这个人早晚非要变不可

访 一:对,您曾这样说过,杨宇霆是死在郭松龄手里。
张学良:怎么讲,这郭松龄之变,我早就看出他来了,我知道这个人早晚非要有变[不可]。
访 一:他可是一直跟着您。
张学良:不是。他这人的脾气我看出来了,这个人秉性啊!我就说他这,我就知道他有变,但是我跟你说,我呀!我跟你说实在的话,我这人很自恃,可是你有变,这个我要跟你们讲历史,恐怕你们不大知道,郑伯克段于鄢这一段。
访 一:我们知道,是师爷爷讲的,小时候跟师爷爷念书,让我们背,背,背。
张学良:郑伯克段于鄢这段小历史,段是郑伯的兄弟,他知道郑伯要变,他知道郑伯早晚要出事情,因为他母亲喜欢郑伯,不喜欢他。他就是知道,等他变了的时候我把他,假使我早要处置他,那人家说我,意思是说等他变了我把他处置了,这个大家没话讲了。郑伯克段于鄢就是这个事情①。那么郭松龄之变我早就看出来了,他早晚要出事情,他这个人脾气啊,等会儿她(指赵一荻)叫我给你们讲这个事情。
访 一:真有意思,很深的。
张学良:他是这样子的,我们那时是两部分军队跟河北打的,我们是在这边,那边后来也是帮着我,我们很好,一个韩麟春②,一个姜登选。但是他们在九门口进去打胜的,打进去了,我们这边没打进去,山海

---

① 郑伯克段于鄢,是《春秋》记录列国的一件大事。郑伯就是郑庄公,段是他的弟弟公叔段。段骄纵而欲夺王位,庄公姑息养奸,纵容其弟。后庄公适机打败公叔段。此处张学良将庄公和公叔段二人记反了。

② 韩麟春,奉系主要将领,第二次直奉战争时任奉军第一军副军长。

关没攻开，没打胜，攻山海关没攻下来。我们因为他在九门口，我就调军队啊，就九门口，所以我说，吴佩孚这人，我是看不起的。那么我们把山海关只搁一旅人，这个旅还是奉天顶蹩脚的一旅，不是我直系的，是另外一旅。

访　一：不是精锐部队。

张学良：那么，我们就看出来，这个山海关，他死守，绝不会出攻。那么九门口我就调动军队去，我就讲这很可笑了，我们调这军队的时候，那对面的直军在山上看见了，看见白天来了这么多军队，自九门口那边进去了。等于笑话，等我打胜了嘛才知道这笑话。这郭松龄带着军队进去了，他火了，跟友军闹翻了，我就说他这脾气！他把军队晚上给带回来了，不去了，不干了，我不打了，我不帮他们打了，换句话，就是等于人家打胜了，我们进去帮他打，他不打，他带回来了。那么我部下打电话告诉我，说郭松龄把军队给带回来了，说你的军队怎么都回来了。那我就奇怪了，我就知道这家伙出了什么毛病，我就赶快去找他，她（赵一荻）让我跟你讲这段故事。我就去找他的时候啊，我这个人做事情啊，我当然自己去。［见］到军队，我说你们怎么都回来了，他们说是郭军长下的命令，你下的命令，那时候我是正头，他是副的。我不去，他也是拿我们两人讲。那么我就告诉军队——我没有告诉军队说，原地停止。我可以下命令叫他回去了。我这人给他留［点面子］。

访　一：留面子。

张学良：我就说，郭军长在哪儿呢？他们说，他大概在那一带，哎呀！我就一晚上，一夜到天快亮了，才把他找到，在个小店房，他睡大觉呢！

访　一：您骑马去的？

张学良：那时候都骑马，一夜我都没睡，你知道那山路很难走的，我把他找到了。找到了，他睡大觉呢！哎，天亮了，我说茂宸①，茂宸，他号叫茂宸，他看我来很惊讶的。

访　一：吓一跳。

张学良：我说，咱们不要在这儿，有参谋等都在这。你知道，北方院子后头，有个小院，院子有个板凳，我说咱俩到后头没人的地方。我就跟他

---

① 茂宸，即郭松龄，字茂宸。

说，茂宸，我知道他脾气，他当年跟我说，他说"我要不跟着你，我早就没有了"。他晚上把军队带回来了，等于开玩笑一样，晚上把军队带回来，带回来了，等到后来作战完了才知道。我简单说吧，后来再说这件事。明天他又把军队带回去。哎哟，敌人对面很远的山上看见，他们来了多少军队？昨天来了这么些个，今天又来了这么些个。打仗打胜了以后才知道这件事。

访 一：这以后也是个战略。

张学良：等于耍把戏，实在是这么个事。他火了，他把军队带回去，他不干了。我把他追上了，我就在小店把他逮住，我就跟他说，咱们到后院去，在后院弄个板凳，坐那儿说。茂宸，他是我老师啊。

访 一：在讲武堂他是老师。

张学良：我说你是我的先生，可是今天的情形不同了，我是你长官，我说你要有这个行动，那你非通过我不行。现在我给你两个途径，你要真决心要这么干，可以，那是你的自由，你把我打死，我身上什么都没有，你身上有枪。

访 一：您为什么要他打死您呢？

张学良：我这句话，你听我讲，我支持你呀，我下头还有一句：你这样行动非得通过我［不可］，我得下命令支持你，可我不会给你这命令；那么你要继续这个行动，不听我的命令，你把我打死，你非把我打死［不可］。第二点你要服从我的命令。反正这两样，你挑，你自己决定，我身上什么都没有，我空身一个人，你身上带枪，现在没旁人就咱两个人，你自己下决心，你服从我的命令，还是不服从我的命令。你不服从我命令你就把我打死，你不服从我的命令，我当然要制止你，你不服从我的命令只有把我打死，那么你要服从命令你就服从命令。你自己下决心，现在权力在你手里，枪也在你手里，我现在什么都没有，空身。他就哭了，我说你哭什么呀，他说我现在只求速死，我只求速死，我愿意死。我笑了，我说你愿意死好。他说我给你丢人，他就说，人家打胜了，我没打胜①，可我心里

---

① 第二次直奉战争，由张学良、郭松龄指挥的第三军担任山海关正面的主攻任务；姜登选、韩麟春指挥的第一军担任九门口及其以北、以西各口的主攻。1924年9月18日，战争打响。10月4日，在山海关战场，奉军组织敢死队，白刃相搏，猛攻直军阵地四十余次，都被直军打了下来。在这种形势下，奉军姜登选、韩麟春部从侧面袭击九门口，奉军在九门口进展顺利。张学良命郭松龄率部增援九门口，郭认为自己在山海关没有打好，故不愿增援。

很……那意思是人家打胜了，我不愿帮人去打，你明白了？

访　一：懂得了。

张学良：我说，唉，茂宸，这么一句话，你愿意死，这事很简单，你上前线去死，你说给我丢人，那么你去打，你打胜不是给我争脸吗？你何必这样子呢？我说你自己好好想想，何必这样子呢？所以我说天下事，你不要这样子，后来我跟他说，茂宸，你也不要心里……我说一切事情我负责任。你知道我怕他害怕，那我父亲知道这个事情不得了，他这等于倒戈。我说你不要[怕]，从来你有什么事我给你负责，我还是完完全全给你负责，无论什么事，我给你担着，你也知道我这个人的，我说一切事你不要挂着。那么，他就点头，那我关照他好了，你既然这样，这很简单，你现在怕我丢脸，你给我争脸，你愿意死，你去前线打死好不好，你尽量去打吧，现在正在打仗呢。所以我说的他就答应了。我们两人，我说咱们去喝点稀饭，吃点东西，都没吃饭呢。他一鼓气儿就打到了秦皇岛去了。

访　一：所以您一夜之间这几句话[就把他说服了]。

张学良：是，他就打到秦皇岛去了，整个把直系军队给解决了。因为秦皇岛给包围了，我们这边山海关一打，整个打垮了，打垮了，他把铁路给拆了，那么直隶军队退不下来的，整个就这么打胜了。所以天下事情，就说作战这事，也就是他这一怒……就我说，你打吧，既然要死前线死去，他就一下子，在人家军队中间打过去，把人家给包围了。

访　一：军事上还是一个很了不起的人。

张学良：谁？

访　一：郭松龄啊。

张学良：那是，是，我过去作战的成绩都是他[的]，我过去打仗很有名，都是他[具体指挥的]。这个人是这么一个人，吃苦不在乎，而且打仗很勇敢。换句话说，也没有怕死这思想，打仗很勇敢，那么部下对他也很好，他这人，就是他这脾气……我跟你说，我劝他，他跟我说，他说我呀，任折不弯。唉，我说：我这人跟你完全不同，我任弯不折。我劝他，他说我讲哲学，我说我不是讲哲学，我劝你，你是我老师，你怎么这样的脾气。哎呀！他说：我是脾气使然。所以我后来，最后他叛变，把他俘虏，他自己写个条子，他说我现在只求速死，但是我后事我想了，自愿托付给你。两人交情还是那么好。

访 一：也就是说，这次，比如您说这是一个笑话啦，而且是一个插曲，张夫人很希望您讲。我们可不可以说，这就是很有代表性——对您待人，带军，带兵，和政治上很有代表性的一段历史佳话。就是刚才她说的，虽然郭松龄是很有名的大将，可是您呢？是能将将的人。

访 二：这不是跟汉高祖一样善将将？善将将，所以能控制住韩信。而且您对他，除去很有感情，您好像觉得他是个人才，至少是个军事人才。

7. 杨宇霆的死与郭有关系

张学良：我跟你讲，我知道他早晚出事情，那这是我看出来的。所以我说杨宇霆失败，死，死在他手里。就是这样，我知道他早晚出事情，但是我，可以说这句话，我又自己好像骄傲一样了，我就知道他出了事情……就刚才说郑伯克段于鄢，他出了事再办他，大家假使我早把……我办他更不对，就是我把他撤差了，不要他了，那人家说我这人也太没道理了，太没人情了。所以我就知道他早晚会有事情，我知道他的脾气，我看出来了……所以我说后来杨宇霆，再讲杨宇霆这一段。所以我就知道，等你有事情，换句话，我有点自恃，你逃不出我的手。那么我再说杨宇霆，杨宇霆这事我也看出来了。杨宇霆这人，他个人是有野心的，不但是他，最主要他是常荫槐①给当谋士，那我也看出他来了，我都看出来。最要紧是我怕他跟日本勾结，你知道，那么说，杨宇霆这件事，我说死于郭松龄，但是我知道杨宇霆要出事变，我也能把他平掉。但是我两个，一个我先说，我怕他跟日本勾结，一跟日本勾结就麻烦了；第二个，我就是这样子，我就自己心里很难过，难过什么呢，我说郭松龄之变，我有两件事情难过，为什么难过呢？一个是我对不起我部下。

访 一：怎么呢？
张学良：因为他的变，我的部下死了不少人，那么这事情不起来，就没这么回事情。

---

① 常荫槐，奉系重要官员，曾任黑龙江省省长。

访 一：就不会打仗。

张学良：一个是我对不起东三省老百姓，我为我自己，为我，可是叫老百姓吃苦很大，你知道，受苦。我早就把这事情处置，不就完了吗？所以杨宇霆这事情我就看出来了，我也知道杨宇霆是要生变，但是我想了又想，我要是把杨宇霆这事［早办了］，大家看我这人太厉害了，太凶了。那么，可是我还是等着，像郭松龄一样，等他出了事变，我再处置，那我就好像，我心里很难过，一个是要等出来事情，一打再一难，一个是我自己部下，一个更要紧的是东三省老百姓［受苦］。

访 一：还是很大的损失。

张学良：为我自己，留一点名，不是留名，留一点身份，这不应该的，我自己想，那好，我就决心办他（指杨宇霆）。

访 一：那不是正好合乎密宗教义，佛教密宗教义杀人，您不是说［过这一教义吗］？

张学良：我就是，所以我就决心［办他］。

访 一：这很合密宗教义。那您怎么说郭先生死与杨宇霆有关系呢？

张学良：不是，是杨宇霆的死与郭有关系。

访 一：郭松龄之经验给您的经验？

张学良：对，就是这个话，我是等着他变呢？还是不等他变？就是这样，我何必，我已经看出来了，我已经知道了。

访 一：有人写东西说您，好像杨宇霆给他父亲过生日的时候，说要对您不利。是有这回事吗？

张学良：我跟你讲啊，我这人胆子很大。我常到他家去，我常到他家打牌，我到他家去，我就看出他有［问题］，但是我看他到底要［干什么］，换句话，他不敢。

访 一：您说他不敢？

张学良：他不敢，他要敢的话，他早就动了。他不敢，因为什么他不敢？他那时，他已经尽量想法拉拢我的部下，明白？

张学良：所以我就看，他尽量拉拢我的部下。

访 一：他怎么做呢？

张学良：那么我的部下，我的部下有些个没有事情了。我回到奉天裁军，那时候把好多军长，都不是免职，都没事情了，那时候我的军队［很听话]，所以老总统①对这件事情他问我，那时候我手底下带 21 个军呢，那么回到奉天，差不多裁掉了十几个军呢。

访 一：差不多一半了。

张学良：那是不容易的一件事。我简单地说，这些人都是，我跟你说，我常常说笑话，那些你带的军队，带的部下，那都是小老虎哇，所以我能把他们［带好］，换句话说，我能把他们制服也不容易。老先生，老总统那时候政府要裁军。哎，老先生他说，"你怎么能把军队裁成那个样，处置么好？"我说，这事情我一句话说不了啦。他说，"那么我全权给你。"我说不是那么讲，不是一样，这情形不是一样。那你现在中央军给我，我裁不了啦，我做不到。

访 一：是不是因为那是自己的子弟兵，等于家乡的［子弟兵］。

张学良：也不是，也不能说家乡子弟兵，我的部下实在对我［很好］，我现在部下还有，你可以问，他们对我是，用杨宇霆的话说"拿我当圣人"，我跟他们说话，他们听的。

赵一荻：种种的条件不一样。

张学良：对，对，不一样。

---

① 指蒋介石。1928 年 8 月 8 日，国民党二届五中全会提出了裁军计划。6 月 20 日，张学良在《就任奉天军务督办通电》中，提出了"取精兵主义，力谋收缩"的主张。奉军陆军包括步、骑、炮、工、辎重各兵种，总计有官兵四十五万人。留编三十万，共裁官兵十余万人。撤销了军团部及军部师部，改编为国防军和省防军，步兵改为旅制，炮兵改为团制，工兵改为营制，其他如宪兵、通信等均改为大队、队制。

第二次访谈
郭军反奉　杨常事件　影响我的人

访谈者：张之丙（简称"访一"）
　　　　张之宇（简称"访二"）
被访者：张学良
同座者：赵一荻
访问日期：1991年12月19日

1. 父亲怀疑我和郭松龄合作

访　一：前天我们谈到了两件很要紧的事，一个是郭松龄的事，一个是杨宇霆的事，我想这是两个很关键的题目，有一两个补充的事情，您再给我们说一点，把这两件事情都说完全了，您看好不好？

张学良：好。

访　一：第一是关于郭松龄先生的事情。您记得，您说在船上的时候，您接到了老帅的一个通报，那上面写着"张学良先生"，结果给您吓了一跳，当时您心情很难过。那时候，您难过是因为您觉得怎么老帅误解了您？

张学良：不是误解，我就说呀，因为那个电报不是我父亲一个人的，是王永江，奉天省长王永江①，他们两个人联名的。"张汉卿先生，"我就想啊，一个政治的事情，是这个政治的复杂，把人情都弄成这样了，我难过。我这人很重感情的。

访　一：是啊，老帅一直［重用您，信任您］，尤其您一直跟着老帅。

张学良：不是一直了，是父子的关系。那个时候，我有点心里难过，那个电报谁打出来的我不明白，是王永江、我父亲两个人的名字。大概那

---

① 王永江，奉系主要官员，曾任奉天省代省长。

个时候，我想他们怀疑我跟郭松龄一块儿合作的。你明白吗？因为那些部下，打电报的那些部下，叫他俩（张作霖、王永江）让位让给我呀！那都是我的部下，他们联名的。换句话，奉天大部分的军队都在我手里呀，因为他们联名打的①。

访 一：后来您就没有到秦皇岛，您就回去了，您决定回去？

张学良：不是不是，当时为了这事情我就到了大连去，我就走了，我想我走了，走开就是，我想不干了。到了大连我碰见了杨邻葛，杨宇霆就是杨邻葛，碰见他，他也在大连，他说这件事情还是得你解决，你要一走，这件事情就没有人能解决了。

访 一：没法了了。

张学良：就是等于退却，没法了了，换句话他承认——这句话我不能那么讲——我父亲和他们不能解决，还是得我，"还是得你解决"。他再三劝我，你赶快还得回去，还得回去。那么我就回到了……我没回到奉天②，我回到巨流河，就是跟郭松龄对峙的前线这个地方，我到那个地方，那个车站上，我还有一部分人，很少数的人跟着我。那么我就给我父亲，我到那儿听说我父亲已经走了③，放弃奉天，上了日本的——

访 一：租界？

张学良：不是日本租界，就是日本——

访 一：关东军部队住的地方？

张学良：不是不是，日本火车站，就是等于日本租界一样。我说我打电话，我就跟我父亲，我说："我听说你跑了？"他说："我才要问，听说你跑了？"我说："我跑了不是你的儿子。"他说："我跑了不是你爸爸！"那么就这样决定了，要打了。那么我父亲说，"这样，我现在把奉天所有的这些能拿出来的军火都给你送去。"我就在那收容这些乱七八糟，回来的、退回来的部队呀，散的部队呀，收这么一部

---

① 1925年11月24日，郭松龄发表反奉通电，历数张作霖失政和杨宇霆罪状，要求张作霖下台，由张学良继任镇威上将军，当时奉军主力多在郭松龄掌握之中。当时，郭松龄发表通电和下达命令都与张学良联名署名。

② 1925年11月29日，张学良同在大连的杨宇霆一起返回奉天，参加当天张作霖举行的军事会议。会后，张学良赴巨流河指挥讨伐郭松龄的作战。

③ 12月5日，郭军占领锦州，奉军放弃大凌河阵地，全线溃退。6日，王永江与从前线退回奉天城的张作相一起，劝张作霖息战下野。张作霖决定下野，并着手遣散部队，逃往旅顺求日军保护。7日，日本关东军司令白川义则与日驻奉天总领事吉田茂答应支持奉军，并出面阻挠郭军前进。张作霖又改变态度，取消下野之意，于当晚举行军事会议，重新部署讨伐郭松龄的军事行动。

分，他（张作霖）给我送来60万块钱，我就收容这些个。

访　一：但是那会儿老帅既然发了这个通电，不管是谁发的，一定很生气了。

张学良：不是生气，不是。我不知道，这个详细情形不知道。他们当时呀，我想这事是王永江，是王永江，那时候王永江是我父亲这个大大大①……他们都怀疑，大概他们怀疑我呀，跟郭松龄合作的，勾结的，也许是这样的，我不敢说。我不知道这个电报是谁发的，我不知道，后来我也不追问这个事情。

访　一：老帅为什么要到日租界，有什么危险是吧？

赵一荻：他们问老帅为什么到日本站去？他（张作霖）认为他（张学良）跟郭松龄合作嘛，他要夺权了嘛，夺政府［权］了嘛，不打了嘛。

张学良：就躲开了。

访　一：咱们今天完全是凭历史，讲历史呀，您跟我们说一般过去的历史。如果老帅信了别人，觉得可能是您要夺权，这是谁在旁边造的这些谣言呢？是不是有人破坏？

张学良：这个话是很难说，很难说。你知道我爸爸也是，我那个时候所谓，所谓怎么讲，就是少壮派，不是少壮派，大概是那个，就是我是年青派的那一派。那么老派人都怀疑，甚至你知道我父亲老部下都是我的前辈了，他们都说过这句话，说等我们要被处死刑时，都是你。（笑声）都是你②。

赵一荻：他们这个新派嘛，他们认为他放纵这个郭松龄，两人合作要推翻老帅，老［帅的政权］。

张学良：老派。

访　一：要夺取政权哦。

张学良：大家怀疑这个地方，你明白？所以我们那时候所谓新派，那时候奉天有好几派，一派就是郭松龄领导，跟我们这一派就是陆大派③。他是陆大，但是我们都是讲武堂的，讲武堂这一派，属于这个陆大派底下的。另外呢，还就是杨宇霆他们，就是留日派④，留日派在

---

①　王永江时任奉天省代省长，与杨宇霆一起，被人称为张作霖的"左右手"。张学良这里的"大大大"，应该是指"大管家"。

②　意思是说郭松龄反奉事件是你张学良造成的。奉系老派人物普遍认为，张学良是新派人物的代表，是张学良帮助和纵容了郭松龄，才使郭松龄有能力反奉。

③　指东北军中毕业于中国陆军大学和保定军官学校的一些师、旅长等军人。

④　指留学日本回国后在东北军中任职的一些人。

里头也是，不是这种尖锐的对峙呀，但是暗中也带着对峙的，明白？

赵一荻：他们也都妒忌，因为看到权都到他（张学良）手里去了。

张学良：那么，这个事情全部到我手里去了，大多数可以说到我手，同时出了这个变化，就是连王永江在一块，也都觉得我父亲太［信任我了］。嗯？

访 一：偏心？

张学良：不是［偏心］，［是］给我权太大了，明白？王永江就因为此事［就不干了］。我回来把这件事做完了的时候①，他们就主张我不能再管事情了，建议我父亲不要再让我管事情了，说我很年轻，弄出这么大的变化。后来我父亲，当然，不但我父亲，那时候杨宇霆也赞成还是给我管，没我不行。那么后来，王永江就走开了，不在奉天了，跟我父亲两个人［闹翻了］，他……不在奉天了，他不做了，回他自己原来的家乡去了，以后他永远没回来②。那么我父亲请他几回，我自己特为挽救这个事情，我跟杨邻葛（杨宇霆），我们两人亲自到他家，他住是住在那个奉天的［金州］，另外有一个地方是日本势力，是中国的地方，但是日本的势力，就跟大连很近的一个地方，那是他们家，到那去劝他。后来我父亲请他，他也不出来，以后我父亲到北京请他当内政部长什么的，他都不出来，他不出来，他就为这件事，他很不高兴，他就说我就不应该做，这是他的主张。

访 一：另外就是，我们想，郭松龄这次，比如说，反叛了，我想这个原因并不一定是您那次几个人在那开会，大家说不要占地盘，大家说……远因是什么？就是以前积了很多心里的不愉快，所以到那个时候［就爆发了］。

张学良：这个事情要说起来，这里头就有很多很多的问题来了。我父亲对郭松龄也很［器重］，我原来说他，后来他对郭松龄也很喜欢，对他很好。我就跟我父亲说，我说你呀，［你］那个部下我也统治不了，就像张作相；我这个部下你也统治不了。我爸爸说，我不如你。我说不

---

① 指平息郭松龄反奉事件后。

② 王永江于1926年2月19日，悄然返回金州（今大连市开发区和金州区）故里。3月2日，向张作霖提出辞呈。原因是与张作霖政见不同，王永江一直反对张作霖参与内战、向关内用兵。郭松龄反奉后，张作霖曾在声明中承认，连年战争致使东三省"人民涂炭"，"受苦莫大"。今后要"修明内政，不勤远略，以期与民休息"。但在平息郭乱后，立即大举向关内用兵，王永江多次谏阻奉军入关，张作霖不听谏劝，王永江告假回金州养病。王因积郁太深，旧病复发，于1927年11月1日逝世。

是，你们到一块儿不行的。结果是我父亲对他很好，可是，结果弄得很不合适。你听我说这个道理呀，这个统治人的事情不同，因为他郭松龄他是受教育的，他是陆大的学生，很受教育；二是他这人的性情，我父亲也弄不太［清楚］，知道！但不是像我知道得清楚。这是一个原因。再一个原因呢，我父亲最宠信的就是杨宇霆，那么他（指郭松龄）跟杨宇霆，他们两个人是最［敌］对。他是这么个事情，杨宇霆当参谋长，这倒回去多少年前，他（郭松龄）是督军署的中校参谋，那跟我毫无关系，他就因为一件很小的事情跟杨宇霆弄翻了，他因为去借钱，大概是为什么，杨宇霆没批准，他就火儿了，他就走开了，走开就到广东去了①。

访 一：对了，我们听说这个事，他离开过一阵子。

张学良：他到广东去了，到广东，他就在这个李协和，李，李，李他的名字，我总把他叫李协和②，李……审判我的时候当审判长的。

访 一/访 二：李烈钧。

张学良：他就在李烈钧手底下做事情③，那么后来呢，他在那儿也不大怎么得意，也做了中校的官，他不大得意，他又回到奉天④，奉天那时候整军经武的时候⑤，他回来到讲武堂当教官。

访 一：那时候您负责整军经武吗？

张学良：不是，我是学生，在讲武堂当学生，因为在讲武堂当学生时候，他才认识我，我才认识他。他当教官，我就看这人很能干，他也很看得起我，我也看出来，这个人是很厉害的一个人，不是，不能说聪明，这个人是很有……有特别魄力的一个人。

访 一：那么这是随便说了，如果那个时候，他没有叛变，而且能够继续跟

---

① 1905 年，赵尔巽出任奉天将军，并设立"奉天陆军小学堂"，22 岁的郭松龄入小学堂学习。1906 年，在小学堂毕业后入"陆军速成将弁学堂"学习。1907 年被选送北洋陆军第三镇见习，一年期满后，回奉天巡防营任哨长，1909 年，郭随朱庆澜部进入四川。1911 年，郭升为第六十八标第二营营长。当年 11 月，郭返回奉天。1912 年考入北京将校研究所，1913 年毕业后重返奉天。1913 年秋，考入中国陆军大学。1916 年末，郭在中国陆军大学毕业后，任北京讲武堂教官。1917 年 7 月，孙中山高举护法旗帜时，郭离开北京，只身南下投奔革命军政府。此时，郭还未投奉系。

② 即李烈钧，字协和。中华民国建立之初曾任江西都督。西安事变后，任审判张学良的高等军事法庭审判长。

③ 1917 年 8 月 25 日，孙中山在广州召开非常国会，成立军政府，孙任陆海军大元帅，李烈钧任大元帅府参谋长，郭松龄任大元帅府警卫营长。

④ 1918 年，郭返回奉天，经陆军大学的同学秦华推荐，进入奉天督军署任少校参谋。

⑤ 奉系实行整军经武，是在 1922 年第一次直奉战争后开始的。

您合作的话,您想他对您从那儿以后的事业上会有很大的帮助吗?

张学良:……(录音不清)

访 一:您要这么说,您是统帅,他是您的副手。

张学良:副手,嗯。

访 一:那么他指挥军队的时候,是以您的名义来指挥军队,所以也就是说,如果发号施令的时候是用您的名。

张学良:都是我,我俩一正一副啊,向来都是。所以后来他叛变,大家就弄不清楚哇,我的图章什么都在他手里呢,他叛变的时候,我还是总司令,他是副司令①。

访 一:对呀!

张学良:还是这样。

2. 郭松龄后来有点懦弱

访 一:这一次,他叛变之后,您到新民埠,是吧,在那个时候他派了这个旅长,旅长不听;派团长,团长不听。这是因为旅长、团长都知道,要敌对的是您自己,但是要在其他的战役上的话,他要这样做的话,这些旅长团长那就[听从命令]。

张学良:假如他不服从我的命令的时候,差不多,换句话说,有时候他指挥不动,指挥不动。

访 一:还是得您。

张学良:不过,是这样的,有一小部分是他自己的同学呀,私人呐,那他能指挥动,是这样子。换句话,还是他拿我这帽子来罩着,他自己知道,所以我们也没打,他就走了,他就失败了,他知道大势已去,所以最后他给我写一个条子②,我赶快给撕了,怕我父亲看,他说我现在只求速死啊,只求赶快死呀,但是我的后事呀,我想了,还是得托付给你。

---

① 第二次奉直战争时张学良和郭松龄的第一、三联军,组成京榆驻军司令部,张学良为司令,郭松龄为副司令,司令部设在天津。

② 1925年12月24日晚,郭松龄被奉军逮捕后,由房书溪看管。房与郭有师生之谊,房问郭:"老师还有何事交办?"郭随即向房索要纸笔,写道:"一、汉卿弟:兄为国为民而作战,不幸至此,倡首兄一人,勿罪部下;二、我之动产与不动产问二军需官尽知,除偿还余之私债外,悉数捐入同泽中学(此校乃张学良与郭氏夫妇所办);三、……"(见《郭松龄反奉》,第150页,1986年,辽宁人民出版社出版)郭瞑目良久,再也写不下去,掷笔而罢。

访 一：这样的交情还真是少有，不过他，有一份报道说，他逃到一个地方的时候，您还想尽了办法抢救，说希望不要让他有生命危险。

张学良：不是这样的。他这人到后来我就不大欣赏，他最后死的一段事情，我觉得他这人……嗯，可以说在我这一方面说啊，他把我没看明白，他没弄清楚。假如他落在我手，我把他放走，他那个时候，因为我对他，我很佩服他了。到后来他快死这段事情，被判，被抓，被枪毙这件事情，我就对他，看他不起了，我看他不起在哪呢？一个是他不应该逃走，要是我呀，不逃走，这是我看法。因为逃走……他应该自个儿自杀，自个儿自杀，他不必这样子，他这个［不〔是〕男子汉］……

访 一：受侮辱？

张学良：不是受侮辱，很，到后来就是，你知道我们就说，是一个汉子，到后来他有点懦弱了，有点相当懦弱，这是他死的时候。我的意思是，这件事情我对杨宇霆是非常不高兴，我给我父亲打个电话，把他（郭松龄）俘虏了，把他抓住，我给我父亲，不是给他求情，但是我给他太太求点情。那我父亲骂我两句，我就说他一个人（郭松龄）罪，她一个女人（郭松龄夫人韩淑秀），你（杨宇霆）不要［办她］。我意思就开一个军法会，［审问］他为什么叛变？他肚子里的话，都让说他出来。后来杨宇霆他怕这事情。

访 一：怕他说？

3. 郭杀姜登选大失人心

张学良：他（杨宇霆）造了一个谣言，那是他造的。他说往奉天［押送］，他说日本人要抢他（指郭松龄）。

访 一：日本人要抢郭松龄？

张学良：要把郭松龄劫走，因为我们要到奉天去呀，到奉天要过一个日本铁路。这完全是他造的谣言，我知道他造的。那么当时下命令，当时就把他枪毙了。

访 二：谁的命令呢？是老帅的命令吗？

张学良：当然是老帅，我父亲根据他［反映的情况］① 下的命令。

---

① 指杨宇霆说的，日本人要劫持郭松龄一事。

访　一：根据杨宇霆……

张学良：把他枪毙了。

访　一：所以也就是说郭、杨之间的嫉恨、仇恨吧，两个人互相反对由来已久，到这个时候看，是你能把我制住，还是我能把你制住？

张学良：那是，他俩由来已久。

访　一：会不会是杨宇霆对您的忌妒，因为郭松龄在您手下？

张学良：不是不是，郭松龄这个人也太不对。他是这样的，我们奉天，在那个时代哇，不只是奉天，不但奉天，在各处都是如此。这个陆大派的人，那跟这士官派的人，总是对立的，在军队里头他们总是对立的。很少，也有地方合作的。那个时候，在奉天，还算是我的长官，我是奉天整理处的参谋长，整理处的这个总监是我父亲，底下有两个副监。一个副监呢，这个人很有名的，叫姜登选，他当过孙先生的这个，叫什么？给孙先生好像……武官长那样的一个人①。郭松龄这件事情我非常对他看不起，他对姜登选呢，也不是就因为姜登选说过这么一句话，他是怎么说的一句话呢？传话的人是有意给传的，好像大家谈话的时候，他（姜登选）说呀，张汉卿把郭松龄啊惯得这样，像郭松龄这样人呢——这是传话的人说的，是不是这样说的不知道——像这样的人呢，应该枪毙。那传话的这个人是成心地挑拨是非的，这个人姓李，他就把这句话传出来了，郭松龄听到这句话非常[气愤]，"他（姜登选）说把我枪毙，你看我有一天我把他枪毙。"那么后来，这个，这个姜登选呢，真是到他手里，他叛变以前姜登选来奉天，正是那时候他存心叛变了。他（姜登选）坐着火车来，叫他（郭松龄）把他（姜登选）截住了，截住他拉下来就把他枪毙了②。

访　一：也没有什么理由。

张学良：没什么理由，就是下个条子把他枪毙了。那么，姜登选看这条子就知道，他（郭松龄）把他（姜登选）枪毙了。所以他这个必须处死刑的理由，处理郭松龄我不能替他求情了，不但他叛变，他不应当

---

① 姜登选于1904年参加了"同志会"，次年参加了孙中山在日本组织的"中国同盟会"。历任四川军政府参谋总长、黑龙江护军使署参谋长、奉军苏鲁皖剿匪总司令、安徽省军务督办。

② 在郭松龄倒戈前夕，皖督姜登选从安徽被孙传芳赶出。1925年11月22日，姜专车经由滦州车站返奉，郭派人见姜说，郭正患感冒不能亲迎，请姜下车一晤。姜下车即被扣押。11月25日，在郭军发动攻击时，郭下令将姜登选枪决。姜为人平和，易于共事。郭杀姜登选，大失人心。

把姜登选［枪毙了］。

访 一：不过郭松龄手下的军队，所谓三、四方面军队对杨宇霆的记恨，都是很深的，到后来怎么办呢？

张学良：你不能这么说。后来，我向来总有两个副手，都是两个人，所谓三、四方面军，第四方面军、第三方面军，总是有两个人。后来就是这个谁，就是，韩麟春［接替郭松龄］，后来韩麟春病了，得了中风，那么这个军团长就是杨宇霆了，就是他。我不是跟你说，杨宇霆看这军队，他说你的军队拿你当圣人，那时他就当军团长，所以这是历史。

4. 杨宇霆这个人很傲慢

访 一：有一个人说杨宇霆这个人，向来是目中无人。对这个评语，您认为对吗？

张学良：不能说不对，这个人骄傲得很。

访 一：很骄傲啊？

张学良：不但骄傲，他自己……可是没说过了。那个时候，这个徐树铮①知道吧？

访 一：知道。

张学良：他跟徐树铮最好，徐树铮外号叫小诸葛。

访 二：噢！那是智囊家啊。

张学良：智囊啦，他跟徐树铮最好，徐树铮人家说是小诸葛，就可以知道了。拿这个大家说的，看他，这个人是很，怎么讲好？

访 一：有心计？

张学良：嗯？

访 一：用心计。

张学良：用心计的人，不像我这人，我向来不用心计呀。

访 一：他对您是不是也在玩手腕呀？他忌妒？

张学良：他对我是，不过这话你不知道，你说话不对的。我能在我父亲，当然我们是父子了，可是在我父亲面前，我能起来这一段，与他有关

---

① 徐树铮，皖系军阀主要将领，陆军上将。1918年3月曾任奉军副司令（杨宇霆时任奉军参谋长），同年8月被免职。

系，他很帮忙。

访　一：在哪个方面呢？

张学良：就是这样子，听我讲。他呢，那时候很想跟我合作，因为什么想跟我合作呢？不是说他，他就看出来，我相当于，属于新派了，思想新呢，对这个老派他最受不了，老派对他很不好哇，可是他知道他的力量对付不了［老派］。那么，我们两个人合作呢？他出去时，他的职务都请我给他代理，那么换句话，他的职务我给他代理，我签字，就等于他有负责任的人。

访　二：当时他的职位比您高，对不对？

张学良：嗯？

访　二：他的职位比您高？

张学良：比我高，他是总参议。所谓总参议，你知是什么？就是我父亲底下圈圈的，都是他。

访　二：参谋总长的样子。

张学良：嗯。

访　一：第二把手。

张学良：第二把交椅，原来我父亲的总参议是张作相，后来张作相当吉林督军，就是他（杨宇霆），他是总参议，我父亲很信任他。

访　一：一直很信任他，我想是不是这样，所以老帅故去之后，他就觉得他应该能够把这个局面接过来？

张学良：那不对，不是。

访　一：他没这个意思？

张学良：他也许有那意思，我不是跟你讲了嘛，他看我的军队，他知道他接不了。所以我后来，我在昨天跟你说，后来他就除了这个心，所以他这人很……怎么讲，你讲的他是用心计的一个人。我看出来，他是有野心呢，有野心。后来他就是专门来拉拢我这些失意的部下啦，这些事他自个儿，觉得他做得很聪明，实际上，他实在很糊涂，他不晓得我这些失意的部下，对我还［很好］，都告诉我了①。他干什么？他要做什么？那我心里［清楚］。我说我知道，我知道没关系，

---

① 据刘鸣九回忆，杨宇霆在当军团长未出关时，曾用5万现洋贿赂一个旅长，张学良知道后，未动声色。杨回沈阳后，又向另一位旅长赠送现洋5万元，此人立即向张学良报告，张对他说："他既给你，你就留着用吧。"

我就没把这事情给他揭穿，所以——

访　一：还有一个，你昨天说那个他们买那个捷克的枪。

张学良：是呀。

访　一：这消息谁告诉你的呢？

张学良：什么？

访　一：他买枪，你怎么知道的呢？

张学良：听我讲，不是他买的枪，是这个常荫槐买的，拿黑龙江名义买的，那么买这个枪他得有护照哇。[1] 护照是我们这个长官公署里军械科管的，这军械科里，原来都是他部署的人，也都当过他的部下了，那么他说一句话当然可以了，没话讲了。可是他，他这个人呐，说一句话，说坏了。

访　一：说什么？

张学良：他告诉他们［军械科管事的人］，说不要跟我讲，明白？那可是这个人听见，他要是不说这句话，这些人也许不告诉我，他这一句话说得他们很奇怪，就跟我说了，这买了两万枝枪的问题，他发这护照，问我知道不知道。那么我一听，我说我知道，我一点头，我知道。

访　一：您说您知道？

张学良：你知我不能说。

访　一：还是，那您比诸葛亮还诸葛亮。哈哈哈……

张学良：不是，我说我知道，他就发这个护照，所以我就觉着这个问题越来越多了，我不跟你说了吗？越来越多了，我就知道他要叛变。他后头最坏蛋的就是常荫槐，给他当谋士，后来我们俩最翻脸的事，也是因为常荫槐。他是这样，常荫槐是黑龙江督军，那么他另外是奉天交通委员会的委员长[2]，那就等于奉天的交通部长，在奉天。那个时候，因为这个事情我们差点儿翻脸，这就快翻脸的时候，他就跟我说要常荫槐当这个吉林……那个时候叫中东铁路的督办，督办姓吕名叫吕荣寰[3]这个人，他让我把吕荣寰调走，要用这常荫槐。我就跟他说，他叫常翰襄，我说常翰襄这能力也太大了，黑龙江的

---

[1]　此处指枪照。

[2]　常荫槐任东三省交通委员会副委员长（代委员长职）。杨宇霆、常荫槐要求成立一个东北铁路督办公署，理由是因为中东铁路为中苏合办，不受东三省交通委员会管辖，如果成立一个铁路督办公署，就可以把所有铁路纳入管辖范围之内。

[3]　吕荣寰，1927年任中东铁路督办。怂恿张学良强行收回中东铁路。中东路事件后去职。

督军，黑龙江主席，到奉天当［东北政务委员会］委员。

访　一：交通部部长。

张学良：那么又跑到吉林当了这个中东铁路督办，那么东三省就没有第二个人了，一个人他干了三省的事儿，我们俩差不多［谈崩了］。这话就把他闹翻了，他就再三的主张，因为那个时候，他要想荐的人，我差不多没有不允准的，这个事情我就没答应，我俩就几乎翻脸了，他就很不高兴，他就说这个事非常荫槐干不行，旁人干不了。我就说咱们这东三省也太没人了，怎么这个常荫槐干到三个省了？这就弄得很不好，这就离那个我枪毙（杨、常），那个差不前三天吧。那个时候，对他（杨宇霆）我却不想对他不利，我是想把常荫槐枪毙了，把他（杨宇霆）关起来，我说，人也依然相帮。我太太跟我说一句话，说你把他关起来，你可怎么办？

5. 王树翰叫我忍耐再忍耐

访　一：对，怎么办？

张学良：不是那么讲。如果我这样，比如张作相来求情，我放不放？她（于凤至）说你这些老人求情你可怎么办？

访　一：永远在那儿，永远是麻烦。

张学良：这件事总是一个问题，那么你把他枪毙不就完了。话就是顶着，我不肯想别的，就是那人家看我这人太凶了，他是我父亲的老部下了，他（杨宇霆）过去等于是我长官一样了，虽然不是长官。换句话，太子当权把皇帝的老臣都给杀了，所以那时我真下不了决心，不知怎么办好。

访　一：您提到这个事情，给您说个故事，就是最近美国的两件事情，一个是中东战事，您记得吧？美国布什总统决定要出兵，这个不只是影响美国，影响整个的世界，所以他就说了一句话。他说总统啊，到了一个极端要紧关头，做决定时候是最孤独，以前跟参谋商量啊跟军政界人士讨论，到了最后的决定还要他自己，在那一个节骨眼儿，咱们说土话"节骨眼儿"，那是相当的孤独。还有就是那个中东的将领，叫……他也说，最后在中东的时候怎么样打伊拉克的时候，什么情报都有了，最后决定也是相当的孤独。所以世界上做这个政治领袖，都有非常孤独的那一刻。

张学良：不过这个事情，问题倒也不这样，这句话我倒不承认。你看看你有没有这个心腹的可以说话的人，这种事情在我能谈话的人姓王，叫王树翰①，不是王树常，他俩不是兄弟，他当过我的秘书长。所以我不是那么孤独。我就跟他说，他知道我的心思，他也知道这个环境，可是我们两个人不必揭穿说话。我就跟他说，头一句话，我说我想不干了，我想辞职。这我也不说假话，我想不干了，实在心里呀，有这种烦扰，我不干我不做就算了，这何必呢？他跟我很客气，他喊汉卿，他说汉卿我跟你讲，你今天干这个事情——我是东三省，他们把我举出来的呀，他们开会——他说，东三省父老对你有什么好处，不是看你能够解决这个问题，能够维持这个［大局］，解决这个问题嘛。那么你想不干，可以。你是不是想想，还有人能解决，能代替你，甚至比你强［的人］？能代替你，你想想有没有？

访　一：谁能接得下来呢？

张学良：是呀，就是这个。他说你，你要想想，你得对得起东三省父老乡亲，对你有什么好处呢？对你有什么样爱护呢？也不过是看你能维持这个局面呢。那么今天有这个局面，你扔下就不管了，你算怎么回事？那么我就跟他说，我实在受不了，我实在受不了啦！我说我心里的话。哎呀，他劝我说，你还是应该忍，忍呐。跟我说，打掉门牙带血吞呢！

访　一：打掉门牙带血吞？

张学良：我跟他说，不但门牙，我大牙我都打掉了，我没法吞了。他说你还得忍！我跟他说，我可要放炮。他明白我的意思了，他说你可千万不要，你还好好想想。他说，你不要不要，还是要忍忍忍。他临走时，他说你还要忍忍。我说我要放炮。他知道我要干什么。他劝我，但是当然他不能替我做主哇。他劝我，他说你还要，还要好好想想，好好想想。所以我说我不是孤独的，我可以谈，可以跟他谈，我可以跟他谈，我知道他也不会泄露，他也能给我［建议］。

访　一：那么这个王先生一直跟着您吗？

---

① 王树翰，曾任吉林省省长、东三省保安司令部秘书长等职。1928年曾代表张学良在北京同蒋介石进行易帜谈判。

张学良：他一直跟，后来他不，后来他等到西安事变以后，他倒没跟。我跟你说，这个人是厉害，多厉害。那时候真是，我为一件事情，我要枪毙一个人，那是东北大学的一个教授①，在奉天。为这件事情，他在地上给我下了一跪。

访 一：这王先生？

张学良：给这人求情，他说你可不能这么做。你这么做，可惹起了很大的问题出来。他是个教授了，我要把他枪毙呀。

访 一：您还记得为什么吗？

张学良：嗯？为什么？他是因为这样。东北大学的教授们罢课，教授罢课了，教授为什么罢课？他鼓动的，他在那儿鼓动，为什么呢？他们要想选代表，他们要做那个什么会议呀什么代表。他这个人呢，后来这个人反对我，他想，就是他们要想去，但是我就给指派谁谁去②，都指派了。明白？

访 一：不高兴了。

张学良：不高兴了，不但不高兴了，他就鼓动学校罢课。那么我当时到学校去，到学校去跟他们学校谈，我跟他们说你们不要闹，我说我这个校长啊，也不是运动来的，是你们大家把我请来的。既然这样了，我不管就是，我辞掉就是了，我诚心诚意跟他们说，我说我辞掉，辞掉学校的事情。我是地方长官，那么我可以行使我地方长官［的权力］，把学校解散。

访 一：对呀。

张学良：我把东北大学解散。我说第三样，你们再往下闹啊，我是个军队长官，我要派军队来，我把你们都抓起来，我把你们都处置了，我说你们随便选择吧，那么闹吧，你们随便选择，你们闹。

访 一/访 二：不闹了，闹不出圈儿去了。

张学良：是呀，我说出这话，我说我第一样，我校长辞职我不干了；第二样，我行使我地方的权力，我把学校解散；第三样你们再闹，我行使我

---

① 此人即臧启芳，曾任东北大学教授、东北大学法学院院长。
② 1928年，刘尚清接任东北大学校长，东大改为学院制。周守一为文学院院长、臧启芳为法学院院长、孙国封为理学院院长、高惜冰为工学院院长。1929年上半年，周守一和臧启芳联名上书张学良，控告副校长刘凤竹侵吞校款。刘有徇私致使校务拖沓之实，而臧也有公义之故，更有党派渗透之嫌。臧启芳在东大成立"六一学会"，联系南京"CC派"，张欲杀臧启芳，后经人劝止，旋免职留用。

军权出来了，我拿出军权，这就不用了。这个人叫臧启芳，他后来当……他后来反对我反对很厉害，他临死时对我很好，他在东海大学当教授来着。

访　一：在这儿的东海？

张学良：东大，东海大学。

访　一：台湾的？

张学良：台湾，他死在台湾。他，这个人很有学问。

访　二：叫臧什么？

张学良：臧启芳，姓那个臧，不是我这个张。

访　二：章？

张学良：西藏的藏，没有草字头。

访　一：所以这个王先生，也可以说是您很贴身的一个参谋的样子？

张学良：他是我秘书长嘛，不但是秘书长，我拿他当前辈看，虽然是给我[当秘书长]。

访　一：年纪比您大。

张学良：比我岁数大，他也给我父亲做过事情。他也当过，当过吉林的主席吧，在东北他很有地位的，东北的几个元老之一。

访　二：那您说您想处置杨宇霆，他的意见是怎样的？

张学良：他就是叫我忍耐，我说我要放炮，他知道我什么意思。他就说您忍耐忍耐不要做，不要做，忍耐忍耐。

访　一：比如说杨宇霆这事情啊，外边对这件事有点曲解，您要不解释的话，很难让人知道，您跟这王先生说您要放炮，您要做一件大的事情了，这件事情做了之后，当然您心里很不安的。因为什么？到底是从远的来看，从全局来看解决了一个问题，可他手下一定有支持他的人，和支持那个常的人，他们两个人后边那些个支持他们的人，以后您怎么安抚的？

张学良：我连理都没理。

访　一：不需要理？

张学良：我也不追也不理，所以我这人就是，他们也知道自己，有些人就是稍微躲一躲。他们知道，我这个人，我不能怎么随便说，我这人对这些事，我不追究，不但不追，他们治丧委员会，我还给他们成立了。

访　二：这是 1929 年的事情？①

张学良：那你把我问住了。

6. 关于日本顾问的影响

访　二：当时日本派了一个町野武马，您认识这个人吗？

张学良：不对，这个人，这个町野武马，是我父亲的顾问②。

访　二：对住了。

张学良：这个町野武马，算我的前辈一样。

访　二：您的前辈？

张学良：你知道我父亲，[在那个] 时代有两个 [日本] 顾问，我们必得请的两个顾问③，他是第二个，他地位小，官小职位小，那么他是第二④。不过我父亲对他很好。我跟你说，这里讲一个笑话，他对我父亲是非常恭维的，非常恭维。日本人也相当攻击他，他很捧我父亲的。日本那个记者问他，你为什么对张某人张作霖这么样呢？他说，我说的中文呐，中国话，人家都不懂，他懂！哈……这人很幽默。

访　二：很幽默。好像有谁说的，他说是找您谈亲日的事情。

张学良：什么？

赵一荻：町野呀，跟您说让您做亲日的事儿，他是顾问，他的职务。

访　二：是您把他拒绝了还是？

张学良：不是他町野，是另外一个叫土肥原的⑤。

---

① 1929 年 1 月 10 日，张学良命令部下在大帅府老虎厅枪杀其父张作霖重臣、久有野心的杨宇霆和黑龙江省省长常荫槐。

② 町野武马和菊池武夫，是 1914 年张锡銮任奉天督军时期，日本派来的两名顾问。町野是张作霖最信任的顾问，从 1917 年起至 1928 年张作霖被炸，一直为张的顾问，曾与张约定："要共生死，取天下。"但在与张同车反奉天途经天津时，他却下车了。他自己说："我获知爆炸事件时，我眼前顿时黑天暗地。"

③ 1897 年，日本陆军大臣神尾光臣向中国提出派遣顾问的要求。作为交换条件，张之洞向日本提出驱逐康有为、梁启超的要求。1898 年 12 月，日本政府外务省接受清政府的要求，实施驱逐康、梁方针。随后，聘用日本顾问就纳入中日外交的议事日程，当年，日本向中国派出第一批顾问，以后逐年增加。到 1908 年，日本在中国各行业的顾问多达 555 人，其中军事顾问有 110 人。自 1913 到 1931 年，张作霖、张学良父子先后聘用日本顾问 18 人，其中军事顾问 13 人、私人顾问 3 人、普通顾问及警察顾问各一个。

④ 这个时期，在张作霖身边的日本顾问，除町野武马外，先后还有贵志弥太郎、本庄繁、菊池武夫、松井七夫、土肥原贤二、永忠雄、仪峨等。

⑤ 土肥原，即土肥原贤二，日本陆军大将，在中国从事间谍活动的日本特务头子。1948 年被远东国际军事法庭定为甲级战犯。

访　一：昨天他讲是土肥原。不过这个人呢，后来日本又派来，好像上一次没有成功，于是这位呢，好像是跟老帅有些关系吧，所以又派来跟您谈话？没有这么回事儿？

张学良：不是，后来这个町野，他叫町野武马，他后来在日本很有势力，他自己有一个好像一个党一样，日本这种人叫浪人，日本叫浪人，懂得吗？他很有势力。

访　二：好像下流社会，下层社会的。

张学良：他跟那个日本从前有一个叫什么？跟他差不多一样有大势力，他［有］很大的势力。

访　二：他是不是曾经找过杨宇霆？

张学良：嗯？

访　二：他找过杨宇霆吗？

张学良：那我就不知道，他当顾问。

访　一：这是日本的一个资料，说他来跟您谈，也是希望劝您呐，不要［跟南京合作］，［要］跟日本合作。当然您［不会同意］。

张学良：他没，他没跟我谈。这人，他是我父亲死时，他来吊孝（吊唁）①，他已经不是顾问了，他回到［日本］……他没跟我谈过这件事。

访　一：没谈过？我是说从你那儿谈了之后，就马上回去找杨宇霆。

张学良：他是这样子，他来跟我谈私事，他那时候，后来我送他十万块钱，他让我帮他点忙，是这个，没谈过别的，帮他点忙，后来我送他十万块钱②，他因为手上没那么多钱啊，他组党的事。

访　一：这个让我们心里头有一点疑惑，是不是他们知道没有办法影响您了，于是就去找杨宇霆，希望拉拢杨宇霆。因为在那个时候说实话，照您刚才所说的杨宇霆的势力，跟您合作的关系，可能日本说既然是您这屹立不摇，动摇不了您了，于是就想办法拉拢杨宇霆。

---

① 张作霖被炸身亡后，1928年8月4日，日本政府特派林权助为吊唁专使来沈阳致祭。在接待林权助的会谈中，林正式提出反对东北易帜的问题。说在日本人的心目中，东北是大和民族的生命线；它的命运，日本不能不时时刻刻地关心。张学良回答说："林权助阁下，你当然记得很清楚，我们东北地方当局，一向尊重日本在东北的权益……至于说到国民革命军……我现在还和他们没有来往，至于何时我和他们有来往，我还不能断定。好在这些都是我们自己家里的事，换句话说，这是我们的内政，我想我们的邻邦并且也是我们的友邦，对我们家里的事不会太感兴趣吧！"由此，双方发生了激烈争论。

② 1929年初秋，一个姓赤冢的日本众议院议员（做过奉天总领事和张作霖的顾问），与另一名姓鹤见的议员，来东北为政友本党活动竞选经费，并提出需二百万元，张学良只给了五十万元。

张学良：那个，可是，我也不敢那么说，我没看，我不跟你说了吗？我最怕的一件事，就是我怕他跟日本人［勾结］。是呀，惹出日本人掺到里头来，不过事前我还没看出来他，没有这个。

访　一：我们又回过头了，是不是可以把町野武马算在你的外国朋友里头？

张学良：那我不能那么算，因为他的地位，等于他是我父亲的顾问，他是我前辈一样啊。那对我父亲，原来我父亲还有一位顾问叫松井［七夫］①，松井去了以后，就是最有名的这个谁了，本庄繁②。

访　一：您自己认为，您自己的朋友里头，反正他不在内？

张学良：谁啊？

访　一：町野武马。

张学良：他不能算我朋友。

访　一：好，现在我们想［问另一个问题］。

张学良：你昨天想问我一个外国朋友，我忽然想起一个外国朋友，今天又想不起来了。我有一个外国朋友，影响我很大的一个人，说不出来，忽然又想不起来这个人。

访　一：您说是希腊人？

张学良：那不是，那是跟我做事的。

访　一：您说是在奉天呢，是在北平？

张学良：在北平的时候，外国人跟我不太亲近，这个人对我影响很大，什么人我忘了，一下子说不出来了。

访　一：您可知道在哪方面对您影响呀？

张学良：他跟我时间不是顶……他就是对政治上，他就对我很看得起这个，劝我怎么样做。

访　一：您还有一个外国人就是 Dr. Miller?③

张学良：嗯？

访　一：大夫，在上海。

---

① 松井七夫，张作霖的日本顾问。曾任关东军高级参谋，是侵华战犯松井石根之弟。在任顾问期间，他同张作霖的关系处得很好。郭松龄反奉时，松井把张作霖的五夫人和张的年幼子女接到他满铁附属地的家里避难。郭事平定后，张作霖给松井一笔巨款，松井用以在日本镰仓海滨修了一所大厦。1927 年张作霖自封为大元帅，把松井聘为大元帅顾问。

② 本庄繁，日本陆军大将，"九一八"事变时任关东军司令。1945 年日本战败后被指控为甲级战犯嫌疑畏罪自杀。

③ 此人即德国裔美国医生米勒。

张学良：Dr. Miller。

访 一：那个是您朋友吗？还只是给您做大夫的？

张学良：是朋友，这个人，这个人，也可以。

访 一：您跟他接触很短？

张学良：不是很短，他是，给我当大夫之前，我们俩就是朋友。是这样子的，他要，他到处做疗养所的样子，那么我就捐给他钱，不但我捐钱，我就帮他忙，成立几个疗养所，是这样子，两个人。

访 一：这疗养所是在奉天吗？

张学良：不是，他是……

访 一：全国各地。

张学良：各地好多。

访 一：武汉也有。

张学良：武汉也有，什么也有，给他捐钱，我自个儿捐钱，我同时也跟蒋先生、蒋夫人捐过钱给他。这个人很有意思，这个人。

访 一：他是美国安息日会的，基督教安息日会，另外还有一个英国国教的Peter Roots，你可听说过？Peter Roots？

张学良：嗯。

访 一：那是跟夫人有关系。哦，跟您没关系，Roots 跟夫人有关系。

张学良：那没关系。

访 二：您不认识。您最初跟他们教会是长老会，是吧？

张学良：是，苏格兰长老会，那时候我在奉天，年轻的时候，实在是，我跟教会关系不大，不是太……我很接近的就是那 Platt，他是 Quike。

7. 杀杨、常由一块银圆来决定

访 一：下边就是，我们看到夫人所提的那些人，里边有易帜和"九一八"，不知道您今天想跟我们谈哪件事？

张学良：随便你要问哪个，你要问哪件，随便。

访 一：我们都想问，哈——

张学良：不是，不能一齐问呐。

访 二：还有一个，大伙都拿这说什么的。日本在"九一八"时到东北去，说看到您存有一个"袁大头"。

张学良：嗯？

访 二：一个现洋。那块洋钱，在保险柜里那块洋钱，您知道这回事儿？

张学良：知道。

赵一荻：他自己放的，他怎不知道。

访 二：但是您为什么存一块大洋钱？

张学良：我跟你说，他们把铁柜打开了①。

访 二：保险柜。

张学良：保险柜打开了，我那铁柜里藏着两件事情，一个是那块洋钱，一个另外有一个叫［床次竹二郎］②，日本的一个政党的首领，他要回去，回去想参加竞选。［想］当这首相。那么我答应，他没有钱，他跟我商量，我答应，我答应帮他两千万。

访 一：那是现洋啊！

张学良：让他竞选，他竞选用钱。

访 二：是日本的钱还是奉币？

张学良：嗯，就是东北的钱呐，现洋，等于现洋差不多一样。那么当时我就给他五十万，给他五十万，他就拿去，拿五十万，所以那个里头就是有他一个收条，五十万的收条，摆在那里。后来他要再要，我再给他，后来他就回来［了］。他说我竞选不成，那时候，他是政友会呀叫什么，他说，那时候田中啊，他说我斗不过他，我不能拿你这钱。他要跟我要，我就给他。

访 一：那么这个钱他还给你了？

张学良：什么？五十万并没还，两千万他没要，他要要，我就给他。所以后来日本对他很不好，就是看他拿了我五十万块钱，后来日本看见了［这张收条］。

访 一：日本知道了？

张学良：不是，看见他的收条。

访 一：那么，那块大洋是做什么用的？不是还有一块现大洋吗？特别［的］纪念意义？

---

① 铁柜里有两件东西，一件是一块银圆，即张学良曾用以决定是否杀杨、常的银圆；一件是日本友人开具的收据。

② 床次竹二郎是日本政友会成员，后分化出来组织新党——政友本党。1928年年底，床次来东北考察，张学良曾接待过他们。1929年秋，床次派赤冢、鹤见两人来东北筹措竞选经费。

张学良：现大洋啊，与杨宇霆有关系。

访 一：这也与杨宇霆有关系？

张学良：[杀不杀]杨宇霆，我下不了决心啊！我说这段事情很有意思呀。那时候还是我那个太太于凤至①呀，那时她还[害怕]，我当时下不了决心，我就自个儿[想办法测试一下]，那个时候我也不是基督徒，我相当迷信了，那我就自个儿跪下祷告，等于祷告一样呀。我就说，我要应该做这件事情，那我就扔这大洋，应该做，这件事情我应该做，请你给我，哪面我现在随便说吧，你就给我这个正面。弹一回弹到地上，掉了，我就跪在那里，我太太告诉我："正面儿。"那么，我再一想，再弹一回，还是正面儿，就是应该做这件事情。再弹一回，还是正面儿。那我翻过来说了，我就说这洋钱它是落下来它就是正面儿，假使我做的，做的，不能说不应该，就是我做的事情没做，不对，你明白了？我翻过来说，弹过来，请你[显]反面儿。那么一弹，她告我说："反面儿。"我不看，她说："反面儿。"再弹一下子，她看，反面儿，我又弹一下子，她哭了。

访 一：哎呀，那我直起鸡皮疙瘩。

张学良：我说你哭什么？因为她跟杨宇霆很好，我们跟杨宇霆很来往的，她说我知道你要杀人。

访 二：哦，为这块大洋，所以才[决心杀杨]。

张学良：三回都是这样。第三回她说，我知道你要杀人，所以这[是]很有意思一件事。

访 一：谢谢你借我这个，我还起鸡皮疙瘩。

张学良：啊？

访 一：听了直起鸡皮疙瘩。

张学良：哈，你听见要杀人了？

访 一：不是，我觉得怎么，不可能是巧合，它一定是有意义。

张学良：是呀，所以我要翻过来嘛，我说怕巧合嘛，怕巧合翻面儿，我要做这事情不对，不是不对，我要不做这件事情就是不对，那请你，就是翻面儿，反面儿，三回都是反面。反面，反面，第三回我太太哭了，我说怎么回事，你哭什么？她说我知道你要杀人，我知道你要杀他。

---

① 于凤至，张学良的原配妻子。

访 一： 这可真是。

张学良： 所以，所以——

访 一： 这都是上帝的意思，有的时候，有一种灵感。

张学良： 这不，有这种事情，我现在是个基督徒，可是有些事情你不能不迷信，那我们迷信的事情很多，很奇怪很奇怪的，天下事情，你不能说是没有这个事。

访 二： 有这道理。

8. 父亲晚上来找我"显灵"

张学良： 不是说道理，鬼神这种事情，你不能说没有。我跟你说一个事情，与这个毫无关系。

访 一： 您说。

张学良： 我这人脾气很坏啊。

访 一： 我们觉得您这个脾气很好，哈哈。

张学良： 你可别看我发脾气啊，我要说我发脾气，你不敢认我。我跟我太太两个人吵嘴，很好玩的，跟这没关系，你录不录没关系。我们吵嘴吵火了，我太太吓跑了。后来我那个五老太太劝她回来，说无论怎样你得回来。她回来了，不相干的事情，两人说着说着又吵起来了，我现在忘了为什么吵。我跟你说，这就怪事来了，我现在想这事我都很奇怪。你知道我们是一个床，那时候那种铁床，床边放一个茶几，这个茶几是那种藤子编的茶几，当时都有玻璃板，用藤子这么夹着。我们俩正吵的时候，又吵起来了，正吵的时候，这个茶几走了。

访 一： 哟！茶几走了？动了？

张学良： 它自个儿走了，这就有点吓人了。最奇怪的事情，它走不要紧啊，我听见嘎嘎嘎嘎，好像一个人拖着它走似的。这是真事儿，我说的真事儿，我看它在那儿走，嘎嘎嘎嘎往前走。我说，我笑着，我说我看看怎么回事，看看茶几旁边，也没什么，没什么小动物啊什么的，就茶几在那儿走。我跟我太太说，那时候我父亲的灵〔柩〕啊，停在我家里。我说，别吵了，爸爸来了。我迷信啊。

访 一： 噢，老帅显圣。

张学良： 很奇怪的事情。

访 一：那时还在奉天？

张学良：在奉天。迷信，你不能不迷信这些个事情。不吵了，停住了，还吵什么啊？不敢吵了。我这八十岁、九十岁了，经过的好多事情，很奇怪。

访 一：说起来还有一个事情，您提到老帅显圣的事，这个，这个老帅被暗杀的事情，当然有很多的书籍，有很多很多的记载，我们看的一篇记载，就是说老帅被杀的消息来了之后，您说不要宣布，是这么回事么？

张学良：不是，不是，我说这段事情，我就很想我父子的关系。

访 一：是呀，您说。

张学良：这我想起来，很难过啊，想掉眼泪，我爸爸对我实在好。我跟你说，连她（赵一荻）大概都不知道这件事。我父亲到家里头，炸伤啊，把他抬到家里头，他到家里，他看到我这五母亲出来接他，他头一句话，他那时候头一句话，告诉不让我知道。

访 二：怕您着急。

张学良：我那时候在北京呢，在前线指挥军队。他就告诉，头一句话，他叫我小六子①，他说你不要让他知道，不要告诉他呀。第二句话，他说我要走了，就是我要死了②。

访 一：他有这感觉了？大概受伤太重了。

张学良：自己知道，过了几个钟头就死了。换句话，临死的时候他还是惦记着我，不让我知道。

访 一：说实话，老帅一生创下来［的基业也不容易，需要有人继承它］。

张学良：他是这样子，刚才你就说这段事，我没回奉天呢。

访 二：您在哪儿？

张学良：我没回奉天，我就不知道我父亲死，那么他们告诉我父亲回家受伤了，他们还天天告诉我伤好一点，好一点。我不知道，我知道他受伤不知道他死。那个时候办这件事情的叫臧启芳，不是臧启芳，是臧式毅③，也是那个臧，叫臧式毅。这个人是杨宇霆的大将，可是

---

① 小六子，即张学良小名。
② 据龚德柏撰写的《日本人谋杀张作霖案》记载，张作霖临终前留下了三句遗嘱，大致谓："此系日本阴谋无疑，彼之生命，谅已难救。惟宜严守秘密，不使外人得知。一面力持镇静，维持秩序；一面召小牛［六］子回奉主持政事。希望诸人辅助小牛［六］子，亦犹辅助我自己一样。"
③ 臧式毅，曾任东三省保安总司令部参谋长、辽宁省主席。1928年6月4日，张作霖遇炸身亡后，臧与刘尚清等人制订了秘不发表的策略，维护了东北政坛的稳定，受到张的赏识。"九一八"后，臧投降日本，成为伪满洲国四巨头之一。

> 我虽然把杨宇霆杀了，我对他很好，后来他当了奉天省长。我对他很好。是他的主意！这个人很厉害，那时候他只当的上校参谋。

访 一：他跟您在前线呢？

张学良：不是不是，在奉天留守。他就主张——这个人好厉害——不要宣布，只要宣布受伤了，可以。不但那样，他很厉害，那时我那三妹呀，我家人，他说你们都不许穿孝，都要穿这个，不但不穿孝，要穿上那种平常的阔的衣服，你们出去还看戏。

访 一：可是这时候家里人也知道老帅故去了，是吧？

张学良：所以我跟你说呀，这件事情我要讲出来，日本人始终侦察没侦察出来，谁也不知道我父亲死了，我们家里没一人说，就当［没事儿一样］，没一个人对外头讲。

访 一：这也是老帅得人望的地方。

张学良：是呀，我再说那时候，让我妹妹出去看戏呀，这都是他的主意，叫人看呢，就知道我父亲受伤了就是。日本人也打听，说伤好一点了，好一点。所以一直等到我回到奉天，我都不知道我父亲死，一直也不知道，那么我在滦州，在滦州，说到这里又该闹鬼了。

访 二：那里头奇迹多了。

张学良：嗯？

访 二：奇迹多了。

张学良：又闹鬼了。我住在滦州，是住在一个庙上。火车上太热了，我们住庙里，还有孙传芳①，有杨宇霆，还有一个叫什么。我们这就说闹鬼，我们在那儿住几天，孙传芳不跟我在一块儿住了，走了，上火车上去。因为火车上很热呀，我奇怪呀，我心里想，哎呀，一定是我，我这对人一定很不客气呀，得罪了他们，我也不好意思问他为什么。他走，好几天，杨宇霆也走了，也上火车上住去了，这怎么回事呀？我这心里奇怪呀！后来他们告诉我，他说每天晚上啊，来了一个人，这个人哪，连外头我们那站岗的人都看见了，他说来的这个人胳膊坏了，来看你，来几个房间看看你，看看你他就走了，他说每天晚上来。你说这不是闹鬼吗？

访 一：也不说话，为什么？

---

① 孙传芳，直系军阀，曾任五省联军总司令。

张学良：那我父亲。

访　一：所以孙传芳，他们也看到了。

张学良：旁人也看到了，我自己没看到。他们当时没告诉我，后来才告诉我，你说这奇怪不奇怪吧。

赵一荻：所以他们都吓跑了，不敢在那儿住了。你也可以跟他们讲，你怎么回来的。

张学良：嗯？我是这样的，那时候。

访　一：他们两个人搬走之后，就你一个人？

赵一荻：还有一个，还有那个，他不是吸鸦片烟的嘛？

张学良：我那个医官。

访　一：孙传芳不是吗？不是搬出去了吗？还有医官呢，有医官，医官也看见了。

9. 我是扮成伙夫回来的

访　一：您怎么回来的？

张学良：那么这个事，后来我在滦州住着，这个张作相他们这几个将领都来了，都聚齐了，他们才告诉我，尤其张作相他说，汉卿啊，我告诉你一件事情，你可别难过啊，你先挺住啊。他说，老帅已经死了，他已早死了，我听了很难过了。那么这个事情又与杨宇霆有关系了，当时大家开会议了，那么这奉天这个事情谁回去？奉天得去个人，在我的意思呀，因为回奉天也不是怕危险，你知道？奉天事情，好多事情我不知道，因为我总在外头了，他内部事情好多我不太清楚，不是不知道，太不清楚，那么我的意思，叫杨宇霆先回去，把这些事情布置一下，明白？所以为这个事情我对杨宇霆怀疑啊，那么当时就讨论好［了让他回去］，［可他］再三［说］，他不回去，他不去，他说种种理由啊！说那非得你回去不可。那我说好好好，决定我就回去了。那么我回去时候，怕日本人啊，他们侦察我回去不回去，那时候，我扮了一个伙夫哇！跟着我兵车回去的。

访　一：扮伙夫是什么意思呀？噢，您假扮一个伙夫？

张学良：化装成一个伙夫。我那个车上就两三个人知道，跟着我的人知道，什么人都不知道我在火车上，退回去的兵车，我跟着回去奉天。等到回到奉天，有个车子来接我，我自己开，我回到家去，我的母亲都没看出来，说你是谁呀？

访 一：要不然，他们日本人就会来找您的麻烦。

张学良：那不知道啊，不一定啊。自己当然要小心呢，我扮伙夫回去。我回去了把事情都安置好了，那么，我跟你说，一个是图章，在谁手里就不说。我会写我父亲的字，在谁手里他的图章，和他一样，所以下的命令什么都是我下的，可是拿我父亲名义下的，那个就是我代理东三省这个什么，谁当什么，谁当什么，都是我下的命令，可是我都拿我父亲名义，打上图章，命令下好了，都安置好了，把事情都稳定了以后，这才宣布我父亲死了①。

访 一：所以日本人不知道。

张学良：不知道。

访 二：一点儿都不知道？

张学良：外头谁都不知道，所以我跟你说，要说保密这人是很厉害的，外头一点儿不知道。日本人那么花钱，侦察，这个他一点儿不知道。

访 一：不过那也可以说，因为这个张家人对这事［做得很机密］。

张学良：那我家里人多啦，我跟你说，她（赵一荻）晓得，你知道我家里有多少人？

访 一：不知道，猜不出来，二十？三十？那太少了，我们想得太少了。

张学良：就厨房里［的人］，你讲。

赵一荻：那厨房起码就上百人。厨房里就上百人。车库里有二十辆车。

访 二：我的老天，我想不出，都住在一起嘛？

张学良：我家里吃饭差不多，吃饭人都上百，几百人吃饭。

访 一：多了，都在一块儿。

张学良：我们家里当年多大呀。

访 一：那么多人，不让人知道不容易。所以大家都向心。

张学良：没有人说，那我那三妹啊，就是我现在我那三妹，那时候那个姓臧的给她出的主意，她出去还看戏，天天穿上好衣裳，出去看戏，家里人出去玩。

---

① 1928年6月18日晚，张学良安全抵达奉天城。当天奉天各法团会议公推张学良继任奉天军务督办，19日上午11时，正式就职。20日，发表《就任奉天督办通电》，公布施政纲领。21日，正式公布张作霖逝世消息。

10. 报仇也不是这么报法

访　一：那日本人知道以后，他们有什么？
张学良：那知道也［没有办法了］。我已经回奉天了，我回奉天以后把它宣布出来，没什么事。我那个时候内外交迫呀，我还有嗜好，身体还不好，那是我最苦的时候，最苦的就是那时候。我父亲丧事，我内外交迫，杨宇霆的问题，日本逼我，逼我啊。
访　一：就是太那个，厉害，昨天您跟我们说的部分。
张学良：那就后来了。
访　二：日本有没有个来吊孝（吊唁，下同）的，吊孝是谁来着？
张学良：我几乎出了一个问题呀，几乎，后来我想想，我不应该这么做，我不应该闹意气。那日本的关东军总司令来吊孝的①，我几乎把他杀掉。
访　一：那你要做，可是另外一个。那你怎么会忽然决定不做呢？到最后是哪股力量？
张学良：你听我讲，我就讲这个故事。他来吊孝哇，我最难过，我昏倒了，我自己哭我父亲，我昏倒了，我明知道是他们干的事儿，我想把他杀了。后来明白，我不应该这么做，这一做事情太大了，太厉害。我不能逞意气呀，报仇也不是这么报法。
访　二：这是很难的，您知道是怎么回事，知道他们干的，您还要忍下来这个。
张学良：知道是他们干的，也知道是对头来了，来吊孝。
访　二：有一个电影，他们说是他们照出来了，皇姑屯事件。
张学良：什么？
访　二：他们自己发表了嘛，皇姑屯事件。
张学良：现在出来了。
赵一荻：你没看见，那个NHK的人来访问他（张学良），把那过去的，东北的事情，旧的事情，他都有录影带嘛，你没看见那个NHK广播公司做的一个录影带，就讲过去的什么皇姑屯事件，都有，承认了。
张学良：那当时他不承认，不承认不行，他没有法子不承认。

---

① 1928年8月4—6日，是张作霖吊唁日。4日，驻奉天各国领事同时往祭，日本方面前往吊唁者有：日本首相田中特使林权助、关东军村冈司令官及斋藤参谋长、满铁社长山本等。

赵一荻： 都在他们手里头嘛，东北的，日本人势力太大了，人都不许走过那铁路，走过就把你杀了。

张学良： 他那个炸药，他那人，有几件事他都没法子推赖了，怎没法子推赖？① 头一样，他炸断那个桥梁的时候，我父亲走那个桥梁炸，他炸那桥的时候，他火车停的，南满路停下来，他不开火车了。为什么火车不开？这很简单，谁能让他火车不开？好几个钟头他等着我父亲那车通过，他把那事情都预备好，火车没打那儿过呀。他因桥梁在上头，火车在上头过，我们中国的车在底下过，桥梁在上头过。这个事他没法推诿了，为什么呢？不但那样，他那桥梁谁能给他下上炸药？还有厉害就是，他火车不通了，停火车，为什么停火车了？那这个第三样，那日本更没法推诿，那时候本庄繁当当……他把布告都印好了，就是出事情的布告，他的布告，都印好了，印好了日子没填，因为那布告出来一看，那日子是后填的。

访 一： 他们在中国这种横行霸道也是［太露骨了］。

赵一荻： 那你没看见呢，在东北，所以我们为什么，你反日呀，抗日呀，他简直就是要把你杀了嘛，你就要当亡国奴，要你当亡国奴。

张学良： 那时日本呐，日本人，日本人，那时我跟日本人说，我们情愿当个小兄弟，你就给，那都不行啊，不行。

赵一荻： 我将着你，你就是亡国奴，我就［是主人］。

张学良： 不是这样。我跟那日本人谈判，我是地主，我地主，咱两个做事，那么我应该，顶客气顶客气我应该百分之五十五，你百分之四十五，这我已经客气了。那么现在我更客气，你百分之五十，我百分之五十，这还不算，因为你做得比我做得好，你有地位，你会做，你比我强，那么我情愿你百分之五十五，我百分之四十五，你怎么样？你这样都不行，怎么不行呢？就是我百分之四十五，那你别管事，就是你吃干饭，不许过问事情。那我不干啊，啊，那么就说，所以日本人后来对我很不好。那么，南满路到期了，旅大应该收回了，那时候，所以我不昨天跟你说，旅大收回我给你好的条件，很好的

---

① 指张作霖被炸事件。事后经调查发现：1. 将200磅主裂性炸药安放在铁路桥下石柱顶处，得需几个人6小时的工作才能完成；2. 依据炸车现场判断只有通电流才能进行控制，才能控制得如此准确，专家认定这些只能出于工兵之手；3. 炸车的前一天晚上，该处守卫甚严，以防他人窥破秘密；4. 前一天中方提出由中方派军警担任桥上警戒，被日方拒绝，并说由他们承担守卫责任。

条件，我们旅大收回，我们变成自治区，那么旅大的政权哪是归……还是自治，大家选。那当然日本人了，你选出来的中国区，不过主权是归还我了，那么这个自治区大家住在这儿的人，咱们选出谁，谁负责，自治呀，市长呢，由大家选。所以我想的很有道理了，他就讲这个道理了，就是我说的，他说我们日本说话，谁来的，射箭拿回去，你拿嘴呀，没有那回事。

访　二：所以你说你抗日的这种信念啊，北方，像我们在北京就觉得这个感觉呀，就比南方要强得多。我们恨日本的情形，我们很小，我记得，我先生很小的时候，有一阵吃饭他不坐着，他站着吃，后来问他为什么，他也不说，后来他母亲说你要再不坐下我就打你了，结果说你为什么要站着吃饭。他说"我宁为站死鬼，不做亡国奴"，所以那么小的时候，我们小时候通通都抗日，因为"二十一条"① 欺负人。

访　一：所以我们老觉得，我小时候，也是北京还没那么厉害，但是北京有一条胡同，你反正走到那儿，必须要给他鞠躬。那时已经日本人占领啦。

赵一荻：那已经客气了，他们挨过打啊。一定三鞠躬，完了看不对，他先打你。

访　一：我们这学生，小学生，上学，我们绕哇，绕三四条胡同，就不去那儿，你让我们鞠躬，我们就不给你鞠躬，就不走那儿。结果每一次上课的时候有一个日本教官，我们还记得他叫赤崛。我们给他起外号，当然不好听了，赤崛讲，然后一个中国人翻译，每天早上，不管刮风下雨多冷，站着听他训话，气啊，那心里头。我跟您说，所以您这些东西，我们真爱听，现在人没有受过这个罪呀。

张学良：他们没有。

赵一荻：他不爱国啊！现在我们的十年，在台湾没有外患呢，所以人没有爱国心。

张学良：他不懂，他不知道。

访　一：你有了外患才知道爱国，对，您说的一点也不错。还有，比如说，拿我们说，抗日的事，人没有感受的话，还感觉跟我们都不一样。后来上海、南京，后来就一样了。日本占领以后，日本人对中国人，

---

① 二十一条，即中日二十一条，是1915年日本帝国主义以吞并中国为目的而强加于中国的单方面"条约"。

到南京更厉害了，杀多少，把小孩子搁在枪刺上。

张学良：所以我说日本人糊涂，我跟日本人说，上回他们访问我，我说你们糊涂。你想想，日本人不同啊，日本各地的人不同，像咱这个省那个省一样。我跟他说，他也承认。我说你想想，日本是用这种威力叫你怕。明白？杀，我叫你怕，是这种心理来的。我跟他说，上次NHK来跟我谈话，我说，你想想，日本人到南京，你完全用一种文的，不是杀人，你完全对南京好好的，是什么结果？他承认。

11. 受张伯苓、普赖德、余日章的影响

访 一：你们研究历史的，NHK应当，对我们只要看看。

张学良：我不知道。

访 一：您五弟不在吧，令弟那儿有，NHK的带子在令弟家呢，是吧，我可以那个什么，您问您五弟，有拿来，你们有电视机吗？拿来给你们看看。

张学良：NHK来访问，我就跟他谈了三天。访问那个人很有地位，我跟他说，他问什么我说什么，一点儿也不忌讳。所以我说，我那个时候，刚才跟你忘了讲这事，那时我心里非常难过，身体不好，就想半亡国奴，没办法，尤其是"二十一条"，我记得张伯苓一句话①。

访 一：他怎么说，这段应该讲，我记得我们很希望知道你见张伯苓，张伯苓②对你的影响，（张插话：很大）你听到张伯苓在青年会演讲吗？你讲讲，那是你第一次见到他吗？

张学良：他是这样。那时候，我不跟你说我父亲有一个军医处处长，他是一个基督徒③。他讲，不讲忘了，他是那个苏格兰长老会的，我那时有病，他就常常给我看看。身体也不好，我心里也不舒服，那么他就劝我出去走一走，不要在家里这么样的。那么，那时候我不到青年会去，他送我青年会演讲［目录］，张伯苓去演讲，后来我一看那演讲题目，我就火了，"中国不亡有我"。

访 一：包括我们自己。

---

① 1916年11月，张伯苓应邀到奉天、吉林、哈尔滨等地讲演。在奉天讲演的题目是《中国之希望》，张学良到场听讲。

② 张伯苓，教育家，南开大学创建人、校长。

③ 应指王宗承。王宗承，基督徒，曾任盛京施医院副院长、东三省巡阅使公署军医处处长等职。

张学良：你先别解释这个呢。我就火了，你是个什么东西，中国不亡有你。我那时年轻啊，几乎要骂他，那么，我去听听吧！他，就简单说吧，他说中国事情都是推给他，推给你，大家应当负责任啊，政治上应该负责任，你自己应该负起责任了。

访　一：这个意思。

张学良：中国不亡，你也是一分子啊。

访　一：别尽推给人家。

张学良：你要尽什么责任，你在国家上，你在国家上尽过什么义务？

访　一：先问自己，我自个儿做了没有，别老等着说爱国是人家的事。

张学良：你，大家要齐心，努力，那就［有希望］。所以我受普赖德①的影响很大啊，我后来跟他很接近。后来，只要青年会来什么重要的人，他都给我介绍谈一谈。我就说［余日章］先生②，我那时候才十七岁呀，他看见我，就跟我谈，所以我很受他这几句话［影响］，一个是你要服从舆论，可是不要制造舆论。现在人大多数都制造舆论。你要服从舆论，不要自己制造舆论，这是第一个。第二个，嗯？第二个什么来着，忘了。第三个，最要紧的，你不要作伪，所以我这人不作伪啊，你不要作伪，你伪来伪去，伪到你自己头上。

访　一：一点儿也不错。

张学良：我受他教育。

访　一：后来您时常跟他交谈呐？

张学良：他那个时候，他是上海青年会的总干事，他到处演讲。他一个演讲，就是体、德、智。他到处演讲，讲体、德、智三育。

访　一：体，体育的体？

张学良：体、德、智，就是青年会的三个口号。

访　一：我以为他后来是南开大学的校长，是不是？

张学良：那是张伯苓。

访　一：您说这是？

张学良：余日章。

---

① 普赖德（Platt）是美国人，曾任奉天基督教青年会的总干事，兼任张学良的英语教师。与张学良既是师生又是好朋友。

② 余日章自1917年开始，任中华基督教青年会全国协会总干事，并于1923—1928年间任中华基督教协进会会长。

访 一：噢，余日章。

张学良：我受他影响也很大，我受这三个人，另外一个人没有，我在基督教方面，这个人不久就在上海叫汽车给碰死了，叫诚静怡①，外头人知道的很少，当时很有名的一个传教士，一个牧师。

12. 蒋夫人说我"又走错路了"

访 一：您认为他说的话，他做的事哪一件使您记忆最清楚？

张学良：不是，他，我跟他接触不多，他是很早，传教这一方面。

访 一：所以您说实话，您从年轻的时候就跟基督教［有关系］。

张学良：有、有、有接触。

访 一：断断续续地有很多的关系，对您的影响也可以说是——

张学良：很大。

访 一：并不见得走到了这儿来，以前。

张学良：不是，不是，那时我不是基督徒了，所以那天，我证道时说一句话，台湾的有些人不知道我这句话什么意思。我们那时候信道的是"教友"，跟着信道的，没信道的，没受洗的叫"望友"。所以我那天说起来，他们不知道，报纸给我弄成了忘记的"忘"，"忘友"。他们不知道这怎么讲。

访 一：后来您说，您是到了台湾之后，因为蒋夫人②的关系——

赵一荻：那段你应当讲，不单是蒋夫人一句话了，那董显光③送你《路德传》，那本书影响很大。

张学良：是这样的。

赵一荻：蒋夫人是很虔诚的教徒，董显光他也是基督徒，他送他（张学良）一本书。

张学良：不是送我，董显光家里有，我对这个路德，我年轻时就［印象很深］。

---

① 诚静怡，字敬一，满族，北京人。中国基督教牧师，神学博士。1927 年中华基督教会全国总会成立，被推为会长。1939 年病逝于上海。

② 蒋夫人，即宋美龄。

③ 董显光，浙江省宁波人。早年在基督教长老会的帮助下赴美国留学。1925 年在天津创办《庸报》。1947 年出任国民政府行政院政务委员兼新闻局局长。1949 年去台湾，先后任中国广播公司总经理兼《中央日报》董事长，驻日本"大使"和驻美国"大使"。董深得蒋介石信任，曾受其委托与张学良交好，在董的影响下，张学良皈依基督教。

访　一：马丁·路德。
张学良：我就很对他的事情有点印象。那时候，我到董显光家里，他有一本《路德传》，人家给他的，寄来的。那我看见，他就说你愿意你带去吧。后来我看这本书很……我批了很多的小字，我很可惜，我现在很想，我送我朋友冯庸①，你知道这人。
访　一：冯庸。
张学良：我送给他去看，后来在他手里，没拿回来，他死掉了。
访　一：现在找不回来了，他死了吗？
张学良：不知道哪儿去了。
访　一：他的遗产不应该扔啊！
张学良：我不知道哪儿去了，我那上面批了好多小字，我当年。
访　一：那本书的影响力很大，路德生平的传记是吧？也就是他在宗教活动上边他所起的作用。
张学良：我就叫他，他有一句话，他有一件事影响，那个时候，对宗教徒，他们很厉害，烧死两千多人呐。让他去，有一个人保护他，也不是保护他，他就让他去。旁人劝他，你别去，你去他们会把你，把你——
访　一：暗杀？
张学良：不是，把你烧死呀。他说，我，为真理，他说我为真理呀！用不着他们烧我，我在这活着，我敢走过去，我走过去都可以，我为真理呀！
访　一：不在乎。
张学良：不在乎，我为真理我不在乎。基督徒就是这样。
赵一荻：还有那个也应当讲一讲，用牧师来开始念神学，你应当讲，念这么多年，从开始，不是光是夫人一句话，他就要研究，我既然要信基督教，我就要研究这基督教到底怎么回事儿。
访　一：怎么夫人一句话？我们没听过这个，夫人怎么一句话？
张学良：不是，我讲她这点，是这样的。我，她不愿意说这事儿，我对佛教很有研究的。那么夫人来到，我在高雄住着的时候，夫人来，跟老先生到高雄来，她到高雄寓所去看我，我就跟夫人讲，我现在研

---

① 冯庸，奉系军阀冯德麟长子。与张学良同年（1901）出生，两人曾结拜兄弟，并同取字"汉卿"。毕业于北京中央陆军第二讲武堂，于1927年创办冯庸大学。后被张学良任命为东北空军司令。

究佛学。那么夫人来了半天没吱声,她讲:"汉卿啊,你又走错路了。"他们都讲我当年走错了路,她说你又走错了路。她就说,你愿意不愿意研究基督教哇?我说我对基督教,早年我年轻时也有过接触,我现在上哪儿研究啊?我一个人我研究怎么研究啊?如何研究起呀?她说,那么这样,我想约曾老先生曾约农①啊。我叫"曾显华"②,我告诉你了吗?

访 一:对对对。

张学良:她说我约曾老先生,她说曾先生闹这个——

赵一荻:血压高。

张学良:血压高,不能来。后来她说,你认识的董显光在这儿,董显光来跟你,你愿意不愿意?我说可以呀,她说我给董显光打个电话,她打个长途电话,董显光说我很愿意来。

访 一:这样开始,董显光跟您一块研究这个?

张学良:不是,董显光来了,教我念英文。

赵一荻:他(董显光)送他(张学良)一本书。

访 一:什么书哇?

赵一荻:他跟董显光就把这本书就译成中文了。

张学良:送我一本书,也是研究宗教的一本书,我把这本书翻出来。

访 一:是他自个儿写的吗?

赵一荻:不是,不是,是很有名的一本书,你走时给你拿一本。

张学良:很有名的一本书,你看那儿有没有呀?楼底下有。我不是翻,我就是跟他一边念就一边翻了,我的著作就这一本。

访 二:你以前还做了许多明史的东西,那些东西都哪儿去了呢?

张学良:我写的明史,那是,等于笔记,给一个朋友拿走了,大概,一个什么……忘了谁,我这人对这些玩意不在乎的。

访 一:这朋友你也不记得是谁了?

张学良:忘了,他看我写了好几本。

访 一:您现在《明史》笔记还有吗?

---

① 曾约农,曾国藩嫡曾孙,教育家。曾任台湾东海大学首任校长。
② 张学良信仰基督教的过程,与先后结识的三个人物有关。三人分别是曾约农、董显光、周联华。所以,当他认识周联华时说,我叫"曾显华"吧。在三人名字中各取一个字,是为了感念他们三人。

张学良：《明史》笔记没有了，我后来对明史不大注意了，我不再……我当年为什么研究明史？头一样，我喜欢研究史，研究历史。研究历史呢，有好几个原因。我研究的，第一样，我总想，我们中华民族啊，是很大的一个民族。

访 一：而且我们也不打架。

张学良：为什么？怎么到我们这时候，怎么这么倒霉呢？就想研究历史，搁清代史研究起来，那么研究清代史，我想看研究明史，那么又搁这么起来，我把清代史并没怎么研究，这是跑到，不过清代史我多，也看了。那么同时，蒋先生，那时是蒋总统啊，他让我研究《明儒学案》①，他自己是理学家了，那我对《明儒学案》一点儿也不懂啊，看不懂啊，必得先从明史看，谁是谁，怎么怎么的，这么研究起来的。

访 一：您研究明史，您的心得？

张学良：也没什么心得，没有心得。我对明史研究，我对史学很喜欢，换句话，就记载一点事情，不过研究明史，我是尽信书则不如无书，那些明史上都说的假话，把这个永乐②说得了不得，其实永乐这人很不好。

访 一：不过历史上有些事情，好像有人说，历史永远会重演，就是某些事情。

张学良：不是历史重演，这问题，因为中国的历史呀，我为研究历史我也买了好多书，我现在把那些书都卖了，我很可惜。这个正史都是公家修的，你研究这个你要参考啊，要买个人的记载呀、信札啊，或是这种玩意儿，你才能参考参考。所以你研究史，假如你要研究中国历史呀，那是你很费力量的一件事。

访 二：就是呀。

张学良：换句话，实在真实的很少。

访 二：所以我们很珍贵您这个口述历史，真是真的。

---

① 《明儒学案》，明末清初黄宗羲的代表作之一。
② 永乐，明成祖年号（1402—1424）。引处指明代皇帝明成祖朱棣（1360—1424）。朱元璋第四子。初封燕王镇守北平（今北京），1402年夺取帝位。在位期间使解缙等编纂《永乐大典》。

第三次访谈
东北换旗　东北陆海空军　日本侵略

访谈者：张之丙（简称"访一"）
　　　　张之宇（简称"访二"）
被访者：张学良
同座者：赵一荻
访问日期：1991 年 12 月 21 日

访　一：今天是 12 月 21 号，我们在张公馆继续我们的录音。

1. 日本派林权助来当说客

访　一：不久就要是震惊世界的一件最大的事情，就是东北易帜的事情［63 周年纪念日］。虽然还有好几天，可是我们希望从今天开始，能够跟张将军讨教讨教，关于这件事情的历史过程。现在我们开始。我们上次已经谈到郭松龄的事情、杨宇霆的事情，那么按着夫人作的那个大纲，我们现在还有几件事情，就是皇姑屯的事情，然后就引领到了日本对东北的威迫、利诱，然后您怎样能抵制他们这一切，到了易帜。您看对皇姑屯，就是老帅被杀的事情，您还有什么要补充的？

张学良：昨天我们说到哪儿，我忘了。

访　一：我们说到您办丧事。可是如果我们倒回去一点儿，就是老帅为什么那时候要出关？而且出关这件事情，为什么日本人调查得那么清楚？

张学良：那时候我们做事情没什么秘密，从来不像人家。

访　一：他那时候出关，有人说是为了您，因为您觉得内战对中国只有受伤，没有什么大的贡献，所以您曾经两次三番［建议出关］。

张学良：这里面有点意思，你问到这我想起来了，这个事情日本人的内幕我不知道，可是日本人他不愿中国停止这个事。他那个时候，他给我还有一个东西呢！他给我父亲有一个好像叫什么，不是警告，就是给你一个通知①，告诉你他们的意见，有点像警告你似的。他不能说干涉中国内政了，那么他说东北与他日本有关系了，你不能好像把混乱的东西带回东北去，你明白了？你不能把内战带回去，好像这样乱七八糟回东北是不可以的，那么，日本人要维持东北治安的，他的理由是这个。换句话，他内幕的内心中，他不愿中国停止内战。

访　一：唯恐天下不乱。

张学良：因为中国停止内战，真正和平统一，那与现在这情形他也看出来了，那时候日本是完全的侵略，他就是这个原因。我不昨天也说了，你说为什么他要炸死我父亲？第一个，我父亲脾气很暴很暴的，他们来办最后交涉的时候，不是为这个，为铁路，他把那日本公使给骂了，骂他了②。

访　一：你记得他说他什么了？

张学良：反正是很不客气的话，就是你干涉我什么的。那时交涉铁路还有什么交涉的事，我现在都记不太清楚了。因为我那时不在，我是在前线打仗呢，这是一种。二一种，我判断，后来听说，日本那些少壮派的人，感觉我父亲不听话，不给他做傀儡，我想有这个原因，所以我昨天也说了，他想也许我父亲不在，我还好，我还比……所以我跟日本人说，你日本是糊涂啊，你们做的事啊，我说日本人是不聪明，你们自己觉得，军人那当然了，我说你想想，你把我弄得这样了，我还能跟你合作？

访　一：就是呀。

张学良：你把我父亲炸死了，国家这样的问题，我怎么能跟你合作？我跟你合作了，做中国的事情我还做不做了？中国人还要我不要我了？所

---

① 1928年5月9日，张作霖发出"息争议和"通电。5月18日，日本向中国交战双方发出警告："维持满洲的治安，乃为（日本）帝国所最重视者……其祸乱将波及满洲的时候，为维持满洲的治安，帝国政府或将不得不采取适当而有效的措施。"

② 1928年5月17日，日本公使芳泽谦吉访张作霖，向张提出"满蒙权益"的要求，并威胁说："张宗昌的兵在济南杀死几十名日本侨民"，"你要对此负一切责任。"面对芳泽威胁，张作霖大怒，说："此事一无报告，二无调查，叫我负责，他妈拉个巴子的，岂有此理！"6月2日，芳泽到中南海来取张作霖签字的文件，张作霖故意在对面房间高声大骂："日本人不够朋友，竟在人家危机的时候，掐脖子要好处，我张作霖最讨厌这种办法！……我什么也不怕，我这个臭皮囊早就不打算要了！"

以我认为，日本人把事情看得很狭窄。还有一样，日本完全把中国判断错误了，我跟日本人说，你们完全把中国那个时代的人，看得好像是倒退五十年、一百年那时候，好像吓唬前清时那些人，中国人那时候都差不多觉醒了，我说日本对中国的形势，没弄清楚，这是我的看法。他没弄清，所以决策都错了。

访　一： 都拧了。

张学良： 啊？他还是拿那旧的，过去中国人的思想，那时候的行为，搞利诱，给你点好处哇，我帮你一下啊，所以他一直都还想满洲国啊，这种思想，结果他还是失败。当我的傀儡啊，做汉奸。中国那时候，换句话，实实在在说，你想做汉奸，你也做不成，中国老百姓不拥护你，你还能做什么？换句话，你有势力的人，部下不赞成，多数人都觉醒了，他还想回那时候。日本现在大概明白了，我想，他一直脑子里，还是倒退那种思想，真的，所以现在咱们中国人也是常常这样，被人判断错误，不是那时候的人了，中国这几十年的改变太快了，你就看这一切事情，改变多快，人的思想完全改变了。

访　一： 一点儿也不错。所以我们就想到，比如说为老帅办丧事的时候，日本派了一个林权助①？这个所谓百分之百的中国通。

张学良： 这个人好厉害的。

访　一： 他来吊丧。他们可能有人估计，他们本来的意思，是想把老帅谋杀之后，东北一定呈现一种混乱的局势，然后，他们好乘虚而入，没想到您比他们还高一招。

张学良： 不是，那中国人，实在是没有那样的意思，没人认可。他那时想扶植一个政府，但扶植不起来，换句话，我的力量在那里，不能［扶植另外的人］。

访　一： 然后他们就想到了，既然谋杀老帅，阴谋没有得逞，他们就想尽了办法，硬的不行来软的，让来吊丧的人跟您谈，好像有段报道，说在谈话间，就想尽办法，就是夫人所说的，威迫利诱，又是软的又是硬的，左右夹攻，就是希望能够说活您的心，希望您不跟其他方面联系。

张学良： 不是，你问这句话不是这样，他来的意思就是一个主题，不要我跟

---

① 林权助，日本外交官。1906—1908 年任驻华公使。1909 年转任驻意大利公使。1916—1918 年再次任驻华公使。后任"关东州"长官。1928 年作为日本政府的特使，来吊唁张作霖。

中央合作。换句话，他要东三省独立，要取这个态度。我原来不是跟中央合作的。你不要合作，别跟他们合作，主要是这问题，所以，一会儿就说到易帜的问题。这人很厉害的，他是一个外交官，他说的话那可真是厉害了，他对中国的情形［很熟悉］，他念中国书。他的意思是这样的，你要假如趁这机会，一方面跟日本方面，一方面跟中央方面，你如果依靠了中央，假如，就是像我后来，那你就是没有地位了，差不多。他，那可厉害了，我跟你讲，他可真会说话，我说，你比我自己想的都［周全］，我自己都没想到，换句话，他把那个事情说得非常好。

访 一：您能记得他说什么吗？

张学良：把那个情形，这人可是办外交的，那可是真厉害的一个人。

访 一：您还记得他说的那些个主意？

张学良：大概意思就是，你就应该，他这几句话我还记得，中国旧书上，父殁行其志，三年无改，可谓孝矣。

访 一：三年无改，可谓孝矣。

张学良：他就是这样子，你就变了你的，就是这个意思，他这人可是学问很好。

访 一：他让您三年无改是什么意思呢？他是说让您还照着老帅？

张学良：不要跟中央合作，那时我父亲跟中央、跟南京是对立的。他是大元帅嘛，对立的。那么他的意思是你还应取对立态度，简单地说，就是你们东三省还是独立的，你明白吗？因为外头知道我要易帜，他也看出来我要这样做，所以他劝我不要，你自己还是应该操纵，等于替我想啦，你在日本、中央南京方面，你自己可以［有个主意］。所以我，后来要紧的一点表示，我是为中国，不是为我自己①。我告诉他，你什么都替我想，就没想我是中国人，我是中国人，我不能那么做。

访 一：您这一句话，他也就完全了解了，不能再说了。

张学良：后来他不说了。这人很厉害，很好，我虽然干什么，我很佩服他。他这人可真厉害，那日本派他当说客，那可真会说。

---

① 张学良在接待林权助的会谈中，林久治郎以命令的口吻说："我们就是不准你挂旗！"张学良气愤地反问："这是什么意思？"林权助出来打圆场说："我们这番劝告，不但是为了我们日本的特殊权益，也是为了张将军自身的利益打算。……张将军在东北是唯我独尊，和他们合流后，你还能有比现在更好的地位吗？"

访 一：他到这儿来，一方面为了向老帅吊丧，一方面他有这样很大的很严重的任务，而且他以他中国通，我想全日本对他的寄望很高，可是到这儿之后，没想到跟您谈话之后，就等于说他的使命没有完成，他回去之后，当然是脸上很无光了。

张学良：他回去说，这个人（张学良），日本不要再想操纵他，想要他当汉奸是不可能的了。

2. 你杀了我还不叫我流血

访 一：他们绝不会死心的，他们下一步计划是什么，您还记得吗？

张学良：那下一步计划可就多了，"九一八"事变①，动武力来了。当时日本也是不愿意用武力惹天下大忌，那么他想我能当汉奸，跟他合作是最要紧。

访 一：那么也就是说，这一下就奠定了他们要做全盘计划，怎样以武力来征服东北？

张学良：当年，在当时的日本里头，也不是一致地要干什么，文的武的方面意见不一样。

访 一：这个时候，老帅故去之后，您的安排布局都已经有了相当的准备了，您也知道他到这儿来的主要目的就是这一件事，而且您告诉他，"你都想到了，但是你忘了我是中国人"。就等于说把他拒之千里之外，那时候您心里头，除去因为国家观念，中国人的观念是相当的强，这也是给我们后面这些年轻人［作了榜样］——

张学良：我不但这样，我可以讲我是一个爱国狂，我年轻时也是这样。甚至我父亲跟我，一半是开玩笑，他说，"要反对我的也是你。"

访 一：那么当时您心里，除去您的精神、信仰，爱中国，为了中国，同时在实力方面的部署，一定也有一些准备，您在实力上的部署是什么？

张学良：实力部署那时……对啊，所以人家说我不抵抗，我是个军人，想要拿武力，我们跟日本绝对打不过的。

访 一：那时您的想法是打不过的？

张学良：我一直是对这个，那我们没法子，我是个军人呐，可是到了后来，人

---

① "九一八"事变，1931年9月18日，日本关东军突然袭击东北军驻地沈阳北大营，发动对中国东北地区的战争。

家说你怎么还抗日？我说那逼得没办法了，那只有死路一条了，那你怎么办呢？我不跟你说笑话，你骂我不还口，打我不还手，你杀了我，还不叫我流血，我没办法了。所以换句话，是知道失败，失败也得去。

3. 把青天白日旗挂出来了

访 一：据说，您当时东北的情形，要拿后来比较的话，比如说，西藏想独立啦，台湾想独立啦，您说东北当时的情形，真的不够一个独立的资格吗？

张学良：东北是这样的，我说独立，台湾也好，东北要说独立，东北独立的不是条件，在法律上都可以有借口，但我一点儿也没这个意思。

访 二：条件是？

张学良：我是主张中国统一的，所以中国内乱打仗，我是劝我父亲，我甚至掉眼泪。劝我父亲，我实在是有所感动，那时候我到了河南一个地方，我说不出地名了，我到那地方，外头有点事变，火车停在陇海路上——说到这点，我心中非常难过，又想到过去那些事情——在那火车站上，有几个老人，因为我们军队那时吃蒸馒头，有些掉地上，那老人就在地上，把那些馒头，连土捡起来就吃。

访 一：捡馒头渣儿？

张学良：连土捡了就吃。我跟他们谈话，你们怎么这样子？怎么到了这般田地？他说，我们自个儿的壮丁，男人们，孩子都给抓去当兵，都叫人给抓走了，我们岁数大的也没有生路，不能做工，就是等死。我就自个儿想到，谁造的罪孽？我这人是这样，看看一，有时候就想到二，是谁造成这样？这不是中国的内乱造成的？

访 一：就是。

张学良：这何苦呢？所以我回来，就跟我父亲讲了这个事情。我说，中国打内战，打了几天又好了，好了几天又打，什么意思？也不过是你要抢这地盘，我要抢这地盘，各人争势力，中国大家要好好的，和和平平的，各人守各人的疆土，疆土不是一点没有的，这何必如此呢！所以我劝我父亲退出关外，何必呢？事情已经这样了，何必还往下闹？有什么意思呢！

访 一：您那时的心情和作风，您那时也就顶多二十几岁，虽然您还没有信

　　　　教，可是您的作风和所做的事情，跟现在您信基督教，有很多地方很吻合的。

张学良：那时我心里，我没信基督教，可是我一直跟基督教会在一块儿的。

访　一：您的作风完全是基督的。

张学良：年轻时我不管这样，就是没信基督教，我也反对中国这种……当然我杀人也杀了很多，但是我反对这种，没有意义的。

访　一：可不可以说，这次老帅决定回到关外，因素一定也很多，可是最主要的是，听到您这次从心底的劝解？

张学良：影响是有，但是那时候东北军差不多失败了，等于打败了，力量不大，不够了，结束这［战争］，我们不想打了。

访　一：也就是说，回去之后，还是把自己东北地区重新整顿。

张学良：那时候东北有两派，一派是杨宇霆，他主张往外发展。另一派，大多数派，说咱们关上门，自己治理东三省也就够了，我父亲就是在这两派之间。

访　一：您大概也是要？

张学良：我也是，当初我也是打的，年轻时我是主张打的。到后来我就非常为难了，那段事情我要说出来。

访　一：您说说？

张学良：当时跟我在一块堆儿的，郭松龄已经死了，跟我在一起的是韩麟春①，当时我要走开，要出国，把事情扔下我走了。韩麟春说，要走的话，那是我可以走，你不能走。你可以扔下事情走，可你把你做儿子的事情扔不下，你往哪儿走？你不能走！我那时身体也不太好，心里不痛快，非常为难，不知道怎么办好。不愿意打，可是还非得打。

访　一：您也是心里是这样吧，是那样吧，左右分歧，很难决定。身体又不好，事情又不如意，所以后来生病了，那是以后的事了，是吧？后来您就劝老帅回去，老帅回去的时候，又出了谋杀这事情，等到您巧扮成伙夫回去办丧事时，您那天说，是您一生中，生活最苦，最辛苦的一个时期。一方面是因为老帅的事情，一方面您要撑得起整个东北的局势，另一方面日本那儿又是节节逼近。

---

　　① 韩麟春，奉系主要将领。曾任北洋政府陆军次长，1922年直奉战争后投身奉军，历任东三省兵工厂总办、镇威军第一军副军长、第二军军长。1927年任陆军第四方面军军团长兼陆军大学校长，是年冬因病去职。

张学良：当然，我最难过，那个所谓内忧外患，外头是日本人，内里还有很多问题，那真是苦痛透了。

访 一：内忧外患，外患当然是日本了，苏联那时候对您有没有什么威胁呢？

张学良：也有。

访 一：也是趁老帅出事？

张学良：不是，苏联那时的问题，主要是因为中东路①，我们要收回中东路。

访 一：您的内忧，是不是一方面怎样安抚老帅的这些个［将领］？

张学良：不是，内忧主要是杨宇霆。

访 一：皇姑屯这件事完了之后，紧接着就是您这个易帜的问题，这对中国整个的前途有很大的影响。那个时候据报道，很多人都找您，来东北看您，希望您帮他们忙，其中有阎锡山。

张学良：那是后来了，我先说易帜这件事。

访 一：对，您先说易帜。

张学良：我对于日本人并不太佩服。日本绝对已经警告我们，你不要易帜，不要跟南京合作，易帜等于我服从南京了。我们易帜那一天，日本人一点儿不知道，我们全东三省都易帜。

访 二：噢！日本不知道，事先一点儿不知道？

张学良：知道我们是要做一件事，但是他没想到那一天，我们把青天白日旗②都挂了出来。

访 一：那是全东北，一个日子，全东北？

张学良：一天。我下命令，暗中把它预备好，旗都预备好了。他（日本）都不知道。我们的旗子是被服厂，那时给军队做衣服的被服厂给做的，外头都不知道，发的这个旗，把它挂上。

访 二：这点儿也够他吃惊的。

访 一：您有几招，实在让他们很窝憋。

张学良：不是几招，可以说不是我的招，而是我们这些人，能够大家齐心合力做事情。

访 一：那是12月29号，是吧？

张学良：我忘记了，反正过年就易帜了，所以日本人很惊讶。

---

① 中东路，又称中东铁路、东清铁路。自哈尔滨西至满洲里、东至绥芬河、南至大连的铁路。1903年由俄国人建成，曾是东北的铁路干线。日俄战争后，日本攫取了该路长春以南的权利。

② 青天白日旗，即中华民国国旗。

访 二：关于您易帜的事情您是怎么决定的，根据什么来决定的？

张学良：我就决定易帜，统一了。简单的话，我服从中央。

访 一：有人这么说，如果那时候您不服从中央，中央拿您一点儿办法没有。

张学良：那就是一点儿办法没有。

访 一：以您在东北的局势和您的领导地位，决定服从中央，这不只是中国历史上，就是近代史上，其他国家也没有这样做的人。

张学良：那也不能那么讲，我不知道，不能随便说，不敢说。

访 一：因为您局势那么强，您领导地位和实力那么强，而愿意易帜。

张学良：这话很简单，我当时为什么决心？东北这个地位，假如我不跟中央合作，那我就得跟日本合作了，是不？

访 一：我不大明白为什么要跟日本合作？

张学良：东北的地位，我不跟中央合作，自己独立在那儿，我决不能，没有能力受两方面的……那么我跟中央合作，那时中央虽然没有完全帮我，但我还是靠着中国的力量；那么日本他来，要想着不是一个单独的东北。

访 二：噢！是一个中国，对。

张学良：这是一个中国，明白这意思？我也是受中国旧教育，受儒家教育的。所谓事齐乎？事楚乎①？我当然得，假如我自己能站得住，我可以；我自个儿站不住，就像现在，我就是随便说了，就像台湾，台湾人糊涂啊！所谓台独，你独立不了，条件种种，你独立不了，你就是中国放弃了你台湾，换句话，我简单说，日本一定会把台湾拿去了。

访 二：那当然。

访 一：都在这儿等着呢。

访 二：虎视眈眈。

张学良：这说得太多了，我就是说这理由。所以我自己是决心事齐乎？事楚乎？我当然得归顺中央，我是中国人，绝对不能归顺日本。

访 一：在这之前，中央有没有人来跟您游说呢？一定也有。

张学良：不是游说，我跟中央有关系，我们一直都有联络。

访 一：当然他们相当欢迎这件事情。

张学良：是啊，当然，中央和我们暗中还是有联络。

---

① 出自《孟子·梁惠王下》："滕，小国也，间于齐楚。事齐乎？事楚乎？"意思是小国在两强之间，谁也不能得罪。后以"事齐事楚"喻国家无自主权而依附大国。

访 一：中央是哪几位到东北来呢？关于易帜的事情。

张学良：那时候，我跟你说，李石曾①，你晓得？汪精卫②。

访 一：他们这两位都是代表中央到东北来？

张学良：还有林祖涵③。

访 一：哦，还有林祖涵，关于汪精卫和李石曾，还有林祖涵，您对他们三个人的——

张学良：后来还有伍朝枢④，你晓得？后来孙哲生孙科⑤也来了。

4. 汪精卫提出我们俩同时辞职

访 一：汪精卫在那时候，也是举足轻重的一位。

张学良：他是那时候中央很有地位的人。

访 一：是啊，有人说，他跟您两个人意见并不见得相合？

张学良：不不，开始很好，没什么不相合。后来我们俩闹意见闹得很厉害。

访 一：您还记得为什么吗？

张学良：是为了这一件事。他到了奉天去⑥，那时他当行政院长，蒋先生是军事委员会委员长。他带着蒋先生一封信，介绍他，信上没说什么，就说他到时要跟我谈一谈。那他谈什么呢？那时山海关是日本人，他就要我们打一下，那时人家说我不抵抗，我就问他，你中央有什么意思？有预备吗？没有。那么你知道我打一下子成功不成功？不成功，一定失败。那你什么意思？他说你要不打一下子，中央政治外头压力太厉害了，外头攻击得很厉害，那么你打一下子，换句话，恐怕你听不懂，我解释。

访 一：您解释。

张学良：他一说我就明白了，用不着解释，就是外头打一下，把外头民怨的

---

① 李石曾，社会教育家。故宫博物院创建人之一。曾任国民党中央监察委员、中央评议委员。
② 汪精卫，曾任国民党副总裁、国民政府行政院长。后投靠日本，成立汪伪政权。
③ 林祖涵，即林伯渠，中国共产党领导人之一。国共合作时，1926年曾任国民党中央执行委员，财务审查委员会主席兼农民部长等职，1927年宁汉合流后，林退出国民党，八一南昌起义后赴苏联学习。未见其参与东北易帜谈判记载。疑张回忆有误。
④ 伍朝枢，曾任国民政府外交部部长。
⑤ 孙科，字哲生，曾任国民政府行政院长。
⑥ 1932年6月18日，汪精卫、宋子文、罗文干、顾维钧、王树翰等自南京飞抵北平，访国联调查团，并与张学良商议对日方针。

沸腾压一压，你明白了？所以把我俩闹火了，我说你既是中央说出这个，你知道打是打不胜的。要是不打呢，你这中央行政院长就站不住了，就要出问题了，你要我牺牲我的部下。

张学良： 我们闹翻了，你要拿我部下的性命来稳定你的政治地位，我不做。那么他说，蒋先生他［让我跟你谈谈］。我说，你要是这样子，你下命令，中央政府下命令我不能不服从，要我打，我没法子。他说蒋先生有信，我说蒋先生的信让我跟你谈，蒋先生没下命令，这不是命令。他就说虽然蒋先生没下命令，我这行政院长这么大个人，到这儿跟你谈，你就给我这么大的钉子碰？意思是［这个］。我说，你来跟我谈，当然我有自己的意见，我不能完全听你的。既然这样，你中央政府南京下命令啊。你明知打不了，不下命令，让我自动拿部下保护你。我俩就说翻了，等于不理他了，所以他回去为这件事通电辞职，理由是我不服从，很厉害，要求我们俩同时辞职①。

访 一： 好像他是第一天，您是第二天。

张学良： 同时辞职。他辞职，中央准了；我辞职，中央留我。所以这样闹翻了，可惜我把这些玩意丢掉了。我往前说啦，所谓南京打汪精卫，人家说我救的，后来他也给我写了封信，这信可惜我都丢掉了，他说："我们两人本来意见不一样的，是对立的，但患难时你还是救了我。"②

访 二： 您救了他，后来您把凶手？

张学良： 在混乱中，我不是救他，我是救张溥泉③，打完了他已经进屋去了。这经过，霎时间的事，问我这句话的人，不明白事情的情况，这霎时间一秒钟的事情，脑子里没有想到谁是谁，怎么回事，没有那个分辨，明白？我是自动的，躲开的人就自动躲开。当时不是我一个人，张溥泉我们两个，他先动的手，抓住凶手，他是文人呐，当时报纸说北方人强，我们俩是北方人，我是救他。所以天下事就是，我又退回来说，汪精卫那封信很有意思，字写得好，文章也好，可

---

① 1932年8月6日，汪精卫致电张学良，责张："放弃沈阳，再失锦州"，"敌气益骄，延及淞沪"，今又"热河告急"，然"兄未闻出一兵放一矢，乃欲借抵抗之名，以事聚敛"，因之汪"唯有引咎辞职，以谢兄一人"。并要求张"以辞职谢四万万国人，毋使热河、平津为东北锦州之续"。

② 1935年11月1日，国民党五届六中全会开幕，与会者在会议厅前合影，蒋介石未在现场，汪精卫等排在第一排。以晨光通讯社记者名义入场的孙凤鸣突然闪出，向汪精卫连开三枪，现场大乱。站在汪精卫身旁的张继抢步抱住刺客。站在第三排的张学良立即上前拍落孙的枪，并将其绊倒，汪精卫的卫兵还击，孙凤鸣当场中枪被擒。

③ 此人即张继，字溥泉，曾任国民政府司法院副院长、立法院院长。

惜我在北京都丢掉了，很有意思的一封信。

访　二：您后来也辞职了，这时候是不是胡适出来跟您说话？

张学良：谁？

访　一：汪精卫先辞职，您也辞职了，然后在这节骨眼上，胡适①出来跟您谈话是不是？

张学良：没有这回事②。

访　一：外边有报告，说胡适出来，劝您什么的。

张学良：不是，我对胡适先生印象，他有时候自己常常把自己说得——

访　一：说得太高？

张学良：不是太高，好多事情他并没参加，我对胡适先生很好，是朋友，但对政治的事情，我不——

访　二：还有《李宗仁回忆录》。上面说，他说是他的意见，说不要蒋先生向东北用兵，说要是向东北用兵，是最不智的事情。

张学良：嗯？不赞成？

访　一：李宗仁③的自传里，他自己说，是李宗仁劝蒋先生不要向东北动军队，易帜以前的事。

张学良：现在我得加点话啊，和这毫无关系的话。李宗仁的自传，我不应该说的，李宗仁自传④是唐德刚⑤写的。

赵一荻：我们不要讲别人的。

访　一：我们就说跟东北的关系。

赵一荻：录下来很不好，人家外头，就说他又讲某某不好。

访　二：我们停下来。

赵一荻：我是说，不管这个，引经据典，引别人的话就不好。

访　一：咱们不说谁写的。

张学良：不是引经据典，你说李宗仁的自传，这就说出来了，这李宗仁自传，根本是不是李宗仁自传？这问题来了，明白吗？

---

① 胡适，著名学者，曾为新文化运动领袖之一，时任北京大学文学院院长。
② 胡适于1932年8月7日致函张学良，劝张决心下野，并将其撰写的《汪兆铭与张学良》文稿送张阅。张学良于1932年8月8日致电南京国民政府、军事委员会及行政院："即请罢免北平绥靖主任现职，简贤继任。"8月9日，蒋介石复电张学良："请静待中央政府之决定。"
③ 李宗仁，国民党内桂系首领，曾任中华民国副总统、代总统。
④ 此即《李宗仁回忆录》。
⑤ 唐德刚，曾任哥伦比亚大学中文图书馆馆长、纽约市立大学教授，是华裔史学家中口述史的重要推动人。

赵一荻：我就说这个。

访　一：那倒也是，这里有两件事，他说得让我们心里怪……所以我说跟您讨教讨教，这是第一点。后来他还说了一个，他说蒋先生对东北的关系，完全是他的建议①。第二，他说您曾派了三个人到北京去，住在六国饭店，到了北京没人搭理，是李宗仁出头，用了他的个人关系才把三个人在六国饭店②找在一起谈话。

张学良：这连影子都没有。

赵一荻：所以我说你们不要引用乱七八糟写的东西。

访　一：不过他的影响相当大，所以大家有时就说，我们少帅不只是不战将军，过去的事，好像大部分的事是他（李宗仁）的关系。

赵一荻：就是说他在渲染他自己嘛。

张学良：不是，根本就没这回事。

访　一：那就行了。

张学良：我给你解释，说这段事情的人，脑子就是很糊涂的人。头一样，那时候我们到北京去，没人去住六国饭店。

访　二：啊！这就是了。

张学良：你不知道这个六国饭店，在［东］交民巷里，避难、有事要躲难的人才找六国饭店去。说这话的人，就没弄明白六国饭店是怎么回事。我这人说话是把事情说清楚，还有，我从来没派过三个代表，没这么回事，简直连个影都没有，就在那儿造谣言，所以我说这种写书的人，不管他是谁，完全是自己在杜撰，反正有一件事，添点酱油加点醋，这件事根本是杜撰出来的。

赵一荻：他们说的李宗仁认为都是他的功劳。

张学良：不是，换句话，李宗仁就不是这样一个人。

赵一荻：所以，胡说八道就不要提了。

张学良：我的问题是注意谁写的这玩意儿。李宗仁我跟他相当［熟］，不是说朋友，李宗仁这人很和气、很好的一个人。

访　一：不会这么杜撰。

---

①《李宗仁回忆录》中有这样的叙述："当革命军进驻平、津，张作霖为日本人谋杀之后，我即电陈中央，主张对东北停止用兵，以政治方式谋取统一。"

② 六国饭店，位于北京市东交民巷，1905年建造，当初是英、法、美、德、日、俄六国合资，故名。曾是北京最高档的饭店，是达官贵人聚会的场所。

张学良：不会这样。这文章谁写的不管了，他写这东西根本就没这回事，还有，这人就是没有到中国留过。谁跑到六国饭店去住？那时候干坏事才跑到六国饭店去，因为那是外国饭店，可以躲开。

访　一：到过北京都知道六国饭店怎么回事，我们小时候就知道有六国饭店。总而言之，这话就不说了。另外，他说您出兵是蒋先生、中央出六百万出兵费，您才出兵。我们就想，这是您自己经过的历史，您说，才能证实的。

张学良：说什么出兵？在哪儿出兵？

访　一：好像是中原大战①那时。

张学良：那没关系，中原大战我出兵并不是要打呀，我发巧电②我是武装调停啊！我没有要打。

赵一荻：她说，人家说你拿了六百万才出兵，这什么话嘛！

访　一：有一人说拿了六百万，一个人说拿了五百万，您自己不说，没有办法。

赵一荻：这里要他自己嘴里说的话。

访　一：所以我们说，我们跟您提一下。

张学良：这里也许误会了。中央曾经给过东北一笔钱，是为了东北的金融问题，中央帮我忙，与这他俩连不到一块儿③。

访　一：离着十万八千里。刚才夫人您不在，我们谈到易帜的问题，少帅已经提到日本事先都不知道，同一天全东北旗子都出来了，这件事象征很多很多的事情，一方面是说大家的齐心，二方面是爱国心有少帅的领导。我们谈到易帜前，中央派了谁来。少帅说汪精卫先生来了，李石曾先生也来了，那么李石曾先生后来跟您的交往？

张学良：一直很好。

访　一：从那以后，他一直跟您有什么样的关系？

张学良：李石曾底下有一个东北人，我们是很好的朋友，李石曾从前中央没跟我合作的时候就跟我很好。

---

①　中原大战，1930年4—11月，国民党左派领导人汪精卫联合西山会议派和地方军阀阎锡山、冯玉祥、李宗仁等发动的反对蒋介石中央政府的内战，又称蒋冯阎战争。

②　1930年9月18日，张学良发出"和平统一通电"。拥护中央政府，率军入关，终止蒋冯阎中原大战（详见《张学良文集》上卷，第315页，1996年香港同泽出版）。"巧"在"韵目代日表"中，代表18日，古文称"巧电"。

③　1930年9月13日，国民政府拨给东北军入关开拨费2400万元。是月18日，张学良令于学忠第一军前敌第六旅黎明前开始出兵，向平、津进军，时称"入关（即山海关）。"据张友坤、钱进、李学群编著《张学良年谱》（修订版），第341—343页。

访　一：您说他算是一个政治家、思想家？
张学良：也不完全是这个样子。他是北方人，那时在中央政府，在国民党里只有两个人，一是李石曾，一是张继。他们两个人，都对我很好的，有好感，都是北方人的关系，尤其是张溥泉，这人很粗的，他虽然是个文人。
访　一：粗枝大叶？
张学良：就是这样一个人。

5. 东北兵工厂是中国第一

访　一：我们说到了易帜，易帜的后果，比如说对各方面的影响，您能分析分析吗？
张学良：那东北就服从中央了。好像易帜完了，中央任命我是东北边防军司令长官。
访　二：易帜之后，经济上币制是不是也要换？
张学良：没有。中央的钱照样，东北一直有自己的钱，到易帜，那时各地方有各地方的钱。
访　二：军队是不是也改编？
张学良：军队后来改编番号，用中央的番号。
访　二：军备呢？
张学良：原来是东北军呐，东北军第一师第二师啦，后来就是中央多少军多少师，国民革命军多少军多少师。
访　二：那您调动呢？
张学良：那这个东西还是我的。
访　二：在易帜之前，您的军备是自己采购自己做，还是由什么地方买，比如说，或者是从日本买呀，或者是？
张学良：那是随便什么哪一国都可以，简单的玩意儿东北都是自给自足，不但是这样，我们的枪都卖给人家，往外卖。
访　一：您那时的兵工设备已经开始在东北制造，也就是说您在东北整军、建军，在军事设备上，也都是您自己承担？
张学良：不是，东北的兵工厂是杨宇霆管，他很有力量。东北兵工厂里，用的技术人员有中国人、日本人，外国人都有。不但那样，那时候在中国，全国有重炮的只有东北军，后来东北兵工厂还能制重炮，不过一个月只能造一门。

访　一：那时候已经很特殊了。

张学良：很特殊，可以说那时在全中国，兵工厂是中国第一，奉天第一啦①。

访　二：用的钢是东北的？

访　一：用的钢铁和原料都是东北自己的？

张学良：不是，钢铁是买的，火药也是买的，火药是瑞典的。你知道，话又说过头了，有好多东西，那精良的武器，那火药，咱们中国都做不了哇。

访　二：做不了？

张学良：比如说我们用的枪里面，子弹、火药只能装一种。我们做的那种得多装，我们做不了那么精啊！我们做不了，比如说做钢，我们没有那么高热高压的玩意儿。虽然我不是兵工，但是要做钢，你压不了那么结实，百炼才能成钢啊！现在我说话说太多了，你知道，就那一个水压机，大概花四十万呐！为什么要水压机？这炮弹，你不能让它漏气，稍微漏点气，它就会膛胀，就是在炮膛里，就让炮炸了。简单地说，那么在炮弹做成的时候，要用水压机去实验它能不能用，出不出水，出水就漏气了。光那个水压机就要花四十万。现在恐怕我们好多技术都非常高了，那时候〔还没有那么高的技术〕。

访　一：那时在东北的这些技术是全国最高的了？

张学良：是，东北那时候名震一时了，就是迫击炮，就是东北出来的。那是一个外国人，他叫沙顿②，One arm Sutton。

赵一荻：他说不出来，昨天我想起来了告诉他，他（沙顿）只有一个胳臂。

张学良：他是英国人，在英国军队跟土耳其打仗时，他是个中士，人家扔手榴弹来，他去捡起来扔回去，把胳臂炸掉了，他都不知道。战争是多激烈，只知道疼，把胳臂炸掉了，他还不知道。

访　一：不知道？

张学良：另外一个手榴弹来了，他又想去捡，这一看，胳臂都没有了。

访　一：啊哟，他真勇敢呀！

---

① 指奉天兵工厂。
② 沙顿，又译萨芬，或沙敦，英国人。曾任奉天迫击炮厂厂长。

张学良：打仗的时候，那想不到，你不勇敢你就完了，冲锋的时候。

访 一：你死我活啊，生死关头。

访 二：他后来就给你做迫击炮？他是工程师？

张学良：他发明的。那时候东北军开始时威震全国，就是因为有了迫击炮，旁处没有。后来，河北有一个以前帮过他的人学会了，这个很简单的玩意儿，后来就到了直隶军队，卖了很多钱。

6. 东北空军是我创办的

赵一荻：空军也是东北先开始的。

张学良：空军是我创立的①。

访 二：您自己会开飞机？

张学良：因为创立空军，我自己学驾飞机，我也不是技术顶高的，飞机会飞就是了。

访 一：请教夫人一下，沙顿怎么拼的？

赵一荻：怎么拼的我就不记得，几十年了。你会拼吗？

张学良：我也不记得了，我们都叫他 One arm Sutton，独臂沙顿，好像是 s，u，t，t，o，n，反正很容易写的。

赵一荻：太多年了。

张学良：我忘掉了，这人死在哪里都不知道了。

访 一：这都是对东北相当有功劳的人。

张学良：不过这人很不规矩。

访 一：怎么不规矩？

赵一荻：他很会发财，很有钱。

访 二：噢！发财？

赵一荻：利用他的地位，做生意。

张学良：这个人坏透了，他很会发财。我跟你讲发财，他呀，我们那时候火药是从瑞典买的。

赵一荻：瑞典的火药。

---

① 1920 年，奉系帮助直系倒皖，获胜后奉系接收了皖系的大部分家底，其中包括 8 架飞机。1920 年 7 月设立东三省航空处，由乔庚去任处长。1921 年秋，张学良赴日本参观秋操，回来后决心亲自筹办空军。1923 年，张学良兼任东北航空处总办。

张学良： 瑞典的火药。我不在，他要跟我聊，我说我不懂，他就发了一笔财。他，没去买以前呀，把瑞典火药厂的股票买了。

访 一： 噢，很聪明呀。

张学良： 他买了之后，打电报说我要订多少火药，这瑞典的股票大涨，他就把这股票卖了。这还不算坏呀，跟下来他又去了电报，说他不买了，股票掉下来了，他又买了股票，去电报说他还是买，股票又涨起来了，他这就赚了一大笔钱。这家伙坏透了。

赵一荻： 这人很会做生意。

访 一： 要在现在，他是违法了，不过在那个时候。

张学良： 那时候不是违法的，谁知道！

赵一荻： 他是你们允许的代理人嘛，他要买还是不买是有他的权嘛。

访 一： 对，这倒是，他聪明呀！很有生意头脑。

赵一荻： 后来我们离开北方，不知道他的下落了。

访 一： 顺着这个，我们有一个很简单的问题，东北的军队，炮兵最出名，空军是您自己首创的。那么，在军备上面，比如您说火药太精密了，咱们不能做，还有那高压的水压机。这军备如此强，您都是靠着哪些国家？比如说您从瑞典买火药。

张学良： 哪个国家都买，但是大部分还是买日本的。我现在还得声明一句，那时候他们有一个条约啊，各国有个条约，不许卖给中国军火①。因为大家防备中国内战，不要帮助中国内战，不许卖给中国军火。

访 一： 你说各国是包括东欧？

张学良： 都有。英、法、意大利都在里头。

访 一： 捷克也在里头？

张学良： 那捷克我不敢说，反正那都是大国了。可是我知道没有那么回事，偷偷摸摸还是照样卖，我们的飞机呢，用的是意大利的。

访 一： 是签约国之一。

张学良： 是意大利的，多数的火药是日本的，甚至法国方面来的也有。

访 一： 他们的合约等于是——

张学良： 合约是合约，但是不大批卖。

---

① 《辛丑各国和约》（亦称《辛丑条约》）第五款规定："大清国国家允定不准将军火暨专为制造各种军火器料运入中国境内，已于西历一千九百一年八月十七日，即中历本年七月初四日降旨禁止进口二年。"

赵一荻：不是公开大批卖。

张学良：所谓钱，谁都要钱，但是我们花的钱多一点就是了，人家买一块钱，我们要一块五，这样讲了。

访　一：也就是说，有很多关键性的军火都是要从外边来的。

张学良：中国自己没有嘛，因为这样子，也刺激那时候东北兵工厂特别要加强。

7. 沈鸿烈与东北海军

赵一荻：东北的海军也是你建起来的？

访　一：所以海陆空三军都是在您任期之内建起来的？

张学良：不是不是！海军更好玩了，是一个叫沈鸿烈①的，后来当了青岛市长。那时我们东北军的海军部不叫海军部，叫航警处，他是处长。他本来是中央海军的，那时候为了参与各国共同出兵到海参崴，关于白俄，俄国的事情，中国的海军是他带来的，绕过来到松花江里头。海军司令不是他，他是参谋长，那时海军可怜呐，发不起饷了，中央穷得很，派到海参崴去的第九师，很好的军队，发不出钱了。他带着海军等于投降了东北了，不是投降，就是东北给钱，他带的海军就……所以东北的海军就自个儿，海军还是叫海军，可是这海军一直在松花江里，没到海里去，由他买了两条商船，把炮搁那商船上。

访　一：就把它改成军用武装商船②。

张学良：那时候直隶有海军。

访　二：对，对！

张学良：他这海军，胆子很大，去活动，到处去打，就是这样起来的。这个人后来很有地位，在中央做过浙江主席呀，做过好几个省的主席，这人很有魄力，他是湖北人，很凶的一个人。

---

① 沈鸿烈，奉军海军将领，东北海军创建人之一。1931年后曾任青岛市市长、山东省政府主席、浙江省政府主席等职。
② 在第一次直奉战争失败时，奉军被直军"海筹"、"海容"等舰炮击，张作霖的座车几被击中。退回东北后，张作霖便筹划建立海军。1922年8月，张任命沈鸿烈为航警处处长。1923年4月，在奉天省葫芦岛成立航警学校。7月，东北海防舰队正式建立，沈鸿烈任司令。1926年1月，东北海防舰队与吉黑江防舰队合编，沈鸿烈任东北海军司令。

访 一：也就是他起家是从这一阵子开始，然后到了东北。

张学良：换句话，东北海军的发达是由他。

访 一：也是在您的任期之内了。

张学良：不是，在我父亲任期内，后来渤海舰队叫我们给收来了，他是副司令，我是总司令。后来渤海舰队到他手里。

访 一：您易帜以后，三军的装备是由中央供给？还是由东北自己去筹？

张学良：没有没有，我们甚至帮中央，中央没给我们什么。

访 一：我们本来希望您说说对各方面的影响，这也是其中之一。您说只是把您的军队、行政、番号、行政区域划归中央，整个统一了，可是实际上还是您自己支持。

张学良：这是我父亲不在以后的事了。

访 一：对呀，实质上所有的军备，所有军费的支持，还是您自己的，并没有从中央接受。

张学良：还是东北。不过中央对我们很不错，后来东北丢掉了，东北军是中央给钱。

赵一荻："九一八"以后了。

访 一：我们说"九一八"以前的。那整军经武的时候，您也做了很多事，空军海军都算上，还有很多训练计划，我记得在纽约的时候，您跟我们和 Peter Roots 在一起的时候，说过您还有很多训练计划，怎样把东北的军队训练成当时的现代化的革新的，不要尽是大字不识的。

8. 邹作华与东北炮兵

张学良：整顿东北军，在陆军方面大多是郭松龄，海军我刚才说了，空军是我自己了，要紧的是炮兵，东北的炮兵威震天下，那时的炮兵，这人现在已经死了，叫邹作华①，大概你们没看见他。

赵一荻：邹，带一个耳刀的。

张学良：这字不念周。中国从前的炮兵都是一种旧式的训练，后来我们的炮兵，东北军开始能够起来，因为邹作华他是日本士官学校的，由他训练东北的炮兵。我简单点说，说多了你们也不懂。东北军的炮兵

---

① 邹作华，曾任奉军炮兵司令，是东北炮兵的创建人。后任南京陆军炮兵学校校长，抗战胜利后，短暂担任东北接收"政治委员会"主任、吉林省主席。

把炮打你，你看不见我的炮。就是说他要打的目标测量出了，找出角度，在炮上确定那角度，打那目标就打中了，叫间接射击。只有东北军能做到，所以我们第二次奉直战争能把直隶［打败］，这个有很大的关系。他找不到我们的炮从哪儿打来。他们的炮在那儿摆着，我们都把它摧毁了。明白？他的炮兵阵地，我们不仅能看到他在哪儿，还能把他测量出来，这完全是技术，这技术能介绍到中国东北来，这邹作华是日本士官学校的学生，他训练一部分。还有一部分是原来的边防军到这儿来。那时候，中国没有所谓重炮，我们用的普通炮大概是75厘米（应是毫米），就是三吋的。那时候奉天有重炮。

访 一：重炮多大？

张学良：105厘米（应是毫米），等于五吋吧，五六吋。只有奉天有重炮，它原来是边防军的，边防军有一营，东北军到了北京时，边防军已经失败了，就把这一营人都收了，有四门大概是，所以只有奉天有重炮，当时奉天出去打仗，那重炮大家都怕得了不得。

访 一：这在当时军火上是佼佼者了，别人没有，是吗？

张学良：占优先了，高力，还有空军。

访 一：那时别的地方有空军没有？

张学良：有，他们的空军是大的，直隶的空军不坏呀！东北的空军起来有三个队，两个队是中国人，一个队是白俄人，他们也出过很大力量。那时我们能飞长途，飞到太原去给太原扔个炸弹，飞到北京去扔个炸弹，只有东北有这么一架飞机。这架飞机怎么来的？所以我说钱呐！那是意大利的一架飞机，当时最有名的是意大利飞机。这个人是出来表演的，长途飞世界，到了东北，他把飞机扔东北了，当然给他钱，外表他说送给奉天空军了。

访 一：换了别的将领，表演了也未必要他，得要慧眼识英雄啊。

张学良：那时候，空军对我们都很好，朋友，就连美国空军那个很有名的一个——

访 一：陈纳德？

张学良：不是。他在空军，后来不服从，免职了。他是个少将，到东北去，把我的那个飞机他都要实验，那人很有意思，我跟他很好。

访 一：他实验之后，怎么估价您的飞机？

张学良：那是意大利的，很有名的一架飞机。不过后来，我们都买法国飞机的，还没等用呢，"九一八"事变了，我都没动呢，法国飞机刚来，都被日本人拿走了，很可惜。

访　一：所以，我们觉得您那时候要不是接受新东西，这些东西可能一下子就过去了，机会就没有了。海军也是。

张学良：是啊。我们很可惜，要不是"九一八"事变，我跟荷兰的那时叫用克飞机厂订了合同，在奉天做飞机，往外卖，他出技术出机器，算他投资，一人一半，我们出地，出厂房，出人工，因为中国人工便宜。他怕卖不出去，开这么大的厂，我们是订了合同的，一定要买他多少，可惜事变了，没有成功。

9. "九一八"事变，日本真是吞了个炸弹

访　一：您有很多建设——

张学良：我那时候野心很大，什么事都想干。

访　一：我们暑假来的时候，就很想知道，您在东北各个建设的计划，也知道，是您那时开始的。

张学良：那时东北真是蓬勃［发展］，一方面是军事的，就是教育、政治、经济也……人家都认为东北大学是我创办的，其实不是我创办的。

赵一荻：可是中学、小学都是。

张学良：是王永江，他创办东北大学①，办教育、修铁路都是他［的主张］。自己修铁路，另外我们还修了一条长铁路，因为日本人反对最厉害的。

访　二：您不是偷着修的吗？

张学良：因为我们那时候运输啊，到黑龙江都得通过南满路②，自南满路经过中东路。我们后来自己修条铁路，为什么？东北最大的出产，是黑龙江的大豆，那时必须经南满路出去，自己没有出路。修这条铁路，大豆我们自己出，这条铁路接着京奉路，再由北京运出去，运

---

① 1923年4月26日，奉天代省长王永江提议经张作霖批准成立东北大学，王永江兼任校长；1928年8月16日，张学良兼任东北大学校长，刘凤竹为副校长；1930年改副校长为秘书长，由宁恩承任秘书长，代行校长职务；1931年王卓然任校长。

② 南满路，即南满铁路，主要为中东铁路长春至旅顺的一段。1905年被日本控制，1945年抗战胜利后被中国收回。

到葫芦岛，自己控制①。所以日本人为这事，反对我反对得很厉害了，那等于把大连，南满路的生意抢过来很多啊！

访 二：日本人想破坏吗？

张学良：当然想破坏啊，所以武力来了，没办法了。

赵一荻："九一八"事变，抢了！

张学良：所以那时我就跟日本人说，你们真是，我们想自个儿求生你们都不许呀？换句话是分一杯羹，你们在我们的土地上，差不多你们是经济上侵略，可是我们自己来求生，你还反对，这没有理由的②。就好像你这孩子靠我吃饭，在我家，把这孩子教育好了，你就反对，这怎能这么讲呢？

访 一：就是啊！我们刚才谈到一点日本人的威迫利诱，我们不知道您心目中，还有哪几件事情，希望少帅跟我们讲讲，您记得起来吗？

赵一荻：我是不会，他自己讲嘛，日本人的威迫利诱，他不是跟你讲过日本人怎么样怎么样，他说你想的比我自己想的还多，还好哇。

访 二：您所说的利诱，他想怎样来利诱您呢？是利诱您个人吗？

赵一荻：利益嘛，并不是给钱，就是你要跟我合作，我们日本人就拥护你，你不要跟国民政府合作，跟我合作呀。

张学良：日本文人拿不到太大的权，日本军人实在不懂外交政治，他所谓威迫利诱，这利诱，后来我就跟他们办交涉说，我们是地主，当然你有你的利益种种关系在这地方，那日本一直认为，东北有今天是因为我日本，你明白吗？就是把俄国打出去，是我。换句话说，我认为，是，我知道你种种关系，咱们百分之五十对百分之五十。照理说你百分之四十五，我百分之五十五，这就很公道了。那么我现在百分之五十，你百分之五十，不是更公道吗？我现在又退后一步，你百分之五十五，我百分之四十五，这还要怎样？或者你百分之四十五你也愿意，答应。但是他有条件来了，你百分之四十五，你在那吃闲饭，没权，你不能管事！因为你不懂，我懂，分你点儿钱

---

① 1921年至1931年，东北地方政府自主修成10条铁路。分别是打虎山至通辽、昂昂溪至齐齐哈尔、齐齐哈尔至克山、洮安至索伦、奉天至海龙、吉林市至海龙、鹤岗运煤铁路、呼兰至海伦、锦州至朝阳北票、开原至西丰。这10条铁路总长2243公里，占当时中国国有、省有铁路10434公里的22%。

② 日本认为东北地方政府要修筑的所有铁路，都是南满铁路的"并行线"，故加以反对、阻止和破坏。

就是了。那等于我把权利丧失了。比方说，修这条铁路，还是他来管。我不让，你投资可以，你不能管，我中国人也会开呀，也会管铁路，管得很好啊。那不成，你明白这意思吧？

访　一：对对，还是抓主权。

赵一荻：权，他总想控制你，叫你当亡国奴，他控制你。

张学良：日本人有个叫西园寺①，是个日本的元老。所以日本的军人，咱们就是做个评论了，日本人实在不懂政治的作用，现在我跟日本人谈话，我说你们现在还存在这个心，虽然你武力没有了，你还是想用经济侵略人家，我说早晚你的经济侵略还是有后果，这后果我不知道是什么样，也许是人家反对你的日货还是怎样，你怎么就不知道跟人家合作？咱俩合作，你有利益我有利益。你一定要改变啊，你日本用这方法，你走不通的，你就说美国现在用经济侵略，你将来总要碰一个大钉子的。

访　一：现在已经开始了。

赵一荻：他就是强行霸道。

访　一：你说他怎么改不了呢？

赵一荻：日本人就是这样，从小的教育是这样的。

张学良：我看电视上说，你早晚会惹出祸来的，你怎么惹来我不知道，反正会惹出问题来的。所以，日本人西园寺说一句话说得很对，所以我分开来讲，日本的政治家不是没有，像我说的那个林权助，那真是政治家。西园寺说日本是吞了一个炸弹呐。

访　一：吞了一个炸弹？

张学良："九一八"事变呀！所以，他说日本人很得意，不过是吞了个炸弹了。

访　一：所以很有眼光啊。

张学良：这事情早晚要出问题了，这后果，你吞了个炸弹以后。日本人很得意这"九一八"事变，他说你是吞了一个炸弹。

赵一荻：他军人后来把那些老的都给——

张学良：我后来我就说，日本这个国家没有亡啊，真是上帝的恩典。你这个军人疯狂到什么程度！无论什么人，不但是对外，你就对内，不听你的话你就杀，他把那元老重臣给杀了多少！他自己的长官，大将

---

① 即西园寺公望，曾任日本内阁总理大臣（首相），是日本明治到大正时期的政治元老。

都杀了好几个,都是那个少壮派。你这个国家闹成这样子,一个国家,一个事情,一个……你即便想做生意做事情,你就是做一个铺子,你没有纪律,你这生意也做不好。一个国家,都没有纪律了,我说你这日本没亡啊,那真是上帝的恩典,这样情形的国家一定要亡的。这还是个国家吗?他连天皇他都要换了,他天皇的弟弟,本来那天皇弟弟要当天皇,不是要当天皇,他那天皇废掉了,因为那天皇不听那一套。不过那天皇也厉害呀,他有魄力。

赵一荻:为自己的国民,他肯牺牲自己求和,很可能被他们杀了,他投降了,他自己的那些军人可能把他杀了。

10. 土肥原是个侵略"专家"

访 二:您对那几个到东北做事情的日本军人,批评怎样?一个是对东北、华北,您说土肥原这个人是——

张学良:这个人坏透了,很坏,侵略专家①。

访 二:您说他能力上怎样?

张学良:当然是很有能力的。

访 二:心很坏。

张学良:后来处死了,这人很坏。土肥原当顾问时,我后来跟他闹翻了,他说你没有换我的权力。我是没换他的权力,但是我有不跟他说话的权力吧!我当着特务长官的面,告诉我的门房说,土肥原顾问什么时候来,什么时候我不见。当他面,我有这权。所以后来,你听我讲,这日本可真不是个东西,我不知道这事,不能说百分之百,后来日本参谋本部,不但把土肥原撤回了,还请我挑一个喜欢的人做顾问,我就挑了一个日本的空军上校,这人对我很好,我俩相处得很好。据说"九一八"事变之后他回了日本,听说日本人把他弄死了。真假不知道,我没有证据。不过后来这人跟我没联络了,这人很好,给我出了很多道儿,那时日本有个最有地位的剩下的军人元老,叫上原元帅②,

---

① 此人即土肥原贤二,曾任日本陆军大将。是在中国从事间谍活动的日本特务头子,建立满洲国和策划华北自治的幕后人物。1928年曾应聘张作霖的顾问。1948年被判定为甲级战犯处以绞刑。

② 即上原勇作,日本工兵之父,元帅陆军大将,大正中期和昭和初期的陆军领袖(1915—1933),皇道派军阀的创始者。

他说日本那些在东北闹得很厉害的无赖，只有用高价请来上原元帅，能压得住他们。他有地位，但没有钱，日本的军人大多没有钱，他说你把他养在你这儿，把他们都给压住了，谁也不敢再闹。我说你这主意很好。我没证据，但听说他回去后日本把他给弄死了。日本军人跟我是好朋友的有好几个，那个柴山后来当了日本一个次长①，原来是我的顾问，也是奉天的顾问。奉天顾问有两个，一个低的，他就是常跟我，跟我很好。他自己去欧洲旅行，回来见我，这个人很有意思，他来的时候带了个中尉，是他的部下。他已经有地位，后来还当了日本的陆军次长。他对那部下说，我要跟张先生谈话，你走开。他跟我说，"他监视我的，他是我的部下，听我的话。"他很有意思，我们俩谈得很好，他说，我回国去是没有多大力量，这何苦哇？中国人生了孩子就给日本人打死了，日本人生了孩子到中国来，也打死了，这何苦呢？我是有这个心，但是我回到日本我没这力量。

访　二：没什么作为。

张学良：他劝我，"你能不能尽你的力量想法子和解？"那时我在汉口，他的意思就是劝我不要鼓动反日，他是这个意思。他说，"不飞不鸣，将来你会是中日问题上很要紧的一个角色。"我说我很同意你的话，何苦呢！"德法两国闹的，德国生了孩子，就要预备给法国打死，法国人生孩子[也同样]。这现在中日两国也闹成这个样子，不过我没有权力，我也主张不了，好多话我也不敢说。"我跟他说，这事情不在我们这方面，解铃还须系铃人，在你们日本方面。

访　二：日本已经扩张到不能收缩了。

张学良：日本是要把中国分裂。日本的政策，一块一块地把你吞了。先是东北，满蒙。

访　二：然后华北，然后再，您说他还有什么计划对华中和华南吗？

张学良：我说不来，不过那时日本和英国差不多是等于暗中有默契，英国在华南，加上在云南那边是法国的势力，他们想瓜分中国。中国起来也不容易呀！现在反过来日本怕中国了。

访　二：现在他们经济侵略，用您的话，经济侵略相当厉害，全是日本的东

---

① 即柴山兼四郎，日本陆军中将，曾任日本陆军次官。1928年11月任张学良的顾问助理，长期进行对中国的特务活动。

西，现在谁手里没有日本的东西啊？

张学良：反对是反对，可日本人实在是厉害啊。

赵一荻：日本人也有他们的长处，做事情无论什么事情，都一丝不苟。

张学良：不但那样，日本真是团结合作。

赵一荻：你也得佩服人家。

访　一：这点也是中国人不及的，真的，人家也有成功的原因。

张学良：互相不认识，日本人到哪儿，尤其是到中国，到哪儿都互相帮忙的。

访　一：回过来说，在老帅的事情和东北易帜的事情上，东北特别团结。

赵一荻：那个时候差不多人人都对日本［憎恨］。

张学良：还有一点我得要说，是我父亲，当然我是父亲的人了，我们父子在东北，现在东北，你要去大陆，现在的东北人都是怀念的。

访　一：一点儿也不错。从中国到美国，只要是东北同乡，念念不忘的是老帅和少帅。

11. 你日本能够补偿得起吗

赵一荻：日本人也欺人太甚了，在南满路上，我们走那经过，四个侍卫身上有枪，被日本人抓去了，等办好交涉手续把人领回来时，他们已经被打死了，只能吃哑巴亏。

访　一：而且在咱们中国自己的土地上。

赵一荻：中国人连只狗都不如，他们欺人太甚了！

张学良：连个尸首都找不到啊。不但军人，连老百姓也不能过南满路，抓了就扔火车炉子里给烧了。日本人有一部分特别残忍，不是全部日本人都那样残忍，就是有一个地方的人最坏，那叫什么地方我现在说不出来，尤其是军队，碰到那个地方的师团就倒了霉了。

赵一荻：日本人看中国人跟禽兽一样，没拿你平等对待，没把你搁眼里，你该死。

访　二：您说是不是我们中国人，比方说军人，素质比他们差，普通教育比他们差，他们看不起我们？

赵一荻：不是看不起你，他拿你当亡国奴，在天津吧，那兵站那儿，他（张学良）的弟妹，弟媳妇，你就得站着三鞠躬，不然嘴巴子就打上来。

访 一：在北京，他们穿那种日本的拖鞋木头的，底下还有两个……他拿那个打人，你就空手。

赵一荻：不拿你当人。

访 二：东北就是首当其冲，第一个他最垂涎的地方了，收成又好，物产又好，一切都好。据您的估计，当时是没有办法，假如说是武力跟他斗争的话，绝对抵抗不了，是不是？

张学良：嗯？嗯？

赵一荻：东北的力量去反抗日本绝对做不到。

张学良：全国也做不到，人家有那么大的海军，我们没有。

赵一荻：空军、海军、陆军都比我们强。

张学良：我到日本去日本等于给我示威呀！让我看那吴市军港①，那地名叫吴市，是军港，到那军港参观。那不是兵工厂，就是个军港，预备有一天战争起来了，海军有补助舰。所谓补助舰，就是商船改成的，不是完全作战呐，帮着海军干运输什么的。一旦作战了，把商船作补助舰，也得加上军火。那库房啊，哎呀，我一看，我的老爷！他那炮哇，预备的炮，装上的炮，一眼看不到头！就摆在那儿，几千门呐！我不能随便说，这一眼看不到头！那等于，都没法了，尤其是我们的海军没办法抵抗，人家到你海边把你封锁，你一点儿办法也没有，空军也没法子，我们也没办法。

访 一：也就是说，如果真是战争起来的话，咱们根本就是无谓的牺牲？

赵一荻：束手就擒。

张学良：问题是这样子，后来我们还是抗日呀。我说了，你杀了我不许我流血，我没办法呀，死里求生啦，能不能活不能顾了，情愿！

赵一荻：这么多年抗日，没有俘虏的，我们中国人投降的没有，知道投降也是死啊。

张学良：她说这话，我们，日本人也没有俘虏，来了就把他打死。

赵一荻：来了就弄死，中国人看日本人把他弄死，日本人看中国人也把他弄死，根本就没有俘虏这回事，人家都遭俘，我们没有。

访 二：我提一个题外的问题，到最后，我们不向日本要赔偿，您说这是对，还是不对？

---

① 位于日本广岛县的吴市，从明治时代之后，就成为日本的重要军港。现在也是日本自卫队的基地。

张学良：这话也很那什么，日本怎么赔偿？

赵一荻：人死了还能活吗？我们说的都是物质上去看，赔偿赔偿，都是讲物质，我们中国所受的创伤，你日本能够补偿吗？

访　二：而且物质上的赔偿也不过是政府公布的，每个民间老百姓还有呢？

赵一荻：没办法补，我们的损失太大了，你怎么补？

张学良：太大了，就连我个人损失也太大了。

赵一荻：不能以物质衡量，中国人差不多亡国啊！

访　二：后来他们自己演的电影，像他们有两个连续剧，他们对于在东北打仗，到中国去，也觉得是一件大的损失啊。

赵一荻：老百姓当然也是损失，我们并不恨日本老百姓啊。

访　二：老百姓也是苦的。

张学良：也不能这么讲。日本得这么说，日本没有老百姓，都是军人，到了年龄就是预备军人，往上去就征兵到了军队了，到军队上当上两年，下来以后就叫后备军人。从预备军人开始时就受军人训练了，所以日本国情就都是军人，预备军人、现役军人、后备军人，都是军人。换句话，那壮丁都在军人手里。

赵一荻：你说得对，预备军人、后备军人、现职军人，他都是军人。

张学良：所以日本军人的势力那么大呢，整个国民都在军人手里，日本，到我说的那个时代，无论什么人组阁，如果军人不同意，那内阁组不成。那一定参加政治——

赵一荻：军国主义嘛，他小时候的教育就是这样。

张学良：那时候，日本的军人在宪法上的权力太大了。根据法律，天皇是陆海空军大元帅，就跟咱们的总统一样。陆军参谋总长可以不经过政府，有直接上奏权，内阁不能问。

访　二：那内阁没有用啊？

访　一：内阁就等于没什么用了吗？

张学良：换句话，[内阁]对军事上没用。这参谋总长有上奏权，太厉害了！那时候的天皇他有力量。

访　二：直达天庭啊，神权。那你是说他太猖狂了，才有珍珠港那件事？

赵一荻：结果是什么，吃原子弹。

访　二：就是嘛！

张学良：讲过去这战争，我很奇怪，为什么他日本不彻底？到底是怎么回事？

我现在还弄不清，先说珍珠港，那时美国方面判断，他们还会回来打，他没回去。

访 一： 是日本没有那么大力量？

张学良： 不是，这个我不明白。那时候他再回去一打，美国更了不得了，我不能说他力量没有，不但那样，他还可以追踪往美国内部一边去，他没去，美国方面怕他极了，说可能再回来，他没回去。

访 一： 他们还想日本的飞机，会去大陆的，到美国的大陆去。

张学良： 本来要去的，但现在这个事也不好说，不敢说，日本自己也说不明白。

第四次访谈
主张和平统一　什么叫军人
西安事变的秘密

访谈者：张之丙（简称"访一"）
　　　　张之宇（简称"访二"）
被访者：张学良
同座者：赵一荻
访问日期：1991 年 12 月 23 日

访　一：今天是 12 月 23 号，下午三点半到张府，我们开始继续录音。

1. 我一贯主张中国统一

访　一：上星期我们一直说到快到中原大战的时候了，但好多关于易帜，还有好多您的贡献，我们没谈到，只说了一下易帜的过程。在易帜之前，日本方面对您的威迫利诱，没有充实地说出来。另外，易帜这件事的确，在整个中国近代史上是最关键的事情。那时候日本当然是非常反对这件事情，尽量阻挠了。可是我们想到您自己的，像老帅的那些朋友们，和比如说苏联，他们是不是都有些不同的见解？比如说您的部属，包括老帅的将领们和您自己的部下，他们的看法是不是都一致的？不知道能不能跟我们说一说？

张学良：这个话，根本他们就不知道。我也没跟他们商量。嘿嘿。

访　一：噢！

张学良：我有好多决定，不一定跟我的部下都商量，可以说我是相当独裁的一个人。

访　一： 也不能用独裁了，不是独裁的问题。可是，在易帜之前，如果现在就历史谈历史，您也要说一下当时张学良将军所做的事情。您要易帜了，将来是对中国在中原那几大派系里，要支持一个，也就是对别的人威胁也很大，在那时候，南京政府是积极地希望您能够做这件事。做这件事之前，他们有没有派人来跟您商量一下，易帜之后，就等于把东北整个的实力，来附属于他，就变成是中央和地方了，那他（南京政府）对于东北整个区域、整个人民、整个政府，以及一切军事上、外交上、经济上有些什么样的帮助呢？

张学良： 那个时候中央有代表，经常驻在东北。

访　一： 他们都说了些？

张学良： 那也没什么。我先说这个，东北易帜的问题，我并没有根本就没……我可以说一贯主张中国统一，所谓易帜，我的主要决定是中国统一，没旁的意思。

访　一： 说实话，在那时候，我们当然是外边受日本的威胁很厉害，一边儿是日本，一边儿是俄国。您自己的实力，您那天也说了，真是硬碰硬跟日本做武力上的冲突的话，大概我们的训练也不够。可是在国里边，我们中国内部，东北的实力在那个时候是佼佼者，您举足轻重，大家都知道您袒左左胜，袒右右胜。南京政府希望您易帜，也是说有了您易帜，他才能真正地奠定他在中国的地位。可是您这么一来，就变成了中央和地方的关系，就不是开始时那样，您跟南京政府完全是在行政上是平等的。您做这决定的时候，是不是也考虑了东北的实力，会不会就等于整个交付给南京政府了？

张学良： 你说这，恐怕你是大概照着一般的事情看了。那个时候，政府对地方根本没有权，不但东北，对西南、对广西，对谁……说是政府，但要怎么行动就怎么行动。

访　一： 噢，这样的。

张学良： 那不但是东北，那就是山西呀、西南呀、广西呀，怎么行动都可以。那时中央政府所能真正掌握的也不过是江苏啊、安徽啊这几个省就是了，真正的中央要怎么办就怎么办的，就浙江啊，其他各省也就是各人独占一方，独霸一方。

访　一： 所以说，并没有把整个的实力？

张学良： 根本没那么一说，就是到了最后，形式上是统一了，事实上还是分割的。你比如说，中央不能派一个兵到山西去，中央不能派一个兵到东北去，中央也不能派一个兵到云南去，中央也不能派一个兵到广西去，明白？

访　一：噢，是这样的。也许我们对历史的看法太美国化了，是美国的那种看法，是不是？易帜之后，就是换了青天白日满地红旗，它是不是代表国民党的呢？

张学良：不是，青天白日代表国民党，满地红就不是了①。

2. 谁也没有深刻理解三民主义

访　一：那就是国旗了。那时候有这么一种传说，易帜的关键是好像您要接受三民主义，孙中山先生②的三民主义③，这是一个关键性的东西吗？

张学良：中国的老太婆子，"阿弥陀佛"，你问她"阿弥陀佛"什么意思，她不知道。那三民主义，真正的三民主义到底怎么回事？我可以说多数人不知道。背总理遗嘱，就在那儿拼命背④，他的真正彻底的意思在什么地方？换句话，八股文章！

赵一荻：八股文章。

访　一：就是有名无实？

张学良：也不是有名无实，谁也没有深刻的研究，我现在说笑话，我常常都是八股，牧师传教也是常念他的《圣经》八股。

访　一：哈哈哈，除去这个三民主义之外，大家都说这个易帜就是接受三民

---

① 青天白日旗，是革命先烈陆皓于1893年设计的。两年后，孙中山在香港举行的干部会上通过了以青天白日旗为革命军旗。1906年，在讨论国旗方案时，孙中山提出沿用青天白日旗，黄兴认为青天白日旗过于单调、朴素，又与日本国旗相似，不同意延用青天白日旗。最后采用了孙中山设计的方案，以青天白日旗满地红作为中华民国国旗。在中华革命党改组为国民党后，以青天白日旗为党旗。

② 孙中山，中国近代民主主义革命的先行者，中华民国和中国国民党的创始人，三民主义的倡导者。

③ 三民主义，孙中山所倡导的民主革命纲领。由民族主义、民权主义和民生主义构成。

④ 在纪念孙中山所有活动中，"纪念周"三字是出现频率最高的。即孙中山逝世后，在一周中举行的系列纪念活动，称之为"纪念周"。1926年1月16日，国民党"二大"正式通过决议，"海内外各级党部及国民政府所属各机关、各军队应于每星期举行纪念周一次"，并写入《中国国民党总章》。2月12日，公布了《纪念周条例》，规定"每周之月曜（星期一）日上午九时至十二时"举行纪念周仪式，并背总理遗嘱。"不得无故连续缺席至三次以上，违者分别处罪"。

主义，那么三民主义一定是相当关键的。

张学良： 现在不说大陆，就说台湾，它是接受三民主义的，你问问他们三民主义怎么讲，你就随便抓一个人问问。

访　一： 说不出来。

张学良： 咱们中国，可以说现在，咱们这次选举，对政治，一般的人，我那天看报纸上有一段文章。有人问，这国大代表代表谁呀？（笑声）这国大代表代表谁呀？这话很有意思。

访　一： 说一句题外的话了，我们好像觉得很惨呀，做了半辈子的中国人，没投过一张中国人的票。（笑声）等开始有这投票的时候，我们跑到外国去了，我们在中国的时候，没有这投票。这次您投票已经是第几次了？

赵一荻： 问我们是第几次投票。我们这是第二次投票，我们从前也没有投过票呀。

访　一： 什么意思？

赵一荻： 我们从前也没有投过票，以前南京政府时候，也没有投过票，也许你投过？我是没投过。

张学良： 那时也没有投票。

赵一荻： 你选举别的呀，不是选总统，选举总统真是很少嘛。

张学良： 那时候没有什么选举呀。

访　一： 要是有选举的话，您也用不着投票，都选举您了。所以您要说三民主义是什么意思，我们是念书的时候背下来的，现在再要我背，我背不下来了。

赵一荻： 三民主义主要是民生、民权……这三个都是为老百姓的，为国民的。

访　一： 所以在行政上，您接受三民主义不接受三民主义，您在行政上仍然可以照着您原来的那一套做法？

张学良： 你这个思想是美国的思想。（笑声）中国的这个事儿，历史上的事儿，你换了旗是那样，不换旗也是那样，不过你换了旗，你算是归属了中央了；你不换旗等于你在那独立，事实上还是一样的。

访　一： 那么也就是说，所谓的三民主义，一说三民主义，我们这边待半辈子，那边待半辈子，在美国的想法就是说，与你这个政治上有关系，但是照您所说，这没有什么关系？

张学良： 根本没有什么关系。我现在是插一句话，你比如说现在中国大陆的共产党,你问大陆的人民,多数人能知道共产党是怎么回事?

访 一:可是他们很会说啊,说共产主义、社会主义,能站起来给你说一大套,都是背出来的。另外呢,这又是美国人想法了,我们老是觉得这三民主义跟国民党有关系,社会主义跟共产党有关系,是吧?

张学良:那当然。

访 一:到了易帜之后,那么您东北有没有所谓国民党的组织啊?

张学良:当然有,照各省一样,有省党部,有地方长官。奉天省,我是主任委员,底下还有旁的委员,各省都是这样的。那时所谓党、政、军,党是在上头的。

访 一:噢!党是第一,然后是政、是军。

访 二:我们念历史觉得,东北从前没有国民党,您是——

张学良:不是,东北有国民党,地下有。在我那时才公开。

访 二:公开是您的功劳。以前地下的不敢做什么。

张学良:那是犯法的,要抓的。那时一般把国民党看成共产党似的。

访 二:噢,对对对。您那时向东北推展国民党,那些老将军们他们高兴吗?像老帅的那些朋友,那张作相?

张学良:他们对这没有反对。我那时,后来有一部分做事的,都是当年关起来的那些人,国民党人,都是那监狱里放出来的。

访 二:您自己入党了吗?

张学良:我早入了①。

访 二:您不是在地下入的吧?

张学良:不是不是,我当时是国民党的中央委员。

3. 我从来不答应日本什么条件

访 一:还有就是关于易帜的时候,日本在旁边用很大的威胁,希望您不跟南京政府取得关系。后来老帅办丧事的时候,林权助到这儿来之后,他当然负了很大的使命来劝说您,到最后您说,你忘了我

---

① 1928年12月16日,张学良致电北平陆军大学东北籍九十名学员,令其克日加入国民党。1929年1月上旬,张学良致电蒋介石:"请按照特别登记法,准其入党,并恳蒋介石及何成浚作其介绍人。"这说明,张学良是在1929年1月上旬以后加入国民党的。

是中国人。

张学良： 好像林权助来时，我已经易帜了，我现在说不出来，我记不清楚了。

访　一： 好像您本来预备马上易帜的，因为日本的压力太厉害了，好像是为了什么，您说，好了，你回日本，我三个月之内不会易帜。

张学良： 没有没有，我没答应这件事，这是谁说的？我从来不答应日本什么条件。我这人是这样子的，我要真答应条件，无论跟谁，我答应了的事情我做，我不做的事绝不答应，像你说这种，我从来不用这个。

访　一： 老帅办丧事是在7月间，是不是？

张学良： 我记不清①。

赵一荻： 是阴历六月十七，死是阴历四月十七。

访　二： 那时候俄国有什么举动？

张学良： 俄国没有什么动作。

访　二： 他们知不知道是日本人搞的？

赵一荻： 皇姑屯事件，俄国是不是怀疑是日本人干的？

张学良： 没有怀疑问题，秘密都公开了，事实摆在那儿，不可能，好像你们在我家被我杀了，外头说是外头的事？

4. 加拉罕与中俄会议

访　二： 俄国方面没有任何举动？他力量到底是小一些，是吧？

张学良： 那时候，俄国在东北的势力没有多大呀，他自己的事情还——

访　二： 还弄不清呢！

张学良： 当年中国和俄国有会议，为中东路的事情，叫中俄会议。那时中央政府是北京政府。奉天自己有个奉俄会议②，我是委员之一，军事委员就是我，另外有委员长。我跟加拉罕③很熟很熟，加拉罕就是

---

① 1928年8月1日，张学良率诸弟、姐妹及子侄发布讣告，"……谨諏8月4、5、6日受吊"，遂于8月3日在帅府为其父张作霖举行家祭。林权助于7月28日抵达奉天，5日吊祭张作霖。易帜是在1928年12月29日。

② 俄国十月社会主义革命后，苏联曾两次发表对华宣言，表示放弃在华旧约特权。但在建交谈判时，加拉罕坚持必须谈判新约代旧约。最后双方妥协，先议定解决悬案大纲，建交后再开正式会议，在会议中具体解决悬案。中俄会议于1924年8月26日在北平举行，会议分为商约、债务、路务、界务、航权及特务六个分委员会。因路务和航权与东北关系密切，路、航两项由奉方主持。双方意见冲突，到1926年，谈判仍无进展。后因张作霖于1926年9月驱逐加拉罕，次年3月11日张作霖搜查哈尔滨苏联通商代表处，4月6日搜查苏联大使馆，奉俄交涉中止。

③ 加拉罕，全名列夫·米哈依洛维奇·加拉罕，苏联外交家。

俄方的代表了，这人很注意我，每次正式会议完了休息时，他总设法跟我谈一谈。那中东［路事件］我们打败了，而能谈判，就是我个人给加拉罕打了一个电报，那时他好像是外交部的次长，我跟他很熟很熟的。

访　二：他是常到东北来吗？

张学良：不是常到东北来，奉俄会议的时候，所谓奉俄会议主要是为中东路的事，他是俄国首席代表。

访　二：他也是外交部的？

张学良：次长吧，大概是。

访　一：老帅故去之后，一些老帅旧时的部属，跟一些所谓的新派，有一些，您行政上的决定，有的时候意见并不一致，是这样吗？

张学良：对过去的事情我可以说。我父亲手底下有三个大将，力量最大的是张作相，第二个是张景惠①，第三个是汤玉麟②。那时候，可以说我能够起来全是张作相的关系，我父亲死的时候全得倚赖他，所以他无论如何不……张景惠这人老老实实的。这里就是汤玉麟，他一直不服从我的，他一直是热河都督，我那时最难处置的就是他的问题，我对他也很客气的，可是我指挥不了他。

访　一：就是说，他不像张作相先生，也不像张景惠先生，那么是不是这两位来帮着您安抚汤玉麟呢？如果要有什么事情的话。

张学良：也不会有什么事情，事情是不会出来，闹成这样，换句话，他不是完全服从我的样子。

访　一：关于易帜的时候，您没有跟他们商量，不过这也是东北的一件非常大的事情。应该——

张学良：那我没跟他们说，谁都不知道这件事，因为我的易帜，大家都知道早晚易帜，连日本都看出来，我易帜那天，我只是下个命令就是了，连吉林都易帜了。

访　一：易帜那一天，是那年（1928）的12月29号。本来您预定要在年（1929）初，是不是？

---

① 张景惠，奉系主要将领，曾任奉军副司令等职。"九一八"后投靠日本，任伪满洲国总理大臣等职。

② 汤玉麟，奉系主要将领，曾任东三省巡阅使署中将顾问、安国军第十二军军长等职。后任热河都统，热河省主席，1933年日军进攻热河，汤弃守热河，被国民政府通缉。

张学良：这个我现在想不起来了。

访　一：另外，有一阵子奉天有个学生运动，一张报纸上报道，好像学生很误会您，以为您要跟日本做傀儡什么的，是报纸上报道的。

张学良：没有没有，什么报？

访　一：《京报》①。

赵一荻：噢，《京报》是当时的小报，你们这些道听途说的事，用不着找来要他证实，没有价值。

张学良：那是小报的事，说的问题大多不可信。

5. 对年轻学生我不使手腕

访　一：其实我觉得少帅一直对学生特别照顾。

赵一荻：不是这样。要紧的是，主要的目的是统一嘛，那没话讲。

张学良：我不是上回跟你说嘛，东北大学教授闹事，我到那儿去跟他们讲，我有三个权，第一个，东北大学当校长不是我运动来的，是你们请我来的，我辞职，我不干了。第二是我还有行政权，我是地方长官，我可以把整个学校解散。第三，我是地方军事长官，我可以用军队把你们东北大学的人都抓去。你们自己愿挑哪个，你们愿意干哪个干哪个。

赵一荻：好多他们就是猜测。

访　一：如果都像您这作风，我们好多学潮就没有了，哈哈（笑声）……

赵一荻：可是你也看情形了，不是绝对的。学生当然也是民主的，但也得看你有理没理。

张学良：不能乱七八糟的。

赵一荻：不能乱来嘛，看真理在［谁那边］嘛。

访　一：我们不知道可不可以有一天，请少帅给我们说一说，说实话，中国学生闹学潮，一波一波，一波一波的，每一次，一直到这次"六四"事件。在美国的时候也有人请教少帅，您对"六四"怎么个看

---

① 《京报》，1918年10月5日由报人邵飘萍与潘公弼于北京创办的一份日报。注重对政局、战局的报道和评述，讲求新闻时间性，反帝反军阀的旗帜鲜明。因屡次发表揭露、批评政府腐败文章，1919年8月被北洋政府查封。1920年9月7日复刊。1926年4月，奉系军阀政府以"勾结赤俄，宣传赤化"罪杀害邵飘萍，《京报》停刊。1929年，在邵飘萍夫人汤修慧的主持下，《京报》复刊，并坚持到"七七"事变后而正式停刊。

法，这是最近的一次学潮。当然少帅经历的很多，关于每一次学生运动的时候，您对他们的处理办法，当然对东北的不一样了，我觉得在历史上这很有参考价值。

赵一荻：他呀，就是真理嘛，我在正义的这一方面，你们要合理的，我就不会替你们——

张学良：我可以这么讲，我处理学生的事情，并不像旁人那样为难。我对学生啊，大多数年轻人，我相当同情的，东北大学的学生，我拿他们当小孩一样。在东北大学附近，我有个别墅，过年把他们学生请来吃呀！玩呀！闹呀！有些女学生要玩具，没有还现去买。

赵一荻：主要的一个思想是抗日，中国的学生就是要抗日嘛。那么他易帜嘛，你也抗日我也抗日。

访　一：也就是说学生跟您的关系非常亲切，打成一片？

张学良：打成一片。

赵一荻：他这人不是为他个人，我应当做我就做，不是为我的政治利益，为做宣传啊。不是利用学生。

张学良：我很喜欢年轻人，我不使手腕的。

访　一：不过，您那会儿自己也很年轻啊？

张学良：啊，是，他们做运动练习，我跟他们去做练习；他们要打网球，我还跟他们一块堆儿打网球。

访　一：跟青年之间，您好像有一种……因为您？

张学良：我也不是有意识地这么做，我是高兴这么做。

访　一：关于这几件大事情，尤其是易帜的事，端纳有没有参加意见？

张学良：没有说过，我不跟外国人谈这些事情。

访　一：那您的英文秘书呢？

张学良：那是没资格，离得更远。

访　一：易帜那年10月10日，也就是国民政府建国的日子，是从那天开始，您就变成国府委员、中央委员，是吗？

张学良：日子我记不大清楚了，我是东北边防军司令长官。

访　一：也是海陆空军副总司令？

张学良：那是后来的事情，我是中央国民政府委员，那时有12个委员，我是之一①。

访 一：在这过程中，易帜就等于是支持南京政府。在这之前，您说过您对西北的将领阎锡山②先生特别尊崇，能说一说，哪一些地方您对他很尊崇？您记得曾经老总统跟您谈起。

张学良：也不是那样，跟他那时什么事毫无关系。有一件事情，对了，你问这句话，有一个时候，我跟阎锡山对南京政府不满，什么地方我现在说不出来了，那么阎锡山征求我，就是我们两人有电报来往，并且有人员来往，对南京政府说话。因为我们两个地方是有势力的地方，我承认我们说话有力量，说话是建议了，后来阎锡山打电报跟我商量，他主张要蒋先生下野，那我这个时候不同意了。我就打电报问他，你让蒋先生下野，是你干还是我干？谁干？那么阎锡山，原来我们跟政府献意、建议，什么什么改良，改善呐，这时你要是主张下野，是你要干吗？我不同意，我不主张这样。我就说过去商量事情，我很尊敬他，因为他老前辈了。等到扩大会议更反了，他一直没想到扩大会议我会出兵的。③

访 一：在那时，好像还请您的秘书长王树翰到山西去了一趟，您忘了他说有个电报，就刚才所说的，您派了王树翰去是不是？

张学良：我现在忘了，记不住了。我和山西有来往，派代表互相来往，他也有要紧的人到我这边来，他那秘书长，很会写字的那个，叫什么来着？

访 一：阎锡山先生自己的秘书长住在奉天，您也有一位住在？

赵一荻：不是住在，是来往。

访 一：易帜这事影响很大。易帜之后，您正好三十岁生日，是吗？

张学良：那我说不出来了，不是，不是，我生日是 6 月，那离得太多了，我的生日是改在 6 月 1 号啦，真正不是 6 月 1 日生的，不过改在 6 月 1

---

① 1928 年 10 月，南京国民政府公布《中华民国国民政府组织法》，规定国民政府总揽中华民国之治权，政府由行政院、立法院、司法院、考试院、监察院组成，设主席 1 人，委员 10 至 12 人，国民政府主席兼任陆海空军总司令。为促使东北尽快易帜，国民党中央常务委员会，于 1928 年 10 月 7 日通过决议，任命蒋介石、张学良等 12 人为中华民国国民政府委员。

② 阎锡山，北洋军阀晋系领袖，曾任山西省都督、省长、省主席，国民政府行政院院长、国防部部长等职。

③ 中原大战时，不仅在军事上出现了两个中华民国陆海空军司令部的对立，而且也出现了两个国民党中央党部的对立。以汪精卫、陈公博为代表的改组派和邹鲁、谢持为代表的西山会议派，联合阎锡山、冯玉祥、李宗仁等地方反蒋实力派，于 1930 年 8 月 7 日在北平共同策划正式召开了"中国国民党中央党部扩大会议"，时称"扩大会议"。从此出现了两个国民党中央政府的对立。阎锡山为北方国民政府主席。

日，那离得太远了。

访 一：那我把那时间搞错了。

（录音中断）

6. 我向来是主张和平的

张学良：中原大战。

访 二：我觉得冯玉祥①不是一向带兵很有办法，那他也可以变来变去，倒戈将军，人家都这么说。他底下的几员大将也都是虎将，他怎么说失败就失败了。

张学良：什么？

赵一荻：冯玉祥失败了，他手底下也有将官啦，怎么没有人再帮他，到处去跟各派活动？没有力量了嘛！

张学良：不对。你问这事很奇怪，你知道山东韩复榘②？

访 二：是他手下，后来到山东。

张学良：是的，韩复榘是他手下的，还不是顶大的大将，等于中等，地位不是太高的，后来才高起来。那么他后来没事情的时候，就到韩复榘那，在山东待着。他那部下起来得很厉害，出来很厉害的几个，韩复榘、石友三③、孙连仲④都是。

访 二：当时您进关，他们怎么没有抵抗？就散了呢？

张学良：他不是没有抵抗，就说巧电这事，咱别把这话说乱了，武装调停。那时是阎、冯两人联合跟中央打了。

访 二：所谓中原大战。

张学良：那么我巧电一出来，我只出动一旅人，他们就失败了，因为这后头没人了，明白？那时冯玉祥没有根据地，他的根据地就是山西了，他跟阎锡山联合，那我的军队一出来，就到了山西了。

---

① 冯玉祥，西北军首领。曾任陕西、河南督军，国民军总司令，国民军联军总司令，国民政府行政院副院长兼军政部长。曾与阎锡山、李宗仁等举兵反蒋，爆发中原大战。

② 韩复榘，曾在冯玉祥部下历任营长、团长、师长、河南省政府主席等职。后投靠蒋介石，曾任山东省主席。

③ 石友三，曾任冯玉祥部团长、旅长、师长、军长等职。后又先后投靠阎锡山、蒋介石、汪精卫、张学良和日本人，而又先后背叛之，被称为"倒戈将军"。

④ 孙连仲，曾任冯玉祥部团长、旅长、师长、军长。后任青海省主席、甘肃省主席。

赵一荻：所以他没有办法。

张学良：不但他,阎锡山立刻出国到日本去了。他们没想到,所以我就说,阎伯川这一段,后来我见面没问过他,他就没想到我会出兵。我们军队摆在山海关,摆那么多军队,你怎么不小心?

访　二：他估计您不会对他。

张学良：我想他是估计我这点,想我在这儿看着,没想到我参加了。但我参加不一定是帮助中央,当然我就是等于帮助中央了,那蒋先生对我这动作,他他……可我的主张反对内战,反对得厉害。尤其是这个打起来更厉害了,所以我的出兵并不是参战,我是武装调停。

访　二：您估计他们不会跟您抵抗?

张学良：抵抗不了哇!他怎么抵抗得了呢?我奉天,我出十万兵,我都能出哇,他怎么能抵抗?山西那军队,根本不能打的。

赵一荻：主题就是两个,一是抗日,一是反对内战,不管谁也好,目的就是这两个。

访　一：我们从历史的记载上看,巧电之前还有个东电[①],就已经告诉他们,我们不要来动武力,国里的事情最好和平解决。东电之后才有这个。

张学良：东电我都忘了。

访　一：您东电就说得很清楚,说我们国内不要起纷争,起了纷争之后,大家要和平谈判解决。在那时候就是西北军和南京政府极端对立,所以您出了东电希望他们和平解决,结果到最后您才出了巧电。您本来的意思,照历史上的记载,是希望他们能安抚下来。

张学良：我向来是主张和平的,但这段事情都记不清楚了。

访　一：东电和巧电还有一个影响就是,后来南京政府召开国民会议,释放政治囚犯,也就是说,是因为您主张统一,主张和平解决的所有的影响。

张学良：不能这样讲,原来南京就决定,要开国是会议呀!

访　一：可是没有提前,也没有正式开,也没有采取行动,直到巧电过去。

张学良：那是因为时间的关系了。

---

①　张学良曾于1930年2月12日发表响应谭延闿等五院长《告全国军人书》电,提出"拥护中央,以国家之统一为重";3月1日发表《劝告蒋阎息争通电》(东电),劝双方"各捐成见,共息争端";9月18日,发表《和平通电》(巧电),对旷日持久的中原大战进行调停。

访 一：您认为巧电之后，武装调停之后，您认为，您最大的成功的地方是哪些？

张学良：我也没什么最大的成功，就是和平，不打了。

访 二：您当时把阎锡山、冯玉祥的军队改编什么的，中央有没有跟您商量？还是由您处置了？

张学良：这事完了以后，蒋先生他很……把北方的事情完全交给我了，我愿怎么处置就怎么处置。

访 二：对阎锡山和冯玉祥的这些将领，您认为谁最值得——

张学良：我对他们的军队完全没动，保持他们现有的。

访 二：那他的将领里，您觉得哪一位值得欣赏？

张学良：处理山西事情，我并没做多大事情，里头就是昨天我说的徐永昌①，他后来做了山西主席，他不是阎锡山的旧部。另外还有商震②，都是山西人，他俩都不是阎锡山的旧部，都好像是托着……我在这稍微叙述徐永昌的一段，你就可以知道这个意思。徐永昌是国民三军，是孙震，是国民三军参谋长，后来国民三军就交给他了，那个人叫孙禹行③（即孙岳），跟我那时叫换帖，孙禹行后来病得很重，就把军队交给他（徐永昌）了。我就说另外一件事情，专门谈他的，他（徐永昌）就退到山西外头的大同，跟山西接头。他说，我现在带的军队不是我的，是孙禹行的，孙禹行现在有病，我就给他带这军队，我现在无处可去了。山西答应收容他。他说，我可说明白，我进入山西，你山西照管我的时候，山西有什么事情我都帮忙。可是，孙禹行一旦病好回来，我把军队交还给他，我就无权带这军队。这就是说他的人格呐。我现在没地方待了，你山西收容我，这个时候，你山西对外有什么事，我的军队尽量帮忙，可我不能算山西军队。等孙禹行病好了，我军队交还。就说他这人呐！

访 二：有骨头，值得赞赏。

---

① 徐永昌，曾任国民军第三军第一师师长兼陕西警备司令。1927年率部改投阎锡山。先后出任绥远省、河北省、山西省政府主席。后任国民政府军令部部长，陆军大学校长，国防部部长。

② 商震，曾为晋绥军将领。历任河北省、山西省、河南省主席。抗战时期任第二十集团军总司令、第六战区司令长官，军事委员会办公厅主任，战后中国驻美军事代表团团长，国民政府参军长、中国驻日代表团团长。

③ 孙禹行，即孙岳，字禹行。曾任国民军副总司令兼第三军军长，直隶督办兼省长。

张学良：我跟他很好，我们俩很好。我这儿加上我的话，好在你们两位都是小姐，人呐，要有人格！我最看不起这人没人格的，不管他是穷人、是要饭的，不管什么［人都应有人格］。

7. 傅作义跟我个人很好的

访　二：那时候，傅作义也是在——
张学良：傅作义①的作用很大，傅作义是山西的大将。
访　二：很会打仗。
张学良：打仗的时候他困守涿州②，我们打得很厉害，但没打进去，后来他还是投降了。我父亲主张把他枪毙了，因为那时死好多人呐。我说天下事也是上帝的旨意，那时可以说奉军是失败的，山西阎锡山使用军队使用得很好，他要是都像傅作义这样的，我们就不得了啦，他出了两支军队。
访　二：两个军团。
张学良：一个是姓李的带的，一个是傅作义带的，都袭击北京来了，就是跟我对抗。那时候北京没有军队，只有王琦③的宪兵。这个姓李的人无用得很，宪兵出来跟他稍微对抗，他就回去了。原因是，这支军队脱离开他自己的根据地，外出他害怕，不是像共产党的，那厉害了！他害怕了，他就回去了，假如他那时候往北京攻，就可以把北京给拿下来。我父亲在北京呢！
访　二：北京没有武力？
张学良：没有多大力量，没多少军队，就剩些宪兵，当然东北有军队，可没出来。换句话，到北京我父亲就会退出关外。我就说过去的历史的事，该着的事他没成功。就把傅作义困在涿州了，围在涿州了，换

---

① 傅作义，曾任晋军团长、旅长、师长、军长。抗日战争时期，历任第七集团军总司令，第八、第十二战区副司令长官、司令长官兼绥远省、察哈尔省政府主席。1947年任华北"剿总"司令。1949年1月，接受中共和平解放北平的条件，率部起义。
② 涿州位于河北省中部，保定市北面。在蒋、冯、阎、李四路大军向奉军发起总攻的作战中，奉军于1927年10月中旬，向驻守涿州的傅作义部发起攻击，傅部顽强抵抗，打退了奉军的七次攻城，坚持两个月后，于1928年1月12日，傅率残部撤出涿州，接受奉军改编。涿州战役成为战史上著名战例。
③ 王琦，1926年任北平宪兵司令。其任内逮捕杀害著名报人邵飘萍，查抄苏联大使馆，逮捕并杀害李大钊等人。

句话，那时候的军队无论多凶也没有共产党的凶，其实那时傅作义要不是困在涿州，出来打游击战呀，那可不得了呀！

访 二：对了，那时不打游击战。

张学良：他（傅作义）后来投降了，都叫我们缴械了。

访 二：他投降后，老帅怎么处置他？

张学良：要把他枪毙了，我没把他枪毙，我也没有公开，我就把他送到我一个参谋长的手中，他们俩是同学，在他家住着，也没找人看着他，等于授意他就逃走，他就坐着我那参谋长的汽车逃到天津去了。

访 二：您故意把他放了？

张学良：他逃到山西去了，天津有租界地了，所以傅作义对我很好，这件事他晓得，等于我故意把他放走了。

访 二：这件事，我又提到题外了，您这军事家分析一下，后来他在北京跟共产党打，就是民国三十八年，北京被困的时候，那时我们还在北京呢，他的军队牺牲很多，好像整整两个军都牺牲了，您说他打，值得吗？

张学良：我就不知道了，我不知道当时的详细情形。但是这点我知道，当然只是我后来评论，那时我已经脱离政治，个人已经没有自由了。他这人，他已经不在了，我这批评，他投降好像投惯了。

访 二：后来他做文官了，做水利部长。

张学良：这一段他投降了，投降共产党了。

赵一荻：这是他自己的事情。

张学良：是他个人的事。傅作义跟我个人很好的。这里加一点，鲍文樾①能保存性命，是傅作义保存的，本来政府要把他枪毙的。

访 一：这是怎么一段事？我们不太清楚。

张学良：鲍文樾是我的参谋长，那时候我不是出国了吗？鲍和傅作义是同学，我就放在他家了，傅就跑了。鲍文樾在汪精卫手下当河南省主席，后来政府要把汪精卫的人都枪毙，本来鲍文樾也要被枪毙的，傅作义竭力保释他的性命，费很大力量。后来鲍文樾就在这边医院里住着，后来死在台湾。

访 二：还有，您当时看石友三——

---

① 鲍文樾，曾任奉军第三、四军的参谋长，东三省保安总司令部参议，东三省讲武堂教育长，南京国民政府军事委员会办公厅主任等。后投降日本，任汪伪湖南省省长。抗战胜利后被判处死刑，后由傅作义向蒋介石求情，改判无期徒刑。

张学良：石友三这人，是我最看不起的一个人！

访　二：他后来跟日本人在一起。

张学良：他，不但是跟日本人。他有一件事情我最气的，当年他投降奉天，我对他很不错的，因为他是奉天人，他是吉林人。我手下有个秘书，名字我忘了，跟他是吉林同乡，又是同学，他自己自动表示，要我那秘书去给他当秘书长。我就说你们两个好，你就去吧。后来他叛变时，他把这人活埋了①，你就想这人，他是什么人？！

访　二：就因为他要叛变？

张学良：他叛变，我也不是叫他（秘书）去做间谍什么的。冯玉祥手下的人呐，不能说石友三个人，好几个都很残忍，冯玉祥也很残忍，很残忍。他杀人，我对他很难过的，我这人向来不做这种事。

8. 看事情总是从大处着眼

赵一荻：不是说他（张学良）有多伟大，但是有很多人所见之小，他从来没往小处看，都往大处看。你要访问他，从他那得到的话，想宽一点，他绝不为自己的名，他自己的利，他什么也不为，他第一是国家。

张学良：当然她跟我这些年了。我这人可以这么讲，我自己也承认，我是个怪人，我说这个事，人家想不到。

赵一荻：东北这么多东西，说放弃就放弃。国家，我们要抗日，我们就得要统一，就得要停止内战，就要往大处着眼，不要往小处着眼。

访　二：我总觉得您为人家担责，为人家受误会，您一点儿都不在乎。

赵一荻：根本就没想到这些。

张学良：我这人，从来毁誉不计的，我现在已经91岁了，我现在不做事，你打开报纸看，我没有申辩过，你愿意怎么骂我，怎么骂我。那

---

① 1930年9月18日，张学良率军入关调停中原大战，石友三即通电响应，投靠张学良。1931年春节，石友三亲赴沈阳谒见张学良，并要张学良为其选派一名秘书长，张将自己的部下张云责派去石处。1931年5月，汪精卫、陈济棠、李宗仁在广州另组国民政府，特派李汉魂见石友三，委他为委员和第五集团军总司令，石友三接受此任命。这时，张学良的堂弟张学成，与张学良素有积怨，从北平到归德，告之张学良病重住进北平协和医院，正宜举事。石友三派驻北平办事处处长毕广垣（即石友三幼时当学徒的毕家粮坊的少爷）力劝他不要反张，石友三不听劝告，差点将毕广垣杀害。6月，石友三加紧备战，为防备泄露真情，他下令将张学良派到部队的秘书长张云责活埋。

马君武作那诗①，我根本不认识这胡蝶的呀，人家胡蝶自己发表声明②，说我没见过张先生。

赵一荻：外头道听途说，我想你们不必浪费时间，现在你们知道，他的人是怎么样的了，可以知道应怎样，从他那得到这个历史的经过。

访　二：您跟我们讲故事，讲纪事本末，讲朋友也好，同胞也好，您对他们的批评，都是很珍贵的。

赵一荻：他的亲戚，一个他的堂弟，因为亲日就被他枪毙了。

张学良：不但是我的堂房弟弟，而且是我的同学，在我手下当旅长③。

访　二：您知道他亲日？

赵一荻：当然有证据。

张学良：日本人给他枪，给他钱。有证据，我把他枪毙了。

访　二：我想日本到现在，恨的还是您，您等于是他的一个大的阻碍。

赵一荻：不是恨的问题了，我们国家，我们不能不这样做，我们是中国人嘛。

访　一：他们一定觉得您把他们大门给堵住了，把他们所有的计划都让他们受了挫折。

赵一荻：所以有"九一八"事变。

---

① 马君武，曾任北洋政府司法总长、教育总长等职。"九一八"事变后，时任北平民国大学校长的马君武，在上海《时事新报》上发表感时近作《哀沈阳》诗二首，其一：赵四风流朱五狂，翩翩蝴蝶最当行。温柔乡是英雄冢，哪管东师入沈阳。其二：告急军书夜半来，开场弦管又相催。沈阳已陷休回顾，更抱阿娇舞几回。马君武诗中的赵四即赵一荻；朱五即朱湄筠，原北洋政府内务总长、代理总理朱启钤的第五个女儿；蝴蝶则是隐指上海著名电影明星胡蝶。

② 胡蝶在《申报》等报刊上刊登一则辟谣启事，郑重声明：蝶于上月为摄演影剧曾赴北平，抵平之日，适逢国难，明星同人乃开会集议公决抵制日货，并规定罚规，禁止男女演员私自出外游戏及酬酢，所有私人宴会一概予以谢绝。留平五十余日，未尝一涉舞场。不料公事回申，忽闻海上有数报登载蝶与张副司令由相与跳舞而过从甚密，且获巨值之馈赠云云。蝶初以为此种捕风捉影之谣，不久必然水落石出，无须哑哑分辨乃日。昨有日本新闻将蝶之小影与张副司令之名字并列报端，更造作馈赠十万元等等之蜚语，其用意无非欲借男女暧昧之事，不惜牺牲蝶个人之名誉，以遂其污蔑陷害之毒计。查此次日人利用宣传阴谋，凡有可以侮辱我中华官吏与国民者，无所不用其极，亦不仅只此一事。惟事实不容颠倒，良心尚未尽丧，蝶亦国民一分子也，虽尚未能以颈血溅仇人，岂能于国难当前之时，与负守土之责者相与跳舞耶？"商女不知亡国恨"，是真狗彘不食者矣。呜呼！暴日欲遂其并吞中国之野心，造谣生事，设想之奇，造事之巧，目的盖欲毁张副司令之名誉，冀阻止其回辽反攻。愿我国人，悉烛其奸而遂其借刀杀人之计也。

③ 即张学成，张作霖二哥张作孚的长子。其父死后，他与胞弟学文及三个妹妹均由张作霖抚养成人。曾任张作霖的卫队营长和山东军阀张宗昌的师长等职。张学良执政东北，张学成开始怀有亲日倒兄的野心。"九一八"事变爆发后，在本庄繁的拉拢下，张学成接受了"东北自卫军总司令"之职，大肆招兵买马，并扬言"要揭旗西进，与锦州驻军炮火相见"。辽宁警务处长的黄显声请示张学良，如何处置张学成投日当汉奸一事。张学良立即回电给黄显声等人，命令他们派军队全歼张学成所部伪军。黄派熊飞等公安骑兵部队于11月中旬前往高山围剿，将张学成和日本顾问等击毙，并生擒伪军官多人。

张学良：日本是，"九一八"事变，在我评论日本，那也是应该的，他没办法了，他想侵略，种种方法。

赵一荻：直接硬拿了，没有第二个办法。

访　二：只有把脸皮也不要了，干脆硬干。

访　一：少帅心里唯一的事情，就是国家和整个的人民。从这个出发点，您刚才说的，谁骂我批评我呀，都不在乎。

赵一荻：这你不必问他，他根本没考虑过。

张学良：那天我跟你说过，我这个人呐，没做事情以前，我为什么出来做事，简单一句话，我不愿说出来的，我是个爱国狂！你根据这个你就明白，我实在爱我的国家。比如说，现在有很多人都劝我，现在可以到美国去住，我不想，我还是愿意在中国待着。

访　二：从您小时候一直到现在，您没有改您的初衷，还是这么豁达，把一切的恩怨误会什么的，一点儿都不在乎，您是特别。

赵一荻：所以人家不了解我们。

访　一：您自己说您是怪人。所谓的怪，就是说，社会的一般潮流趋势，跟您不一样。

赵一荻：不影响他。

访　二：您也不会因为这个改。

9. 我这个人不会说假话

访　一：有这么一句话：中流砥柱。社会上爱怎么变怎么变，我的初衷不变。您说您怪，是因为社会怪了。所以好像觉得您很特殊了。事实是社会在变，就告诉您的"好消息"里面写的家庭的事情，吸毒的事，跟我们想象家里应该怎么样的，社会应该怎么样的，全都变了质了。有人要说您怪，实际上是整个社会大部分怪了，所以好像您怪了。反过来讲也是对的。不过我就觉得我们之所以要做访问，就是我们认为您在中国的国运上，有很大很大的举足轻重的地方，您做的决定什么的，才希望听到您说。

赵一荻：所以要做口述历史了，中国这么多年以来，一切怎么样怎么样，哪个军队怎样怎样，就是要你述说出来，并不是他个人怎样。

访　一：您是当事人，您说我们找谁去？不知道关于易帜、巧电方面，您还有哪些我们没有问到的？

张学良：我不愿表功，简单地说，我28岁就负很大的责任。我父亲不在，我自己述说有点吹似的，翻手做云覆手做雨。我自己也知道，但是做任何事情我本着良心，就是到现在也是一样的，我跟她（指赵一荻）夫妇也是这样，我不妨碍她的。我个人做事的守则，我不妨碍他人，决不侵害他人，我个人行为非常随便，但是我不侵害他人。我说这句话好像她不愿我说，我这人平生没旁的短处，最喜欢女人，但是我不妨害他人，我决不妨害他人。人家不愿意，或我这是妨害他人，那我就不做。换句话，我有几个守则，我，事无不可对人言，假如觉得这事不能跟人说，我不做。想做的事情，假如人家问到这事有没有，我说还是不说？我不会说假话，那我不能说就不做，就心里多愿意也不去做。这是我个人的准则。我现在已91岁了，就是二十几岁做事也是如此，那么换句话，在我手底下死人杀人，我杀的时候我自己想一想，我不是跟你私仇私怨。［如果出于私怨而杀人］那么我是对不起你，或者对不起你的家庭、家属。那么我为这件事，也许是我判断错误，行为错误，但我良心上没有错误，我不是私仇私怨，恨你哪件事得罪我。我觉得你这行为公事上不对，不应该，所以我把自己的亲戚堂弟枪毙了，我只是看你的行为，也许我自己个人判断错误，但我良心上没有错误。我现在91岁，脱开政治了，可是我知道人家相当怕我，我这人，可以说是迅雷不及掩耳的事情太多了，人家没想到，我会来这么一下子，后来他们日本人给我起了这么一个名字"苦迭打"①。

访 一：苦迭打，什么意思？

张学良：是日本音译的字，指用这种骤变的手段，忽然就来了，叫苦迭打，日本话。

赵一荻：是不是这意思了，你忽然就要易帜了，忽然就跟谁合作了。

张学良：就是出乎意料之外地干这事儿。

访 二：迅雷不及掩耳。

---

① "苦迭打"，原为法语 coop d' e'tat，突然袭击的意思，或者说是超出众人意料之外的事。通指政变。

张学良：迅雷不及掩耳。

访　一：您说这是您一生的几个守则，一是无事不可对人言；一是不凭个人的恩怨做事，完全凭良心。日本人给您一个形容词，就是您做事迅雷不及掩耳，也就是说您的这段过程中，您的政治生涯，军事生涯，有很多事——

张学良：叫人没防备我就来了。

访　一：可是每件事，都对整个中国历史有关系，而且都是凭良心做的。我们说您一生的杰作都是迅雷不及掩耳的，而且做的事情都是有很大影响的，是不是？

张学良：可以这么说。我自己承认，批评我是个怪人，常常人家不知道我这笑脸，好像咱们现在这说话，我外头有事情在做，你不知道，人家一点儿没想到，我现在咱们在这扯淡呢，不想我在外头杀人呢！一点儿看不出来我有事情，你看不出来我脸上带事情，我从来不发脾气，很少发脾气，我的部下看见我不跟他说话，沉下脸，他就想糟糕了。

访　二：那石友三，最后还是您把他［解决了］？

张学良：不是不是。

访　二：他跟土肥原在一起？

张学良：也不是，后来他在游击队干什么的，谁把他枪毙了我不知道①，不是我。

访　二：他是不是很快就失败了？

张学良：不是，他后来还很活跃。

访　二：噢，他叛变以后还？

张学良：噢，他很活跃，差不多到抗日以后他才死掉的，我还是在一个记载上看到他死掉的，好像是在一个开会席上，叫一个人把他打死了。

访　二：他后来还有兵权吗？

张学良：他后来部队乱七八糟。你知道中国这个事儿，干好事不好干；干坏事，我现在没有军权，我要有，到哪儿去招点人呐，容易得很。你知道，中国失业的人很多，尤其是军人失业的很多，你想召集就召

---

① 1940年，石友三图谋降日，被部下高树勋等毙杀。

集起来，那你有点名望，别说你还有聚物，你就算在那儿聚会一些人很容易。

访 一：您对中国人的民情摸得很清楚。（笑声）
张学良：当然，我干那么多年了。
赵一荻：这是那个时代，现在也不同了。
张学良：现在思想也不同了。
赵一荻：那个时代的老百姓，没有受过什么教育。
张学良：你也不是那么讲，咱们随便扯淡了，说着玩。比如说，我要回到东北去，我要想干一件什么事情，还是我会集合好多人。
访 二：我觉得人有一种向心，就是说——
张学良：咱们中国人呐，讲同乡，讲感情呐，讲同学，重视乡土人情，旧的关系，不像外国。
访 二：您觉不觉得，在国外老百姓很无情的，比如像英国丘吉尔，战争完了，马上就不要他了，一点儿感情也不讲，可是中国就不然了。
张学良：那不同，那不同。
赵一荻：我们中国人特爱感情用事，太用感情。
访 一：有时候不理智的。
张学良：你说这话也不对，中国人根本还是中国的思想。就是拿我来解释，受过儒家思想［的教育］大，一般现在的年轻人恐怕也不同啦。儒家思想总是一种——
访 一：忠君爱国。
张学良：也不是忠君爱国，是一种忠厚的思想，我还是受儒家思想的［影响］。宁可自己吃点亏，也不想动人家。过得去。
访 二：克己。
赵一荻：是比较现实了，我刚才说错了，是理智了。
张学良：也不能说现实了，现实主义。可是现在的儒家思想，也差不多没有了，儒家思想，换句话……

10. 中央唱完高调就不管了

访 二：在中东铁路纠纷的时候，您去用兵，有没有得到中央政府的支持？您在用兵之前有没有跟他们商量？

张学良：我自个儿决定就是了，不过我也对中央报告了①。

访　二：后来也没有支持您？

张学良：中央那时拿什么支持？就是口头支持，中央差不多自顾不暇那时候。

访　二：到后来中东铁路纠纷结束以后，还是恢复到中苏共管，这些条件并没有改变？

张学良：没有改变，不过是这样子，要说我们还是相当于失败了，后来谈判的结果是，中东路董事会，那董事会里他多占了一席，他发言权大，等到投票决定时，他多一票。

访　二：您当时派莫德惠②先生去的，那等于是地方政府与他国家来谈判，那他不是很会欺负人了？

张学良：不能算欺负了，真正谈判不是莫德惠，是一个姓蔡的③，后来中央政府为这事还处罚了他，说接受的条件太厉害了。

访　二：当时不是有个《伯力会议议定书》吗？您后来要求改了那个，是不是？

---

① 1929年，张学良强力收回中东路权益的举动，得到了蒋介石高度肯定。当"五二七"事件发生后，蒋有意推动张学良更加激进地对苏举动。于6月4日致电张说，苏联及蒙古与冯玉祥关系已明，"东省与俄蒙毗连，关系极为重要，请注意防范"。在得到蒋介石的支持后，张学良于6月6日下令"照一定方针去做"，所谓的"严厉之手段"，即"解散职工会，封闭苏俄所设商号，其余检查电信，限制居民，驱逐不良分子"等；所谓"务达我方所希望而后已"，也只是强行解除苏方局长职务而已，而并非准备一举强行夺回中东铁路。比较东北地方和国民政府对苏外交而言，张学良要解决中东路问题，仍以遵守1924年中苏及奉苏协定为前提，只是要收回两协定中中方应得的权益。而王正廷的态度很明确，正好可以把中东路问题与蒙古、新疆等问题一并向苏联交涉解决。蒋介石也明确表示，应乘机坚决收回中东路全权，为此可不惜与苏彻底绝交。为与国民政府统一认识，张学良于1929年7月6日专程赴北平，与蒋介石和王正廷会商。张在抵津后与记者谈话时仍公开强调，"本人对俄意见，以为凡条约以内已允我之权利，应当强硬主张，不能放弃"。至此，张学良所说的强硬立场，仍然是限制在维护1924年协定范围内，并非是后来出现的情形。7月10日，蒋、阎、张与刚抵北平的王正廷、亚洲司司长周龙光、驻苏代办朱绍阳等举行会议，讨论东北及西北外交问题。会上，蒋介石主张"武力接管中东路，防止'赤化'，甚至与苏断交，在所不惜，一旦中苏开战，中央可出兵10万，拨几百万军费"。蒋介石在7月19日日记中写道："唯吾人深望能达到（对苏）绝交目的，而复对国内共党方有彻底办法耳"。由于蒋介石的极力推动，张学良终于采取更加激进的手段，于当天下达命令，要哈尔滨特区行政长官张景惠、中东铁路督办吕荣寰强行收回中东铁路。

② 莫德惠，曾任奉天省代理省长、北洋政府农工总长等职，张学良执掌东北后，他是张学良的亲近合作者之一。中东路事件后，任东三省铁路公司理事长兼督办，以中方首席代表身份赴莫斯科参加中苏谈判。

③ 即蔡运升，早年毕业于保定法政学堂，1915年任黑龙江政务厅长。先后任吉林省永衡官银号总办兼实业厅长、吉长道尹兼长春交涉员、滨江道尹兼哈尔滨交涉员。1929年7月"中东路事件"爆发后，张学良急电蔡运升到奉天，派其与苏议和。11月下旬至12月初，蔡运升与苏联代表西曼诺夫斯基在双城子（乌苏里斯克）谈判，12月22日，双方签订了《伯力会议议定书》（又称《和平议定书》）。次日，中苏双方撤兵，两国战争停止。

张学良：没改，就等于跟人家签了协定一样。

访　二：中央政府在谈判时没帮忙，武力军事上也没帮您？

张学良：我认为中央政府很不对，不但没帮忙，还拆台。

访　二：拆台？

张学良：他把调唱得很高，谈不了，他不去谈，要我们谈，结果还把负责谈判的姓蔡的还处罚了。

访　一：蔡是中央派去的？

张学良：不是，我们东北的。

访　一：他怎么有权力处罚他呢？他是您的人呐？

张学良：中央政府还是有权的，中央下命令。

访　一：那时候的外交部长？

张学良：外交部长大概是王正廷①，我记不清楚了。那个时候中央的事很难说，我很不愿意说。那个时候中央管外交的是戴季陶②，他根本连报纸都不看，他是外交委员会的负责［人］，他甚至成年在那念佛，报纸他都不看，你说是这人他怎样——

访　一：就是说这次跟苏联的谈判，实际上是莫德惠先生跟这位姓蔡的。

张学良：先是姓蔡的，后来派的是莫德惠。

访　二：整个的损失不是很大的，也就是说——

张学良：我说实在的，简单地说，那时候中央唱高调，可是自己不拿出力量来。

访　一：关于中东路，您上一次和我们谈的时候说，您就是想试一试。

张学良：中东路这件事，你那天问我是谁挑衅，换句话，不是人家挑衅，是我们挑衅。

访　一：也就是说，您的确想试一试，我们的力量跟外国——

张学良：不是试一试，我想，那时候我们的力量比苏联大，不过苏联是叫我们打败了。之后调了好几支军队来。

访　一：那时日本没有想插手？

张学良：日本在那坐观，在那瞅着，明白？

---

①　王正廷，曾先后担任北洋政府工商部次长、外交总长、代理内阁总理，南京国民政府外交部部长等职。

②　戴季陶，国民党的理论家。南京国民政府成立后，历任国民政府委员、考试院院长、国民党中央宣传部长等职。是蒋介石的谋士。

11. 铁道部长不知那条铁路在哪儿

访 一：您刚才说中央唱高调，我想，那时正是您易帜之后，第一次您跟中央合作之后做的一件很大的事情，以您的军事力量，配上中央外交上的最高手腕，应该能够办得很漂亮。

张学良：话也不是这么说，那时候中央也是乱七八糟的，我现在还回答不了，那时不是蒋先生，也不是汪精卫，是孙哲生孙科，大概是，那时候中央斗争得很厉害，争权夺利，孙哲生、汪精卫。蒋先生下野，大概到奉化去了。

访 二：有没有胡汉民①？

张学良：还有胡汉民。那时候，中央只能是一种名义上的，广西啦、山西啦，中央管不了。

访 二：易帜之后，税收，您是东北地方？还是要送到中央？

张学良：没有，还是东北自己，不但那样，中央的好多收入都在我们手里。海关啦，不是海关，比方中东路啦，都在我手里。

访 二：当时的交通是谁管？比方说铁道呀什么的？

张学良：交通部长，谁？孙科。

访 二：那他的权力可以到东北吗？

张学良：那不能，到不了，我说出来不很好意思我说人家不对。那孙哲生当交通部长，我到南京去，因为一个铁路的问题跟他谈，那条铁路他不知道在哪儿。他说有这么一条铁路吗？他不知道，你就说这交通部长了。

访 一：那时候几个部长，就这么几个人，今天你做这部长，明天我做，就那几个人转来转去就是了？

张学良：可以那么说，这一派那一派，部长的分配，分赃就是了。并不是这人就是专门干这个的。

访 一：易帜之后，中原大战之后，等于说北方的事情中央交付给您了。现在华北都是在您的军事和政治范围之内，您对华北、东北这一区域，

---

① 胡汉民，国民党元老和早期主要领导人之一，也是国民党前期右派代表人物之一。曾任中国国民党中央常务委员会主席等职。

还包括西北，您的整顿计划是什么？

张学良：没有什么计划，还是东北。华北，我说实在没有什么，我想不出来。还是东北建设，他们有负责人，他们管。

访 一：不过您在北京、天津这两个地方，的确是您势力范围的中心，除去关外之外，关内事情，这方面政治，那时您接过来的也是东一派西一派的，您接过来了，里边的情况也不是很清清爽爽的，也不是很稳定。

张学良：你说这些地域上都在一块堆儿，没有东一块西一块，就是华北。

赵一荻：他说那里头，你不是完全的东北军嘛，华北还有他们西北啦。

张学良：不是，我从前那部分都是我的，那我父亲，河北省、热河、张家口。

访 一：军事当然都是您自己的。

张学良：人也是我派。

访 一：行政方面？

张学良：也是我，河北主席就是谁了，后来就是于学忠①，原来就是王树常②，这是我的两个大将。

访 二：那时候山东是？

张学良：山东一直是我管，名义上是韩复榘。

访 二：那张宗昌？

张学良：那时根本没有张宗昌，他赋闲了。

访 二：在东北时，您办东北大学，请了很多有名的教授到那儿去，支持东北大学。您对北京大学有没有？

张学良：这话你说错了，东北大学不是我创的，是王永江，那么东北大学这些人都是王永江请的。

访 二：可是您很支持这个事情。

张学良：不是。这样子，那时我负责管奉天，东北大学的校长原来不是我，是东北［奉天］省主席，这人姓刘③，谁当省主席谁就做校长。那么，我利用父亲留下的钱，我最早拿出六千万来，我要办一个大学。

---

① 于学忠，东北军主要将领。曾为吴佩孚部旅长，后转投张作霖旗下，曾任东北军第一军军长。1932年后任河北省主席，第五十一军军长等职。1936年12月参与西安事变。

② 王树常，东北军主要将领。曾任张学良部第十军军长、国民政府军令厅厅长。1930年任河北省政府主席。1932年后任天津卫戍司令。1935年任国民政府军事参议院副院长。

③ 此人即刘尚清。

东北大学听说这个事情，就跟我商量。既然这样，我请你当校长，东北大学要扩充，盖房子盖什么的很多事情没有钱，政府那时也没钱，你既然自己想办大学，那何必这样子。我就把这钱捐了一部分给他们修房子盖房子。东北大学我去了并没有大的更动，原来是谁还是谁，后来我就更动一下子。

访　一： 到了华北区域，有北京大学在那儿。

张学良： 跟我毫无关系。只有一个，民国大学请我当校长，那学校不好，我捐了一部分钱帮他们点忙。

访　二： 所以您在北方没有设什么大学？

张学良： 嗯？没有没有。

12. 在欧洲接待我的都是朋友

访　一： 在北京和天津，您跟很多世界上国家的大使、外交团体的交往就扩充了。在关外，您交往的多半是日本和苏联为主。

张学良： 不是，我在关外跟他们的总领事很来往，北京是公使，那时还没有大使。原来我父亲在北京时代，就跟他们的公使来往得很厉害，总是他们请客请我去玩呀，打牌啊，干什么的玩。

访　一： 国与国之间交往的事情上，除去您的社交活动——还是承继老师那时候您已经有了朋友关系，来往都是社交性的——那么有没有关于政治上和经济上的，跟他们？

张学良： 政治上没有，完全是社交性的。

访　一： 可是这些都与您后来到欧洲去有关系，是不是？

张学良： 也不能说有关系。

访　一： 您到欧洲去，对您都有崇高的礼遇，是不是您在北京、天津这一带跟他们建立了朋友的关系？

张学良： 我去欧洲跟他们毫无关系，我是个人行动，没有外交上的关系。比如说我到英国去，那时英国国务总理麦克唐纳，他的儿子叫扬·麦克唐纳，跟我是很好的朋友，那时候他到东北去，我招待他很好，这完全是友谊上的。比如说，阿斯顿的儿子也是到中国时我们是好朋友，完全是友谊上的，没有政治上的什么外交。

访 一：可是您到了各个国家，大家对您的招待还是相当高级的。

张学良：尤其意大利我去了很厉害（很长时间），所以到欧洲去，后来不能待，我就跑回来了。什么缘故呢？我跟意大利那墨索里尼的女儿是很好的朋友，她在中国时我就很照顾她啦，她丈夫是中国的代理公使，是上海总领事。

访 一：噢，您说的墨索里尼的小姐？女儿？

张学良：对，她丈夫叫齐亚诺①，后来叫墨索里尼②给枪毙了。她到中国去我很照顾她，专车接她，所以跟我很好，很有感情。所以我到欧洲去，和齐亚诺同船，坐意大利船去的。下船的时候，她派了专车来接我，这下够我瞧了，专车到了罗马。我那时候带了一帮人，钱受不了啦，住的豪华旅馆，后来我就在罗马租了个房子住③。

访 二：您出国这一段，在意大利的时间最长？

张学良：最长，我在意大利待久了，租的房子。后来就到了英国，到法国。

访 二：其实我们也不一定按着这个，这个你先……

（录音中断）

张学良：秘书，这是我的女秘书啊。

访 一：像张夫人和于凤至女士也去了？

赵一荻：两个儿子一个女儿都去了。……Elder，Donald 也去了。

张学良：好多人都去了④。

赵一荻：端纳⑤有秘书。

访 一：端纳没有带太太？

赵一荻：他没有太太，他太太早就离婚了还是死了，不晓得。他到中国来就没有太太，这是他的秘书。

访 一：伊雅格⑥？

---

① 齐亚诺，墨索里尼的女婿，曾任意大利驻中国公使、意大利外交大臣等。
② 墨索里尼，意大利法西斯党魁，独裁者。1922年至1943年任意大利首相。
③ 1933年4月11日，张学良携带于凤至、赵一荻及三个子女（张闾珣、张闾玗、张闾瑛）一行人，在意大利驻华公使齐亚诺夫妇陪同下，乘坐意大利"康脱罗素伯爵"号邮轮由上海前往意大利。5月4日到达意大利布尔迪西港。当晚乘车到罗马，投宿于"古兰特"宾馆。几天后移入市外别墅居住。
④ 陪同张学良前往欧洲的还有顾问端纳、副官谭海、翻译沈祖民夫妇、李应超夫妇、伊雅格夫妇等。
⑤ 端纳，澳大利亚人。早年以新闻记者身份来中国。后任孙中山、北洋政府、张学良、蒋介石的政治顾问。
⑥ 伊雅格，英国人，曾任张作霖属下的军需官。与张学良交往密切，感情深笃。后曾照看张的儿子张闾琳。

赵一荻：伊雅格带的太太。

访　一：那么您第一站到的罗马？在哪儿下的船呐？

赵一荻：Italy（音），问你在哪儿下的船。

张学良：我忘了。

访　一：您是专车进的罗马？噢，浩浩荡荡了。（笑声）您没有自己带一个"卫官"之类的吗？

赵一荻：有一个卫官，老余啊。

张学良：谁？

赵一荻：老余啊，伺候你的，当差的。

张学良：那个［人］老厉害的，英文什么的都会说。

访　一：那是您从东北一直训练出来的？

赵一荻：不，是在北平来的，他原来在北京饭店做事，所以他会讲英文。给他（张学良）拿衣服啊，出门预备东西啊。

访　一：出门要换几身衣服啊？

张学良：这个钱花得很多，那时候出门要带七套衣服，大礼服、小礼服……现在就好了。

赵一荻：还有这个宴会穿的衣服，出去打球啊，骑马啊。

访　二：您不是以军人身份出去？

赵一荻：以私人身份，不以军人身份。

访　一：也不是以政府的？

张学良：我［以］私人［身份出去］。

13. 那跳河当然是我先跳啊

访　一：您愿意说说您为什么出国吗？

赵一荻：为什么出国？你可以讲吧，总统不是开会吗？那可以讲，船上三个人，那也可以讲。

张学良：保定［与蒋先生］会晤，谈热河失守的事。

访　一：那不是汤玉麟的事吗？

张学良：那当然是我负责，他算我的大将。当时有蒋先生、我和宋子文，三个人。蒋先生很会说话呀，他说现在这事情啊，一个船上坐不了我们三个人，我们得要下去一个，这句话是这个意思。我首先发言，那当然跳河是我先跳啊！换句话，我先辞职，我愿辞职，我这个人做事负责任。我向来这样，像西安事变我负责任。那时候我到南京去，并不是把我抓到南京的，我送蒋先生回去。军法会审，也许是把我枪毙。

访　二：那您这不是好像草莽英雄？

赵一荻：你们看他不能用那个眼睛看。

访　二：您为什么要负责任？

赵一荻：你用脑子想一想，他为什么去？你想一想。

访　一：其实热河的事，汤玉麟的事，完了之后，蒋先生说船上不能坐三个人，当然您是仗义勇为，这是我的事，我先下船，可是宋子文①那时候没有位置啊。

张学良：他是行政院长，也很有地位，这事也有他的关系。

访　一：这事您已做了决定，结果呢？

张学良：我下野，走了，出国，你问问张太太。

访　一：您怎么忽然间想起要出国呢？

张学良：我到上海就决定，那个时候我要不出国呀！我在北方出了很大毛病，就中国近代这情形，我待不了哇。换句话，北方这些军人部下，他们不干呐！不让我下野，那我非走开不行，你明白？你懂？哎呀！我简单说一句，一个包袱背上，很不容易丢下去呀！我当年最大的痛苦是这个，我背上这个包袱。当然大家都有包袱背着，可是我背得更厉害，背的东北军，东北人。那大家就说，你帮蒋，我们是跟你来的呀，跟你进关，现在我们无家可归了。人是冲着你来的，你把我们带进来的，那你帮蒋先生，那么我们呢？我的痛苦就在这儿。

访　一：真是。

张学良：所以一个人啊，你负上一个责任，尤其是中国的军队，那时候他不是国家的军队，我就是跟你呀，就像我说我那部下，你让我杀谁我杀谁，你让我打谁我打谁，所以中国才有内战。他要是国家的军队，怎么会有内战？你让我干什么，我干什么。你明白？所以这包袱非

---

① 宋子文，宋氏姐妹的兄弟。曾任南京国民政府行政院院长、财政部长、外交部长。1932年8月汪精卫出国，宋代任行政院院长。

常厉害。人家对你如此，那你对人家怎么样呢？所以我为难得很呐！那么，换句话，我出国我还照样指挥我的军队呀！

访 二：他们还得听您的吗？

张学良：重要的事还要问我怎么办呢。

访 二：您就等于他们的一家之长，父母似的那样？

赵一荻：家长。

张学良：一方面，当然我是军队的首领；二一方面，我是东北人的首领。不但如此，中国所有的军队也是一样呀，就是阎锡山走开，他山西军队动弹不了哇，还是他暗中在那指挥，中国是这样的。那现在的情形不同了，就是现在台湾的军队，他不还是在谁的手中呢，大部分、大多数，重要的还是在他，现在行政院长，在他手里头。中国这个，虽然是国家，现在已经归回去了，但是中国人这感情用事很大。

访 二：您刚才讲的感情用事。

张学良：感情用事很大，谁的部下，比方说，于学忠跟我躲开这么些年，他在山东，他还是要我跟他写信什么的，还是这样子。就像沈鸿烈，换句话，我说话还是有影响，他虽说不能说百分之百听我的，但是我要说几句话，他要考虑考虑。换句话，我是不捣乱，我要是捣乱的话，我就说，可以鼓动他的部下不服从他，我还是有这个力量。

访 二：所以这个——

张学良：中国这个事跟外国不能比，不过现在总是好得多啦。

访 一：所以您想走开，可是走开了，这些人的心还是联系在您的身上啊。

张学良：不是，我走开，是这样子，人家好处置。我，我不要在这里头，我走开，我躲开。

访 一：您是要中央政府去处置？

张学良：是啊！那时候是何应钦[①]，到华北去主持，我下野，他就替我这个事[②]。

[①] 何应钦，国民党黄埔系仅次于蒋介石的第二号人物。曾任黄埔军校总教官、国民政府军事委员会参谋总长、陆军总司令、国防部部长、行政院院长等职。1933 年 1 月，日军占领热河，3 月 12 日，张学良辞职，何应钦继任北平军分会代理委员长。5 月 31 日，与日本关东军副参谋长冈村宁次签订了屈辱的《塘沽停战协定》。

[②] 1933 年 3 月 11 日，张学良通电辞职。同日，蒋介石致电张学良、何应钦："汉兄离平时，代委员长职准交敬之（何应钦）兄接代，以免职务中断也。"

访 一：那么反过来讲，您很了解军情，也了解军人的心理，所以阎锡山先生的西北晋军，您刚才说您丝毫不动他的，就是说，您真正地了解这个军情。那么，您走了，这些人照刚才您所说的，都是冲着您来的，那么何应钦来，他能做什么呢？

张学良：他一点儿没动，他照样做。

访 一：还是动不了？

张学良：他没动，根本他不能动，他也知道，我们都是军人。

访 一：那么，所以如果说是因为热河的关系，当然其他的因素还有了，因为热河，这个最后汤玉麟这件事情，所以中央说这一条船坐不下三个人，如果要是您离开这船的话，他这船就可以稳了。可是我们不懂政治，不懂军情，年纪又轻又是女的，还在外国。要是在这种情况之下，我，如果要跟您在一个船上的话，您下船的话，我也未尝不愿意下船，我想您走了之后，我照样控制不了。后来的情况是怎样的？

张学良：不是那样的，那蒋先生说这话是跟我客气。

访 二：就是告诉您，让您走？

赵一荻：不免你职就是了。

张学良：不免你职，你知道中国人说话向来——

赵一荻：客气一点儿。

14. 你们不懂什么叫军人

访 二：可是有一点，我就觉得是，您说，当时热河的情形，并不是您指挥的呀。

赵一荻：这不是讲理的事情，不像你们美国人讲理。

张学良：这不能这样讲，你那样讲不对。这热河失败，当然我得负责任，虽然热河是汤玉麟，我也去军队呀，当时万福麟①军队到热河去也是打仗了，也叫人打败了，他有两个师，有一个师，整个叫人打垮了。

访 二：我又要问您一个外国孩子问的问题了，为什么您要派您的军队去？中央派军队去了吗？

---

① 万福麟，东北军将领。曾任东北边防军副司令兼黑龙江省政府主席。1932年9月，任新编第四军军长，率部进驻热河。1933年，日军进攻热河，万曾率部抵抗，但很快败退。

张学良：中央那时，哪能派军队呀，派不出来呀！

访　二：那派不出来，那？

张学良：那不能那么讲，你说这话没意思了。

赵一荻：华北是你的，我现在把华北交给你了嘛。

张学良：好的时候你在这儿吃饭，打仗的时候你不打了，不能那么讲。

访　一：可是我们这话又是说了，比起您，辈数太小了，事情也不大懂。好的时候，我在那儿做一国的将领，人家那出了问题了，我就过来惩罚人家，我什么事儿都没干，那也讲不过去吧。

张学良：你不能那么讲。我把这责任交给你了，好的时候你怎么做，现在负责任的时候你又说，你干不了啦。那不能这么讲，我跟你说一句话，你们不懂得什么叫军人，我们这军人不是受美国军人训练的，我们都是传统受日本军人训练，我跟你说，当年日本天皇的弟弟，那时他当骑兵旅长，被俄国三个骑兵旅给包围了，他向总司令求援，那可真厉害呀，上头就给他在来求援的文件上画了一个圈，里头写上个死字。

访　二：命令他牺牲？

张学良：不是，你可以死呀！

赵一荻：美国人不懂了。

（笑声）

张学良：你打死嘛，美国人绝对不懂。

赵一荻：这是口述历史。

张学良：三面包围来求援，你有，还有能力打吗？换句话，给他画个圈写上个死字。这个求援的是皇上的弟弟啊，皇上的亲弟弟。那他（总司令）当指挥官，他不管那个，就给他写上个死字，画个圈，拿回去，结果——

访　一：结果就真战死了？

张学良：打胜了！

访　二：哀兵。

赵一荻：拼命了嘛。

张学良：军人这事啊，不能像美国说没有办法就没子弹了。

赵一荻：美国人打仗，笑死人了。人还没到跟前呢，咣，咣，咣，枪都放了。等敌人到跟前了，举白旗了。为什么举白旗呢？我没有子弹了。（笑声）

张学良：你知道，我们受日本的影响，受日本的训练。我跟你说，你脑子里听见这事，一定说这人疯了。日俄战争①的时候，在奉天的一个地方，我现在一下子说不出地点，俄国人铺的铁丝网，日本一定要把它［破坏］了才能过去，那日本的工兵，先是去剪，剪不了。人家有机关枪啊，日本工兵把炸药背在身上，去了就往那里一躺，后头一人也往上一躺，就把铁丝网给炸开了。

访　一：他们叫敢死队？

张学良：不是敢死队，是工兵。

访　一：他任务是牺牲自己。

赵一荻：不惜自己的生命。

张学良：你是军人！我们军人，我跟你说，我作战时，现在这军人死掉了，我的营长，叫邹作华，炮兵营长。他打仗时，我们跟谁打得很凶的时候，他是炮兵营长，炮弹没有了，打没有了。

访　二：那就没用了。

张学良：你看，不是那样讲。我们那炮上有一种叫标杆，那上头是一种炸针，它是打炮时做标杆。我们训练时是这样，等到炮弹没有了，你就把那玩意儿拿下来，就跟人家拼命了。那么这一句话，叫什么呢？与火炮同生命。你跟你的炮是同生命的。所以我这炮兵营长来问我了，炮弹没有了，怎么办？意思是炮弹没有了，怎么办？就是退却了。我就问他，你忘了操典上那句话了吗？我也是炮兵呀，我说这句话，他骑马就出去了，他就懂得了。我们操典说，到火炮没办法时，你就跟火炮一块堆儿死去了，与火炮同生命。我这么说，你忘了咱们操典怎么说的吗？他转身骑上马就走了。

访　二：懂得了。

15. 军人这个事是不能讲理的

张学良：就是这句话，因为我们都是军人，没有道理讲的，你要讲像美国那

---

① 日俄战争，1904年2月—1905年9月，日本与沙皇俄国为侵占中国东北和朝鲜半岛，在中国东北地区进行的战争。以沙皇俄国的失败告终。战争促成日本在东北亚取得军事优势，并取得在朝鲜半岛、中国东北驻军的权利。

么讲，所以美国军人打不了仗，乱打就是了，他打不了仗的。那我们跟日本受训练的就是死嘛，旁的没有，就是死嘛。刚才说的那铁丝网，工兵去剪又剪不了，机关枪在打，怎么办？大家都背上炸药，一个躺在那儿，一个又跟着躺，把它给炸开了。所以，你明白？我们受日本训练，所以日本军队厉害，真厉害，他一个人剩下来，他不投降，他还跟人打。

访 一： 一个圈儿，一个死，就刺激了他，他反而把仗打胜了。

张学良： 那不是刺激他，就是你死嘛，你尽量打嘛，你不还有人吗？求什么援？自己打吧！我现在没有军队援助你，我没有。他是皇上的亲弟弟呀！他（总司令）就在他那求援书上回都不回，划个圈，圈上一个死字，你战死嘛！我不跟你说郭松龄，你要死就死在前线！我们都是这样的。

访 一： 还有说退却的时候，你说没地方退，结果第二天把仗就打胜了。

张学良： 我们军队里，讲理怎么讲？军队里不能讲理呀，我跟你说讲理，比如说我们三个人，现在前头危急了，我必得派一个人去，派这个人百分之八十就死，回不来了。那你为什么派我不派他，（笑声）你明白？军队不能讲理啊，我派你，你就去呀！（笑声）假使我派他，他要迟疑一下子……

访 二： 抗命，犯罪了。

张学良： 枪毙呀！你迟疑什么？你不服从命令啊，那就是死刑啊。你知道，我不是跟你讲，我当军人呐，我的这二弟看我阔气。我说，你哥哥拿着脑袋换来的。我这么讲，我在作战，我父亲很有决心的，第二次奉直战争，他说我必须打。我不跟你说过我是奇怪人，办事不按人，我决心打，我决心宁可叫人将来打败了，我不能这时候打败。那说起来话太长了，既然他下了决心，他说我决心下了，至于怎么动作，那你们负责任，怎么计划，你们负责任。你们将计划说完了，报告完了，我们几个人分别就要走了。这儿有两段，我先说第一段，我们大家谁也没跟谁说一句话。

访 一： 为什么？

张学良： 你不明白什么意思？

访 一： 我不知道。

张学良：我们都是自己的好朋友，我们四个人，不知道谁不回来了。

访 一／访 二：噢！

张学良：不知道谁死，拼命去了。第二样，我自己回到家里去，跟我那于凤至太太说一句话，说我要走了，去打仗去，不许你说一句话。你不要扰乱我的决心，你说你好好小心啊这些，不许你说一句话。我要走了，现在我就要走了，我就要出发了，可是我回来见见你，告诉你，可是不许你跟我说一句话。干这玩意儿，所以我跟我弟弟说我是用命换来的。那去了，那真是你们想不到，不是每个人去，都是拼命地呀，我们去了还要做工事，还要打，那没有客气呀。我跟你说，我作战，不是这次的事儿，是另外一个事，我两个军长给我打电话，打败了，叫人家打败了，既然打败了，请求的意思是退却了。我就跟他们说，你们的兵呢？你们是冻的冰吧？（笑声）都化啦？（笑声）我跟你们俩说，你要敢进保定府，我就佩服你们，提头来见，你来了我就杀了你呀！我不让你退你敢退？所以你知道军人不容易呀！人家有地位说这话，能讲理吗？我就问他们，你的兵呢？化啦？我佩服你们俩，你俩敢进保定府，我就佩服你们两个人。他就明白了，那结果后来打胜了。军人这个事儿是不能讲理的，没法讲理的，只能咬着牙过去。

访 二：那可能是，您很好的部下，好的朋友，到时候您也没有办法。

张学良：那当然了，那时候没有办法了，我没说嘛，我自己的亲弟弟，那我一点儿办法也没有。那我很喜欢的一个旅长，因为他退却了，我把他枪毙了。

赵一荻：他心里很难过。你到要紧的时候，你一定把你顶好的派出去，你明明知道这去［凶多吉少］。

张学良：我明明知道，我心里最难的一件事，我一定要选一个好的去，他才能挡得住。我心中难过的是，他明知就是死的，完了庆功得赏的是这两个家伙，打胜仗了，可是那个人死了，你就是抚恤他，你就是怎么着，你还能还他的性命吗？你就得咬着牙关，就这样。

赵一荻：所以战争就是，所以他恨透了内战，要停止内战，就是这样。

访 一：我记得第一次跟少帅见面，少帅就说，我对内战是极端的恨，因为什么？您就说过，多一半儿送出去的人，都是最好的。

赵一荻：都是优秀的。

访 一：您最欣赏的，可是要把他送出去，送出来，多一半儿回不来。

张学良：我跟你说个笑话，不是笑话，是事实。我一个少校参谋，姓姜，他就是第三个，一个哥哥在这儿……一个打仗打死了，他是卫队队长，后来当了少校参谋，跟我走。他就总跟我说，军团长，我不愿意干这玩意儿，我愿意带兵。我的意思是，你的两个哥哥都死掉了，他说我不，我愿意带兵。那好吧，有一个营，这营真是倒霉了，第一团第二营，营长阵亡了两个。

访 一：一个死了，又一个又死了？

张学良：打死了。我就派他接任这营长，就派他，他要带兵。他高兴得很，他把命令拿来，我得签字啊，盖章。哎呀，我说你怎么那么高兴，我说你这个营倒霉，你这个营倒霉呀！你怎那么高兴当营长，他来见我，高兴得很。我说你这营倒霉，你要小心。去没有三个钟头，到那儿就，来一个电话，阵亡！

访 二：所以心里难过。

张学良：你说心里难过不？才四个钟头，他来个电话，我说是开玩笑，他说是真的，到这儿就打死了，前线打仗的。所以你说当军人，哎呀，不是人干的事，尤其是内战，这种牺牲［实在是不值得］。

16. 西安事变的秘密是四个字

访 二：没有意思。

张学良：没有意思，牺牲很多的。那，唉！什么意思？没有意思，我想起这内战，跟你们说起来，那难过呀，可是你难也得要打仗啊！我说，就是我父亲让我打，我没法子［不打］，要有法子我这点我不打的，所以有西安事变。内战，我不干了，说什么我都不干，我宁可叛变，我那时候也等于叛变。你跟日本打，我打！你和共产党打，我不干，我不打了。现在西安事变，你道是什么？共产党我不打；你打日本，我打。不打共产党，我跟蒋先生说了，所以现在可以说，秘密就是四个字，翻过来调过去。蒋先生说是"安内攘外"，我是"攘外安内"，就是倒过来。所以我在蒋先生去世以后，我写有［一副挽］

联："关怀之殷情同骨肉"，那蒋先生待我实在是好。我跟你说，人家外头那谁骂我，蒋先生，是实在对我好。换句话，蒋先生看得起我，"关怀之殷情同骨肉，政见之争宛若雠仇"。

赵一荻：没有意义，自己杀自己。

张学良：我这人，刚才你说的话，现在咱们随便扯着玩了，我这人呐，比如说西安事变，等于我叛变，那等于我叛变，那就是叛变呐。我上南京，把蒋先生送到南京，那我到南京，军法会审，可以把我枪毙，我也知道，可能把我枪毙。枪毙就枪毙，我是军人，我负责任。我干的事儿我负责任。我这人是从来这样子，我干什么我负责任，我决不退却，我也决不推说这是他干的，我从来没有这样，那是我的事儿。

访　二：您也就是一个目标，不要打内战。

张学良：我不要打内战。

赵一荻：停止内战，共同抗日。

张学良：我恨透了内战，所以我父亲，当然我们是父子的关系了，我父亲出关，我就因为到河南去，到一个什么地方，陇海路的一个站，我们到那地方，前头有红枪会，说不能走了，停在那儿，叫什么地方名字？哎呀，我难过死了，现在想起来我的眼泪都要掉。火车停在那儿，那个人，那老太太，也不大岁数，五十不过。我们弄那面包啊，我们都吃馒头，她就把那馒头连土抓着往嘴里吃，饿的，就在地上。我说你怎么这样啊？我想着我就很……她说，我家里的壮丁都叫人拉走了，当兵去了，就剩我，我也不能做事情，岁数大了。你看！

赵一荻：吃树皮。

张学良：把树皮都吃没有了，我现在吃什么？所以我回来跟我父亲掉眼泪，我说谁造的？我回到火车上，我自个儿我就想这谁造的罪孽呀！什么人造的罪？不是我们吗？什么意思，打，打几天又和了，然后又打，这干什么？自己当兵的可以，拿你的这种钱去当兵。那老百姓，为什么？我就回来告诉我父亲，我父亲后来就听我的，我说何必呢？算了，打什么？有什么意思？抢什么？几天又好了，好了完了又打，几天又翻脸了。我跟我父亲说，我父亲这人很好，他心里也难过。我说这何必呢？这是什么玩意儿？这是什么意思？所求的是什么？最终的目的是什么？日本人对这事情他不，日本是愿意中国内战。

日本人——

赵一荻： 你愈打愈好，愈打愈弱，愈打愈穷。

张学良： 所以我对内战恨透了。

访　二： 您刚才说，对西安事变，您都认为您负责，这事情是您负责。假如说您没做那个，打到最后成什么程度？就说彼此打仗会打成什么样？

张学良： 西安事变，是因为剿共啊。

访　二： 假如不剿共，还打呀？继续再打。

张学良： 那不知道了。

赵一荻： 那谁敢说呀，那是假设的问题了。

张学良： 我不干，还是剿共啊！

赵一荻： 一直打，后来抗战完了不是还在打！

访　二： 根本就没停。

17. 在讲武堂我就这么出了名

访　一： 我想起您本来想去学医，老帅来个将军法，说去吧去吧，结果您到了讲武学堂？

张学良： 不是这样。我这半生啊，后来我当军人这半生啊，受一个人的影响，这人叫陈瑛①，这人可能是陈诚②的一家。

访　二： 也是浙江人？

张学良： 浙江青田人，我受这人影响很大。是这样的，他也是青年会，我也是青年会。他也在青年会，教英文，他也教过我英文。

访　二： 他比您年纪大？

张学良： 他大得多，他是奉天测量局局长、测量学校校长。是留奥的学生，奥国留学生，在德国当过连长，带过德国的兵。

访　二： 德国军人？

张学良： 那时候德、奥是连着的，他在德国待过，指挥过德国兵，他在德国

---

① 陈瑛，字蕙薰，号惠生。曾留学奥地利维也纳新地步兵专门学校，后任东三省测量总局局长兼测量学校校长、东三省巡阅使署军学处处长、镇威军总司令部中将参谋长，为张学良外语教师。1924年托病辞归故乡浙江青田。当时教张学良外语除陈瑛外，还有奉天基督教青年会总干事普赖德、奉天交涉署英文科科长徐启东。

② 陈诚，字辞修，浙江省青田县人。国民党黄埔系骨干将领，是蒋介石执政期间的心腹之一。曾任台湾省政府主席、"行政院"院长、"副总统"、国民党副总裁等职。

当连长。我受他影响很大，我那时身体很不好，我随便，我说我能活这么长，真是上帝的恩典，我想我活到四五十岁一定死的。我那时身体很不好，身体很不好啊，不想学陆军那事，我想出国，我就，我几乎就，那船票都买了，九十多块美金，我想尽了法子筹足了九十多块美金，我想逃跑了。他先就跟我说，"你这身体也不好，你也不会算学，你也对这新的玩意儿，化学，你都不懂，那么你到我测量学校，我教你化学、教你算学。你身体又这么不好，你，你"，他说，"你呀！你真傻，你为什么要违背你父亲的意思？"他说，"你要到美国去？你还是要顺顺他的意思，你跟他说，你到美国去学陆军，他一定愿意了，他把你送到美国去了，你在那儿学什么，他都管不着你了。"哎！这他的主意很不错呀，所以我说这人教导得我很厉害，那么他教给我化学，教我什么的。嗨，我跟我父亲说，表示我要学陆军，那我父亲很得意，很高兴，说，你学陆军？得了，他说你别干了一半儿不干了，你给我丢脸！我说人家能干我就能干，人家干不了那你不能怨我。他说那好。我就说这笑话大了，这随便扯淡。那时候考保定军官学校①第八期，学生就可以考，那么人家都已经考过了，那时候陆军部长姓段，段芝贵②，跟我父亲也有，得到……那就不说了。他打个电报，我们四个人就去考去了，在陆军部去考去了。陆军部特别为我们四个人开了课，人家已考完了。这人姓什么我还记得，后来我还见过他，先考中文。他把中文题拿来了，那我们四个人，在一个中学的英文教室。这人姓李。中文就考完了，一会儿来了英文的，英文很容易啊，那他也不管，他一个人答，都答上来了。等一会儿，来了数学题，我们四个都不行，三角什么很高的数学题，答不了，他说你怎么不答啊？一个都不会啊？我就说后头这个，来个化学的，就更了不得了，更答不上。我问他你怎么样，他说我也不会。我说不答，他说那不行，部长交代的。我说那怎么办？他说，没关系，我让那个出题的帮你答上来。等发

---

① 保定军官学校，即保定陆军军官学校（简称保定军校），是中国近代史上第一所正规陆军军校。位于河北保定市，前身为清朝北洋速成武备学堂、北洋陆军的陆军速成学堂，陆军军官学堂。1912 年至 1923 年，军校办过九期，主要训练初级军官。毕业生 6000 余人，当中不少人后来成为黄埔军校教官。
② 段芝贵，皖系军阀。曾任江西宣抚使，湖北都督，奉天将军兼奉天巡按使等职。1917 年 12 月—1919 年 1 月任中华民国陆军总长。

表［考试］成绩我们都是一百分。哈哈……

访 一： 结果您去了保定军官学校了吗？都考一百分了。

张学良： 听我讲啊，我怎么算保定军官学校第八期?!我就没去，名字我是有了，我没去。我父亲办讲武堂了，父亲办讲武堂，我变成军人了，我就是陈瑛他给我导演的，我结果当了军人。一当军人，我们那讲武堂是这样的，我在讲武堂出头了，怎么出头的？我讲这段故事，所谓讲武堂①，都是军官。

访 二： 在职的军官？

张学良： 都是在职的军官。那时的军官，可以说，百分之八十连字都不认识太多，都是行伍出身的。那我进讲武堂时，我父亲说，我第五个母亲都说，得了吧，算了吧，干了一半儿你就下来，给你爸爸丢人。那我说我干，那么我父亲说好，那干讲武堂都是军官呐，就给我补上他卫队营营长，卫队营营长的名义。讲武堂里并不是我有能力，我刚才说了，讲武堂大多数是行伍出身的，字都不认识，我是个学生，那么头一个月考，我就考了个第一，第二个月考，我又考了个第一。第三个月考，我没考第一。但是季考，一个季啊！季考，我又考了个第一。那么这学校呀，无形中就起了点风潮，可不是闹风潮，就是闹谣言，就说，那些教官们呐，［都照顾我］。

访 二： 向着您？

张学良： 我父亲，老帅的儿子，当时是大家都……那么，这谣言一出来，那时候讲武堂里我还没怎么出头哇，我们这讲武堂的堂长是我父亲，实在做事情是教育长，就是后来最有名的汉奸，叫熙洽②。

访 二： 啊！他是满洲人？

张学良： 满洲人，不但满洲人，保皇党。

访 二： 对对，到满洲国做大事。

张学良： 他，他某一天，我这出头是这么出来的，我在学校里出头了。某一天，他就上堂来了，大家都在堂上，他让大家把座位都调了，就是你自己座位你不能坐，不但那样，比如说你们三个人，坐在一块堆儿也不行，都调开。调开完了，他就出了四个题，当堂考，出了四

---

① 讲武堂，即东北陆军讲武堂。
② 熙洽，奉系将领。曾任东北陆军讲武堂教育长，吉林边防军司令长官公署参谋长等职。"九一八"事变后投靠日本，任伪满洲国财政部总长兼吉林省长、伪宫内大臣等职。

道题。这四道题，全堂谁也没有答完全的，就是我，把三道题答完全了，一道题没答完全，答了一部分。换句话，三道题完全答对了，一道题没答完全。他当堂就宣布了，我就这么出的头，他就给大家看，他说我决不作弊的呀！今天的题目公开大家看，你们谁也没答上，没答完全，就他一个人答上来。

访 一：位子调动就是怕有人作弊？

张学良：怕作弊，他说你看，我决不。就这样子，我学校的教官，当时是郭松龄了，后来，我就在学校里出名了。大家都知道有我这个人，同学们也都看，同学们选我，我们那叫教育班呀，我就当了班长，那么我就这么出了名了。这么一出名呀，这问题就来了，我们这教育长就是熙洽，他原来是骑兵科的，日本士官学校的。张作相当团长，他在张作相那儿当团副，就是教练官，那时都是日本回来的，那么他跟张作相关系很深。他就把这个话告诉张作相了，我父亲手底下最大的头把交椅了，军权都在他手里。那张作相就知道有我这个人了，知道了，就注意到我了，我那时候是年轻了，你知道我那时才十九岁，还没到二十岁。我，所以张作相对我特别地看待了。有意特别看待，那么张作相当时，是我父亲底下的二十七师师长。他就是后来二十七师师长兼卫队旅第三旅的旅长，那是一个独立旅。那么他就有意思让我当第三旅的旅长。我先说，我当时不知道，后来我明白他的意思了。我在讲武堂的时候，反正到了一个时候，他就让我当第三旅第二团团长。我当第二团团长时候，我不能到任，那么他就说，你举荐一个人。我举荐郭松龄，那郭松龄那时候在讲武堂当教官，我就看中郭松龄，给郭松龄举荐当第三旅参谋长，代理第二团团长。在这跟郭松龄有了关系，那我举荐他，那我一直在讲武堂，在讲武堂后来又考了第一，我在讲武堂毕业考试考第一，那考第一不管了，我实在没考第一，没考到一百分，考到九十几分，我都知道，他们就给我加上那几分。（笑声）

访 一：就是不加还不也是第一！

18. 在二次直奉战争我的名望更大了

张学良：张作相看中我，我父亲也看我可以，我就这么慢慢，后来慢慢地起来，军权也到我这儿。那么还得回来说，第一次奉直战争来了，那么民国十一年，那时我才二十二岁。第一次奉直战争，这说起来更长了，分东西两路，西路总司令就张景惠，他带一个师几个旅，那东路总司令是我父亲，东路分三个梯队，一个是张作相，一个是谁来着我忘了①，一个是我，那时我是旅长，可是带三个旅，说梯队长等于一个军长，指挥三个旅。那么简单说，都打败了，西路打败了，东路也打败了，东路就剩我这一个梯队没打败，打胜了。所以我出名就这么出来的。那么不但打胜了，我还掩护那两个梯队退却，这撤回到奉天，退到山海关，那么退到山海关，我跟那李景林，又跟直军打了一下，把直军可不能说整个打胜，把直军挡住了，那就讲和了。我自己不知道哇，我后来才发现，在我父亲那公事抽屉里看见，那回来东北的军官——原来我父亲军队训练、军权势力，都在张作相手底下，所以我说张作相这人——那么他们大家，军官，上了一个条陈给我父亲，希望我父亲回到奉天以后，以后训练军队的事情、军权交给我。

访 一/访 二：大家公推。

张学良：大家给我父亲写的条陈。那么，回到沈阳，回到奉天以后，我父亲就成立一个陆军整理处，整理陆军。那么陆军整理处，我父亲是总监，吉林都督是副监，另外还有一副监是姜登选，我就当整理处的参谋长，不过是一个少将的资格，我资格并不大，当参谋长。那个时候，换句话说，我回去后的权力很大。那么奉天办航空处，也是我创办的。

访 二：航空处？

张学良：就是飞机，买飞机、训练飞机是我干的事儿，这就是奉天整军经武了，干这个事情。那么一小部分，不能说全部的军权就到我手里头，到我手了。我这个训练军队，那么，到第二次奉直战争了，第二次奉直战争，我带的军队，就是大胜啊，把吴佩孚整个打垮了。从这我的名望更大了，更起来，全国都知道我这个人了，我的起来，军权怎么到我手，就是这个样子。后来我父亲也就看我行，我刚才说南征北战，那时候，我这要插一段故事，我跟我弟弟说，倒霉的事都是我去

---

① 东路军总司令张作霖，第一梯队司令张作相，第二梯队司令张学良，第三梯队司令李景林。

呀！（笑声）我跟我爸爸讲条件，我说我没旁的毛病，我喜欢赌钱，也喜欢女人，这两个事情你别管我。我也不在我部下那抠钱，我要多少钱，你给我多少钱。那么其余的打仗训练兵你交给我，我给你负责，你叫我打仗我给你打。所以那时候，我跟你说，后来打仗，我不愿意内战，但是我父亲让我打，我还是尽量去打。

访　一：这有军人本性了。

张学良：那我就跟你说南征北战这段笑话。

我就说南征北战。我父亲发火了，李景林来见我父亲①，"你们别提他的事啊"，我父亲，"不见！不见！"我们都在火车上嘛，我和张宗昌等人在那儿。我父亲转天见他（李景林）来了以后，就进他房间里了，就是火车的客厅啊，我父亲躺在那儿。我们都跟他（李景林）说，等我给你疏通好了再来。他不，他怕我爸爸办他，又怕我爸爸翻脸，跟我一样。张宗昌就拽了我一下，我说这个是要说什么主题，张宗昌他是个粗人，我不知道他要干什么，他就进屋了，我父亲躺在床上，他就跪下，他摸着我脑袋（笑声）让我也跪下，我们两个跪在我父亲面前。他（张宗昌）说，老帅，我跟你南征北战，打啊，这是你大儿子，也跟你南征北战，你看我们两个小面子，你把这李景林打发走了。他们呛了嘛，光说要办他，怎么办？

访　一：等于说他（张宗昌）救了他（李景林）？

张学良：是啊，他跟我说出去说两句话。就是说，别看他是个粗人，他脑子里也有他的，不像表面那样。我跟你讲张宗昌的笑话，她（赵一荻）不让我讲。张宗昌他父亲是个吹鼓手，吹喇叭的，他自个儿的亲妈改嫁，嫁旁人了。他姐姐，亲姐姐带着他讨饭呐，那么苦啊，所以他最怕他姐姐，对他姐姐好得很。以后他阔起来了，到东北以后，阔起来了。我们两个很好的。这是讲笑话了，他就把他妈妈接回来了，那个人姓什么来着，我现在说不上来了，他就给那个人娶了一个太太，把他妈妈接回来了。他的父亲到了奉天，他想让他父亲跟他妈妈合好，他父亲也是很特别，很厉害，他说我倒霉、穷的时候她不要我了，今天我也不要她。说什么他父亲都不要，张宗昌就跟我说这怎么办，我给那人娶了太太，现在我妈妈要跟我爸爸去，

---

① 在郭松龄反奉之初，李景林曾一度加入郭冯反奉联盟，旋即退出。

我爸爸又不要她，我可怎么办。我说这好办，给你妈妈再找一个呗。
（众人笑声）

访 二：他很孝顺，也很讲感情。刚才讲到这儿，您给我们讲了做军人的道理，跟我们做普通人不同。实在我们没法儿想象。我们在纽约时，访问说到，我怎么知道说去学医呢，普赖德买好了船票。但保定军官学校这些都没讲，少帅和张宗昌这些都没讲，这些都是——

赵一荻：这些慢慢来讲，时间也不多了。
（闲谈半分钟）

19. 十八九岁女孩子没裤子穿

张学良：这军队的问题啊，这问题啊，现在的思想跟从前不一样，美国的军队跟中国的军队不同啦，那就是现在中国的军队跟从前也不同，那从前的军队呀，差不多就是人事的关系，就是你［私人的］，明白？还有这军队的平衡也跟现在不同，可以说上下的关系、素质都不一样。那时候的军队差不多就跟你私人的一样。那么我说笑话，说这句笑话，你就明白了。在外国时人家问我们，你什么职业？拿枪的职业，政府要我呢，我就当军人，政府不要我呢，我就上山当土匪。拿枪的职业，换句话，国家要的时候就是军人，国家不要你，带着你的部下当土匪去，他也跟你去，明白？

访 一：那么也就是说，那时如果要是说真的政府不要你，这些人都得您养着是不是？假如说我是您的军人，我给您当兵，也就是我的生命和我的生活都是您负责，是吧？我就不去愁上哪儿挣钱什么的，只要您要我给您打仗？

张学良：至少是那时候。你知道，像我们是比较好的军队，好多的军队像他们这，没有饷啊！

访 一：没有饷啊？

张学良：没有钱哪有饷？

访 一：那怎么着，饿着？

张学良：想法子给他弄点吃的。

赵一荻：打胜了就有办法了。

张学良：就是占领哪个地方，就去刮，那时候也可以这讲，那时失业的人太多了。

赵一荻：你们在北平听到过没有？"好人不当兵，好铁不打钉"呀。

访 二：对呀，我儿子就去当兵去了。

张学良：好多是失业，也真是没办法。

访 一：咱们那会儿整个国家都是穷啊！

赵一荻：到处都是穷，人都卖嘛。

访 一：卖小孩吗？

张学良：我跟你说，加上一句话，我家修球场，在我家里修，我就是说压球场，拿那磙子拉，有一个工人把他的脚趾头压坏了，他坐在那儿就哭，我说你哭什么？那时候工钱是一天两毛钱。

访 二：两毛钱？

张学良：两毛钱现大洋呀。我说你哭什么？他说我哭，我明天我吃什么呀，我今天脚坏了，明天不能做工呀。就说这苦啊，你没法想到呀。我说你哭什么？他说我脚压坏了，明天做什么工啊！

赵一荻：所以那时候，共产党能够夺取政权，也就是那乡下实在是苦哇。我们在贵州看见十八九岁的女孩子连裤子都没有。

张学良：像我，我这人好……那什么叫赶集，我看见一女孩子她就跑，我就追，他们旁人拉着我，叫不要追她，我说她跑什么？他们说她没穿裤子。

赵一荻：没有，别说穿了，吃都没有。

第五次访谈
中东路事件　东北建设
旅欧考察　调停中原大战

访谈者：张之丙（简称"访一"）
　　　　张之宇（简称"访二"）
被访者：张学良
同座者：赵一荻
访问日期：1991 年 12 月 26 日

1. 看沈阳家乡的地图

访 一：我们今天在图书馆印了些地图，可是不大清楚，恐怕您看不见，这是沈阳市。

张学良：这是沈阳市，我看出来了。地图一看边，我就看出来了。

　　　　（看地图，找辽宁、吉林、葫芦岛、大连等地，约 5 分钟）

张学良：我很熟很熟的。

访 一：有一张地图是昭和几年做的满洲国地图，是不是清楚一点？

张学良：那也不一定，他有些地名，我都不知道了，有些地名改了，现在又改回来了。

访 一：这沈阳市地图，我们给它放大了一个，我们找到了皇姑屯①，没有找到北大营②，然后底下是兵工厂。

---

① 皇姑屯，地名。位于辽宁沈阳老城以西 5 公里（今属沈阳皇姑区）。旧称黄桂屯，1907 年京奉铁路通此并设站，曾名沈阳站，1912 年改名为皇姑屯站。京奉铁路与南满铁路在此交叉，为奉城往来要冲。1928 年 6 月 4 日，这里发生了震惊中外的皇姑屯事件。
② 北大营，位于辽宁沈阳老城北 5 公里。是清光绪三十三（1907 年），东三省总督徐世昌修建的兵营。为正方形营垣，各边长 3000 米，四周修有 2 米来高的土围墙，可驻 20 营兵力，素有沈阳"第一兵营"之称。"九一八"事变时，东北陆军第七旅驻此。1931 年 9 月 18 日晚，日本关东军突袭北大营，制造了"九一八"事变。

张学良：兵工厂还有哇，皇姑屯事件①，我父亲被炸的事件。

访　一：皇姑屯在这儿。

张学良：我父亲被炸那事件，我告诉你，你看有两条铁路，一个是日本的南满路，一个是，现在辽宁的，是京奉路，北京到奉天，那两个交叉的地方。

访　一：就是这儿，上面还写着皇姑屯站。

张学良：在站的前边一点的地方。

（边看地图边找地方，边说，约2分钟）

访　一：有冯庸大学，这边是东北大学，这旁边有万泉公园、中山公园。这底下还有什么公园，瞧不出来了。

访　一：您说这北大营在哪一边？

张学良：北大营在北方嘛，你看铁路，铁路下来一点。

访　一：在城里头吗？

张学良：不在城里，在城外，这是奉天省城。

访　一：这是奉天省城，这是皇姑屯，就两条铁路交接的地方。

张学良：北大营就在这一带。

访　一：噢，这一带。我看这有什么，有个北陵公园，昭陵，这好像就有个飞机场。

张学良：北大营就在这一带。

访　一：噢！在这儿呢！写得太不清楚了，那就在北陵附近。

张学良：离北陵还相当远呢，在北陵的西边。

访　一：在小坎子那边。这大韩屯、小韩屯。

张学良：那不是，那都是乡下。

访　一：哦，您运动场在这儿呢。是您说的运动场吧。

张学良：对，运动场。东北大学附近。

访　一：这地图还是不很清楚，还得去找，您说我们现在上哪儿去找一个清楚的地图？

赵一荻：现在也许要到大陆去找，我们台湾没有好的。

---

① 皇姑屯事件，是日本关东军谋杀奉系军阀首领张作霖的事件。1928年6月4日凌晨5点30分，张作霖乘坐的专列经过京奉、南满铁路交叉处的三孔桥时，被日本关东军预埋炸药炸毁，张作霖被炸成重伤，送回沈阳后，于当日死去。因发生在皇姑屯火车站以东，史称皇姑屯事件。

张学良：有有，还是有好的。我有一个好的分地图送给那谁了。

赵一荻：哦，郑德林。那几十幅啊，那太多了。

（讨论买地图的事，半分钟）

访　一：咱们那天您说了很多有意思的事，很想继续，我们可不可以回过头来再跟您打听一件事，就是这礼拜天不是那个……哎，这礼拜天您说我们能来吗？

赵一荻：礼拜天可以，礼拜六恐怕不行。

张学良：礼拜六我行，我行吗？

赵一荻：我去拿日历看看，记不清。

访　一：因为这礼拜天不是这个易帜纪念吗？12月29日？

张学良：呵，我都忘了。

访　一：您忘了，我们可记得，这是大事。12月29号易帜，不知道您有什么特别的原因选那一天？您可记得？

张学良：没有什么特别，就是因为过年，明年，就是换年了嘛。

访　一：噢！年底啦。

张学良：那倒没什么特别的原因。

访　一：我们还以为有什么纪念性的，或者军事上的——

张学良：那多少有点原因，那时日本在这扰乱，因为过年，大家都放松，明白？

访　一：过年时，大家都兴致勃勃要过年了。

张学良：同时明天就是明年了。

访　一：开春，一开春就换了旗子，这是很有意思。另外，就是换旗子的事情，我曾经跟您请教过，端纳没有说什么话吗？

张学良：他没有关系。

访　一：可是中东路的事，因为牵扯到外国，因为他是外国人。

张学良：端纳没关系，他不参加我政治的事情，他就是朋友。

访　一：您出国的时候，他跟您？

张学良：出国的事是这样子，他是一个记者，那么他是经济——

访　一：他是经济专家？

张学良：也不能说是专家了，他是《泰晤士报》的一个记者，我出去他帮帮忙啊，有时候应酬应酬记者，是这个样子。

2. 顾维钧这个人很能干

访 一：还有顾维钧①先生，这是我们那个外交界，可以说是比较知名的了，他当时曾经跟您交往很密切，而且对您很敬仰的。我们那次去纽约，到哥伦比亚大学去，本来给您安排了一次……后来您去看大夫，就没有来。就是哥伦比亚大学珍藏室，善本书什么的，他们给我们看，顾维钧先生存在那儿的手稿，里边还有您给他写的信，我当时因为很快，也没怎么看，不过顾维钧可以说是咱们中国外交界上面的一个［人物］。

张学良：不是东北外交界。

访 一：不是，是整个的。不过在您那会儿，有没有把他的专长请他来帮东北做什么？帮您在外交上做什么？

张学良：不是，不是这个样子。他到东北，那是那时候他遭通缉呀！

访 一：为什么？

张学良：好像是曹锟，我弄不清楚。

赵一荻：那你们出关了嘛。退出关了，那时在北平，政府对他不怎么样。

张学良：不是，他［被］通缉不为这件事，他不是跟东北人出关的，他后来在北平。

赵一荻：他做过国务总理②。

张学良：那不是，我忘了，我现在说不出来，要查历史。他被通缉，要抓他，所以他逃到东北去，等于避难③。

访 一：谁要抓他？您不记得了？

访 二：北洋政府？

张学良：好像是曹锟的贿选，为什么，我记不太清楚了，那时候在政治上随便就抓人。

---

① 顾维钧，1922—1926年先后任北洋政府的外交总长、财政总长、代理国务总理等职。1928年7月被南京国民政府通缉，旅居欧洲。1929年应张学良之邀回国抵沈阳。
② 此人即顾维钧。
③ 1924年10月，冯玉祥发动"北京政变"，关押曹锟。25日，军队占领了电信局，包围了总统府。顾维钧时任外交总长，该职务是由曹锟提名任命的，顾担心冯玉祥不会轻易饶了他。当天，他立即迁往北京使馆区一位外国朋友的住所躲了一夜。第二天一早，便乘坐其加拿大密友何士的汽车仓皇回到天津的家中。关于顾维钧的逃难，还有一种说法，说顾维钧是化装成女人才逃到天津的。

访 一：他到您那儿去等于是避难了。

张学良：我忘了为什么。不是，不是金塔棱（音），金塔棱那是抓罗文干①。他（顾维钧），他躲到奉天，他打高尔夫球很好。

赵一荻：他打高尔夫球是我的拍档。

访 一：那会儿高尔夫球谁打得最好？

张学良：我的第二个儿子，那打得真好。

赵一荻：他跟那个Jones（录音不清）学的。

张学良：他一小啊，我两个儿子，他一小就跟奉天一个打高尔夫有名的，跟他，也是我的朋友，人家不是教打高尔夫球的，人家有职业的，那么他就跟他学，他就教他打，所以他打得很好。

访 二：他才几岁呀？

赵一荻：很小很小。

张学良：很小很小，才不过十几岁。我们到英国，我跟你讲一个笑话。他陪我打高尔夫，他早上能赢我，晚上就不能赢我。

访 一：那为什么？

张学良：我说你晚上再赢我，吃饭你自己给钱。（笑声）

赵一荻：从前总是四个人去嘛，端纳、你、我，顾维钧四个人去嘛。

张学良：奉天高尔夫场是外国的，是国际的。我就在球场外边修个很小的小房子，我们自己就在那儿吃吃饭。打累了有一个地方休息，它没有饭吃。我们就吃吃饼干什么玩意儿，弄点吃的。有一个人在那儿看着。

访 一：您这球技也不算高明？

赵一荻：那顾维钧也不行嘛，我俩就一起打。

访 一：那么他在那避难？

3. 顾维钧是我们的好朋友

张学良：顾维钧是我们很好的朋友，他当年，在事前，我们就已经是很好的朋友。

---

① 罗文干，曾任北洋政府财政部总长、司法部总长等职。1922年11月，曾因政争，被以"签订对外借款合同过程受贿"为由羁押，后无罪释放。1929年12月—1934年10月任南京国民政府司法行政部部长，期间一度兼任外交部部长。

访 一：也就是说，他能到东北去，他能在那儿躲避躲避政治上的风潮①，跟朋友在一块，那这么一说，他跟夫人也是很熟悉了？

张学良：他当年哪，那叫什么会议呀？

访 一：扩大会议？

张学良：不是，不是！到外国去的。

访 一：国联？

赵一荻：没有国联，没到"九一八"呢。

张学良：那时美国总统是威尔逊的时候，他是威尔逊的学生，那时候北京政府派他，他是北京政府的外交部长吧，北京政府没有钱，可怜得很。但是奉天我父亲，我父亲很赞助这个事情，是干什么，什么青岛，还有什么，这个国际上的一个会议，我现在记不清楚了。

赵一荻：巴黎的什么会议②。

张学良：那时奉天给拿十万块钱帮他。

访 一：那是老帅？

张学良：我父亲。

赵一荻：他顾维钧是这样，他自己起来得这么快，他头一个太太是唐绍仪③的小姐，很能干的。当然他自己也很能干了，他头一个太太是唐绍仪的小姐。

张学良：我跟你说，当年，这顾维钧可是起来，当年在袁世凯④的时代呀，袁世凯最得意，不是得意，年轻的两个外交人，一个是伍朝枢，伍朝枢知道吗？伍廷芳⑤的儿子。一个是顾维钧，那时候顾维钧也不过二十几岁。

赵一荻：他（顾维钧）是唐绍仪的女婿。

张学良：他是唐绍仪的女婿⑥，那么他起来很早很早。

---

① 1926年10月，顾任代理内阁总理及外交总长。不久以后，国民革命军因顾维钧支持张作霖政府而下令通缉他，他先逃往威海卫，后又去了法国和加拿大。1929年，顾维钧回国后至沈阳与张学良共事，张学良劝请蒋介石取消顾维钧的通缉并发还他的财产。1930年2月8日，国府第268号训令：撤销前对梁士诒、顾维钧、王克敏的通缉案。

② 此会议为巴黎和会。

③ 唐绍仪，清末民初政治活动家、外交家。曾任驻朝鲜总领事、清末南北议和北方代表、中华民国首任内阁总理等职。

④ 袁世凯，清末民初的政治家、军事家，北洋军阀领袖。曾任大清帝国的内阁总理大臣、中华民国首任大总统、中华帝国皇帝。

⑤ 伍廷芳，清末民初的政治活动家、外交家、法学家。曾任中华民国军政府外交总长，南京临时政府司法总长。1917年赴广州参加护法运动，任护法军政府外交总长、财政总长、广东省长。

⑥ 顾维钧1912年获哥伦比亚大学博士后回国，后经人介绍进外交部工作，并认识了唐绍仪最小的女儿唐宝玥，并很快建立爱情关系，1913年6月在唐绍仪的主持下结婚。1918年10月，唐宝玥病故。

访 二：不过也真是外交界的佼佼者，也是有机会能够发挥他这个——
张学良：这人也是相当能干，不是相当，是很能干。
访 一：您这相当能干和很能干之间还有不同吗？
张学良：差不多。
访 一：您能说一两件事吗？
张学良：这个人就是这样子，他自己也承认，他说我干什么事情，我不卖力气，我要是卖力气，那实在能干，有些事情我不卖力气。
赵一荻：很聪明，分析得很聪明呀。
访 二：而且他对国际上的了解很——
张学良：他在做那个什么什么，国际法庭，他很有地位的。
赵一荻：他后来做国际法庭，很有地位的。
访 一：所以哥伦比亚大学有他那个收藏。
赵一荻：他那什么手稿很有价值。顾维钧参加许多许多的国际会议。
张学良：他外交很多，那很多很多，很有价值。不过，他手稿写出来，顾维钧很聪明的，是不是写出来真的事，那就不知道了。他太太还在呢。
赵一荻：因为他很会，命很好哇，他先娶的是姓黄，印尼糖大王的小姐。
张学良：现在还在。
赵一荻：现在一百多岁了，还在纽约呢。唐绍仪的女儿，头一个太太。第二位是印尼糖大王的小姐姓黄，我们都很熟悉嘛。第三个呢，是朱莉亚，原来是一个姓杨的人的太太，上海《大陆报》主笔的太太，《大陆报》主笔，这人在菲律宾被日本人杀了的。①
张学良：被日本人给枪毙了。
赵一荻：就是日本人占领菲律宾的时候，把她丈夫枪毙了，这人很忠于国家的。
访 一：那么现在这顾维钧的小姐是？
赵一荻：哪一个小姐呢？有一个我们认得，就是唐绍仪的女儿所生的小姐。
张学良：我在纽约，见到的是那个大的。
赵一荻：大的是唐绍仪的那个的小姐。
访 一：这次在大陆的翻译工作，都是她主持的。
张学良：他还有个儿子。

---

① 此人为杨光泩，曾任《大陆报》总编辑和总经理，中国驻菲律宾总领事，1942年日军占领马尼拉后被杀害。其夫人严幼韵1958年与顾维钧结婚。

赵一荻: 他的儿子就是黄跟他生的,印尼的。

张学良: 他的儿子好像在台湾。

赵一荻: 住那个 Apartment(公寓)里头。

张学良: 有一天电梯上碰到他,这里讲一个小笑话。他自己说,我在家里是顾三爷,为什么?他说他太太的狗是顾大爷,太太的儿子是顾二爷,我是顾三爷。

访 二: 地位不高。

访 一: 说起来我们就觉得,顾维钧这三个字就代表了,真是中国外交界的佼佼者。

张学良: 是佼佼者。我现在想想,唔,他几几乎是……前头还有一个人,我现在想,一下说不出来。

赵一荻: 是不是姓颜的?

张学良: 不是不是,不是颜惠庆①,是施肇基②,不过他的名望没那么大。

赵一荻: 那当年外交很少人的。

张学良: 当年有几把外交好手,有好几个呢,不光施肇基。那时候真是外交的,没有力量,可是还要办外交。

访 二: 又没力量又没钱。

访 一: 那么这顾先生在东北那一阵子,有没有在外交上帮您出出主意什么的?既然跟您是好朋友,他对国际间的事情又那么熟悉。

张学良: 东北办外交的时候还不是他,顶多请教请教他,不过后来国联调查团的时候,那和他有关系。

4. 中俄外交,人家胜利我们失败了

访 一: 那时候您的外交,比如说跟苏联呀。

访 二: 那时候不叫苏联,还叫俄国吧?

张学良: 那时东北外交,就是日俄两国,没旁的国家。

访 一: 那时候是您哪几位部下帮您办外交?

张学良: 我们办外交的人外头不知道,一个是姓王的③,他不是什么留学生,

---

① 颜惠庆,曾任北洋政府外交部总长、国务总理等职。
② 施肇基,曾任北洋政府交通总长、驻美公使等职。
③ 此人为王家桢,黑龙江双城人。曾任张学良的外交秘书主任、民国政府外交部常务次长。

原来在外交署。

访 一： 不是王宠惠①？

张学良： 不是不是，是我们奉天的人。

访 一： 那姓蔡的，就是办《伯力会议议定书》的蔡。

张学良： 什么？蔡运升？他不是外交部的，他是个道尹②，吉林道尹。这件事把他掺到那儿！

访 一： 把他挤到那儿了。

张学良： 不是挤，是把他逼到那儿了。

访 一： 不过在您的心目中，他办得不坏呀？

张学良： 也不能算坏，也没办法。

访 一： 因为那环境，没办法，是不是呀？

张学良： 后来政府惩罚他了③，因为他答应条件。

访 二： 可是不答应也不成啊！

赵一荻： 那不能讲理了，我们失去了一票。

张学良： 换句话，外交真的说起来，那我们算是在底下了，人家胜利，我们失败了，但是那也没办法。

访 二： 可是我们没有吃太大的亏。

访 一： 后来也不了了之了。

赵一荻： 我们吃亏了嘛，我们少了一票。

访 一： 少了一票。不过那说实话，以蔡先生就是您部下第二第三级的，去应付国际事情。

张学良： 他也不是我的直接部下，他是吉林的一个道尹。

赵一荻： 叫他怎么办就怎么办。

张学良： 那件事就摊在他身上了。

访 一： 也就是这责任，本来这是上边的意思，做出来之后，他就负了责任。

---

① 王宠惠，曾任国民政府外交总长、代理行政院长等职。

② 道尹，民国时期的官名。1914年5月，袁世凯公布省、道、县官制，分一省为数道，一道辖数县，改省观察使为道尹。1924年6月，北洋政府通令废道制，裁撤道尹。

③ 因中东路事件引发的中苏军事冲突失利后，1929年12月1日，张学良派蔡运升、李绍庚赴伯力对苏交涉。12月4日蔡、李回沈阳向张学良汇报交涉经过，5日，张学良致电外交部请示，7日，蒋介石召开紧急会议讨论张学良的来电。是日国府电张称："中俄交涉既已接洽妥协，准如所请办理。"12月11日，蔡、李再赴伯力与苏方举行正式会商，22日，中苏双方在伯力签订《伯力会议议定书》。1929年2月8日，国民党中央政治会议认为，签订的《伯力会议议定书》，显系超越国民政府训令之范围，应设法补救。对当事人周龙光、朱绍阳、蔡运升办事疏忽，贻误外交，应惩处。

张学良：那也没办法，换句话，我们打败了，我们要不打败了，就不同了。

访　一：那时莫德惠先生，也是外交界的？

张学良：他不是，后来莫德惠就是到俄国去，正式谈判的是莫德惠。

访　一：他本来也是东北人了？

张学良：他是吉林人，也是一个道尹，后来他当主席当过省长。

访　一：那这些人里——

张学良：你知道当年的道尹是什么？一个省分几个道，我们奉天只有三个道，一个道尹手底下管十几个县，这样的。

访　一：在外国这就是 County（县），像纽约一个州分多少个县，大县分几个，道尹。

张学良：那我不晓得，现在中国不分了，没有了。

访　一：参加这次伯力记录谈判，还有王正廷了，他是个外交官。

张学良：王正廷①跟奉天没有关系。

访　一：他是中央的是吧？

张学良：他跟奉天多少有点关系，是这样子，那时候中国俄国谈判，他是中俄谈判北京政府的代表。那么奉天也跟俄国谈判，叫奉俄谈判②，那他因为这个关系，他到奉天去过一趟，那把这个事合在一块堆儿了。

访　一：他到奉天时，听说张群③先生，您的老朋友，也去了？

张学良：没有没有，那不是，他到奉天那时候是北京政府，还没有南京政府。

访　二：南京是姓周的司长。

张学良：那时没有南京政府。

赵一荻：张群是易帜以前去的，差很远呢！

5. 跟蒋先生第一次见面是在北京

访　一：还有，您第一次，就是易帜后，第一次跟蒋介石先生见面，是 7 月

---

① 王正廷，曾任北洋政府工商部次长、参议院副议长，外交总长等职。1928—1931 年任南京国民政府外交部长。

② 指 1924 年张作霖与苏联政府关于中东铁路等事务的谈判。1924 年 5 月，北京国民政府与苏联政府谈判，签订了《中俄解决悬案大纲协定》和《中俄暂行管理中东铁路协定》，由于当时张作霖与直系控制的北京政府分庭抗礼，一度不承认上述协定。其中的路务、航务两项交涉，由于与奉方关系密切，苏联政府又与奉方交涉。王正廷时任中苏交涉督办，全面主持中苏会议的交涉。

③ 张群，字岳军，曾任上海市市长，湖北省政府主席，国民政府外交部长，行政院副院长，四川省政府主席，行政院长等职。

    7 日还是 7 月 9 日，日子您大概不太记得了，是吧？
张学良：我记不得了，我第一次跟蒋先生见面是在北京①，是蒋先生招待我们，我一个，阎锡山，三个人在那儿，在北京见面，我把这日子忘了。
访　一：那时，王正廷也出席了？
张学良：王正廷那时候是外交部长。
访　一：他那时是外交部长，谈到老帅跟您的时候，老帅替国里做了很大很要紧的事，就是把北京苏联大使馆抄了，抄了以后发现里边很多很多文件，这在国际上都是很让人注意的。后来是在 1929 年时，您派了个姓米的，去搜哈尔滨领馆，哈尔滨的苏联领事馆，您也拿到了很多？
张学良：没有没有，领事馆没有什么，那是中东路的，那与领事馆没关系。
访　一：不是领事馆，是中东铁路管理处②。
张学良：中东铁路管理处，那时有俄国派的人，那中东铁路是中俄合办的，是为这个，那是两件事。

6. 搜查苏联大使馆主要是抓共产党

访　一：可是里边也发现了很多要紧的文件，证明了？
张学良：那没有，不过发现他们跟中国共产党有勾结。
访　一：所以这个我觉得——
张学良：那里没有重要文件，没有太重要的文件。
访　一：可是证明了跟中国共产党有勾结。
张学良：因为俄国，我们搜查领事馆以后，外国人，就说俄国人，那旁的国家不说了，他们没想到，从来没有这样做过的，所以文件你看不见了，不再搁里面了。
访　二：不再搁里面了。
张学良：你明白？都会藏起来了，你找不到了，不是随随便便地摆在那儿了，

---

① 1929 年 7 月 5 日，张学良奉蒋介石电召起程赴北平，蒋派何成浚等于 6 日晚赴津迎张。7 日，晚 5 时张抵达北平，入住北京饭店。晚 8 时，蒋与张第一次会面，谈约两小时。
② 应是"中东铁路管理局"。1903 年中东铁路全线竣工后，沙皇俄国在哈尔滨建立中东铁路管理局管理中东铁路，同时也是沙俄在中国的殖民机构。1924 年中苏建立外交关系后，中东铁路由中苏两国共同经营管理。

也许是搁铁柜、搁那儿了，那你很难看见了，大家也都是，换句话，警戒一下子了。

访 一：是不是苏联驻哈尔滨的领事，也是中东铁路管理局？

张学良：没有关系，不过他们自己私底下，当然有关系了，但在政治面上没关系。

访 一：不过这两件事，也都是能，因为能搜查他们，所以发现了很多中国共产党与苏联之间的交往的关系，这个对中央政府应该是很有价值的了，是不是？

张学良：那问题是这样子。那时候搜查苏联使馆，那苏联使馆重要的人是谁？你知道吗？重要的人是中国人，叫李大钊①。这李大钊，假如李大钊不死，就在毛泽东上头，可能这么讲，你明白？你就知道，当时中国共产党躲在领事馆，你明白？活动是活动，有护身符在那儿呢。我们为什么搜查俄国领事馆？也就是主要抓共产党，你明白？那时候。

访 二：那也是特别的一件事情，没人敢去搜领事馆、大使馆。

张学良：搜查俄国使馆，这也是极端的秘密，我现在才说出来，这是北京公使团告诉我们去搜，这是他们帮忙的，这是很极端的秘密呀，他们知道，他们公使团知道，什么人藏在什么使馆。

访 一：那他是什么用意呢？他告诉我们，让我们去搜。

张学良：那时候，一般也就是反对俄国干涉，就是不赞成，不能说反对，那么俄国跟中国共产党在这儿勾结，明白？也可以说忌妒，也都是。我们搜查俄国使馆，俄国一点都不知道。翻墙过去的，不是前门进去的，所以当时人都不知道，所以他怎么，文件可惜得很，后来知道了，就把它那个烧了，开始烧了，那烧了一部分，大部分叫我们都拿出来了，现在大部分存到美国去了②。

访 一：就在哥伦比亚大学。

张学良：大家都知道，好多都没翻出来，没翻译。一部分翻译了，一部分没有翻译。我听说哥伦比亚大学把它翻译了，大概。

---

① 李大钊，中国共产党的主要创始人和早期领导人。

② 在搜查苏联大使馆中，军警搜走七卡车文件档案，里面有大量苏联政府和共产国际对中国各派别联系的资料。后经翻译编成《苏联阴谋文证汇编》，主要是"军事秘密之侦探"和"苏俄在华所用经费"两项。其中有："照译1927年1月30日军事会议案笔录"；"照译苏俄利用冯玉祥计划文报告"；"照译1927年3月13日军事会议案笔录"；北京苏联大使馆会计处致广东军事顾问加伦函等等。张作霖认为这些证据，足以构成杀李大钊的理由。1. 在南北战争期间，李参与了军事谍报工作。2. 李与苏联政府勾结参与中国内战的证据。3. 李和冯玉祥国民军的秘密关系。4. 李作为国民党和共产党北方领导人进行的颠覆政府活动。

访 一：就是那个韦慕廷①嘛？

赵一荻：就是现在这人前头的那个。

访 一：对，就是那个。

张学良：那个文件，现在说于现在的中央很不利呀，那中央怎么给共产党帮助，俄国帮助武器呀，什么大小都有条件。

访 二：可是这些东西怎么到他们手里去了，这些文件，大帅抄出来的，怎么没保存，都让他们拿去了？

张学良：给谁拿走了？

访 二：让外国人，哥伦比亚大学拿走了。

张学良：这事情与我有关，我那时，东北的事，我那时候是在外头打仗，我没在，我在保定还是什么地方。那时枪毙的人有一个姓杨的小姐，抓去的人都枪毙了，这案子不是军事法庭，完全交给法院，由法院判决。

赵一荻：那跟他们没有太大关系。

张学良：有一个姓杨的小姐，她是国民党，并不是共产党，可是她那时候，国民党、共产党合作，那我为什么一直帮她，帮那杨小姐？杨小姐跟李石曾，还有一个我认识的人，他们都认得，那么想留她一命②。但是这后来由法院判决这事情，旁人不能说话，明白？法院判的死刑。这人是湖南人，叫杨什么，我还记得，他们给我打了电话，但那没办法，没有讲情的余地，法院判决。

7. 苏联说的白俄军是张宗昌的部下

访 一：后来《伯力记录》③。

赵一荻：就是那个中苏事件叫"伯力事件"。

张学良：伯力。

访 一：《伯力记录》，他里边有一条就是把所有的白俄军队解散，那么与您的空军有关系吗？

---

① 韦慕廷，哥伦比亚大学口述历史中心负责人，张学良口述历史的主要策划人和发起人。
② 应是张挹兰，张学良记忆有误。张挹兰，湖南醴陵人，时任国民党北京市党部妇女部长。
③ 《伯力记录》，又称伯力会议议定书。1929年12月张学良为首的东北当局的代表与苏联政府就解决中东路事件而于苏联哈巴罗夫斯克（伯力）签订的议定书。但未得到国民政府的认可，故国民政府仅称其为伯力会议记录。

张学良： 那个没关系，那个是在张宗昌的手底下。他是这样，张宗昌当年呐，他在海参崴，这个人很有意思，他在海参崴给一个赌场当保镖。

访 一： 赌场？赌钱的地方？

张学良： 在赌场来往的人，那时俄国这方面啊，赌场都是些英雄好汉，这些人很多的，他所以认识这么些个人。那么后来白俄①失败了，白俄有一大批军火，还有白俄一大批人就投到他手底下了，他就这么起来的。

访 一： 这个所谓解散白俄，是他手底下的？

张学良： 与我没关系，后来也没有解散，后来他带到山东去了。

访 一： 过去有好多都是，明文规定要做什么，结果都没做。

张学良： 还有，这些事你问我，我说的不是百分之百的，因为我已经不在北京了，我已经在前线了。

赵一荻： 所以跟你没关系。

访 一： 我们以为跟您的空军有关系。

8. 加伦元帅被斯大林枪毙了

访 二： 您那天说，苏联那将军是不是叫加伦？

张学良： 是，加伦②这人原来在政府，他是蒋先生的顾问，他跟蒋先生留有相片，报纸上有，有一张，那时广东政府北伐嘛，他在里头当顾问，那是蒋先生的顾问。

访 二： 他本身是军人？

张学良： 什么？

赵一荻： 加伦本人是不是军人？

张学良： 军人，他在中国的名字不叫加伦，他叫什么我现在说不出来，有个假名字。

访 一： 另外有个名字？

张学良： 有个名字，那时在中国他不叫那名字，就是他，他后来回去就当海参崴俄国的总司令。我们那个时候打仗，我们就知道不对了，我们

---

① 白俄，俄国十月社会主义革命后流亡中国的俄罗斯人。
② 加伦，即布留赫尔，苏联军人。1923年年底奉派来华，任广州政府军事总顾问，在组建黄埔军校及1926年的北伐战争中，作用显著。1927年后回苏，1929—1938年任苏联远东军区司令，是1935年苏联最早获得元帅称号的五人之一。

把俄国兵打败了，后来他就来了。

访　二： 那他比较能干？

张学良： 那当然很能干。

赵一荻： 他是中国通。

张学良： 后来被斯大林枪毙了①。

访　一： 哟？

张学良： 斯大林这个人呐，我为这个事啊，不是弄不成，他把加拉罕②也都枪毙了。我不晓得为什么，他枪毙了好多人，俄国很有地位的，三个总长啊什么的，他枪毙人我就知道一个小故事。有一个很好的军人，晚上在那儿看电影什么的，旁人看见他在那儿看，来一个人拍他后头肩膀一下，说走走，他就去了。把他枪毙了。

访　二： 也不说什么原因？

张学良： 不知道，人家的事儿我们哪知道原因啊。在斯大林手底下，啊哟，杀了好多俄国人。为反那个……哎，我不晓得，不知道，他们的事，斯大林这个人，杀人精啊。

访　一： 现在搜寻出来很多的资料了，他是为了争权，杀了很多无辜的人。

9. 宋哲元是很有人格的

访　一： 我们现在提的，是中原大战的时候，有一个小的问题，于学忠先生、将军，因为您说过，本来是吴佩孚的人，后来归降您之后，对您是忠心耿耿从始至终，后来有好多人来买动于学忠先生，预备把他收买过来，知道他对您是最忠诚的，想把他收买过来。但把他收买的这过程，他都跟您说了，这也就是证明于学忠先生对您的忠诚，也

---

① 1937年，苏联展开"大清洗"，图哈切夫斯基元帅等人首先以"法西斯间谍"罪名被捕，加伦奉命主管庭审。这位以正直著称的元帅很痛苦，抱怨说："我明明知道他们不是敌人。"1938年7月末，日军在"苏满边境"的张鼓峰（吉林珲春边境）挑衅，加伦指挥苏军反击，经过12天战斗击败了关东军。停火后，10月末他秘密被捕，因拒绝承认有"反苏阴谋"遭受当时惯用的"肉体压迫"，18天后便死亡。因政府长久未说明其下落，许多苏联人长期怀着美好愿望猜测他可能又去了中国当顾问。1956年春，苏联平反大批冤假错案时，才宣布了加伦（布留赫尔）的死讯并予昭雪。

② 加拉罕，苏联人。1904年加入俄国社会民主工党。1917年加入布尔什维克党。曾任苏俄政府副外交人民委员。曾两次代表苏联政府发表致中国人民和中国南北两政府的宣言。1923年9月率苏联外交代表团来华，次年与北洋政府签订了《中苏解决悬案大纲协定》，恢复了两国正常外交关系。随后任第一任苏联驻华大使。1926年8月回国。再度任副外交人民委员。后任苏联驻土耳其大使。在苏联"肃反"中遭枪决。

就证明您带兵的精神，这事您记得吗？

张学良： 这件事，我现在不想把这件事录下来。

访 一： 好的，我把它停下来。

（音带空白一段）

访 二： 您比如说阎锡山跟冯玉祥的一些部下，特别是张自忠①、宋哲元②、赵登禹③他们，最后牺牲的，打得壮烈的，是赵登禹、张自忠？

赵一荻： 张自忠，你晓得。

张学良： 我，等等？

访 二： 可是这些人到抗日的时候呀，是他们来？

张学良： 不是，这事你弄不清楚了。这个冯玉祥的部下，叫宋哲元，那张自忠是宋哲元的部下，宋哲元这人是很好的人。

访 二： 二十九军是您给他改编的，是吗？

张学良： 不是，二十九军我没动。宋哲元这个人，冯玉祥的部下里，我最佩服宋哲元，这个人可以说是一个很忠厚的人，很好，很好，甚至于在热河事变的时候，宋哲元里边有个坏蛋，还是我们东北人，给他出主意，后来我都知道，要他趁那时机夺取我的军队。那时万福麟一军，他要去给他缴械。那么他说我不能做这事，我不能乘人之危。宋哲元这个人已经不在了，我很佩服他。不但这样，我这要加一句，我就问他，你对冯玉祥怎样批评？他就跟我讲，冯玉祥好处也有，坏处也有，可以批评的地方很多，但跟我一样，"不能出自我的嘴"，我不说。

访 一： 这都是做人讲义气、有道理的，这些将军。

张学良： 不但讲义气呀，讲"格"啊！他本来是冯玉祥的部下，后来他身体不好，病了，他在哪儿来着，冯玉祥来到的时候，他都把军衣穿好了，恭恭敬敬地接他去。

访 一： 真是人格。

---

① 张自忠，原为西北军系将领。1940年5月枣宜会战时任第三十三集团军总司令兼第五战区右翼兵团司令，率部与日军作战时壮烈牺牲。是第二次世界大战中同盟牺牲的最高将领。

② 宋哲元，原为西北军系将领。后任第二十九军军长兼察哈尔省政府主席，1933的率部参加长城抗战，获喜峰口大捷。1935年任平津卫成司令、河北省政府主席兼冀察绥靖公署主任等职。"七七"事变时，率部抗击日军。1940年4月病逝。

③ 赵登禹，原为西北军系将领。后任第二十九军第一三二师师长。"七七"事变卢沟桥保卫战中壮烈牺牲。是抗日殉国的第一位师长。

10. 让蒋下台是你干还是我干

访 二：我还有一个，可是阎锡山在 1930 年，他联合了 45 位将领，拍了个电报，忘了是哪天了，说我们不要"煮豆燃豆萁"，不要自己动干戈，他说不对内打仗，和平。

张学良：我不知道这件事。

赵一荻：阎锡山和四十几个军官，发了一个通电，说我们不打内战。

张学良：没这事，不知道，也许我没看到。

访 一：他这种做法也是对内不打仗。

赵一荻：反对内战。这跟他没有关系的。

访 一：有一点有关系，他们说这通电送给您了，可是后来您没有签字。

张学良：不是，不是这回事。那时候，我们两个人呐，就说我们两个人出头哇，我们可以建议、上条陈，哪些事情我们可以说话，那我们俩来往、通电，好像是他发起的，阎锡山发起。那我说我很赞成，我们联名，那我们两个人联名很有力量了。后来，我还派人去他那，后来他拟出个电稿来①，哎，跟我们说的话不一样了，怎么不一样？他请蒋先生下野。

访 二：就是那天您说的那事。

张学良：那我一看不是那回事，那我就回电说，你请蒋先生下野，那是你要干，还是我要干？换句话我不赞成。把他这个电报……是这样一回事。

访 一：这又证明，我们希望留下真的历史。

11. 巧电主要是武装调停

张学良：那时候，我判断，后来就是扩大会议了，那个时候大概阎锡山，他跟冯玉祥、汪精卫他们早就有［联系］，就是反对南京政府。当然

---

① 1930 年年初，蒋与反蒋联盟之间的大战已不可避免，双方都在争取张学良的东北集团。3 月 12 日，阎锡山的代表张维清抵沈晤张。14 日，国民革命军第二、三、四集团军将领鹿钟麟、商震、黄绍竑等 53 人联名发出反蒋通电，拥戴阎、冯、张、李领导讨蒋。针对这一通电，张学良致电阎锡山："对东四省，对日、对俄，关系复杂，外交上不便与南京政府断绝关系。"

那时候我是站在赞成南京政府［方面］，我是赞成统一的。他认为我跟他来往很密切了，他认为扩大会议我可以参加的，他当时，我想他是那么想，所以他派了代表跟我讲条件，那我就不参加，不但不参加，后来［他们召开］扩大会议，我还发表了一个巧电。

访　一：对。

张学良：他甚至于，我想，他甚至想我至少也不会跟他捣乱，你知道吗？我在观望，他们扩大会议一开，我就立刻［命令］军队［进关］了。

访　一：我这有一个关于巧电内容的事，我们读了一下您那个巧电，现在有记录，您那巧电的原文。我们就在想，我们实际上离这事情隔得太远了，我们不能完全了解，好像您那里，还有几个非常对中国命运有关的事情。

张学良：我都忘了，说说。

访　一：除去武装调停，当然这武装调停是最大的宗旨了，但是您那巧电里也有几个要点，一个就是当然就是停战了，武装调停了，您里边还有说提醒我们必须开这个国民会议，第二个就是要制定约法。

张学良：那个没有。

访　一：要取消一党专政。

张学良：没有没有没有。

访　一：好像是大家说，这巧电的内容啊，除了武装调停之外，暗含着希望大家那时那几个，像阎锡山呀。

张学良：那没有，我的巧电很简单的。

访　一：他们说是这三个实际上是。

张学良：谁有这巧电全文呀？

访　一：不是，他们说有一个全文呐，一段一段的说了之后，说这是代表您的确是要希望中国统一，除去停战之外，不能就停战，停战不见得就是统一了，而且要希望国民会议①。

张学良：那，那我不知道，我记不住了。我没有那么些事，这个电文要看见，我才能明白，我没有。

赵一荻：这东西有没有 copy（影印），把那巧电 copy 来给你看看嘛。

---

① 巧电除要求双方停止内战外，还有如下一段内容："至解决国是，自有正当之途径，应如何补救目前，计划永久，所以定大局而靥人心者，凡我袍泽，均宜静候中央措置；海内贤达，不妨各抒伟见，共谋长治久安之策。"

访 一：原来的，我们去查一查。

张学良：现在我跟你说，开国是会议，那早就决定的事了，不是我说的。

访 一：我们不知道，要向您请教。

张学良：国是会议，我到南京去，我也是代表之一，我还是主席团的，那早就定了。

访 一：好像说这巧电这几个要点是——

张学良：我不敢说，这事情太远了，我忘了。

访 一：您等我看看，看我的笔记。

12. 我是野心勃勃地建设东北

访 二：还有，中原大战之后，您好像想在东北扩展三条铁路，延长三条铁路，您还记得这事吗？

张学良：三条铁路，我们跟日本冲突就是这个原因。不是我们扩展，人家要修三条铁路，我扩展一条，通到黑龙江去。

访 二：那当然他日本不满意了。

张学良：我们跟日本冲突就为了这条铁路，很大的关系。

访 二：这是他的一块。

张学良：因为什么，因为这样子，南满路大宗的收入，黑龙江的大豆都由南满路出口，往南边运。

访 二：直接就出去了。

张学良：我们修这条铁路，所以日本反对，这条路通过京奉路到葫芦岛，大豆由葫芦岛出口。

访 二：那您等于抢了他的生意了。

张学良：是呀，建设东北，我可以说，是野心勃勃建设东北的，换句话，简单地说，那时日本也承认了，不是日本说的话，我虽不承认，可是真事，说"你，完全是要跟我们竞争呀"，我就跟日本人说，"我不是跟你竞争，我是求活呀！"我自己的国家，我自己建设，你怎么还要反对我呢？所以我跟日本冲突，这是很大的关系。

访 一：我想关于这个，关于葫芦岛的看起来都是建设上的，我们等一下再谈，行吗？您记得 1929 年南京开了个编遣会议，那时您也派了代表去参加，那个编遣会议最主要的目的是什么？

张学良：那件事情大失败，后来国内内战就从这件事起来的。当然和我是没有多大关系，那蒋先生，那中央政府了，不能说蒋先生了，分了多少个区，编遣，想把中国军队遣散一部分——这些话呀，在我现在这么讲呀，好像有点不对，那是中央有点不对呀——那换句话，中央要把地方的军队削减。大家为什么不平呢？后来这事办的就没有结果了，那编遣会议对我们东北可以说是很客气，那多少编遣区，但是中央军队占的大地方，把旁的军队削减的多，你明白吗？换句话说，削减是削减人家的，自己的并没有削减，削减很少，所以大家都不平了。我，当然与我东北毫无关系了。

访　一：他没动您东北的？

张学良：东北也是一个编遣区，那东北，换句话，那时中央对东北还没这样打主意，换句话，你明白？那时候打主意是广西军队啦，这些个。

访　二：西北。

张学良：这些个，后来没成，就变成更促进战争了①。

访　二：当时是不是冯玉祥是行政院的副院长？

张学良：那我说不出来了。我对那事没兴趣，他愿干什么干什么。

访　一：因为会议完了之后他就走了。

张学良：谁？

访　一：冯玉祥啊，编遣会议没开完他就走了。

访　二：您预备修铁路，是向外国贷款呢，还是预备从中央政府得到支持？

张学良：没有贷款，自己修的，修一条铁路，也不是修，只是延长②，把京奉路延长到黑龙江。

访　一：那时候东北的经济实力相当大，是不是？您修铁路耗费相当大的，您都不需要别人的帮忙，完全自己？

---

① 1929年1月1日，全国编遣会议在南京正式开幕。蒋介石拿出两个方案，任意让各派去争吵，他不表态。最后，会议制定了《国军编遣委员会进行程序大纲》。规定：从委员会成立之日起，全国军队一切权力都收归中央，正式取消国民革命军总司令部，取消各集团军总司令部、海军总司令部。各部队只能在原地驻扎，听候点编。至此，阎、冯、桂、李（济深）等才恍然大悟，原来他们都中了蒋介石的圈套了。最后编遣不但没有实现，还引发了不断的战争。先是蒋介石讨伐桂系的战争，接着就是中原大战。

② 张学良主政东北后，成立了东北交通委员会，该委员会在第一次会上决定自营自建铁路，国营由平奉路投资，省营由省政府投资，官商合办的由省政府和民众投资。故自1928年至"九一八"事变，东北完成昂（昂溪）齐（齐哈尔）、齐（齐哈尔）克（山）、洮（安）索（伦）三条铁路的修筑。实现了张作霖时期确定的西大干线计划。同时还延长了沈海路支线的建设。

张学良：你这句话问得——
访　一：又不懂了。

13. 那时的东北实在是很富庶

张学良：不是不懂啊，这句话问到的，这东北呀，我父亲要发生内战呐，也就是因为东北有钱。那时候，不是中央政府，梁士诒①组阁，为什么梁士诒组阁呢？那时交通银行债务还不起，没有钱，奉天拿的钱，借给中央，后来就很复杂了，这个事，简单说，那时候东北政府啊，不能说东北，这话不对，奉天省政府，那时我们叫官银号②，就是奉天省银行，差不多存两千多万，那时恐怕国民银行没有存钱，存这么些个钱的，那奉天，东北呀，沈阳不能说东北，实在很富庶，我就很奇怪，那时中国实在相当富庶，我就很奇怪国民党这些人，这些年不内战，他们怎没有钱呢？很奇怪。

赵一荻：日本人认为是块大肥肉，非拿去不可，日本人一定要拿东三省，一块肥肉啊！

张学良：那真是有钱。我跟你说，那一般人呐，就连我家，我父亲也做生意，买黄豆，等黄豆下来时买，明年一定赚钱的。下来时便宜，今年秋天买，明年开春黄豆一定赚钱，就等于投一笔资一样，很有钱呐。

赵一荻：孙中山先生都拿奉天钱呢！

张学良：简单说，孙中山先生……这个你们不要录，不要录。

（录音中断）

访　一：请您给我们说说三角同盟的事。

张学良：三角同盟③，奉天，那时候孙先生在广东，他主张就是谁，就是这个……嘴边上说不出来了，慢慢我得想起来。皖系④，皖系就是段

---

① 梁士诒，曾任袁世凯总统府秘书长，交通银行总理、财政部次长等职。他大力筹措经费支持袁世凯称帝，袁世凯死后，被列为帝制祸首，受到通缉。1918 年出任交通银行董事长和安福国会参议院议长。1921 年 12 月，依靠张作霖的支持出任内阁总理。次年被直系军阀赶下台。

② 官银号，即东三省官银号。1905 年成立，1932 年停业，是东北地区最早创办的近代化银行。

③ 三角同盟，亦称"反直三角同盟"。1922 年 1 月，受奉系军阀支持的梁士诒内阁下台，直奉关系破裂，张作霖遂采取远交近攻的办法，与皖系军阀段祺瑞、广东革命政府的孙中山合作，形成了奉皖粤三方反直临时同盟。

④ 皖系，即皖系军阀，北洋军阀派系之一。以其首领段祺瑞为安徽（简称皖）人而得名。主要人物有徐树铮、靳云鹏、段芝贵、傅良佐、倪嗣冲等。

祺瑞①，那么他就是卢永祥②，卢永祥是原来的上海护军使，后来是浙江督军，那时卢永祥有一部分军队在手里。那时候，孙先生，陈炯明③，孙先生后来失败了，就是陈炯明叛变了，陈炯明后来跟吴佩孚勾上了。广东呢，陈炯明认为是他的啦，可是孙先生在那用兵干什么的，他非常不满意，他几乎把孙先生给打死了，他攻击孙先生住宅，孙先生逃走，这大概历史上知道。

访 二： 对对。

张学良： 所以，这问题所谓三角同盟就从这开始，因为这样子。我父亲这人，本来我们不想打的，我们底下的人，那时直隶有21万人，我们只有7万人。我父亲说，既然三角同盟，人家都动了，我们不动是不对的，等那时候把他们都打完了，再打我，我那时失败不如这时失败，我那时失败更丢脸，我情愿这个时候失败。我父亲说，怎么布置打胜打败是你们的事，可是我必须要打。我跟你说这段事我心里很，那我父亲说，我决心要打，打胜打败是你们的事。所以会议完了，我们四个人（指张学良、郭松龄、姜登选、韩麟春）是面面相觑呀，谁都不知道打胜打败，回来回不来。我到家里跟我那于凤至太太说，我明天就要走了，你不要跟我说一句话，我跟你告别，换句话我还回来不回来我不知道。

访 一： 您上次说到军人的原则就说到这一点。

张学良： 这地方我是受了点，我不是受日本教育，日本的军人，一般的军人都是武士道，你知道，武士道④他有一句话，武士道出门，还回来不回来不知道。

访 一： 这就是他们那种精神。

张学良： 我们军人也是这样，出去还回来不回来不知道了。

访 一： 这个好像老帅跟您说的那句话，说你想当军人吗？把脑袋搁裤腰

---

① 段祺瑞，北洋军阀皖系首领。1896年以后，协助袁世凯创办北洋军。1912年后，曾历任北京政府陆军总长、国务总理、参谋总长。1920年被直系打败下台。

② 卢永祥，皖系军阀重要将领之一。曾任江南提督、浙江督军等职。作为段祺瑞的忠实拥护者，积极参与反直三角同盟。

③ 陈炯明，广东军阀。曾任粤军总司令、广东省长、国民政府陆军部总长兼内务部总长。他反对孙中山北伐，并因此发动叛乱，驱逐其曾支持过的孙中山。1925年所部被广东革命政府东征军歼灭，逃往香港。

④ 武士道，日本武士遵循的精神规范。强调为主君毫无保留的舍命献身的精神。成为帝国主义侵略扩张的工具。

　　　　　带上。

张学良：这句话就是，当军人随时可以死呀，他那句话包含两种意思，一个是把人打死，一个是被杀。这要说，罪过了。

访　二：我们刚才的话题是说修铁路完全是奉天自己拿钱去修的，我们觉得奉天怎么那么有钱，所以您说我们真不懂，奉天最有钱，有资金资助很多事情，奉天之所以这样富足，除去黄豆还有别的，是吗？

张学良：那当然，奉天出产很多，现在一下子问我说不出来，奉天相当有钱，我告诉你不但奉天有钱，中国，这是你们小姐都是不懂的，中国国家有钱，哪一省都有钱的，就是把钱胡花了，这军费乱七八糟的胡来，那河北省都是有钱的，很富庶呀，咱们中国是很富庶。我就现在对共产党我都不明白，这些年没打仗，他怎么就弄不出钱？

赵一荻：都用到核子武器、原子武器、太空，那武装他得多少钱？还有海军，就是老百姓没钱。

张学良：我随便地说个事，我那时候，我带的东北军，是很苦呀，怎么很苦呢？因为东北的奉票①不值钱，那么张宗昌、李景林，张宗昌占的是山东省，李景林占的河北省，人家发的饷比我们发的多，这我可怎么办呢？没办法！那时候没办法，我把那军队裁了一大部分，怎么办的呢？比方这一连人，一百几十个，人裁少了，钱大家就多拿一点，领饷啊，那还是不够。我这里简单的介绍，主题还没到。那时候河北省是褚玉璞②，但是河北省京兆往山海关这一带，是我的军队占领的，住在那儿。那么我就指着京兆这几个县拿钱来养着我的军队，就这一点，就能拿那么些钱，我并不是刮地皮，就是收入，人家收入我给拿过来了。所以，中国实在是富庶，我就不明白，现在共产党怎么——

访　一：海军呀，空军呀，要钱养。

张学良：那就不知道了。我要说他也不会经营。

赵一荻：核子武器，太空啊，那花钱，苏联穷也是穷在太空上。

张学良：要说中国实在是有钱的。

---

① 奉票，清末和北洋政府时期东北地区流通的纸币。
② 褚玉璞，直系将领，1926年曾任直鲁联军前敌总指挥，直隶军务督办兼省长等职。

赵一荻：科技科技，老百姓都饿死了。

访　一：其实您这句话说得对，不会经营。第一点是不会经营；第二点，用您的词，有很多人钱花得不得当。现在大家都知道，第一不会经营，第二贪污。

张学良：嗯？

访　一：现在大家都知道，中饱私囊，大陆贪污啊。

赵一荻：中饱私囊！

张学良：不是，不，你看台湾，拿台湾看，小小台湾有多少钱？那台湾几个财政家真是厉害。

赵一荻：他没有海军，没有太空啊，这两个最厉害。

访　二：武器还是很厉害的。

赵一荻：武器最花钱，太空得多少钱呐。

张学良：那我不知道了。

访　一：还有我们老百姓的想法，我们这后生晚辈的想法，您那时候拿了那一小块地方的钱就能养兵，您拿了钱养兵。他那拿了钱，照夫人说的，科技；另外一个就搁到自己腰包里……

14. 那奉票毛得不得了啦

张学良：（笑）那腰包也不能。我跟你说，我跟你简单说一句话，东北这奉票啊，有一个时候我没管，省政府跟官银号，官银号叫奉天省银行，那么奉票毛得不得了啦。怎么这样他们都不管呐！我就火了，我就把省长、官银号总办叫来，因为省长和官银号他们俩闹别扭，官银号也不是管不了，他们俩闹意见，这省长是谁？就是我的姐夫，我现在外甥的爸爸，我把他们两个人都撤差了①，你知道撤差是很丢人的一个事情，我把两个人都免职了，那么官银号总办我就撤换了，这说故事了，那么奉票就整顿呀，那怎么整顿？毛得了不得了②。

---

① 1928年7月17日，张学良主持奉天军民两政会议，讨论两政改革之大纲。7月26日，东三省官银号总办彭相贤提出请辞。张学良准其辞职，并任命张蕙若接任东三省官银号总办一职。

② 从当时辽宁省几种生活常用商品价格上涨的程度，可看出奉票"毛"的情形。以1921年与1929年的物价比较：面粉147∶7127，黄豆139∶6213，棉花147∶8690，猪肉162∶7790，大尺布149∶8044。东三省金融整理委员会编：《东三省金融整理委员会报告》，1931年。

省长换了不管①，官银号总办换了我当年当旅长时的军需处长，我跟他说，我的主意，我也不是经济家，但我的主意，我说我主题的一句话，你，我，咱俩绝不能把这事泄露，你也绝对不许在这里搞问题，只有咱俩知道，就是让奉票毛！

访 一：让它毛？

张学良：不是让它毛，是任它毛。你就奉票出去，用奉票买银圆票，旁处出的银圆票，上海叫什么，到上海做的外汇。我说谁都不许知道，就咱俩知道，任它奉票毛，你拿这毛的钱去买外汇，但是，到一天，那一天，某一天，等你把钱集中多了，够了，你告诉我够了一个数目，你告诉我，我们就把奉票忽然发表出来，五十块奉票一块现大洋，本来那时奉票毛到差不多几百块，才能够一块银圆，那么，五十块！奉票拿它做外汇都可以。那么，我这主题的问题来了，我这意思就是跟他说，我们两个不会坏良心，我们是取之于民，用之于民。当然，让老百姓要受很大的苦呀，你让它毛，忽然间又涨，毛的那时候差不多谁都不要奉票，当然奉天还要花奉票了，那么一下子忽然定到五十元，那外头的人知道了，可以赚好大好大一笔钱了，大家也很惊讶了，你拿五十块钱，可是不是跟你这个换，可以做到上海的外汇，那时候叫什么，一种外汇的名字。所以我主要的主题就是说，我就跟他说，不是我们丧良心，我们取之于民用之于民，为了整个的奉天，没有旁的办法，手里没有这个现钱，当时那个时候，我就说我这个人呐，当时官银号里没有钱的，没有，什么都没有了，我就把我的私人财产存到官银号里，官银号仗着这笔钱，后来就整顿好了，奉天金融也弄好了。我就是一句话，取之于民用之于民。

访 一：您还说您自己不是经济家？

张学良：哼哼（笑声），我再多了，成了大坏蛋了。

访 一：像这种币制贬值，我们自己也都经验过，金圆券，去买东西，这么一大捆。

张学良：哼哼。（笑）

访 一：人家都不数，就这么一捆两捆，后来就换袁大头了。我们还花过袁

---

① 原奉天省长为刘尚清，在1928年12月28日，张学良向国民政府上报东三省省主席人选，辽宁省政府主席为翟文选；吉林省政府主席为张作相；黑龙江省政府主席为常荫槐。1929年1月4日，国民政府文官处按张学良上报的名单，发表了任命通电。

大头呢，就是金圆券一分钱都不值了，大家都要买袁大头的时候。那经济的情况，所以您也不能说您不是经济家。取之于民用之于民，这是最要紧的一件事。比如您说您养兵什么的，都是这一个原则。

15. 东北的矿藏十分丰富

访 一： 我们回到修铁路了，奉天的经济，铁路修好之后，其他的建设也都是奉天自己的钱，从来没有跟别人借过款，更谈不上从其他的，中央呵？

张学良： 开发葫芦岛什么的，都是。不过，中央帮过一笔钱，我现在记不住了，好像中央帮一下子，是怎么回事情了，我跟中央讲的条件，中央帮六千万，为一件什么事我忘了。

访 一： 给的是现金还是公债？

张学良： 是拨的六千万，我们就存入官银号，就当作官银号的基金，主要是整顿奉天的经济。

访 二： 还有，您知道东北的钢铁？

张学良： 东北钢铁，主要是鞍山铁矿①，当时鞍山铁矿在日本人手里，它是中日合办的，怎么中日合办？那时有一个人，当年有一个人跟日本签的合同，鞍山铁矿在他手里，他就跟日本人签了合同，他就跟日本人合起来，你知道日本人的势力。抚顺煤矿②，恐怕在中国，听说在山西也有，那煤矿叫大揭盖儿！

访 一： 叫什么？

张学良： 大揭盖儿，好像咱们吃饭揭盖。

访 一： 大揭盖儿？

张学良： 怎么叫大揭盖呢，好像这煤矿不用挖洞子，煤就在地面上取，可是取之不尽呀！

---

① 鞍山铁矿，位于辽宁省鞍山市。储量达数十亿吨，埋藏浅，易开采，是我国最大的铁矿产区。由1906年成立的日本满铁公司探寻发现，1911年，满铁总裁中村是公向奉天都督张锡銮提出开采意见书，被张拒绝。1915年被日本侵占后，由北洋政府批准中日合办，实由鞍山制铁所控制的振兴公司开采，后改由昭和制钢所经营。

② 抚顺煤矿，位于辽宁抚顺以南、浑河左岸。煤种多，煤层厚，大部可露天开采，是我国大型煤炭基地之一。1904年，被俄国占领作为军用矿开采。1905年后，被日本强占，组成抚顺采炭所。1907年改南满铁道株式会社经营。1909年，中国政府被迫承认日本的开采权。

访　二：所以这东北难怪让人垂涎三尺呀！

张学良：那鹤岗煤矿①好极了，抚顺的煤矿是大揭盖，但煤不好，是一种软煤。鹤岗的我们叫红煤②，可以用来炼炼钢什么的。那东北是富庶呀！

访　二：牵涉到兵工厂，用的钢是不是中国自己的？

张学良：不是，是印度的铁，印度运来的。炼是自己炼，炼钢可不是简单的事，炼钢都是高热的炉子。

访　二：那这些设备都是从外国来的？

张学良：当然，中国那时候没有。

访　一：您炼钢啊，这些技术人员从哪来的？

张学良：有日本人，有中国人，还有旁的国家的人，主要还是日本人。

访　一：那么您，老帅和您都鼓励人到国外去学习，是不是希望他们把这些科学技术学回来？

张学良：兵工厂不是归我管的，我不管，是杨宇霆。

访　一：不过整个建设还是在您的全盘计划之内了。

张学良：建设，那时我父亲在的时候我也不管，那时奉天是王永江，现在很多人对东北大学的事有些误会，这人很有力量，东北的起来与他很大关系。

16. 我骂我的老师是坐井观天

访　二：教育很要紧的。

张学良：不但这样，这人很有眼光。东北另外一条铁路，还不是我说的这条，另外一条，两三百里吧，那是他修的，自己的钱，那时老百姓的地呀，公家可以征用。

访　一：我说一句话，实际上不应该记录，您一直说您这教育是讲武堂的教育，然后跟随老师，您统治东北和华北，而且跟阎锡山、西北军这样对峙，您的教育，除去军事训练之外，您在政治上如此地能够挑动大江南北，您是从哪儿学来的？

张学良：就是这么自己混过去就是了，不是从哪儿学的。

---

① 鹤岗煤矿，位于黑龙江省佳木斯市鹤岗县。埋藏量丰富，煤的质量含油质多，可用于炼焦。1914 年发现该矿。1926 年由黑龙江督军吴俊陞等组织官商合办鹤岗煤矿公司，1935 年为伪满洲炭矿会社经营，1943 年脱离炭矿会社而独立经营，更名鹤岗炭矿株式会社。

② 红煤，无烟煤的俗称。是煤化程度最大的煤，固定碳含量高，密度大，硬度大，发热量很高。

访　一：是不是从老帅那儿？这是一个我们觉得很惊奇的事情，就是，您是天生的就是一个国家的领导？

张学良：不能那么讲。

访　一：还是跟老帅学习的？还是讲武堂给您的训练？还是社会上这些朋友们给您的？

张学良：大概可以这么讲，那时朋友，我可以说是复杂来路很多了，不能这么讲。

赵一荻：环境种种都有关系。

访　二：还有您接触的人。

张学良：我当年接触的一些人，日本说我是西洋派，我跟外国人接触很厉害，我这思想很大的影响是我16岁开始，奉天有个club（基督教青年会①），都是外国人，没有一个中国人，只有我一个算是义务会员，人家请我的，荣誉会员。

访　一：荣誉很高的才做荣誉会员。

张学良：那么请我，我就跟这些外国人接触很厉害，那么这些外国人不一定都是教会的，什么样的各式各样的外国人都在club里，我没有事情做的时候都在club里待着，我在这里受他们影响很大，那么这些人随便扯淡啊，谈话啊干什么，看电影呀什么的，我英文也不太好，我就跟他们随便胡扯乱扯，所以我的思想性情，受这影响很大。我这个人也很直爽，我这直爽的脾气，是跟外国人学的。我跟你说一句话吧，一个事情，那我以为他开玩笑，那有一个人，由北京来的一个美国人，反正这家伙不是个好人，是个坏蛋，但是他也没有跟我什么，他说跟我扯淡，来了一个人，也是俱乐部里的人，他就跟这人说，"他是个年轻小孩子，你跟他扯什么？你走开，你要不走开，我把你名字贴在黑板上。"

访　一：那就丢人了。

张学良：我以为他们开玩笑，那人赶快走开了，后来他们告诉我那人坏蛋。他以为能占点便宜，预先我以为他开玩笑，后来他是真的。我就说外国人直爽，那我跟外国人也不是什么——

---

① 基督教青年会，世界性基督教青年团体。1895年，在美国的支持下，基督教青年会传入中国，先后在北京、上海、广州、青岛等地建立了基督教青年会机构。1912年后，美国派遣穆德博士、普赖德、邱树基、艾匡国（皆为英国人）、华茂山、葛力扶（皆为丹麦人）等先后来沈阳活动。同年的大南门里东城墙根下福音堂租了一处房舍，成立"奉天基督教青年会"。张学良是青年会的会员，张在这里学会了打网球、乒乓球、开汽车等。

访 二：不是什么特别的关系。

访 一：所以您接触了各阶层的人物，而且是西方人多。

张学良：我最主要的还是这样子，我 11 岁时，我母亲就死了，我爸爸差不多就不管我什么事。我只有一个老师，其实老师对我很不错，我受他好处，我那时跟他念四书五经，他就还想我考状元呢，所以我也受他点好处了。我就是这样，放假了跟军人，跟我父亲那些当差的，所以我后来能带兵，就是因为这很大的关系，军队的事可以说我相当的——

赵一荻：所以说环境嘛，从小就和陆兵这么混大的。对西方的知识呢，像张伯苓啊，青年会呀，那儿的演讲啦，跟外国人的接触呀，都是环境嘛！

张学良：这是环境把我［熏染成这样］的，没有受什么特殊的教育。

赵一荻：不是特别到学校专门学哪一科，不是到学校学经济啊，学军事。

张学良：我父亲很少到一块谈什么，很少，除了谈家事什么的，叫我给他办办事啊。我年轻时候，给他传信的，到北京啊，给谁谁送信。

访 二：这也对您影响很大的，看到很多当时的大的有地位的人嘛。

赵一荻：都是知识嘛。

张学良：有地位的人。后来我父亲看我能给他办点事情，就慢慢慢慢更——

访 二：信任您了？

张学良：嗯。

访 一：这里边还有老帅的几位亲信的朋友，像您说的张作相先生和吴俊陞①。

张学良：我这人可以说，我这人很——

赵一荻：天赋。就是像我们这种人没受什么教育。当年你的思想，就不一样。还不是自个儿的天赋，当年我们的思想跟人就不一样，不是自己怎么样有天才，不是。因为我们的环境是那样，你就是日本人欺负我们，我们才有爱国心，你爱国心从哪儿来？

张学良：所以我说，人啊，上帝安排，我要一直还跟我那个老师念书呀，那我就更糟糕了。不过我跟老师啊还念得不错②。我怎么跟他发生冲

---

① 吴俊陞，奉系主要将领，曾任黑龙江督军兼省长、东三省保安总司令等职。1928 年 6 月皇姑屯事件中被炸死。

② 1913 年年底，张作霖在奉天有了自己的住处后，遂在家中设馆，为张学良、张首芳姐弟等先后聘请承德县知事金梁、张作霖自己当年的老师杨景镇、奉天高等师范国文教师白永贞任教。与同时代的启蒙教育一样，张学良也是从《三字经》、《百家姓》学起，然后是《论语》、《孟子》，直到《史记》。张学良的古文功底，就是这时打下的基础。

突？我那老师出了一个题目，写一篇文章，作文了，题目是"民主国之害甚于君主"。

访 二：不喜欢民主。老脑筋了。

张学良：你就知道他的脑筋了，那我就作这篇文章，头一句，我到现在还记得，中间我还引经据典的，头一句我说，"说这句话的都是些田舍翁"，中间的我现在记不太清楚了，我引证了世界上的民主国家怎样好，最后我就说，这种思想就是坐井观天，非天小也！我那老师火了，我等于骂他了，我就说这故事很有意思，老师辞馆了。我这老师是有来历的，当年我父亲年轻时，他教过我父亲小学。

访 一：等于是师爷爷了。

张学良：他说你这儿子太厉害了，还骂老师。我父亲火了，他那时候做将军了，有个秘书处，秘书处这人是袁金铠①，我也受他影响也不少。他也是我一个老朋友，他就问我父亲为什么生气呀。父亲预备打我嘛，就说我很不好，骂老师。他说，哎，学生骂老师，怎么骂他来着？写了篇文章骂，他说你看了文章吗？他说我没看。他说那把文章要来，让我们看看，他写了什么文章啊。那么我父亲就来要我这篇文章，我知道事情有点转变了。那文章拿去了，他的秘书，好几个很有地位的，还有翰林什么的，一看，哎呀，他们说不怨这学生呀，这老师教不了这个学生！我父亲听了这话，就缓下来了，我父亲这人很机警，当时他就说，你们好不好给他介绍一个老师？那么我就从这改变了，就找了一个叫白永贞②的，他是一个旗人，是前清的举人，当过奉天的知府，他在家赋闲，就介绍了这人给我当老师，我父亲很高兴。我就跟白永贞念了差不多一年吧，这老师见我父亲，他说你这儿子不是在书房念书的人。我父亲很愿意我当一个文人。他说，他要干什么，你就让他干什么好不好？他说，我也不教他了，他不是个念书的人，他外向的，他要干什么，您让他干什么好不好？我父亲听这老师，这老师很有地位的，老师辞馆不做了，我在家没事了。我受的一个人叫陈瑛的影响。

---

① 袁金铠，奉系主要官员，曾任奉天督军署秘书长、黑龙江省督军署秘书长等职。"九一八"后投靠日本，任伪满奉天省省长、尚书会大臣等职。

② 白永贞，光绪二十三年（1897年）丁酉科拔贡，曾任海龙知府。张作霖时期，被荐为大帅府专馆塾师，教授张学良。对少年张学良影响很大。

访 二：那天您说过的，奥地利当过军人，当过连长的。

17. 他们叫我黄嘴鸭团长

张学良：我受他影响很大，我父亲虽然不高兴我想学医，也不赞成我在家没事干，我那时想干什么？我就想溜了，那时青年会干事，普赖德，他非常赞成我，我到现在还记得，筹划了 90 块美金，船票我都买了。这人就跟我说，学生到美国不能做工，我把你介绍给一个教会的人家，你帮人家［打扫］房子，可以赚点钱吃点饭，可以去念书。我说这很好，就预备这样干了。那么这陈瑛，他跟我很好，我就说我预备到美国去念书啊，他这人很厉害，他说你身体不好，又不会算学，你化学也不懂，那你到我这儿，他那时是测量局局长，测量学校的校长，你到我测量学校，我一方面教你英文，我教你化学、算学。我听了这办法，当然很高兴了，就差不多到他那儿了。他就导演我，他说你呀，你的思想不对呀，你不能对你爸爸这样子呀，你这样你想你爸爸心里多难过呀，你想溜了，你得跟他说，得他同意呀，他说你爸爸脑子里就要你学军人，你晓得吗？他就是要你学军人呀，那你就跟他说你学军人不就得了吗？他说，我告诉你，你就说你要学军人想上美国去学，他一定答应的，他说你到了美国你不学他管得着你吗？听这主意很不错，这法子很不错。后来我就跟父亲说了，我父亲说你学军人？我们东北人这话，不晓得你懂不懂，我就怕将。

访 二：将军法嘛就是。

张学良：我父亲说你别干了一半干不了啦给我丢人。我就着急了，说人家干得了我就干得了。我的五母亲①也就说了，就把我送到保定军官学校，第八期，去考，人家都考完了，我跟你们说过这个笑话吧？

访 一/访 二：对，对。

张学良：那就不管了，后来就到了奉天讲武堂，就这么起来。所以天下事就这样起来的。我到讲武堂，张作相听见了很高兴，我被提拔是他提拔我的，当然我父亲有关系了，他有意提拔我的，我 19 岁就当团长了，他们就管我叫黄嘴鸭团长，是他给我安排的，当然我父亲也赞成了。这样一点一点，所以天下的事情就是这样。后来就是第一次奉直战争

---

① 即张作霖的五姨太寿氏。

了，虽然我是团长，但是我已经当了代理旅长了，当了张作相师的旅长，从这就变成了梯队长，什么叫梯队长？就等于一个军长带三个旅。

（吃饭，讲笑话故事）

18. 想看看法西斯思想到底怎样

赵一荻：言归正传！还有一个钟头。

访　二：您给我们说说，您出国的事情。

赵一荻：她本来说要问"九一八"的事，现在只剩下一个钟头了，就说说你出国的事好了，到过些什么地方？为什么出国？为什么不在北京待着？你不是说蒋先生说你们三个人，那天你不说了嘛，我那么多部下，我这在待着，我怎么办呢？

张学良：对，所以我出国了。

访　一：因为这些军人都是朝着您的。

赵一荻：东北军都跟你来的，所以你就出国，下野了嘛。

张学良：出国先到意大利，我到意大利是这样的缘故，后来在欧洲我就待不了了，在意大利，钱花太多了，当年墨索里尼的小姐①跟我是很好的朋友。

赵一荻：她丈夫在中国当上海总领事代理公使。

访　二：您在中国就认识他们。

张学良：她到北京我就很招呼她，很招呼她。

访　一：您说的是齐亚诺？

张学良：就是墨索里尼的女儿，她到北京时，我那时候我自己有辆车，不是整个一路，就挂上那辆车，由天津到北京，那到北京也很招待她，所以我到欧洲去就先到意大利，我们同船去的。

赵一荻：她回国，我们坐的是意大利的船。

张学良：同船。一下船，是在什么地方下船？那时一下船，就看着齐亚诺——齐亚诺的爸爸做交通部长——来了一辆专车，把我们送到罗马。这下把我给整苦了，在罗马住旅馆住几天就跑了，为什么呢？钱花得太厉害了，受不了啦！

---

① 即意大利法西斯党魁、独裁者墨索里尼的女儿埃达·墨索里尼。其丈夫是意大利外交官，曾任驻上海领事馆总领事、驻中国公使馆公使的加莱阿佐·齐亚诺。

访 二：太讲究了？

张学良：太讲究了。

访 一：不过，您去的时候，人也相当多。

赵一荻：随员不是都住在那里，不住那一个大旅馆里，那旅馆都够瞧的。

访 一：您从那搬出去就到哪儿去了呢？

张学良：就租了一个房子，后来就到欧洲去玩去了①。

访 二：您在意大利住了多久呀？

张学良：我也忘记了，说不出来了。

赵一荻：一共也没好多日子，我们就回来了。

访 一：好像您回来是一年多以后了？

赵一荻：大概是，他又到了英国、法国、瑞典、丹麦、德国。

张学良：好多国家，我先一部分一部分说，因为瑞典、丹麦我都［去了］，瑞典的皇太子，后来当皇帝了，我在中国时他到中国来，在北京我父亲那时候，我就招待他，所以我去了他招待我；丹麦的国王，他到奉天时我也招待过，所以他也招待我，都是熟人，到丹麦、瑞典。

赵一荻：德国、法国、英国。

张学良：德国、法国、英国。德国我跟那谁，那个航空部长。

赵一荻：戈林吗？

张学良：是叫戈林②，空军部长。

访 二：空军总司令。

张学良：跟他很熟，跟他去的，到德国、法国，还有英国。

访 一：到西班牙了吗？

张学良：没有，没玩那么久，东边我想去，没去。

访 二：您没到土耳其什么的？

19. 发生福建事变蒋先生叫我回来

张学良：没有没有，后来就粤变（应指福建事变③）了，国内粤变（福建事

---

① 张学良一行人于1933年5月4日抵达罗马，6月20日前后，一行人由罗马经巴黎飞伦敦，作短期考察后，又飞回罗马。7月30日，携家属再次飞抵伦敦。9月10日起，张学良先后抵达德国、瑞典、芬兰、丹麦、法国等地考察访问。1934年1月1日，乘意大利轮"康德威第"号回国。8日抵达上海。

② 戈林，纳粹德国空军元帅。

③ 福建事变，简称闽变。1933年11月，国民党十九路军将领联合国民党内反蒋势力，在福建发动的反蒋抗日事件。

变），蒋先生叫我回来①。

访 一：您本来预备去多久？

张学良：我本来也没有计划。

访 一：不过您主要出去，除去走走之外，您当然也希望能够多看一看。

赵一荻：也是看看嘛，希特勒②、墨索里尼呀，也希望到人家那儿看一看。

张学良：我很想看希特勒德国，意大利要看一看，那时候我思想［受］法西斯思想③［影响］，想看看他们怎么样。

访 二：不过这件事，我觉得，以当时我们的国情来说，您的想法也未尝不对，我们老百姓的知识水准太差了，您那想法也许——

赵一荻：她说那时我们老百姓的知识水准很低，所以他这想法也不算错呀。

访 二：您去了这么多国家，您觉得哪一个国家有东西值得我们学？

赵一荻：怎么学的？学习德国？还是学习意大利呀？法西斯党好不好呀？

张学良：我回来我就想，也想中国像意大利那样，我回来时，是那样想那时，当时蒋先生底下有蓝衣社④，可是我没加入，我回来就设了四维学会⑤。

访 一：那是您在上海组织的吗？

赵一荻：不在上海，四维学会。

张学良：不在上海。

访 一：您到了意大利，对于墨索里尼的政绩，您认为很有道理，后来您见到了希特勒吗？

张学良：没有见到，我去要见他的时候，他去慕尼黑了，开会去了，走不开。我在德国的时间不多，只见到那个空军部长。

---

① 1933年11月20日福建事变发生后，有人劝东北军加入反蒋斗争，而蒋介石又想调东北军入闽"平乱"，于是东北军将领致电张学良，报告国内形势，"务请立即返国"。

② 希特勒，德国纳粹党党魁、第三帝国元首、第二次世界大战头号战犯。

③ 即法西斯主义，一种国家民族主义的政治运动，也是一种政治哲学。由民族主义、种族歧视、极权主义、国家价值主义的中心意义合体而成。20世纪20年代后统治意大利、德国和日本，随二战结束而衰落。

④ 蓝衣社，1930年代国民党内一个效仿意大利和德国法西斯主义褐衣党和里衫党的组织。

⑤ 张学良于1934年1月初回国后，向蒋表示，此次归来，决积极为国，不敢偷闲，愿在蒋委员长指挥之下，为国效力。而此时，以王卓然、王化一等为骨干的一些人正在筹划成立"复东会"。后来张学良发现蒋介石不同意成立"复东会"，就于4月初，与王卓然、王化一等人商量，取消"复东会"，与蒋合组一个组织。这样获得蒋的同意，经双方商定，彻底融合蒋、张两方核心干部，拥护唯一领袖，肩负复兴民族大业。名称为"四维学会"，所谓四维，即"礼义廉耻"，这实际上与当初收复东北誓死救国的宗旨相差甚远。1934年5月9日，"四维学会"正式成立，蒋介石为名誉会长，张学良为名誉理事长，王卓然为理事长。四维学会内部两种不同的宗旨目标，就决定了它不可能有什么作为，实际上它只是一个空架子，直到它无声无息地结束。

赵一荻：戈林是吗？

访　一：然后您从那里到英国，您见到谁了？

赵一荻：李顿。

20. 英国人是很讲究的

张学良：不是，是英国当时的首相麦克唐纳①，他的儿子小麦克唐纳跟我很好的朋友，去了他招呼我，但是麦克唐纳很忌讳。

访　一：为什么呢？

张学良：他是私人招待我，因为日本人，明白吗？他躲避这个。英国很奇怪的，英国有一个人，这人，他的房子可讲究了，哎呀！他的院子里有高尔夫球场，你就知道他有多大了，大概是九个洞的高尔夫球场。这房子是，谁做首相，星期天可以到他那儿休息，这人供给他。

访　一：专门招待首相？

张学良：麦克唐纳请我在那儿吃午饭，看英国从前很有名的一个人，叫什么名字？英国革命了，他那很有趣，他有个面具，这玩意儿还在那房子里，面具是什么呢？就是给他做个石像，做一个像，把那玩意儿戴在他脸上，跟做模子一样。他给我看，他说你看看，他请我猜，他说你看这玩意儿，鼻子上还有鼻子窟窿，因为戴在脸上好出气呀。

访　一：就是做石像的模子？

张学良：是做模子，给他做过铜像。

访　一：您说这要比丘吉尔还要早，是不是？

赵一荻：早，很早了。

张学良：我到他那，哎呀好讲究！那房子。他给我看些我都没想到的玩意儿，脑子里从来不知道，他有一套吃饭的家具，是中国给他烧的，中国的瓷器，定烧的，是康熙还是雍正年代的瓷器，烧给外国的瓷器，中国瓷器烧给外国人用的，专门吃西餐用的，不是我们用的那种。

访　一：那也就是这人，对中国的文化很欣赏了。

张学良：谁呀？

---

① 麦克唐纳，英国工党领袖，于1924年1月—11月、1929年6月—1935年6月，两度担任英国首相。

访　一：就是这个人呐。

赵一荻：他这就是专门给政府招待客人，他自己养不起了嘛。

张学良：他这房子不是他的，是另外的一个人，这个人就是只有星期天，首相去可以在那休息的，所以他招待我在那吃饭。

访　一：您在那儿还见到谁？在英国，您没有去看看他们的议院？

张学良：议会开会，那时不叫国防部长，叫陆军部长，那个人跟我是朋友，他到过中国，他到中国来的时候，他叫哈森勋爵，是我的朋友，我跟他很好，现在我把他名字说不出来了，我就到他那儿，我跟他学着一点事情。他那天为什么请我，他到议会呀，那天他负责报告，他请我去看，到他议会去，请我去旁听去。我跟那学会了点事情，我现在可以跟你们讲，那时英国跟德国的问题，那个报告完了，人家那说话呀，我跟那学会了，那个人站起来质问他——我跟你说，我到现在还记得——他说，我不是跟你来犟嘴呀，换句话我不是质问你呀，因为对你说的事情很有兴趣，那么你知道的详细，我有好多地方不明白，想请教你。这就是质问你，咱们中国人的说法，你看这话说的。

赵一荻：很婉转。

张学良：后来他就答复了，答复了半天。他说我呀，他说是政府，英国政府那时候的反对党呀，他说我们现在这个党呀，也就是做到如此了，你要知道这件事是德国的事情，那么我们英国，我们就想就是你们这一个反对党上来，也不过如此。我一听，脑子里想，你这答复可真是不好。要在中国，就说话了，你下来，你怎么说我不能，我来干！（笑声）一声没吱就完了，人家那真是讲修养啊。他说，这是德国人的事情，我们英国人做到如此了，就是你们上来也不一定能做到更好。要中国人，你怎么知道我不行！啧，人家那才是真正讲事，不是来吵嘴。

赵一荻：英国人的风度。

访　一：英国人是有风度。

张学良：不但英国人，不是英国人的问题，人家是讲真事，不是咱们这儿，我揍你，我打你。

访　二：我们也看到了这新闻，美国人说，你们那是什么马戏团？

张学良：什么？

赵一荻：美国人说我们立法院是马戏团。

张学良：听个笑话，有一家人，他们的孩子打架，那妈妈说，不要打了，咱们不是立法院。

访 一：今天我们坐车到中央图书馆去，那司机很客气，告诉我们这是什么、那是什么。他说，那是立法院，打架的地方。

访 二：真难为情，我们看了那新闻。

访 一：不过您在英国看到这种君子作风，回到我们国里头未必能实行。

张学良：那当然。我到英国，那麦克唐纳的儿子是我的朋友，还有雷地阿斯，知道吗？

访 二：不知道。

赵一荻：他是雷地阿斯，美国人，很有名的。

访 一：啊，知道。

张学良：他的儿子，那小雷地阿斯也是我朋友。

赵一荻：他也到过奉天，这都是当年的朋友。

访 二：啊！这都是您从前的朋友。

张学良：都是当年的，后来都没有了，都不在了。

访 一：这是英国。您到了瑞典，他那个国家的政府，也可以说世界上的一个社会主义最先进的国家，您在那儿看到有一些什么特殊的，您认为值得欣赏的？

张学良：瑞典那国家，很——我去的时候，现在也不同了，那时候瑞典很 nice，很好。

赵一荻：你不是说——那是不是瑞典？那皇上骑着马，警察一打手，他就停下。

张学良：那是英国，那皇上早上出去骑马，那警察不管他皇上不皇上。

访 一：指挥交通。

张学良：他一伸手，皇帝就把马勒住了，站着等他，回来放了他走了，他转过身来向他行个礼，打个手势再让他走。那人家……

赵一荻：人家真是守法。你说那是哪来着？说是牛奶都挂了满街，没有人拿。

21. 后来我反对我自己的思想

张学良：那是瑞士。瑞士的农业合作社，他们家里养牛，自己加工的牛奶，合作社来拿，做奶酪啊那些东西。街上都是树啊，谁家的牛奶就挂个罐子，上面贴个条子说是谁谁谁家的，挂在树上，等合作社来拿。丹麦也是差不多，那时我们在火车站，你把东西放那儿，没人拿，回来你东西还在那儿，没人动。那人家……现在是不是那样不敢说。我再加上一点，在瑞典我认识一女的，这人我总想谁去，特别有名，她叫 Wonder Green，她家是原来瑞典第二财主。

赵一荻：就是那个北极……的老板，最有钱的。

张学良：他是瑞典第二个财主。第一个财主是火柴大王，是谁啊，他自杀了。我去的时候，她丈夫不在，这个太太不是瑞典人，绝对不是，不知道她是哪国人，我没好意思问，黑头发黑眼睛，这个太太简直是缠死我了。我回到 bar，请他们吃饭，他太太是瑞典最有钱的，你说她有多大方，她请我吃饭，那时的瑞典公使姓朱，她请我吃饭，你知道我吃不下的。瑞典的风俗，在一个地下室里，喝着瑞典烈酒，吃小龙虾，很小的，有蓝的，有红的，是瑞典特产。公使跟我讲，她今天请你吃这个饭，这龙虾本来是瑞典出的，现在这个季节它跑到芬兰去了，她今天特为包架飞机到芬兰去买来的。因为她要买新鲜的给你吃。哦哟，老爷啊，人家很客气的，还给你剥了，给拿牙签，我说这怎么办呢。我没办法，旁边坐的是美国的公使，他看出来了，他看我正往下，他说正好你不吃，我替你吃好不好？（笑声）我就说我这土包子的事儿多了。这个太太就缠上我了。

访 二：您出去一趟，您一定得到很多的新的看法，您有没有回来后建议给我们的国家做点什么？

张学良：我那时回来就是有点法西斯的思想，就是这个。

访 二：您后来有没有建议我们蒋先生？

张学良：后来就是组织法西斯党啊，几乎。

访 一：不过您说这些事您都看到了，像英国的君子作风，像瑞典、瑞士路不拾遗的社会的安定，当然这些都是让我们觉得心里痒痒的，就是我们心里很羡慕了。您有没有分析分析，这些地方之所以能够这样。

张学良：那我们做不到，第一样，人家政治安定；第二样，人家人民的素质高。我们做不到，我看出来了，那人家的人民，跟我们中国的人民差太多了。

访　一： 您说是教育呀还是经济呀？还是——

张学良： 当然主要是教育。

赵一荻： 民主国家就是守法。

访　二： 守法还是教育。

张学良： 听说现在也不是从前那样了，这嬉皮的孩子，有的。

访　一： 您说您本来就没有预定在外边待多久的。

张学良： 我还要多待。

访　一： 您一来是在意大利因身份的关系，钱花得太多了，二来是——

张学良： 后来在意大利我就不在旅馆住，我就租房子住。

访　一： 也就是说，您在欧洲这一阵子，是以意大利为主宅，然后到各地去？

张学良： 后来我就搬到英国去了，在英国住在布莱顿。

访　一： 住了多久呀？

赵一荻： 也没几个月。

张学良： 几个月吧。

赵一荻： 还是国内请你回来的嘛。

张学良： 是因为粤变（福建事变），蒋先生叫我回来的。

访　二： 是蒋先生请您回来的？

访　一： 在没有回来之前，我们觉得您在外国的经验会……所以这次在美国的时候有人说，您是不是第一次出国呀？少帅说，不是不是，我以前到欧洲去了很久。所以您去欧洲这个，尤其是在您政治生涯正在蓬勃的时候，这个影响对您应该很大，除去法西斯思想之外，一定对您回来之后处理事情上有很多影响。这几个国家里边，像英国、瑞典和瑞士、德国、意大利，对您影响最大的，您认为是哪一个国家？

张学良： 是意大利和德国，我那时对法西斯思想很感兴趣。

访　一： 意大利和德国，除去法西斯思想之外，关于社会上的、经济上的、教育上的对您有什么影响？

张学良： 没多大深入，就是政治方面。

访　一： 那时您觉得法西斯可以在中国行得通，而且对中国当时的问题，可能有一个解决的方策，您是这样的体会吗？还是您认为——

张学良： 我觉得，你知道意大利有很多地方很像我们中国。意大利人的教育水准并不高。所以我想意大利的这样政治模型可以施到中国，这是我当时的思想，不过我后来，我完全我自己反对我自己的思想。

访 一：您怎么又反对您自己的思想？是发现了什么因素不合适吗？

张学良：我当时那思想，我现在可以说，我不知道我自己是法西斯思想，还是布尔什维克思想。那么法西斯思想，后来我自己感觉在中国行不通，因为他这种思想是一种侵略的思想。

访 一：那正好跟您的相反。

张学良：不是跟我相反，我们那个时候，中国侵略谁？他那是一种扩张主义，他到处……所以我是改变了，思想相当的改变。

访 一：是呀，咱们中国不能侵略别人，自己还没安顿好呢，日本这外侮还没解决。

张学良：我的思想变化很快，我这人变化很快的。

访 一：我就觉得您接受东西很快，而且您马上就能领会。

张学良：也不是说领会。

访 一：后来您到英国去，是不是也把小孩带到英国去？让他们在英国念书，是不是？

张学良：我对英国原来是，那个时候我对英国的思想很高，像英国的教育什么的，所以我把孩子留在英国。

访 一：后来就是您的大孩子留在英国了，是吧？

张学良：第二个也在英国。

访 一：啊，您的女孩子们都留在哪儿啦？

赵一荻：也在英国，三个都在英国。

访 一：那有谁来照应呢？

赵一荻：谁招呼他们？

张学良：唔？

赵一荻：在英国谁照应他们？

张学良：在英国我是这样子——所以在这地方我就说，咱们中国人实在不够朋友——我在英国我托我一个很好的朋友，结果他一点儿都没招呼。结果后来我这个大儿子，是谁，是李顿调查团①，他给招呼着的，

---

① 李顿调查团，国际联盟于1932年1月成立的"九一八"事变调查团。团长是英国的李顿爵士，故称李顿调查团。

我的大儿子死掉，我看中国朋友是，唔，我看是外国朋友比中国朋友好。①

访　二：您说是后来战争起来了，是吗？
张学良：嗯。

22. 东北军还有很大的力量呀

访　一：那您回来，当然大家知道是蒋先生一而再再而三请您回来，如果那时候您不回来的话，您预备在欧洲还要做别的什么事儿吗？除去在那儿休闲散散心。
张学良：那时候蒋先生叫我回来，我就回来了，他打电话要我回来。不过我走到香港，我去看胡汉民，胡汉民就挡着我，不让我回来。
访　二：胡汉民不是跟您有过一些过节儿吗？他原来是反共的，是不是？
张学良：反谁了？
赵一荻：胡汉民反对共产党。
张学良：不是，他反对蒋先生。
访　二：因为蒋先生有一度把他软禁了，是不是？
张学良：是，他们那政治事儿，他反对蒋先生。
访　一：所以他在香港挡住您？
张学良：不是，他的意思是不让我回来。那时候蒋先生找我回来，是粤（闽）变的时候，因为粤（闽）变，回来以后北方种种的事情，蒋先生怕出来问题。
访　一：怕解决不了，所以请您？
张学良：他不是解决不了，是怕北方再出问题。
访　二：那他是知道您还有很大的影响力嘛，所以才这样。
张学良：因为东北军还在嘛。

---

① 张学良所说的英国朋友，是他在北平驻节时期英国驻北平大使馆的武官培汉·桑希尔上校。此人是张学良顺承王府私邸的常客，可谓挚友。培汉曾因在北平郊区打猎伤人，恳求张学良出面了结此案。张考虑再三，决定代替培汉亲自到郊区那户农家代培汉向死者家人赔罪，同时又慨然拿出一笔巨款抚恤死难者的家属，此案才算了结。培汉对张感恩戴德，视张为恩人。西安事变后，于凤至回国陪狱，留在意大利读书的三个孩子（一女两男）无人照顾。培汉·桑希尔将她（他）们接到英国读书，并承担一切费用。尽管由于培汉的疏于管理，出了一些问题，但于凤至仍认为培汉是恩人。（见窦应泰：《张学良结发夫人于凤至》第117页，第二部第一章："母子团聚磨难多"，东方出版社，2001年版。）

访　二：那您出去不出去，东北军还是要听您的吗？

张学良：东北军在北方，东北军还有很大的力量呀。

访　一：那么胡汉民为什么在香港？他以什么理由说，您最好别回去？

张学良：他说明白了，你不要帮助蒋介石，他说得清清楚楚的，你不能帮他。

访　一：那他有什么高招？

张学良：那是另外一件事儿了，那是政治上的问题。

访　一：他在香港做什么呢？

张学良：寓公。

访　二：没事儿。您有多大信心？您回来的时候，想对东北。

张学良：不能说什么信心呢。那时候，我也不知道蒋先生叫我回来干什么，我不知道，我因为那时我是完全帮蒋先生的。

访　二：那预先没有跟您说清楚，叫您回来是要剿共呀，还是整理军队呀，还是整理内政？

张学良：那时候我回来了，蒋先生跟我见面时，让我自己挑工作，你要做什么。他指定几个工作，后来结果我还是豫鄂皖剿匪司令。

访　一：他给您几个建议请您挑，您挑的是剿共的工作，其他您没挑的是什么？

张学良：不是，是这样的，当时他说，你回来了，有两件事情要让你做，你看你要……一个是那时一个叫刘什么，他是一个土匪，很厉害的。要我剿那土匪；一个是叫我剿共匪。这两个事我都不愿意，实在，那么他让你挑那一个，那土匪的事，算不了什么，谁都干得了，何必我去？我就——

访　一：您本来希望做什么？

张学良：我希望回来训练军队，不想——

访　一：您说训练军队，就像主持黄埔军官学校那样。

张学良：不是不是，训练军队，换句话就是把我的东北军好好［整顿一下］，后来洛阳军队请我当主任。

访　一：您自己不能说，你给我差使我都不要，我就要去——

张学良：结果还是做了行政官。

访　一：说实话，这一决策，就注定了下一步的事情。那东北军队一定是很欢迎您回来了，但是他们也一定很失望，因为您没有回到北方来跟他们在一起。

张学良：不能那么讲，后来就把军队从北方都调到湖北，大部分都调了。

访 一：这是您自己的要求呢，还是？

张学良：不，是蒋先生。

访 一：就说他了解这情况。

张学良：不，他因为我调动军队好指挥，你还是指挥你自己的军队。

访 一：那时候您一共调回来多少？又回到您手下的，是全部的东北军吗？

张学良：可说是十分之八九，有一部分留在北方了。

访 一：跟着您的，除去于学忠将军之外，还有谁？

张学良：我那时有四个军，跟我有三个军还有一个骑兵军；另外有一个军留在北方，万福麟留在北方，三个军和一个骑兵军，骑兵军何柱国①。

访 二：您当时的骑兵是旅，是吗？

张学良：我当时骑兵差不多五个师，大概，我现在记不住了，有个骑兵军。

访 二：啊，是骑兵军。

张学良：骑兵这个军就是何柱国。

访 一：何柱国、王宇霆、于学忠、王以哲②，万福麟留在北方。

张学良：还有一个缪澂流③。

（闲谈打麻将、听京戏、杂技表演等，约10分钟）

---

① 何柱国，东北军重要将领。曾任第五十七军军长、骑兵军军长。西安事变前后，始终跟随着张学良，并拥护中共关于和平解决西安事变的主张。抗日战争时期任第十五集团军总司令、第十战区副司令长官等职。1949年拒绝去台湾。中华人民共和国成立后，曾先后当选为政协全国常务委员，民革中央常务委员等职。

② 王以哲，东北军重要将领。曾任第六十七军军长，率部参加古北口长城抗战。是张学良与红军合作的主要助手。西安事变后代理张学良主持东北军的工作。1937年2月2日被少壮派军人刺杀。

③ 缪澂流，东北军重要将领。曾任东北军第一一六师师长、第五十七军军长。参加西安事变，同张学良联署通电。后曾率部参加淞沪抗战、台儿庄会战等。1940年5月任热河省政府委员兼主席，同年10月因图谋勾结日军叛国投敌，被关押审查。1941年后，任西北游击干部训练班教育长，西安绥靖公署高级参谋等职。1949年去台湾。

第六次访谈
东北天气　戒烟痛苦　围剿红军

访谈者：张之丙（简称"访一"）
　　　　张之宇（简称"访二"）
被访者：张学良
同座者：赵一荻
访问日期：1991 年 12 月 28 日

1. 东北的天气特别的冷

　　　　（录音自此开始）
张学良：中俄边境。
访　一：西伯利亚那边，那您怎么办呢？没法伸手啊。
张学良：那个怎么都是冷，穿多少衣服你也是冷。人家当地的人呐，当地的老百姓啊，人家就穿一个棉裤棉袄，也就是那样儿。你是奇怪，我告诉你我穿多少，我那时候是穿着一个内衣内裤，穿着一个皮坎肩儿，在外头还穿着个皮袄，穿着小皮袄，穿了还穿上皮外套。还是冷，那怎么都是冷，他空气冷得很——
访　一：那手会不会？
张学良：都得戴手套，我跟你讲，有些人不知道，就把耳朵和鼻子冻掉了。
访　一：对，我们听说过，有人把耳朵冻掉下来了，这怎么可能？
张学良：是呀，要紧的就是冻硬了，僵了，千万进屋不能动它，你的耳朵冻得梆硬了，你不知道，你不明白，所以到那都得告诉他们，生来的人呢，你可千万别进屋这么一摸，那就掉下来了。你就捂着，你就这么慢慢捂上，还得在外边拿雪搓。
访　一：拿雪，那不更冷了吗？
张学良：嗯，拿雪一会儿就好，手冷拿雪这么搓。那不知道的好多事儿，不能很……你得告诉他,好多人冻死的。他,他会冻死的,他不懂,不懂他就会冻死。

访　一: 你说那怎么打仗啊。

张学良: 啊?

访　一: 怎么打仗啊?

张学良: 所以那个时候差不多没有打仗的事情,冬天他就——

访　一: 不能打仗,到冬天就休息?

张学良: 你那个还好一点儿呐,那还是有照样儿打的事情。那个打是打,我们就到那个地方,晚上值班站岗啊,只站半个钟头呀,他们穿着皮袄,他们不能站下,他们总是这么动、动、动。不过人家当地的人没有这么怕,他们都习惯啦。我们还是东北人呐,南方人不行的,他受不了,不是那个,不但是冷,他空气也受不了。

访　一: 吸进去的都是凉气?

张学良: 不是,太干,太干燥。

访　一: 咱到冬天的时候,我记得,北京到冬天外头刮小刀子似的。

赵一荻: 真是的,你们小时候是不是,那风吹上啊,这脸上都疼啊。

张学良: 那会儿,这脸上,我们叫米拉儿,就是风刮,这个风里头看不见的小玩意儿,在你脸上,那疼得很。

访　一: 北京,刚才你说戴口罩儿,北京就是骑车上学戴个大口罩。然后戴个帽子,就剩脸,然后那眼睫毛上都结冰。

张学良: 台湾,台湾人有一种帽子只露一个小脸儿。

访　一: 广东人用的。

赵一荻: 你们那时候还没有柏油呐,还是都是柏油路了?

访　一: 只有灯市口有柏油路,还有长安街。对,现在没有土路了。

张学良: 哎,我跟你说笑话。他们说,他们说尿尿带小棍子,那是笑话,那时候,是事实,真的。还得说明白,它不是地,地上都是雪啦,下的雪,你吐口痰,可以挺起来呀,那痰掉地上——

赵一荻: 马上就冻嘛。

张学良: 就成了冰球儿,它因为地上是雪,你把这痰,它就不是液体,是个冰球了。那个不知道的人呐,这个很小的事情都不知道。我们那时候军队,不能像现在这样子,军队在那站着,说话,你要说话,他就在那儿站着。有时候他立正,有时候他就不立正,那时候说几句话，就让他们打脚，打脚，就像——

访 一：跺脚？

张学良：他要不动脚，他就，就站起来了，像你们穿高跟鞋是一样。

访 一：那是怎么回事儿？为什么？

张学良：那你不懂啊，那个马呀，牲口什么的，也得那么样办，它到相当的时候，我们就得赶它，因为这脚不是热吗？脚底下热，他底下冷，就慢慢慢慢就变成冰，冰就上来了。所以你不知道，有些南方军官不知道哇，他就在那儿，待一会儿，那兵就倒下来了。看，你不知道，他出来一个很高的尖尖的脚跟儿出来了。所以你这些小事儿，那你不知道的事情很多呀，我就随便，哎，好像我们家的那个二少奶奶，你没看见，她把手指头冻掉了。

赵一荻：那韩战的时候，美国兵把脚冻坏了，脚趾头冻掉了，很多嘛！韩战的时候，脚趾头冻掉了。

张学良：那韩战还不算太冷，还没到最冷的地方，不过也相当冷，相当冷。

赵一荻：不是，是韩战嘛，〔零下〕三十八度，那就很冷。

张学良：那还不是极冷的地方，我说的这个极冷的，我还没到那极冷的地儿。

赵一荻：极冷的地方还往北了。

张学良：还往北。那个时候的飞机，不是这时候这样的飞机，是外头都糊着布，一个铁线，那飞机都不能飞，一飞到那个铁线上就断了，东北，极冷啊，一动就折了。我们那时候坐汽车啊，汽车晚上都拿那个——

赵一荻：皮毯子盖上。

张学良：皮子盖上。

访 一：前头那个水箱？

张学良：那还是不行，你知道那水箱不是水。

访 一：是什么？

张学良：搁的酒精。

访 一：噢！酒精才不冻。也得加呀，咱们也得加一种 Antifreeze（防冻剂）。

张学良：现在他，现在加什么都不冻了。那个时候都没办法，就加酒。

访 一：我们南部也冷。

赵一荻：噢？奇怪。

张学良：嗯？

赵一荻：他家住南部也冷，她住田纳西，美国南部哇。

访　一：也是冷。

张学良：多冷？到多冷？

访　二：华氏零下大概8度。

张学良：我就说今天，我刚才听报告，沈阳零下25。不过沈阳平常，我在那儿的时候是10度，到零下10度。不过今天特别冷，世界都特别冷，今天。

访　一：你选今天出去。（笑声）

赵一荻：人家请客嘛，没办法。（笑声）

张学良：那我这个，算不了什么。

访　二：你这说到东北的军队，我想问问，东北军是不是所有的人都是从东北来的？

张学良：不能那么说，那是——

赵一荻：不一定。

张学良：不一定。军官有南方来的，兵大概都是北方人，不能说东北军都是东北的，那么河北呀，山东呀，兵大多数还是山东人多，比本地人还多。那时候山东穷啊，那时候都是募兵，招兵的时候到山东去招。

2. 这种人你怎么救济他

访　一：今天咱们时间不多，我们有好多问题。

赵一荻：今天看来时间不太多了。

访　一：那个Duke的事。好，今天时间不多，我们希望您就根据那个问题给我们讲一讲。我们刚才跟少帅说，我们也在这儿谈美国，现在不是要竞选总统了吗？前些日子，就是11月的时候，一个大选，选州长啊，和参议员，民意代表，其中南方有一个州叫路易斯安那，那儿州长竞选，其中一个叫David Duke，这个人是很年轻的一个人，他现在号召力很强，可是他呢，你要竞选嘛，要把你过去的政绩和所参加的活动都要宣布啦，大家一宣布，一看呢，他在最年轻的时候，他相信法西斯。然后就……您知道，他们那儿也有代表希特勒的符号。

张学良：卍字①。

访　一：后来他就变成了所谓三K党，现在他竞选州长，大家对他有很多的

---

① "卍"（读"万"），原为上古时代一些部落的符咒，后被一些宗教所沿用，大多写为"卍"。德国法西斯头子希特勒将其写作卐，作为德国纳粹党（国家社会主义党）的标志。

批评，就说这样的一个背景怎么能够竞选州长，这是一回事。但是 David Duke 有相当的号召力，他州长没有竞选上，可是他现在宣布他要竞选总统。

赵一荻： 是共和党，是民主党？

访　一： 他代表共和党，他自己说是共和党，但是布什（Bush）呢，和这个共和党就不承认他。可是他呢，就说他是共和党。我们的看法就是他的确代表了一部分，大部分现在美国民众心理，什么心理呢？

张学良： 年轻的人？

访　一： 对，他很年轻，他代表美国中产阶级，而且代表美国非黑人种族。

张学良： 非黑人的？

访　一： 非黑人种族。因为什么呢，非黑人种族在美国来说都是兢兢业业的自己努力做工，而且循规蹈矩，所有的法律都遵从，应该交的税捐，从来也不逃税，也不做非法的事情。但是呢，其他的我就不提名字啦，另一种人呢，永远是用吸毒啦，欺骗啦，自己没有工作啦，就由国家和社会来救济他们。这些救济的人口越来越多，救济金用得越来越多，这是从谁身上来呢？都是从非黑人，正正经经，正经八百的人辛辛苦苦工作来养这些人，所以美国就有一种很不平的心情，就认为有些循规蹈矩的人，拿他们辛苦所挣的钱来保养救济一些胡作非为，又不正经做事的人。David Duke 所代表的，就是要让美国整个的国家要了解，经过选举去了解，社会上有这样不平衡的情况，而且待遇不平等的情况。他现在号召力很强，我们就忽然间想到，在美国这样一个民主的国家，美国的民众是相当……世界有共识的了，另外美国也没有向外侵略的心理，可是 David Duke 现在在美国有了号召，就是说，在这一个时代，在这一个社会发展过程，他的思想和他的作风被美国人接受了。我提这个是什么意思呢？我们想起您从欧洲回来的时候，您对欧洲墨索里尼政绩上的欣赏，然后回来之后您看到中国的那种情况，所以，——这个名字固然说是法西斯也罢，不用那名字也可以的——是不是一种政治上应该有的，行政上的途径，是为了那一个时期应该做的事情。现在 David Duke 在美国就是代表这种情况。您说这样说对不对？

张学良： 这个，我当时从欧洲回来，我很，可以说对法西斯，尤其是那时候，希特勒他们同样差不多，我相当……可是我现在想想，这个思想是不对的。他这个思想也可以说是那个社会上的一个变化的关系。这个思想代表一种侵略主义，它的中心主张是要侵略的。那个时候，我的思想相当地，对这个事情很幼稚。最重要的，最要紧的，这个中心的，我看见法西斯在那国家有一点活动，那个时候是独裁的那么那个时候我是赞成独裁的，我拥护蒋先生独裁的这个思想，所以我拥护它。可是我现在回想，现在我对那个事情我认为不是一个最好的事情。你刚才说这个社会救济呀，我个人我反对这个社会救济，我个人思想。不但这样，现在共产党也等于社会救济，给，这个是很不好的。我认为，这是我认为，因为什么？不应该养那些个，那么实在是没有能力做工了，他要想做工作他找不着工作，这种是应该可以帮帮他。那么有些人就靠这个社会救济金活着，这是不对的。他有能力做，他不是没有能力做，他不做啊。

访　一：您说社会上对这些个……

张学良：寄生虫了。

访　一：对，寄生虫，是不是应该以别的方式，把这些寄生虫再怎么样加以培训，让他们能够对社会有贡献才对，是不是？

张学良：不但那样子，这问题在这儿啦。他要是有能力做工而没有工作给他，这是应该帮他的，这可以考察出来的，他有能力做工，他不去找工作，那你这种你有什么办法，这种人你怎么救济他？你只能，换句话，这是无业游民这是，所以社会上应该有一个研究考量的，这也看各国的情形了。

3. 我爸他真会给我扎上木狗

访　一：美国最近发展的这种情况也是很畸形了，因为如果我们不用寄生虫这个名字，很多人就是故意要靠着美国的社会救济生活，然后呢，其他的人就辛辛苦苦地循规蹈矩地做，引起了不平则鸣。将来就是美国内部一个不平衡的情况，当然那是美国的事情。我们就回头来再想，在您离开了华北，预备出国的时候——这件事您要是不愿意说，当然您有主权。这与美国也有关系，刚才我们跟夫人在讲，美国，大家都是在找麻醉找刺激，吸毒的事情很多——所以您到了上海之后，听说您狠下决心，您不是说您有嗜好？您作战时候您要，是有您那些部下什么的，您有了嗜好，当然您那嗜好跟这些人不一样，你还是统领大军为了国家做事，嗜好也许就等于喝咖啡什么的，但是您到了上海，您坚决要把嗜好戒除。您是为了要出国，要这样做吗？还是您心里有什么其他的想法，您要解除？

张学良： 你问我这个，我跟你说一点，这个，你们没有嗜好的人不懂，假如你有某种嗜好，就是一个活呐，叫死东西管着。你懂这句话？

访 一： 活人叫死东西管着？

张学良： 换句话，你比如你要抽鸦片烟的人，你不抽鸦片烟，你就不能做事儿，你就叫它管着你嘛，你把他先应付完了。（笑）

赵一荻： 嗜好把你管住了。

张学良： 你明白这意思？所以那么我决定，那时候要把这个嗜好鸦片烟戒除，我自个儿决心。你知道，我现在说一句话，现在抽鸦片烟的人也不多了，一个人能把鸦片烟真正戒除，这个人我看是实在了不起，不是我自个儿说，哎呀，那个罪可是受大了。

访 一： 你是说吸鸦片的时候受罪，还是戒？

张学良： 戒的时候，很痛苦哇。

访 二： 戒香烟也很受罪。

张学良： 那不是。我跟你说，戒这个的时候，换句话，犯了鸦片烟瘾，戒这个，我自己受的，连肉皮也不敢碰啊。

访 一： 为什么？

张学良： 精神上，我这话怎么说？就像没有皮那么难过。

赵一荻： 敏感呐。

张学良： 戒的时候，有差不多一个礼拜，在一个礼拜内差不多就过去了。

访 二： 您怎么忍受得了！

张学良： 那就忍受着，你听我讲，已经差不多快戒完了，好了一点儿，那东西，它又返回来。我跟你说两个故事，这又讲故事了啊，我从前有一个最好的朋友，跟我在一块堆儿，帮我，我是总有人帮忙了。韩麟春，大概你们也知道。

访 一： 韩麟春？

张学良： 他也抽鸦片烟。他抽鸦片烟不是顶厉害的，你听我讲，我先说这个人。我们有一回作战去，他这个，因为退却，你知道部下的人都，他的当差的很慌了——那时候我还不抽——把鸦片烟盘子给他丢下没拿。到了晚上了说，鸦片烟盘子没了。他犯上瘾了，他要抽烟，他在那儿，他说，唉，妈的，倒霉，那鸦片有，没鸦片烟枪啊。他说，枪没缴，鸦片烟枪让人给缴去了。我说：算了吧，你难过得厉害，在地下，吧啦吧啦，我说你走得叫我连觉都睡不好，我说你找个鸦片烟盘子，你抽一抽。那时候到处都有这个，他就打他自个儿，"你是小子……"我们奉天话，他打他自己呀，"你是不是小子？睡觉！"要他自己睡觉，他就躺那儿睡觉去了。就那样没抽，就好了，慢慢地没抽就好了。这是一事儿，一件事情。二一件事情啊，我作战的时候啊，我们俘虏了一个敌人的军长，把他俘虏了。我父亲那时候很凶，要把他枪毙，我还没有把他枪毙，还把他关在那儿。嗯，他抽鸦片烟，他晚上犯了鸦片烟瘾了，他在那儿闹，他要鸦片烟，谁给他鸦片烟呢？我那个管事的汇报。我说算了吧！他抽鸦片烟，谁还给他预备鸦片烟？他闹，他没鸦片烟他难过，他叫，那给他扎上木狗，扎上木狗，你懂不懂？

访 二： 不懂。

张学良： 从前犯罪的人，拿木头把他的脚给他扎上，手上那样带上，扎上木狗给他扔在那儿，他闹嘛，给他扎上木狗给他扔在那儿了，没有人理他，他扎上木狗，他还闹什么？饭都不吃，喝点儿水什么的，要吃就给他吃。过一礼拜就慢慢的，把他烟给他戒了，烟就强硬地给他戒了。后来，放他走的时候，他在这儿待了一个多月，我父亲要枪毙，我没有，把事情过去就放他走。放他走，临走的时候他说，我当军团长，他说军团长，我谢谢你，最要紧的把鸦片烟给我戒了。他说我谢谢你。所以我，我那个时候犯鸦片烟瘾，我就想：第一个，我还不如这个韩麟春，打我自己，你不是个小子？二一个我说，要我父亲活着，像我这样，他真会给我扎上木狗，一样，还不是一样?！所以人呐，这我讲另一个主题，一个人心理作用很大，我给你讲这个心理作用。后来我打针的时候，晚上打针，那时候那个针不好，把那个针头打折了，针折在我的背上。这大夫说这不得了哇，要——

4. 军人不能说没有忍耐呀

访 一： 要开刀？

张学良：要开刀，那么开刀上哪儿找麻药？麻药都没有哇！那我说你开，他说越快越好，要不快，怕它走开不知道跑哪儿去。

访　一：它可以顺着血管儿。

张学良：顺着血管儿，嗯，所以我这背后……那么开刀，差不多，他找这个针呐，他看了两个钟头，三个钟头哇。

访　一：没有麻药？

张学良：没有麻药。所以我后来告诉［他］，啊，我说大夫啊，肉是长在我身上的，实在受不了啦，我说你快。我就讲这个道理，为什么我有这种思想？我们原来那个，我受的教育是日本式的教育。

访　一：武士道？

张学良：因为军队——不是武士道——日本军人不许说疼的。

访　一：噢。

张学良：那说疼他打你屁股的呀，军人不能说没有忍耐呀。

访　一：对，对，对，训练忍耐力。

张学良：那么，我们原来训练就是，叫"困苦缺乏"这四个字。我就讲我们一天出去，"困"，"苦"，"缺"，"乏"，没有东西。那时候训练我们，我在讲武堂，我们那训练法都是，我那教务长他说，我们出去演习，演习呀，一天没有吃的，给你两个馒头。

访　一：一天？

张学良：一天。他发你两个馒头，换句话说，不说没有吃，以后就不给你吃的了。我们那有经验的人呐，一个水壶带着，一个水壶一壶水。我跟你说，我那个时候我当班长，那么饿了，就把馒头抠开吃，没有皮，那有经验的说，班长你不要扔啊，他说到后来，你连那皮你都要吃。因为你饿了。我就跟你说，这个演习，我就跟你说，要紧，主题是，困苦缺乏，没有，没有了。可真是，一天呐，那走得累得我呀，到晚上黑夜，我就看见灯光那么大，那累的，真累，回到家里去，好多人在路上就，那我们差不多都是年轻，好多好多都在路上躺下啦。

访　一：走不动了？

张学良：走不动就躺那儿啦，就躺下。那我就勉强勉强地走到我们那个讲武堂啊，门口，大门口有石头台阶儿，我就坐在那儿，进屋子都进不了了。我就坐那儿休息一下，就休息，就差不多睡着了，回到房间里睡觉，那时候皮鞋都脱不下来了，躺那儿就睡着了。我就讲累，所以我们那个时候当军人，总是要有这四个字，不像美国人说，我没有枪弹了，我就投降。我再跟你说，我们这个，这句话我得先讲，你才能懂得，我是炮兵，那个炮兵啊，到了我们的操典呢，那是说炮兵啊，到这个时候，炮弹都打没了，那怎么办呢？敌人来了，那可怎么办呢？那炮上有一个叫标杆，是扎枪似的那么一个东西，那个东西是预备什么呢？是预备炮哇，可以做标杆呢，你放炮拿那个东西做一个标，叫标杆，所以你就拿那个东西，简单的几个字，"与火炮同生命"，就是你跟那个炮死去就是了。没有炮弹了，人家来了，就是跟人家拼命了，这么一句话，火炮叫人赢去了，那你就是死去就是了。我就跟你讲真事儿，这人后来很有名啊，叫邹作华，大概，这人死在台湾，那时候他是我的炮兵营长，我们那时候作战，作战时，他忽然来报告，那时候我当军团长，他来报告。他说我炮弹打完了。他那意思就是主张退，我就跟他说，哎！我说邹作华，你忘了我们操典上说什么啦？他转身就走了。

访　一：他想起来应该怎么样。

张学良：我一说大家都知道，就是你们在那儿死呀！没有？没有你就跟炮待着吧，一会儿敌人来了，你就拼命就是了。他转身就走了。所以我们这当军人没有理讲的，到那时候。我不跟你说，我们都受日本训练的，不说美国式训练，那日本训练，日本皇帝的亲弟弟呀，当骑兵。我不跟你说过。

访　一：你说给他写一个死字。

张学良：他来了一个请……那我们请求指示都印好了。你把事情写上，他连批什么都没写，他就在那上写个死字，搁那儿一圈，说，拿回去！皇帝兄弟呀！他总司令是皇上，那个旅长是皇上兄弟，叫三个俄国骑兵旅把他包围了。

访　二：日俄战争的时候？

张学良：日俄战争，他来请援呐，他因为那骑兵，出去远了，离他们——

访　一：本部。

张学良：离本部远了，他来请求援助，请怎么办。我们那个时候军队要是退却，差不多都是死刑啊，你就打败了，换句话，你打败了，你没有理由说打败，像美国说打败了，那不能，就是你只有打死、没有打败这一说，明白？

访　二：所以就勇敢呐，拼命了嘛。

张学良：都是拼命，拼呢，必死。所以我没跟你说：美国打仗，恐怕还没有这种情形，所谓全军覆没啊，没有这件事儿。

访　二：全军覆没，没有。

张学良：没有。他们今天还说，让我说我剿共的时候，我两个师全灭了。

访　一：在陕西是吧？另外有一个高——

张学良：那不是，那不是。

赵一荻：在西北。

5. 何立中、牛元峰两师长都是精华呀

张学良：西北，我有两个师呀，有一师，我带的军队里最有名的一个师，师长也好，这个师军队全灭，整个儿的，跟共产党，整个儿没有了。

访　一：一军，那时候，多少人呢？

张学良：一师，一师呀，那差不多。

赵一荻：一万人？

张学良：没，没，没，也差不多三千人这样子。

访　一：那是你最精锐的部队？

张学良：可以说是，不能说最精锐的，是我精锐部队，是我有名的东北军，都知道的，一一〇师。而且这师长是有名的，整个儿的一师没有了，整个打完了。

访　一：你有时候派一个人出去，你还心疼呢，这一师，这对你的影响该多大呀。

张学良：那当然，它这一师，不一定说都打死了，有的被人家俘虏了，反正一个师就没有回来。另外还有一个师，一〇九师。这是一一〇师，这个师长姓何，叫何立中①，那个叫牛元锋，也等于叫人消灭了②。

---

① 1935 年 9 月 18 日，中央红军到达甘南的哈达铺。同时，红二十五军也到达延川的永平镇，与红二十六、二十七军会师，并组成红十五军团。9 月 23 日，张学良命令东北军第六十七军（第一一〇师、第一二九师、第一〇七师），在肤施、安塞一线构筑工事，严堵红十五军团西进。10 月 1 日，何立中率第一一〇师分 4 路进入劳山时，受到了红十五军团的伏击。第一一〇师几乎全部被歼，参谋长范驭洲被击毙，师长何立中受重伤，不治身亡。

② 蒋介石和张学良吸取 10 月 1 日劳山战役的教训，重新部署围攻战略。11 月 18 日，蒋、张命令董英斌率第五十七军发起"围剿"红军的进攻。董指挥第一〇六、第一〇九、第一一一、第一一七师，向红军驻地挺进。10 月底，中央红军和红十五军团会合后，于 11 月 3 日，成立了由 9 人组成的西北革命军事委员会，毛泽东任主席，周恩来、彭德怀任副主席。由西北革命军事委员会统一指挥反"围剿"作战。11 月 20 日，牛元峰率第一〇九师进攻直罗镇。第 21 日晨，红军包围了第一〇九师。经两小时激战歼灭在南北山头警戒的两个团，冲进镇内消灭了第一〇九师的直属队，师长牛元峰率残部逃往镇东南的一个寨子内，进行顽抗。最后在走投无路的情况下，令副官开枪把他打死了。

两个师，那个师没有这么全灭，还剩下一部分人，逃了。这牛元锋叫我们说，也是可歌可泣的人啊。共产党这个，他叫什么？

访　一：聂荣臻？朱德？

张学良：共产党的大将，湖南人，叫什么？

访　一：叶剑英？

张学良：不是叶剑英。

访　一：彭德怀？

张学良：彭德怀，叫彭德怀①把他包围了，包围了，剩下一部分人，叫彭德怀……彭德怀就劝他投降，他就回答，他说我不能投降，投降你也看不起我，我不能投降，我不投降。那么，围了好几天呐，三天吧，他们就没办法了，就剩下少数人突围，打死了。他说，我不能投降，投降，你也看不起我，我没法儿做人，我不投降。

访　一：做了最后的牺牲。

张学良：我自愿牺牲。后来决定，他们大家决定，这怎么办呢？围了三天，没法子，突围，突围，懂吧？

访　一：冲出去。

张学良：冲出去，冲出一部分人来，他自己受了伤，当时还没死，跟着冲出来的人走，到了中途他死掉了。所以你知道军人这个事儿——

赵一荻：内战呢，使他伤心。

张学良：伤心。

赵一荻：目的是为什么？

张学良：为什么？

赵一荻：打来，打去——

张学良：而且这两个师长，一一〇师呀，那是我军队里的——

访　一：精华？

张学良：精华之一呀，那一〇九师也相当好了，没有他那么好，但是两个师长，那都是佼佼者。

6. 这个问题最让我伤心

赵一荻：他们都想打回老家收复失地呀，打到西北去，全军覆没，他们怎么

---

① 彭德怀，中华人民共和国元帅。时任西北革命军事委员会副主席、红一方面军司令，指挥了直罗镇战役。

不伤心呢？本来要打日本，给弄到西北来了。

张学良：所以他们也都很伤心呢，我们部下都很伤心，我们本来是要回［东北的］，跟日本，所以说，你们说西安事变，这也是很——

赵一荻：有原因啊，你们比如说补给，补给也没有。

张学良：打完了，也没有补给。

赵一荻：人家不来补给呀。援军也没有，补给也没有，因为我们是东北军，不是嫡系的。

张学良：还有，这个问题最让我伤心的，因为那时候政府啊——

赵一荻：所以这个理由你们要知道的。

张学良：这政府规定的，像我们死了这些人都要领恤金。

访 一：对呀，应该呀。

张学良：政府规定是你什么省的人，比如你是江苏人，你到江苏省，他政府给你开个条子，你回到你那儿领。我们回哪儿？

赵一荻：东北没有了。

访 一：没有了，回哪儿呀，没地儿了。

赵一荻：无家可归，东北军无家可归。

张学良：不讲理。

访 一：那么这些人就白死了？

张学良：那就白死呀。

赵一荻：你怎么打嘛！

访 一：兵也白牺牲了。

张学良：那是。我不是说牺牲，我就说政府不讲理呀，这你怎么办！他说你自个儿回你家去领，我上哪家？

访 一：没有家了。

赵一荻：反正我们东北军，就是无家可归的人了。

访 二：您这样说起来，我还想起，您一定也知道傅作义在北京的外头，两个军都没有了嘛。我们从那儿走过去，营长以上有棺材，我们一看，火车旁边有棺材的已经摆在那儿，营长以上有棺材，其他没有棺材都埋了。那，真是，想起来真是，那是林彪打傅作义，傅作义最后投降，他最精锐的暂三军和暂四军两军从绥远撤退，所以——

赵一荻：所以内战不能再打下去。

访 一：您损失两军之后——

张学良：两师。

访　一：两师之后，有没有补充的军队来帮助您？

张学良：谁补充？

赵一荻：谁来援助你？补充你？消灭了拉倒！

张学良：谁来补充？

访　一：那不是应该中央可以——

张学良：应该。

赵一荻：应该？没有应该呀！

张学良：甚至于，我说这句话，我不愿意说这句话，你最后也别录。

访　一：把那关了好了。

　　（录音中断）

第七次访谈
对日本看法　父子情深　东西文化

访谈者： 张之丙（简称"访一"）
　　　　　张之宇（简称"访二"）
被访者： 张学良
同座者： 赵一荻
访问日期： 1991 年 12 月 30 日

1. 我坐在飞机上挨了一枪

（张学良讲开飞机的故事约 2 分钟）

赵一荻：你们在西安常常开飞机出去，你给他们讲那段很有意思，一个枪弹打在膀子上。

张学良：是呀，是这么回事，后来，谁把我打的我都知道，是周恩来①。

访　一：周恩来？

张学良：我后来跟周恩来，他说哎，那天就是我。

访　一：他是有意打的？

张学良：我们那时候跟他对峙呀。

访　一/访　二：噢！

张学良：我扔炸弹炸他们嘛。我很奇怪，是这么个事。

赵一荻：那不是轰炸机了，是他个人的飞机，他出去视察，看见共产党很多，他有时候就扔个炮弹。

张学良：扔个迫击炮弹，不管了，那是小事。那个我们本来是这么样走的，本来那也是共产党的地方，本来那地方啊，我们走以前啊，那地方是我

---

① 周恩来，中国共产党和中华人民共和国的主要领导人，中国人民解放军的主要创建人和领导人。时任中央革命军事委员会副主席。

的军队，我跟军队都有联络，地上怎么样情形，他可以用布铺上，就是表示他干什么。可是我去的时候，我们的部队，差不多半个钟头，回来的时候那太阳啊，西照着飞机，我一看，怎么底下不是我们的部队了？我奇怪，怎么都穿蓝衣裳了？我一看，我的部队被他们包围了，我的部队呀，最好的在那儿，被包围了，我很奇怪，我就想把飞机，飞低一点看看，刚飞低了，飞机就动了一下，那 Barr① 说你小心。碰不着我，可在咱俩中间来了一枪，那枪打在我俩中间，有一枪子弹打上去，飞机一动，往我那靶上又来一枪，那共产党打枪打得真厉害，他说你赶快，我要往上飞。我说没关系，我要回去看看到底是怎么回事。我让他绕回去。他很为难，说如果把我们打伤了怎么办。我说……（笑声）我说咱俩下去就完蛋了。接着又来一枪，他们打枪也真是有训练。

访　二：也是飞机飞得很低，是吧？

张学良：不能说很低，相当的低了，但低也不是，飞机还动着呀。我再看看，是共产党，后来等跟周恩来见了面，我说这事，他说某年某月，就是我，带那兵就是我的，我带的。我说你差点儿把我打死了，他说你差点儿把我炸死了。

赵一荻：没把你打下来是你的运气。

访　二：所以这打仗真是！

赵一荻：后来那个 Barr 在西安事变以后他就回国了。回国之后，就给那飞机公司当专家了。

访　一：这个 Barr，对我来说——

张学良：这个人我非常的佩服。老先生在重庆，有事情找我，我们去，飞到一个地方走不了了。那地方山很高，只有一个峡可以过去，可是我们不敢过，后来就飞到云层上头去，要下降时，油没了，只有十分钟的油了。那怎么办呢？他说，这附近有一机场，只能降落在那里了，要穿云下降。周围都是山，撞上山我们就完蛋了。他用测量仪器测量，那学问得很大，测量出来我们在什么地方，然后好下降，假设他测量错了，撞上山就完了，他测出来只能到长江那有一个地

---

① Barr（译音巴尔），美国人，是为张学良开专机的驾驶员，也是教张学良开飞机的老师。1926 年春，张从美国先后聘请巴尔、赖顿和雷纳三人到沈阳协助筹建空军，张学良一方面统带第三方面军，一方面管理东北的空军。此间他们与张结为很好的朋友。由于他们常到张府做客，和于凤至也熟悉。巴尔于 1937 年夏天结束在中国的工作回国。

方可以下来，但是我们下来差了一点点，可是还是从那下来了。只剩十分钟的油了，再有一会儿就不知道怎么回事了。

访 一：Barr 的头一个名字是什么，他自己的名字？他姓 Barr。

张学良：我记不起来了。

赵一荻：他姓 Barr。

访 一：您知道为什么我对这感兴趣？因为我有一个学生，他最近当了司法部长，他是哥伦比亚大学念的书，念了学士，念了硕士。布什总统给他宣誓就职，他只请了我一个人，整个哥伦比亚大学他就是请了我，他的名字就是 Barr。

张学良：就是这个！

赵一荻：他有没有小孩儿啊？我们跟他不来往。

张学良：那我就不知道了。

访 一：就是 Barr。

访 二：他结婚了？

张学良：他有孩子没孩子我不知道。这个 Barr 最早先，他叫什么名字来着，我也忘了。

赵一荻：这查得出来。

张学良：他在中国给我当飞行员，一查能查出来。

赵一荻：你打个电话给……（录音不清）就晓得。

访 一：哦。

张学良：Barr 的名字叫什么他晓得，他晓得。你回去一查就查出来，他很有名的。

访 一：假如他们是一家的，这个 Barr 是最年轻的第 77 任司法部长，司法部长是在美国……

张学良：如果是他儿子，也可能是一族。

访 一：可能是。

赵一荻：他（张学良）常常跟他（Barr）在一起。

张学良：我们常常在一起，我很多小事情他都替我管，我待他很好。

访 二：您学开飞机时多大？

张学良：我没怎么学，我管飞机，没正式学，就是管飞。东北航空处是我创办的，我是总办，那时叫总办，他们飞我就跟着他们飞就是了。

访 二：您还记得第一个飞的飞机是什么型的吗？

张学良：我是有一个法军飞机师，他教我，等于他教我，他叫高同。

访 二：法国人？

张学良：那还是用布糊的呢。

访 一：您说的是不是两个翅膀啊？

张学良：两个翅膀。

访 一：然后中间拿铁丝拉着的那个？

张学良：是的。

访 一：（笑声）很轻是不是？那翅膀是布？是不是？

张学良：布，布糊的，油布油的。

访 二：那就好像咱们中国以前的雨伞一样，那上头涂的是什么一种油。

赵一荻：你们没看过那种飞机。

访 二：我们没看见过。

访 一：可是电影里有。

赵一荻：从前北京航空处都是那种飞机。

张学良：都是。

访 二：它只能坐两个人吧？

张学良：只能坐两个人，不过那是我们的。人家大的有，大的英国的 VIVI（录音不清），那很大，能坐 12 个人。

访 一：这对于我们，这也是历史，只瞧见过相片。

赵一荻：没看见过这种飞机？

访 一：没看见过，也没听说过，所以只能跟张先生请教请教。

2. 那日本完全是向我示威

访 一：我们刚才说了很多听起来好像很零碎的。我们还是回到，您在海外待了那么久之后，您回来了，那是您第一次出国？

张学良：嗯？

赵一荻：那是到欧洲。

访 二：到日本观操。

赵一荻：是到日本观操。她说你是第一次出国。

张学良：不是不是，到日本去好几回了①。

访 一：那您到日本去都是哪几次？都是为了什么原因？

---

① 有文字记载的就是 1921 年 12 月 16 日，张学良与张作相、熙格民、王作如等赴日本观操。

张学良：到日本去，我记得是去观操，日本每年有秋操。

访　一：您每年去？

张学良：不是我每年去，每年每年秋操。

赵一荻：你去看过秋操。

张学良：我看过两次大概。我到日本去，日本人对我很客气，我受日本给我很高的勋章。

访　一：我记得您说过，有一次您看了日本的军情之后，您觉得日本的军备特别的丰富。

张学良：那日本完全是向我示威。

访　一：向您示威呢！给您看看！

张学良：给我看，他那差不多不给人看的，看吴市军港的海军，吴市军港的一个军器、火药库，一部分，一部分呐，不是全部分，他给我看一下子，那我看人家那，那实在是，那真是示威呀，他那个，预备作战的时候哇，那作战的海军呀，他用普通的这个商船呢，就把它——

访　一：武装。

张学良：武装起来，他预备的炮呀，我就跟你说，炮管儿呀，就这么摆着，大概一个架子十个二十个，我说不准，一趟一趟的，那多了，几千门！那日本那时候，所以我给你说，这也是上帝的旨意，日本假若不是太平洋战争，那日本的武力现在是世界第一的。

访　二：世界第一了吧？

张学良：他那个军舰，我上去过好几个，我都看了，那可是厉害呀，后来他那出那"努闹天腾"，那"天腾"大概是五万吨呐，航空母舰①。

访　二：那时候就有五万吨，就是不得了啦！

张学良：不得了！几万吨我不敢说，他那普通的军舰都一万多吨，我都上去了，我上去看过两三个。那时候日本的武力，所以要不是太平洋战争，那日本还，所以他日本敢跟美国抗，他实在是有力量。

3. 那时日本是世界第三强国

访　二：他有仗恃的，他觉得他可以。

---

① 在第二次世界大战爆发前，日本就已自主研发并建造了当时世界上最先进的航空母舰及舰载战斗机，随后又不断建造了大中小型配套、攻击与护航兼顾等各类航母共29艘之多，组成了号称世界最强的海军联合舰队。

张学良：是，他觉得可以，那时候，日本在那个时候呀，日本是世界上第三个强国嘛。第一是英国，第二是美国，第三是日本呐。

访　二：那会儿苏联还是没有呢。

张学良：苏联还没有呢，苏联还不够。那时候，第一英国，美国、日本、法国、意大利，那五强啊。那时候五强，都是论它海军，论它舰队。

访　二：舰队，对对对，海上的力量。

访　一：您到日本去，除去看秋操，还有没有其他场合您也去了？他们对您礼遇是一啦，这是想当然了，因为他们——

张学良：那他们日本就是给我看呐！演习，特别是炮兵射击，还特别给我看，特别。我们看的是一般的演习，但是他们还特别给我表演，因为我是炮兵出身的。

访　二：您怎么会选择炮兵呢？

张学良：我当年进讲武堂的时候学的炮兵。

访　一：分科的时候。

张学良：我进的炮兵。

访　一：您出国，除去到日本好多次之外，西欧国家，第一次是到欧洲？

张学良：是欧洲。

访　一：今年，您到了美国。

张学良：美国。

访　一：美国这三个月，您所看见的，您的印象最深的是什么呀？

张学良：到美国，我没看见军队。

访　二：军队没看见。

访　一：您看到一两位医生，给您看看眼睛呀，耳朵呀。也就是说，社会治安方面，您觉得对您来说很惊讶，想不到美国那样，那是它进步的地方，您可以说是它的医学是比较——

张学良：那当然是很进步。我看见一个是我外甥，我的亲外甥，他给我治病，他也是你们哥伦比亚大学的。

赵一荻：他是妇产科主任。

张学良：他给我介绍的医生也是哥伦比亚的。

赵一荻：现在索伦不在那儿了。

（谈有关看病及哥伦比亚门诊，约1分钟）

访　一：除去医学方面、科学方面，过去的时候，您出去可以看到外交官那种辛苦的情况，出入海关的时候，人家对中国人的那种不礼遇的待遇。这次您出去，这些事情您大概都没什么。

张学良：那都是一般的，没有什么。不过，这次我出去，到海关是因为这样，我是坐中国的——

访　二：华航。

张学良：那是中国人的，很招呼我，还有个人在招呼，我根本没什么，都是他在招呼。

访　一：您有没有体会到，现在中国人出来进去不会像过去您到欧洲那会儿，稍微进步了一点？

张学良：那我倒没，差不多出去到哪儿都有人招呼。

访　一：中国使节方面也不会那么穷了。

张学良：不是使节。

赵一荻：我们也没跟他们来往，你跟他们来往了吗？

张学良：什么？

赵一荻：跟中国的外交官，就是驻美办事处的人，我们没跟他们交往。

张学良：没有，不过出去的时候，李（登辉）① 总统交代过，说如果有事情，我说我不要，我不要公家招呼我。

赵一荻：我们完全的私人出去的。

张学良：我不要公家招呼我，我这个人，我不要人招呼我的。

访　一：您那会儿到欧洲去，在欧洲有没有华侨啊？

张学良：华侨有呀。

访　一：他们那时候的生活情况怎么样？

赵一荻：我们也不跟他们接触，除非上中国饭馆吃饭去。

访　一：所以跟现在没有一个对比。那关于出国的事情，我没有别的问题了，不知道你怎么样？

访　二：我，我没有什么。

访　一：也不是什么问题，是提个头，您好给我们说说古。

张学良：那个时候的欧洲，恐怕你们也不大了解，那个时候的欧洲情况，跟现在是差得天渊之别。

赵一荻：欧洲现在什么样我们不知道。

---

① 李登辉，1988—2000 年任中国国民党主席、中国台湾地区领导人。

4. 台湾和东三省是不能比的

访 二：我有一个问题，就说您回国的时候，您是1934年回国的，您看到中国对民主好像没有什么经验。您觉得现在，我们，若干年之后，我们民主有没有经验？关于民主政治，我们国家有什么，是进步了呢，还是怎么样？

张学良：这个事你得两种说法，那个时候是中国，现在只能说台湾，现在是区区的一个台湾，那时候是整个全国呀。跟现在情形是天渊之别了，不能比了，没法比，那个时候中央政府统治整个全国呀。虽然统治不了，各省市等于半独立的状态，但是还是整个的中国，今天这个台湾小小的一点，没法比。现在，等于从前我们说笑话，你喊一声全城都听见了，现在你喊一声，现在都——（笑声）

访 一：台湾跟东北地区比较的话，是东北的多少分之一呀？

张学良：啊？

访 二：很小了。

赵一荻：跟东北比，怎么比？

张学良：那，那没法比了。

赵一荻：多少分之一呀？

张学良：那我不敢说。

赵一荻：你查地图去。

张学良：拿地图看看吧。那时候说东三省，不能说东北，东三省最小的是黑龙江，台湾连那黑龙江的一部分也比不上，连一个"道"也没有，比不上，恐怕连奉天的五分之一都没有。

赵一荻：拿地图呀。

张学良：人口哇，人口是台湾，台湾人口很密，两千万。

（闲谈元旦、过年，约2分钟）

5. 日本浪人与川岛芳子

访 一：我们下次再来的时候，那就明年见了。明年请您给我们说一说，关于"九一八"的事。

张学良：“九一八”的事儿没什么可说的。

赵一荻：不，那个给忘了，我们不是抓了两个日本人吗？日本人叫什么名字？两个日本人，我们的人把日本人杀了。

访 一：啊！

赵一荻：“九一八”以前。

张学良：啊，怎么的？

赵一荻：那是叫什么名字？那两个人为什么把他杀了？中国人把日本人杀了，弄死了。

张学良：不是两个，一个，那，那，那，那不体面的事儿。一个中国人恨日本人，一个日本人勾结是勾结我们，他们就把日本人勾结到一个地方，把他弄死了扔到河里去了。

访 一：气的。

赵一荻：他们就把我们中国人随便弄死。

张学良：气的，弄死，那时候冬天河里冻的冰，打个洞就把他扔到河里去。

访 一：第二年才瞧见了。

张学良：那是不体面的事情，把日本人弄死了。

访 二：那这件事是刺激了日本人吗？

张学良：日本人不知道。

访 二：那他不知道。

张学良：他不知道，这个日本人也是坏蛋，他勾结我们，完了他们就勾结他到了一个地方，就把他弄死了，把他塞到冰窟窿里边去了，这是日本所谓的浪人。

访 一：这个与"九一八"没关系。

访 二：那个时候日本内政也有问题，他军人的权力太大了，那时候。

张学良：也不是这么讲，日本都是军人。

访 二：对呀，您给我们说个说法。

张学良：好多人他没有职业，他不能不当浪人，没法子也是，换句话，日本这个浪人等于组织一样，他愿意这样，那头山满①呢，他就是浪人头。

访 一：那个谁，金璧辉的义父。

张学良：谁？

---

① 头山满，日本在20世纪初右翼政治领袖、军商、极端国家主义秘密团体黑龙会的创办人，自称为天下浪人。

访　一：金璧辉。

张学良：哦，肃亲王的姑娘①。

访　一：她的义父也是浪人吧？

张学良：也是，他也不能算是浪人，他也只能是浪人之一呀。他是这样，那个肃亲王的管家，当年呐，那个日本人叫什么？

赵一荻：川岛。芳子，女的叫川岛芳子嘛。

张学良：川岛，是，他是肃亲王的管家，那么肃亲王死了之后，整个肃亲王的家就在他手里头了。这跟你们说，因为我怎么知道这事？我直接跟那川岛芳子没认识，我不认识这川岛芳子，但是这川岛芳子呀，要嫁给赵辛博，你不知道这赵辛博，这个川岛芳子跟赵辛博说的话，赵辛博告诉我的，那个川岛差不多，这跟你们俩说不好听的话，他是这样的，这肃亲王的家产都在他（指川岛）手里，肃亲王的姨太太，他们叫侧妃，就是姨太太，那姑娘什么的，每个月到他那拿钱去，要钱去，差不多去要钱都得跟他睡觉。就这样子，日本人这么坏。川岛，他恐怕也是个军人，我不能确定。

6. 对河本、冈村、本庄繁的看法

访　二：好像是，我记得历史上说他是个军人。还有就是说，制造皇姑屯事件的那个河川？

张学良：河野②，大概是。

访　二：河野，是不是后来他又回来了？"九一八"以前他又回到东北了，是不是？

张学良：那我不知道。好像他到山西，我在什么著作上看见写的，后来他在山西做什么，我不知道，详细情形我不知道，我看见一本小书。

访　二：他到山西，那就是说，跟那个——

张学良：阎锡山？不是，他到山西好像那时候日军到山西，我不知道，这个我说不出来，我也没注意。

---

① 此人即川岛芳子。川岛芳子，日本间谍、汉奸。肃亲王善耆的第十四位女儿，汉名金璧辉。6岁时送给日本人川岛浪速做养女。曾参与皇姑屯事件、"九一八"事变、"满洲国"独立等重大秘密活动。1948年因汉奸罪被枪决。

② 当指河本大作。河本大作，1926年任关东军高参。1928年在日本政府和军部授意下，部署谋杀张作霖计划，因此受内外舆论的指责而被解职。

访　一：要是这样，他，河野（河本）在东北做了这么大的事情，然后又回到中国，而且回到了山西，那会儿好像，阎锡山刚离开大连也回到山西。

张学良：我不知道，河野（河本）当时他不过是一个执行者就是了。幕后不是，他实际是关东军里的一个角色。

访　一：重要角色。

张学良：他只不过是个上尉①。

访　二：冈村那时候也回来了？

张学良：谁？

赵一荻：冈村宁次。

张学良：啊，冈村宁次！

访　一："九一八"以前。

张学良：冈村他那时候，他地位不小了吧，陆军部次长什么的，我弄不清楚，记不住了②。

访　一：反正这几个与中国有关系的，好像又都回到了中国。

张学良：那时候东北就是谁嘛，就是本庄繁呢。不过本庄繁，我跟他很……他自己后来，他曾经把这个意思向我表示，我们没见面呢，不过他表示，他说我那时候，换句话——

访　一：不由自主？

张学良：是，是签字的总司令。部下干的事拿出来我就签字了，就是了。换句话，底下爱怎么办就怎么办，管不了，那少壮派。

访　一："九一八"的时候，您所有的重要的军队都进了关了，是吧？

张学良：都大多数都在那，进了关，跟石友三作战。

访　二：是呀，您并没有——

张学良："九一八"是这样的，"九一八"之前我到南京去了，我从南京回来我就病了，得伤寒病。

访　二：对，您住在医院里。

张学良：我"九一八"时，我在医院呢，所以我说马君武胡扯八道，说我跳舞，我走路走不动，都得谁给扶着。（笑声）

访　一：石友三叛变，您说可不可能是日本故意搞出来这件事儿，把您精

---

① 河本大作于1926年晋升为大佐后，开始任关东军高参。
② 此人即冈村宁次。冈村宁次，日本陆军大将。曾任关东军副参谋长、日本华北方面军司令、日本中国派遣军总司令官等职。

华的大军都牵扯在关内，然后他在关外发动事变？

访　二：乘虚直入。

张学良：不是，那也不是，他也没有这个机会，他不，那巧合了嘛。

访　二：到最末后已经，非要——

张学良：日本人也是找到这个机会。

赵一荻：不抢不行了，不抢他拿不到手，非占领不行。

张学良：不是，日本也是这，你说这个，日本早就存心，得机会，就来这么一下子。那不是密谋，那个魔指早就摆在那儿，有机会就来①。

赵一荻：他就准备拿了。

访　一：软的不行来硬的了。

张学良：对。

赵一荻：就是非拿不可了。

张学良：不但是，他那侵略，软硬都来，所以有机会，什么样的机会他都来。

访　一：那会儿在关内就是——

张学良：我自个儿，我父亲死，那我都不知道哪天死，不知道啊。那跟日本接触什么的，我毫不在乎的。

访　一：随时都有生命危险。

张学良：随时，刚才说是，他叫什么来着？那日本，他那人对我很好，他后来，他［是］关东军司令，有人说他关东军司令，后来他就死了，有人说他死是日本这个青年教社把他弄死的，谋死的。那人对我很好，他们拿这真的，比剑啊。中国说的这个谁？项庄舞剑意在沛公，他们真的舞剑，请我去看，我去看！

访　二：那志在汉卿！（笑声）

张学良：不过那关东军长官（本庄繁），他陪着我看，那真刀啊！

访　二：哦，日本的宝刀。

张学良：不，就是刀，日本的那个武士刀。

访　一：那个刀，厉害极了那刀？

张学良：那军人都学那个，但是我没学。他舞得真好，两个人对砍。

访　二：好像说，谁快谁就胜，是不是？

张学良：有一个——

---

① 张学良所说"不是密谋"，是指日本侵略中国的"大陆政策"早就确定了，只是等待时机的问题。机会来了，"就来这么一下子"。

访 一：规矩。

张学良：不是，有一个人在那当，就好像裁判，他们也分段，日本人讲段，几段几段。

访 二：啊，跟他们那个茶道似的。

张学良：一样，跟那一样，日本下棋也分段，完了就评论这个人是几段。所以我是不在乎，我们那时候真是，跟我父亲说的话一样，把脑袋瓜子拴在裤腰带上。

7. 主将下决心是要有根据的

访 一：我倒不是故意要提题外的话，昨天我们去，有个朋友请我们去，他们是特别组织了一次京戏的表演。

张学良：什么表演？

访 一：唱京戏，这戏叫《秦晋崤之战》，这本来是《左传》上的一段故事，秦国和晋国战争的故事。

张学良：这戏我听过一部分，是新编的。

访 一：您听了多少？

张学良：我听了一小部分。我在广播里听的。

访 一：昨天我们就去听去了，一边听戏我就在想，要是您去您一定很喜欢。整个就是两国交战呐，军队要出发了。您记得跟我们讲过，老帅那会儿打仗，您四位要去打仗，您回来跟夫人说，别跟我说一句话，您记得不记得？哎呀，昨天那戏很动人。

张学良：那个人去打仗，我知道。

访 一：他父亲让他去打仗。

访 二：那是历史上真有的事。

张学良：我看的那一小段，他父亲知道他打不胜。他去过，知道那个路。所以你们这个，也不应该。他们去袭击人家。

访 一：去偷袭。

张学良：他说你根本，我觉得他父亲说得对，你这儿偷袭，人家早知道了。

访 一：对。

张学良：失败了？

访 一：后来是全军覆没。

张学良：嗯，全军覆没。

访　一：老将军的儿子杀到后来，就是根本不可能了，就被杀死了。但这主将是孟明，那边派下命令来，这个人一定要活捉，不能杀他。所以主将是活捉，被俘虏了，副将被杀了。

张学良：孟明被俘了，我知道，历史上有孟明，我知道，你这底下怎么讲？

访　一：这剧就到这儿为止，演的是这个战役。我边看的时候边想到您，很动人。

张学良：父亲告诉他你去了不行。

访　一：那段是花脸了。

张学良：我看了一小段，父亲告诉他你们这个不行，一定失败。

访　二：因为你们出师无名。

张学良：而且你以为是偷袭人家，人家早知道了，以逸待劳。他父亲是一个老将。

赵一荻：那为什么不听他爸爸话呢？

张学良：好像他上头有命令呐。

访　一：对，是秦王。是说秦王不顾意气，人家晋国对他特别好。

赵一荻：那为什么还要去？

访　一：军人要服从啊。

张学良：不但服从，他儿子还以为他们可以打胜。

访　二：历史上很有名的一件事。他先跟王去劝阻这个事，王不听。后来他把孝袍子都穿上了，去送他儿子，说他一定回不来。所以，军事上这判断力怎么来啊？您判断，您比如说您打仗，您在山海关什么的，您判断，这一仗，我一定会赢？

张学良：这你就问到了。我们这军事作战是很难的，这主将下了决心，那你根据什么呢？

访　二：就是，您得有根据才行。

张学良：你当然得有根据，你不能胡乱，我想要怎么样，那有人这么做，我是说吴佩孚就是这么做（笑声），那你得根据情报。

访　二：啊，情报。

访　一：知己知彼。

张学良：您得侦察，一个战地侦察的情形，你看见人家的军队怎么行动，明白？你去判断他们要干什么。一个就是根据你自个儿的决心。

访　一：三个最大的因素。

张学良：最大的，作战呐，主要的作战的最大情报，还要你就看人家的行动。所以知己知彼，百战百胜。你不知道人家的事情，你就混来，那就是完全碰运气去。

赵一荻：那也得看你自个儿有多大的兵力呀，人家对方来多少兵。

访 一：可是这个不简单呢！您第一是情报，有真有假的。

赵一荻：那你判断嘛！

访 一：所以就是说——

8. 你知道共产党可真是厉害

张学良：所以我们那《孙子兵法》头一篇，我们都要看《孙子兵法》，他就是，你平常时候，你这点钱你舍不得，你到打仗时候，所以你情报平常就得做呀！

访 一：啊，不是当时去的。

张学良：所以共产党厉害，他知道你里头是怎么回事儿呀。

访 二：他已经完全了解了。

张学良：还有我们作战要紧的是，要知道来的那个人是怎么回事儿，跟你打仗的这个人是谁？这个很要紧，那么他在他的那里头怎么样？他背后是不是有人牵着他腿？还是他怎么样，他有什么，那种种的方面都得判断很清楚，这相当于知己知彼，百战百胜。你知道的人家越多，那你就站的越［稳］……要是不知道，盲目地打，那就是碰运气了。

访 一：您那时候，是怎么搜集对方的情报呢？

张学良：我们搜查情报都是一样，想法子，在他里头有人呐，还是怎么样。那么我就说一段我们山海关作战，我的参谋，是个法国留学生。

访 二：不是军人？

张学良：军人呐，实际他在山海关里头呢，他也在。那个，那个吴佩孚去见那个法国的司令的时候，那时候的山海关住着法国人，我那个参谋就当翻译。（笑声）你知道这情报哇！

访 一/访 二：哈哈哈，（笑声）不知道。

张学良：还有，我给你再说，我这人胆子大，我怎么来怎么去怎么回事，我忘了，怎么是跟那英国人，那时候有一个兵舰，我怎么跟他们，是干什么来着，反正是跟他们。我跑到秦皇岛去，跟他们打网球之后，还洗个澡，秦皇岛在山海关后头呢。

访　一：您跑到山海关里头去了？他们没人知道吗？

张学良：我坐英国兵舰的小船去的，而且那英国的兵舰，那个人跟我开玩笑，我们从海上去，那边直隶军的战壕我都看见了，他说我应该把你的眼睛给蒙上。（笑声）我的胆子大得很，跑到那打网球，还洗个澡。

访　一：然后就回来了。

张学良：他送我回来的，我这胆子大得很，什么事都敢做。

访　二：所以我觉得您这个——

访　一：这一定要对对方了解，而且要知道军情啊，局势。那么，也就是说，您认为共产党比较凶，所以您那两师没有把他们在陕西那边，在西北那边［打败］，您损失了两师人，这两师人对共产党的估计错了，是不是？

张学良：不是估计错了，我们完全中了埋伏了。

访　一：啊，情报没做好？

张学良：不是，你知道共产党可真是厉害，他在山上埋伏着，我们一点儿都不知道。

访　一：喔哟，没有办法侦察？

张学良：不是，你就是侦察出去，你也不知道他在哪里，你埋伏几个人算个什么呀，他不是埋伏一师两师的，他埋伏少数人，在这埋、埋，忽然都出来了，那我，都是这么，跟共产党打败都是这么打败的，我们可是做不到。

访　一：为什么呢？

张学良：我们也干过一回，也埋伏，没有他们训练得那么好，埋伏不住。那没有那么好，那说起来话长了，这共产党可真是厉害啦！

访　一：他不是有什么特别的，新的通讯网呀什么的？不是？

张学良：有呀，不是，旧的通讯网。

访　一：旧的通讯网？

9. 得民心者得天下也

张学良：嘿嘿！他们干的事儿，后来我们都知道，他一个老太婆在门口坐着，缝［衣裳］。

访　一：缝衣服。

张学良：缝鞋呀什么的，嗨！那是他的侦探。

访　二：所以？

张学良：她看见过去多少军队。他们山上立着一个棍子，她有记号的，她给他们那边打记号来了。他们有记号的。

访　一：代表什么。

张学良：代表什么，所以你一点儿都没注意她这老太婆，就是他的，明明她是就在这儿纳鞋的人家。那我们把老太婆抓来给杀了，他用小孩来了，那有什么关系，嘿嘿，所以他，他能够使用老百姓，我们使用不了，因为老百姓给他们使用啊！

访　一：这就是跟刚才夫人所说的，他们这主义，大家对信仰，也就是您刚才所说的，所有的民众都要支持他。

张学良：不能说所有的民众，有一部分民众支持他，大部分支持他，那厉害！

赵一荻：他们讲了嘛，跟我们有切身利害。我要是帮了你们，你们一退走，共产党来了都把我们杀了。

张学良：也不是，也不是，也不能那么说，也不能那么讲。换句话，多数的老百姓倾向他。

访　二：对，对对！

张学良：对军队，恨军队，恨军队。那时候军队有些不对的地方，那很多了。所以我跟蒋先生，我说为什么共产党我们剿不完？就是他得民心，我们不得民心。

访　一：这真是，就这么一回事。

张学良：这问题太大了。就是这么回事，到今天实在还是如此。

访　二：谁得民心，谁就可以立脚；谁不得民心，谁就没有立脚的。

张学良：现在你就拿台湾说吧，我对民进党我一点儿也不怕，他不得民心，他不管怎么组织台独也好，他民进党还不知道，他还说他党纲宣传得不好，民进党纲人家不承认你，不愿意你，你不能自己，我告诉你呀，你自己往脸上涂金那没用的。

访　一：没用。

张学良：你自己自作多情那不行的，你到底这个事情做得得民心不得民心？

访　二：所以我觉得您，一个基础的问题，就说您对于老百姓好，所以民心这关系实在是——

张学良：这关系很大。

访 一：您自己的兵。

访 二：就是说您对军人还在其次。您对老百姓好，老百姓喜欢你，你才能调动你的军队。

张学良：所以这个，人也是这样！

赵一荻：所以《圣经》上说了，你要人家怎么待你，你要怎么待人家。这是金科玉律了。

张学良：中国的古书上说，天心自有民心，天听自有民听。你不得民心，那你这——

访 二：就说，等到我想和你一块儿死的时候，就晚了。

张学良：怎么？

访 二：书上讲，古时候人们恨他们的皇帝，恨到我愿意跟你一块儿死，到这个程度就全完了。桀纣的事儿。

张学良：是，桀纣的事，是。所以对人呐，有很大关系，对人不是一种手段的对人。所以咱们中国人说的，"君之视民如草芥，臣之视君如寇仇"，所以你怎么待人。

访 二：又回到那句话，您说老帅"有雄才，无大略"，对吧？我觉得未尝不好哇，我不拿略来做——

张学良：我说的无大略是说他——

赵一荻：不是像参谋长来做计划，我怎么怎么办。

张学良：不是那样。

（赵一荻向访者介绍《圣经》；边吃饭边闲谈）

10. 蒋先生他不听我这一套

访 二：您说共产党的战术这样，难道说蒋先生没有看到吗？

张学良：嗯？

访 二：他不知道？不欣赏？他不觉得这是个严重的问题吗？

张学良：这个问题，我现在跟你讲，所以我跟蒋先生言语冲突，就是这个问题。我说你要想剿灭共产党，你剿灭不了他们。蒋先生不承认我这个话，我说，他们共产党怎么能这样？怎么能这样？因为咱们中国的老百姓，多数支持他。

访 一：对！

访 二：就是！

张学良：蒋先生他不听这句话。我说我们要考虑，我们自个儿为什么，我们有这么大力量不能把它消灭了？不能！你一定要消灭，你消灭不了它！你，你，比如消灭这块地方消灭了，那个地方又起来了，你消灭，你非得彻底把这问题消灭了。所以我就跟他［说］，可蒋先生不听我这一套，结果怎么样？那么，蒋先生结果还打，我不打，他也打，结果还是被打败了。

访 二：失败了。

赵一荻：你可以打这么一个比喻，你比如说公营的，你比如说当年的苏联、英国，社会主义共产党，你代公家做事，我打仗我替公家打。这个是我自己求生存。为什么苏联会变成这样儿？为什么苏联都要独立呢？我是为我自己呀！像大陆上也是，他怎么会经济不好呢？我做了半天，你都给拿去了，不是为我自己。

张学良：还有一个问题是这样，共产党在那个时候呀，换句话，不存这种心理的人，早也走开了，剩下都是他的①。

赵一荻：干部了，都真正相信这个，对我们很有益处。

张学良：我那时候，我跟我部下开会讨论，我说咱们自己要讨论咱们自己的事儿，我们都是带兵的人，谁能够把这个军队带成这样了？二万五千里长征的时候，我们试试，带了没了，都没了。他能这样子，你不能小看他。你不能，他这伙人怎么能这样子？

赵一荻：他还是有他的目的，不是为了他自己。

张学良：也不光是他的官，他的兵也是这样子，这可受不了呀！我当年就说这话，一个日本人，一个德国人，你怎么样也不能把他［打倒］，除非把他们都杀了，只要他有人存在，他还能起来。我说这话一点儿不假。

11. 用霸道是征服不了中国的

赵一荻：日本这么大力量，中国那么倒霉，那会儿在四川，我们快要到西藏去了，那日本人追得我们无路可走了，我们怎么能打胜呢？拼命嘛！

---

① "不存这种心理的人，早也走开了"，张学良在这里是讲那时的共产党人，都是有信仰追求的，没有共同信仰的人也就走开了。

中国人，虽然美国参战了，那是很大的因素，但是我们中国人真是拼命了，我们不打就完了，日本人抓住我就杀了。

访 一：已经到了最后关头了。

赵一荻：尤其是南京大屠杀，我们不打就是死呀！没办法！

张学良：我跟日本人说，那会儿日本是一心希望，我现在跟他谈话，他是一心要征服中国，我说你要知道，从南京屠杀你看看，你完全想用这个"吓"、"威"！我说你反而适得其反。假如，这是我说，假如你到南京，你用种很和平〔的办法〕，对中国人很好，我说你这后果会是什么？你自个儿想。

访 一：这是他们失败的地方。

张学良：失败，失败！

访 一：他整个原则错了。

张学良：他日本一直就想征服，用霸道征服你。

访 二：一个人你没有办法做到这步。

访 一：您说得很有道理。

张学良：这问题在这儿。日本人呢，就是连我自己也承认失误。他一直还是用多少年前的中国人的思想来看中国人，他没看出来，中国人在那个时候，就是南京大屠杀那个时候的中国人的，好像年青这一辈的，老的不敢说，年青这一辈，差不多大多数都觉悟了，不是当年的思想了。

赵一荻：就在抗日那个时代，所有的中国人，那要说抗战呐，多少人呐，把家产都扔了，跑到内地去，为什么？就是想着抗日。你就像他那个朋友何世礼①，在香港很有名的，是所谓的港领啊，受过英国的训练，人家把所有的家产都扔了，不是捐了而是扔了，统统两个人，人家千万富翁啊！就走了，就这么带着到重庆，我给你们讲这故事，到重庆两个人就没有饭吃，没有钱呢，太太卖首饰，就这么混日子，他们带一个老妈子，把老妈子的金银首饰都卖了。

访 一：他这老妈子也是忠心耿耿啊？

赵一荻：还有那张继正②的太太，就是张群的儿媳妇，她香港家里很富有的，就是跟着学校走，上海有好多有钱的学生都是，尤其是到台湾来的这几个大夫啊，家里都很好的，就是抗日的时候跟着政府走的，跟

---

① 何世礼，香港富商何东爵士之子。曾在东北军任职。后任台湾"国防部"常务次长等职。
② 张继正，张群之子，曾任台湾"中央银行总裁"。

着医院走的，把家产呀什么都扔了，因为明明知道日本人来了我就是死呀！

张学良：也不光那个，你说那个也不定是死。就是不肯做亡国奴，换句话，日本人到了面前还得给他鞠躬。

赵一荻：我不能那样，不能投降你日本人，为什么我投降？

访　一：到现在您说，事情已经过了这么多年了，您说那时候蒋先生，为什么不利用这么好的民众心理去做一件事儿呢？

赵一荻：我们不能假设，他有他的想法。

张学良：什么？

赵一荻：她说为什么不利用他们去抗日？那我说他的想法，我们不能随便假设。

访　一：也许是估计太低了。

赵一荻：不能那么假设。

访　一：我姐姐给我说那个故事，石达开①呀带着兵，那简直是所向无敌，结果走到什么地方就走不过来。可是共产党，人家就过去了②。

赵一荻：所以我说抗战呀，可悲可泣！

访　一：您说牺牲了多少人呢？

赵一荻：就是我们逃难的时候，那时候一家人推着板车，老太太和孩子在板车上，丈夫在前头拉，媳妇在后头推，冰天雪地，翻山翻岭。

张学良：逃！

赵一荻：就是不能在那投降日本人，投降日本人，你就不能这么做，我非得逃，有时候把孩子都扔江里去，因为走不了了。

张学良：那我亲眼看见的！

赵一荻：他亲眼看见的。

访　一：不然的话会饿死？

张学良：不是，是这样的。他也是军人，他的太太生产，在那生产，生产这小孩子他逃难怎么办呢？他就这么包着就给他扔下去了。

访　一：要活不行要死不行的。

赵一荻：自己都逃不了命了，没办法。

---

① 石达开，太平天国军事统帅之一。曾屡建战功。1857年因太平天国内讧而率部离天京，后远征川、黔、滇。1863年在四川大渡河被阻，为清军所败，被捕后被杀。

② 指1935年5月，红军第一方面军在长征途中强渡大渡河，打破国民党军的围追堵截。

访 二：您说有多少这种无名的牺牲的人呢！

赵一荻：我们对日本人呐，今天日本还这样子对我们。日本后来也是，在奉天，日本撤退的时候，冻死呀。

张学良：嗯。

赵一荻：中国人还帮他撤退呀，日本人打败了，中国人帮他撤退！就应该让他冻死！

（闲谈有关吃饭、时间安排的事，约3分钟）

12. 贵州种鸦片东北产大豆

访 一：您说我们中国地理上贫瘠的地方很多，富庶的地方并不是很多，陕西好像是最贫瘠的地方。

赵一荻：我说贵州最穷，不是穷，是——

张学良：人！

赵一荻：不是人，因为当年没有交通，贵州没有交通，他们的盐要用马从四川驮去。

访 一：连盐都没有！它出产呢？

赵一荻：它出产有呀！老百姓都是抽鸦片烟的嘛。

张学良：你说的那个主因，你刚才后头的一句，贵州的穷啊，不是穷在贵州的地方，就是因为鸦片烟。贵州人可以这么讲，没有一个人不抽鸦片烟，所以都是鸦片烟的关系。

赵一荻：我就不懂为什么贵州人爱抽鸦片烟？

张学良：他大概是习惯下来就是抽鸦片烟的。

访 一：他并不是因为——

张学良：他们自己种。我头一次到贵州，蒋先生在那住，我自己坐飞机去，哎唷！那好看极了！真好看！那鸦片烟的花！

赵一荻：大花园一样。

访 一：那是公开地种了？

张学良：嗯？

赵一荻：我想那时候与军阀也有关系。

张学良：我跟你说，这个经济的问题也是很大的问题，交通不方便，我到吉林剿匪，回来我就上个条陈。那时候，可以说大多数，他们都是山东人在那儿做工，这山东人很奇怪，到了过年，他一定要回家，回老家去——其实后来有一部分人就在那落户了——他回家去得带点什么回去，这北方做工，这个钱，没有钱，那就带着鸦片烟土到哈尔滨去卖，他没什么可带的，没有钱，明白？

赵一荻：交通不便，那鸦片最好带。

张学良：我给你说，那红菜头长这么高！那地呀，那地肥呀！种黄豆哇，你知道黄豆这玩意儿最肥了，种黄豆，他种完黄豆，除他自己用以外，他把它给放把火都烧了。为什么？我问他，他说我上哪儿走？我也出不去呀！

赵一荻：也没铁路也没公路，他往哪儿运呢？

张学良：我往哪儿运呢？这是我的地呀，我就把它当肥料就是了。所以那个地呀，那个肥那个土上的肥料这么厚，一尺厚，所以他种的东西那是——

访　二：当然好啦！

张学良：晚上睡觉哇，我们北方人都烧坑，他烧黄豆。他说，一样是黄豆冒的烟小，二样是他一晚上都很热。他说我没用啊，我不把它在地里烧了，所以——

赵一荻：没有交通怎么办！

访　二：您弄的铁路实在是，铁路网那时候——

张学良：也不是我修的，那时候修铁路不容易呀！

（两位访者与赵一荻谈论中国大陆、台湾地区当时经济及民生；谈家庭里兄弟姐妹关系，人情世故；谈论吃水果，闲谈美国社会现象及自己的看法，张宅打药治蚂蚁，约40分钟。张学良先生主要做听众。）

13. 我五妈生了四个儿子

访　一：张先生，时常听您提到您的五母亲。

张学良：什么？我没听到。

赵一荻：讲寿夫人[①]！

张学良：啊，寿夫人，怎么的？

---

① 寿夫人，原名寿懿，满族，是张作霖的五夫人。

访 一：您常提起寿夫人，是您跟她最亲是不是？还是她跟您最近？

张学良：寿夫人是我的第五个姨母，是我父亲第五个姨太太①，现在我这个五弟就是她的，她生了四个孩子，［排行］五、六、七、八。

访 二：那学森先生是她最大的？

张学良：啊？

访 一：您那在台北的五弟是她最大的？

张学良：他最大，五、六、七、八，她生了这么四个。

访 一：您说这个最小的弟弟是不是这个五夫人生的？

张学良：也是她生的。我们八弟兄，她生四个，五、六、七、八，都是这个母亲的。她这很奇怪，她多少年，她十九岁就嫁给我父亲，她没生孩子，到三十岁才生的，很奇怪啊！也许是真的，她那时候没有生，她就吃核桃，吃生核桃。

访 一：新鲜的，鲜的核桃？

张学良：不是，就买的核桃，不炒熟了，他们说就吃那个。因为我问过大夫，他说也许有道理，他说那个核桃不知什么玩意儿，他说它维他命 A 很丰富，大概这个原因，她多年没生，到三十岁才生，一生就一连生四个。

访 二：您说老帅被炸的时候，那个五母亲？

赵一荻：寿夫人。

访 二：寿夫人就说假装没这回事儿一样。

张学良：那不是。那是我的三妹，让她出去看戏呀，穿上衣服出去什么的，叫人不知道，等我回来，因为我在前线。

14. 我有时候扯淡写点玩意儿

访 一：我们刚才说到少帅在海外看到他们这些外国的文化和科技的发展，

---

① 张作霖先后有六位夫人，分别是发妻赵氏，1875 年生，与张作霖同岁，1895 年与张结婚，1912 年病故。赵氏生一女二男，即长女首芳、长子学良、次子学铭。二夫人卢寿萱，1880 年生，1900 年与张结婚。生二女，即二女怀英、四女怀卿。1974 年病故于天津。三夫人戴宪玉，1885 年生，1906 年与张结婚，一生无子女，1915 年离开张作霖，皈依佛门，1916 年病故。四夫人许澍旸，1888 年生，1906 年与三夫人同时嫁给张作霖。生二女二男，即三女怀曈、五女怀曦、三子学曾、四子学思。1978 年病故于北京。五夫人寿懿，生于 1898 年，1917 年与张结婚，生四男，即五子学森、六子学浚、七子学英、八子学铨。1966 年病故于台湾。六夫人马岳卿（亦作马月清），1905 年生，1923 年与张结婚，生一女，即六女怀敏。1975 年病故于台湾。

回来之后对于少帅有些什么影响？

张学良：不是这样的，我过去呀，差不多思想也就等于跟，因为我跟外国人接触太多，我十六七岁的时候，我就在奉天一个 Mountain Club（群山俱乐部①），我就跟他们接触得太厉害了。

访　一：所以您跟他们接触得很近，过从很密，有很多的影响，这个我们认为是一个好的现象，因为您有中国传统的东西，而且也接受了西方的，我认为正好是那个时代——

张学良：我恐怕我这个思想，我对中国的传统没有接受外国的多，我受西方的影响很大。我的朋友，小朋友呀什么的，美国人、英国人……他是苏格兰人，我接受了他很大影响，我的先生他是美国人，我大概受了西方的影响，中国的传统那就是我念中国书的。我那时候，打油诗，正经的诗很少作，我平仄都弄不清楚。

访　二：您这个诗积攒起来也可以成一部诗集了吧？

张学良：啊？

访　一：您做的诗词啊，要是收集起来，也可以出一本——

张学良：得了，香港，还不是大陆，他们已经有一本《张学良文集》，他们没看见那本书？

访　一：啊，出来了？

访　二：已经出来了？您看见了吗？

张学良：我看见了，他给我一本，一部分是我自己的，一部分是我那时候，那不能算我的，都是我的秘书。

赵一荻：秘书作的，什么文章啦、祝贺啦，什么的。

访　一：那是您写的吧？

赵一荻：也不是。

张学良：一部分，很少很少。

赵一荻：他哪有工夫啊。

张学良：我有时候扯淡写点玩意儿，他不知从哪儿看见。

访　二：不过说实话，很有纪念性意义了。

访　一：您写不写诗啊？

赵一荻：不写。我不会作诗。

---

① 群山俱乐部，1916 年前后外国人在奉天开设的俱乐部。

张学良：我不是写诗了，我是"抓诗"一首，哈（笑）。我喝口水。

访　一：说起诗来，诗、词——当然我们也不懂——您觉得诗、词这两个方式，哪个写起来、说起来，抒情方面比较——

张学良：词我不会做，也不太懂，当然是那个词不容易做了，所谓诗词歌赋。

访　一：我们刚才谈到您到外国旅行对您的影响，这话又说回来了，这次您又到美国去，去了三个月，有没有三个月？

张学良：三个多月了①。

访　一：您上次在欧洲是几个月？

张学良：哎呀！那多了！

赵一荻：也不过六七个月②。

访　二：差不多一年吧，您在外头。

张学良：不记得，这个我不记得了，那时候，我才二十多岁，不到三十。

访　二：您是［19］33年4月11号从上海出国的。

赵一荻：那你有资料。

访　一：您什么时候回国的？

访　二：［19］34年，差不多一年。

赵一荻：几月？还不到一年，我记得好像是，我觉得，我不记得，太多年头了。

张学良：我先到意大利，后到英国。

15. 在意大利有人偷我的东西

访　一：除去我刚才说的艺术、科学对您的这个，您这印象比较深——我们也不谈政治——其他您印象比较深的还有什么？

张学良：我也说不出来什么。

赵一荻：你看那北欧，人家就是好。当时的北欧啊夜不闭户啊。

张学良：北欧，那人家是好。丹麦，真好，我们到丹麦，出车站，人家说你把东西放那椅子上，没人动。

赵一荻：你给她们讲讲意大利，意大利就是扒手很多。见了警察就要"HI，希特勒"，人家说你为什么要这样呢，他说这样表示我没有偷，哈哈（笑声）。

---

① 1991年3月10日，张学良偕夫人赵一荻赴美国探亲访友。6月25日，与夫人一同返回台湾。
② 张学良一行人旅欧，1933年4月11日从上海港出发，1934年1月8日返回上海。

张学良：说起行礼，我那当差的也很好玩，一个副官，他英文说得很好，他说这行礼表示这个手在后头把人家（笑声，听不清）……①

赵一荻：意大利小偷真厉害。

张学良：那是，我们每个人都没有没受到偷的，去的所有人都受到偷的。

访　一：是吗？连您？

张学良：都受偷了。嗯？

赵一荻：没偷你？

张学良：我的东西也叫偷过了吧，不是在身上偷。

访　一：还真是从身上往外偷东西啊？

张学良：可不是，什么都偷。

赵一荻：那次从旅馆出去不是偷你？

张学良：那要小心啊，也不晓得是什么人偷，我那个太太带的金银细软，都叫给偷去了，都给偷去了。

赵一荻：那时候意大利。

访　二：也还是比较穷啊。

访　一：其他还有哪些对您印象很深？就是回去，要我们中国这样该多好！

赵一荻：你很佩服英国。

张学良：当然，我佩服英国，但是我们做不到那种事情。那时候英国的势力最大了，可我那时候对法西斯思想看得很高，我就看意大利啊、德国啊——

16. 我最佩服的是林肯这个人

访　二：您是不是觉得，他们从那么弱的情况变得那么强？

张学良：也不能说弱，德国本来也是强了，能够复兴起来很厉害。可是后来我就变了，那个思想是不行的，法西斯思想，完全是一种侵略思想。我们中国侵略谁？他们完全是为了扩张，你那个思想是不能成立的。

访　二：那天我们没有说完的问题，您看美国，他也不想侵略，但现在那个思想又来了。

---

① 这是纳粹礼。行纳粹礼，一是表示希特勒拥有至高无上的权威；二是表示纳粹党党员和民众对希特勒的无限崇拜和绝对服从；三是表示决心沿着希特勒指引的争取雅利安人胜利斗争的方向前进！张学良将纳粹礼与小偷行为联系在一起，行礼即表示"我没有偷"。

张学良：什么思想？

访　二：法西斯思想。

张学良：那只是一部分人的。

访　二：不，那力量，很大啊，发展得非常快。

赵一荻：还有个环境啊。

访　二：美国教育水准也很高，他也没有这个思想，但那个思想发展得非常快，共和党也很害怕啊，那思想从南边过来。

张学良：假如是这样，我话又说回来，那美国相当失败。可以说，美国是开倒车。

访　二：什么人最支持它呢？挣钱纳税的、努力做工的，还有就是工人。

赵一荻：美国人不理智！要找一下原因，美国的思想不对。这些个人做事，你纳税是应该的，你是美国国民，这政府怎么去用，国会不是有代表吗？这些代表都代表谁了？你们怎么不说话啊？不能用这种办法啊，这办法开倒车了，不是进步了。总统也是你选的，国会代表也是你选的，不合适你就不要选他们了。美国人有时很不理智，你觉得呢？你们美国人有时非常天真了，爱感情用事，不能理智地去想。你们是不是民主国家？是民主国家为什么不用你们的嘴去讲？

张学良：我说一句话，这句话不一定说得对，假如真是法西斯党成功的话，那美国要大变了。要紧的是法西斯背后的观念是什么？是一种侵略主义。

（赵一荻、访者讨论美国现状3分钟）

张学良：所以我说美国，美国历史上的人物，我最钦佩林肯[①]，他林肯说那几句话，那真是厉害了。他曾经替人打官司，为一个桥的事情，他要紧，他就说，到底儿你是为公司的利益呢，还是为大众人民的利益呢？这句话要紧。

访　二：所以这就是说，你是为国呢？还是为自个儿？

赵一荻：你们美国现在也是一种传统了，美国还是我？当年西部拓荒。

张学良：林肯说的话是真理，他说一句话，我不知道，也许你们晓得，他说的这句话，我太佩服了。他说呀，你呀，可以欺骗，政治上，你可以欺骗一个人，一个人的所有的时间，你把这人欺骗一辈子，他都信仰你；你也可能欺骗少数人所有的时间，你也可能欺骗多数人的少数的时间，可是你不能欺骗所有的人所有的时间。要紧在这儿。

---

① 林肯，美国第16任总统。

访 二：这真是。

张学良：所以他这话厉害了，你不能欺骗所有的人所有的时间。那么，人，不是都是傻瓜，不能把所有的人完全欺骗，所以在政治上你一定要看，我现在也不做政治事，你在政治上你们做的事情，人呐不是黑眼，都是亮得很呐！他到那时候，你还是得拿出来，那失败的人还是失败呀，他一时的成功可能，他说这个，所有的人少数时间可能你成功。但是为真理呀，不讲你失败不。中国有句话说，成败不足论英雄啊，那失败，但是你那个真理存在那儿，那你不能算失败。林肯这个人，我很钦佩他。我这个人向来不欺骗人的，我从来不欺骗人，你欺骗人呐，我这不欺骗人也不是我个人，我当年受一个人[影响]，那个一个谁？他说你欺骗人呐，欺骗来欺骗去，欺骗到你自己的脑袋上，这换句话说，欺骗到你自己身上来了，那真是这样子。你就说冯玉祥，冯玉祥这人专门说假话的，他差不多没有真话的，因为他这历史我知道很多，我因为跟他很接触，那结果还不是欺骗到自己身上，冯玉祥失败还是因为谁也不信你了。

访 二：对对对对。

张学良：你这一个人，说话没信用了，那你就在哪儿也站立不了了。所以人啊，你自己得有主，当然好像说，你想骗几个钱，那你怎么欺骗人可以；你要想做一个大的事情，做一个真正政治上，你想统治，那你总得有你自己确定的主意。

17. 我爸爸不愿老百姓受苦

访 一：您对林肯的这些话，以及看见冯玉祥的这一段生涯、这样的作风，都可以印证了。我们在您所经历过的这一段政治上，还有哪些个您可以提，正好证明了林肯所说的话？林肯说的这个真理。

张学良：我觉得，一个是我见着的，当然我跟我父亲接近，我父亲这个人是很，他，虽然他并不是一个很什么，他是相当粗的人，但是他很——不说是爱国，不能这么讲——他是爱护人民的。我跟你说，我父亲有一件事情，我自个儿不知道，我是听莫德惠说的，晓得？

访 一/访 二：嗯！

张学良：那时候他当奉天省长。每年呐，我父亲相当迷信的，每年到过年就烧香啊什么的。那么他那年，这是莫德惠告诉我的——我并不在，那时候我在前线——他说我父亲请他去，过年请他去，他说"我今天请你做证人"，请他。那我父亲烧香，做一个等于是祷告，他也不懂祷告，他说"现在国家这个纷乱呐，我们都是魔鬼，假如我是一个，那么你把我收回去，我要是一个，你把我收回去，不要叫老百姓受苦，我愿意死呀！"就说我父亲，这是他的心，他要莫德惠给他作证。

访 二：我跟老天爷——

张学良：我求你，让老百姓好好的，别让大家这么受苦了，要是我们这些人是魔鬼呀，把我收回去。

访 一：那您要这样说起来的话，就是您一贯的作风也是非常受老帅的影响。假如老帅既不信什么宗教，也不是什么，你说所谓的粗人，能够这样也是为了老百姓，这不是跟刚才跟林肯讲的——

张学良：我父亲这个人，他对老百姓，他实在是爱老百姓。我不说我们停止内战，我自个儿，我跟你说过这段事，我就跟我父亲说这打什么仗，都是我们造的孽，看见老百姓苦，我说这何苦呢？我说不打了！

访 一：也就是说，您说的话，您的作风，跟老帅是上下相映，都是一样，也许您是受他的影响？

18. 我们父子间感情很深

张学良：在这地方我也要有一个说明，虽然我们是父子，但是我们父子俩关系实在很好。可以说父子之外，我父亲喜欢我，我也喜欢我父亲，父子的感情啊，两人很深，我甚至我这人随便说话，他容许我随便和他说话。

访 二：说到这儿，我又想起一个，您说老帅跟蒋先生比较，他们两位，怎么说来着？

访 一：一个是有雄才无大略，一个是有大略无雄才。

访 二：您说这雄才和大略，在您想应该是什么？

张学良：我父亲，所谓大略，他没有什么计划的，明白？

访 二：就说没有什么计划。

张学良：没有这种好像是怎么的，因为我父亲读书读的不多了，他没有这些。

赵一荻：没有做一个计划，这个一步一步应该怎么做。

张学良：一步一步走。

赵一荻：应该怎么做，怎么做，他没有计划。

张学良：就是。你知道我说起来，我就很难过了。你知道，我父亲对我实在好，不但父子关系，我父亲被炸回来，他头一句话进到家里时，我小名叫小六子，他告诉，那时候他就是快要死了，他自己知道。他第二句话才能说出"我要走了"。他头一句话，到家门头一句话——证明他脑子里头——那时候很厉害，快死的人，他就告诉家里说"我的事情，你不要告诉小六子"。

访　二：啊，您那会儿不在跟前。

张学良：我在前线上。他告诉，他这被炸的事情不要告诉我，他把我惯的。我可以说我们父子感情的……他头一句话，换句话，他那时候要死了，他心里还挂上我。

访　一：您常说一句话，我们父子之间，除去父子的关系外，互相都，您也很敬爱您的父亲老帅，老帅也很喜欢您，我就一直怀疑，父子之间除去像您这样的关系之外，还有什么其他的不同呢？

张学良：那也许是这样的原因，是这样的，我大概说我自个儿呀，也许我是夸我自个儿了，我母亲很厉害，我11岁我的母亲就死了。我母亲这个人，可以说我所看见的女人里没她那么果敢的，那么果敢心的人。很奇怪，她很果敢，那个时候，我父亲跟我母亲因为家庭的问题吵嘴，她跟我父亲说什么，她不说一句话，她不理我父亲，那么我们劝我母亲，她一点儿不听，那我父亲在沈阳，我母亲、我们住新民府，离着一百二十多里路呢！那么，我父亲来信，我父亲搁那儿写信，我们劝她，她不理他，她不理，所以这个原因很大，等我母亲要死的时候，病得快要死了，我现在想，我母亲就是胃溃疡病死的，那么我父亲听说我母亲要死，坐专车来的，坐专车，到的时候我母亲还没死呢，还没断气呢，多少还明白，睁开眼睛看看，掉几滴眼泪，就死掉了。所以这个原因也很大，我父亲很想着我母亲的事情。后来我有几件小事情，我很凶呀，那个时候我才十七八岁，头一样事情，我姐姐①，我母亲生我们三个，我是老二，还有一个弟弟。

---

① 即张冠英，张作霖的大女儿，字首芳。

那我姐姐这个人很会捣乱的,她很调皮,她写一封信,我不知道,她写一封信给我父亲。有一天我父亲很难过,把我找过去了,他说好了,我把家产给你们一半,你们走吧,你们三个,你跟你姐姐上外头去。我说爸爸你为什么这么着急呀?你为什么?他把信给我看,我看完我就笑了。我说爸爸你怎么,她再几天她不是咱们家的人,过几天她走了,她要出嫁了,你看我说没说话啊?我没说这话,你着什么急?你理她干吗?你不要理她了。

访 一:姐姐说什么呀?

赵一荻:就是宠妾,你这些太太待我们不好呀,不就是这些话嘛!

张学良:家庭的事,所以我父亲,还有一回,我父亲就跟我说,我父亲喜欢我,他说你妈妈死了,去世了,你知道你妈妈手里头有一部分钱,那钱呐,现在在你姐姐手里头,那个钱不是你姐姐的,是你们三个人的。我啦,还有一个弟弟。我笑了,他说怎么?我说,那点钱呀,嘿嘿嘿,我没看到眼里头。爸爸说你好大的口气。我说就你那钱我也没看到眼里头呀!我说我能挣,挣得比你还多!我爸爸说,你这小子口气好大。所以那时候我爸爸真喜欢我,我跟他说那打仗,我说你叫我打,我给你打,可是我跟我爸爸说,两个事,你不兴管我,不能管我,放放开我。

赵一荻:讲过了。

张学良:钱,我不抠我的部下,你给我钱。可是你打仗,我给你打,你让我打我给你打,你看我给你打去,我打死你就别,哎呀,那个时候那战争,那个父子!

赵一荻:好多人都说你不是你爸爸的儿子,哪儿打得激烈,他就哪儿去。

访 一:那当然,他把一些重要的战事都交给您了。

张学良:那我打得最厉害了,人家就说要是亲儿子,哎呀,说起这个我心里很难过。我有一次呀,我有一个部下,这个家伙,我跟我父亲说我要枪毙他。我父亲说,唉!我非要枪毙他不可,我们打仗,并没有打败,并不是完全打败了,他是一个团,他跑了。不是打败了,他害怕,他跑了,跑了完了跑到我父亲那儿去,他跑的时候落马了。他说他受伤了,扯他妈淡!他原来跟我父亲当过连长,他跑回去报告说是我没有了,失踪了,被俘了,不晓得哪儿去了,可把我父亲急得要死。后来我回来,我说爸爸你怎么这样?你叫我多难过,你既然让我打仗,你就不要惦着我那么样子,他差不多发疯了样,他们回来告诉我,我回来了,他们说赶快去看看他去吧,他疯了一样!

访 二:着急!

张学良:我说爸爸你怎么这样呢?你既然让我在外头,你这样我心里怎么打仗?我说你不要这样子,你既然让我打仗,你就豁出来,你何必这样子呢?所以我说我们父子的感情,不但是父子,我们俩感情实在好,我父亲太喜欢我,所以我那时候我才二十几岁,后来他把全权都交给我了。

(访者、赵一荻闲谈美国孩子教育及签证的事,约3分钟)

19. 米勒大夫帮我戒烟

访 一:您看这个是我们又找的地图,比较大一点,而且清楚一点,您看沈阳在这儿,您说的最冷的地方在哪儿?

张学良:嗯?

访 一:昨儿个您看沈阳是零下二十几度,您说您到过最冷的地方。这是海拉尔。

张学良:哦,海拉尔,我说的是拉克苏苏,松花江、黑龙江边上。

访 二:这是二十四站,这是哈林达,爱辉?是不是?

张学良:不是,顺着松花江北。

(看地图找地名约3分钟。)

张学良:通江就拉克苏苏。

访 一:噢,通江就拉克苏苏?

张学良:是那么叫,怎么写我不知道。现在都叫拉克苏苏。

访 二:这是在小兴安岭?

张学良:小兴安岭?不是,那往上去了,那离得好远呢。

访 二:再往东北走就是抚远了。

张学良:抚远不在江上了,抚远我没到过。

访 一:再过去就是苏联的列林斯克。

张学良:哦,苏联,那过境了。抚远就在苏联边上了。前天我们说到什么地方了?

访 一：上次我们谈到一部分，后来有一部分说不录，我们就停下来了。在停下来之前，您提到两件事情，说韩将军，还有另外一个人，您没有提名字，就是因为他犯了罪，圈牢狱，然后您给他释放的时候，他谢谢您。

张学良：那我们作战逮的俘虏。

赵一荻：你给她们讲戒鸦片的事吧。

访 一：您就说这两件事给您的影响很大，所以您在出国之前，您下决心要停您的嗜好，同时您请了 Dr. Miller 来跟您一块儿，您说您的皮肤都觉得很敏感，要吃一种药才能够——

张学良：不是，也许我不知道，人家戒鸦片烟怎么戒的，我不知道，这段故事大概你没太听清楚。先说 Dr. Miller，我戒这个办法呀，不是说他发明，大概是他，新的一种办法，他这办法相当危险。

访 一：哟！危险？

张学良：相当危险，他已经治死过一个人。

访 一/访 二：哟！

张学良：他怎么办法戒呢？我告诉你。

访 一：这个 Dr. Miller 是美国人是英国人？

张学良：美国人。

赵一荻：他是上海一个疗养院的，他是基督复临安息日会的，安息日会有一个疗养院在上海。

张学良：他，可以这么讲吧，他并不是一个全科的医生，是半路出家的医生，他戒烟的戒法是这样，给你打上一种药，在肚子上来一个很大的疱，就是把这个东西给你种上。

赵一荻：就跟种牛痘一样给你种上一种东西，它就起来一个浓疱一样的那么一个样的东西。

张学良：把那个水抽出来，就是你自己身上的。那么以后就不吃鸦片，你心里难过，犯瘾了，就打这个东西。

访 一：您本身的——

赵一荻：以毒攻毒。

张学良：在这个时候，好像昏迷了好几天啊！

赵一荻：好几天，迷迷糊糊的。

访 一：您昏迷了好几天？

张学良：哎！他打的这药很厉害的。

赵一荻：我记得好像不是一点一点的打的，他就把你肚子上那块东西抽出来了，就把这个液体再打进去。

张学良：治你自己的那个，他曾经治死过一个人。

访　一：您，您，他——

张学良：他这人的胆子很大呀，我不是跟你说过吗？

访　一：但是您的胆子也很大呀！

张学良：那不是，我要戒烟。

赵一荻：唯一的办法了，旁的办法也试验过。

张学良：那不管了，我也不……我的部下就告诉他，你可知道啊，他要死了，你就没有了啊！（笑声）所以他的胆子也很大，旁人恐怕也不肯，他就告诉他说，你明白，他要死了，你可没有了。（笑声）

访　一：那么结果还真有效了？

张学良：后来戒，戒得很难过，戒了，我就在那儿戒了。我戒完了我就要出国了，刚戒完我就出国。我决心要出国也是一个原因，不是完全［为了戒鸦片烟］这个原因，我就怕在国内［烟瘾］再回来，你知道吗？

赵一荻：在国外没有这机会嘛。

张学良：在国内，大家，你难过了，你……那时候抽鸦片烟的人很多，朋友很多。那我就走开，走开以后，回来那就是——

访　二：那您戒了以后，您沿路上都没有想——

张学良：唔？

赵一荻：一路上有没有犯瘾？

访　二：有没有再想起？

张学良：那，没有，没有，不想。不过你知道，这样躲开多少年？我到欧洲去了，我就是注意的要躲开，刚戒完，旁边这个，哎呀，你难过啦，又回来了。

访　一：那会儿好像吸鸦片，是一种社交上比较高级的招待客人的办法，是不是？

张学良：什么？

赵一荻：说抽鸦片呐，是一种高级的招待。也不是，很普遍，每家都有。

张学良：大概你们那时候的情形，差不多人家，不能说都有呀，差不多的人家都有烟盘子。大家见朋友的时候——

访　一：就先抽一口。

张学良：都差不多，谈话就在烟盘子，躺在床上一边吃一边说的，差不多都这样。

访　二：而且还很讲究，什么怎么烧烟啦，什么怎么样的烟斗啊！

张学良：是，是，那个时候抽鸦片烟呢，可以说，好像洋人抽洋烟一样！

赵一荻：就跟抽洋烟一样。

访　一：所以唱戏的都会抽。是吧？

访　二：那唱戏的人，谭富英①啦，谭鑫培②啦，都会抽。

张学良：他们都抽鸦片烟，余叔岩③都抽，那个时候。

赵一荻：提神嘛。

访　一：大概真的——

赵一荻：累了嘛，跟现在吸毒还不是一回事。

张学良：不是。这个东西假若没有瘾呐，我跟你讲现在，将来也会有，假若没有瘾，这东西可真是好东西呀，你吃东西吃多了，胃内难过啦，那你抽一口就舒服了。

赵一荻：肚子疼，一吃就不疼了。（笑声）

张学良：累啦，你累了，那你抽一口就不累了。

访　二：而且很香，我记得香极了。

张学良：不过是这样，你要是不抽的人，闻着也是有个鸦片烟味。

访　二：鸦片烟味我就觉得很香。

张学良：有的人喜欢就香的，有的人不那什么，那就跟喝酒一样。

访　二：大概是。

20. 我们受了中国文化的捆绑

访　一：那您这样下了决心，一来是应付您这个军队和东北同乡的这个情感

---

① 谭富英，京剧演员。湖北人，生于北京。幼年入富连成科班习戏，演老生。唱腔集"谭派"、"余派"之长，形成自己的风格，人称"新谭派"。

② 谭鑫培，京剧演员，武汉市人。其父谭志道，工老旦兼老生。10 岁随父到北京，11 岁入小金奎科班习武丑，后改武生及文武老生。以演《神州擂》、《三岔口》等武生戏为主。

③ 余叔岩，京剧演员。湖北罗田人。名演员余三胜之孙、余紫云之子。演老生。自幼倾慕谭鑫培，师从姚增禄，后拜谭鑫培为师。1915 年出演《打棍出箱》，红极一时。

的包袱，一方面是解决吸毒，所以您就出国了。您那时候的心情应该是说，好了我放下屠刀立地成佛，您把这些都……您就出去了。那时候的心情，应该是比较开朗，是不是？

张学良：也不能那么说，反正我躲开了。换句话，我这个人是这样，我这个人很……我的脾气很奇怪，我会决然——

赵一荻：拿得起放得下。

张学良：我说不干的事我就不干，我要干我就干，我是这么一个人。

访　一：拿得起放得下！那您现在就等于说出去散散心，或者说，拿得起放得下，您出去要看看海外的情况。您第一站是意大利，您提过了。在招待您的过程，除去应付一些像当地的首长啊、国家领导之外，您自己做什么样的消遣呢？

张学良：在意大利呀？

访　一：在意大利和其他的国家。

张学良：呵，你这问的，我都忘了。

赵一荻：齐亚诺招待嘛，就是墨索里尼的女婿呀，他的女儿嘛，陪他们出去玩玩呀！

张学良：玩呀，打打，那叫什么？

赵一荻：打巴克了。

张学良：打打牌玩玩。

赵一荻：打打牌呀，朋友家玩玩什么的，他们招待他嘛。

张学良：我意大利乡下还住了，在那，不是乡下，那——

赵一荻：班尼地鲁克。

张学良：班尼地鲁克，我在乡下住了相当时候。

访　二：您喜不喜欢它那儿的风景？

张学良：那，那——

赵一荻：他不怎么喜欢意大利，我觉得意大利很好，不过意大利不像英美那么样的干净啊，那么样的守法啊！

张学良：我在意大利时候，主要的是说话很难，我不会说意大利话，他们意大利人都，英文他不太懂的。

赵一荻：他们法国话会说，英文很少。

访　一：那您那时候跟人家交谈呐，都是谁给您做翻译呀？

张学良：我带的翻译不会说意大利话，是说法文的。

访　一：不是那个伊雅格？

张学良：不是伊雅格，是一个中国人，姓沈的。

赵一荻：他一个秘书。

访　二：那您也去了，是吧？

赵一荻：我也去了。

访　二：孩子们也去了？

张学良：都去了，全家都去了。

访　一：他们学意大利文没有？

赵一荻：没有，没有，很短的时间，Bobby 那时候很小嘛。

张学良：回来 Bobby 请了一个。

赵一荻：保姆，意大利人。

张学良：是意大利人。

赵一荻：不过她会说英文的，那个保姆。

访　一：那您这一段过程，除了应付这一些社交上的活动，去看看风景什么的，也就是说，没有一个主要的目的？

张学良：没有，没有，没有带什么政治的事情。不过我跟国内，那时候蒋先生把我叫回来，没有什么政治，后来因为粤（闽）变就把我叫回来，那不我还在意大利待着，不是意大利，还在欧洲待着，我不想［回来］。

访　一：我记得您上一次也说在英国的时候，您曾经到了一个他们社会上，可以说是高级的绅士阶级的来招待您，您也见了很多英国当时的这些个——

张学良：也不是，也没有见到英国太多，我是跟英国，还是私人的交情，一个是那时候英国的首相，叫麦克唐纳，他的儿子我们喊他叫小麦克唐纳，原来他到中国来我招待过他；一个还有他陆军的，现在叫国防部长，那个人，我跟他也是朋友，他也到过中国，我跟他，这就是私人的来访。

赵一荻：私人的来往。

张学良：我那时候是这样，所以那个麦克唐纳，他当时都很，日本人都提出来，因为日本怕我到外国去，好像——

访　二：怕您跟他们接触？

张学良：他们差不多也等于明说，说我们不能公开地这样欢迎你呀，就是因为日本的问题①。

访 二：避免刺激日本。

访 一：那时候英国跟日本只是想分分，分我们中国嘛。

赵一荻：他说那时候英国想跟日本分中国，那时候，并不想。

张学良：什么？

赵一荻：他说英国呀，想跟日本分中国，那倒不是，不是那个时候，那已经过去了。

张学良：那倒没有，已经过去了，换句话，那个时候，英国相当地怕日本。

访 一：噢，怕日本？

张学良：不是怕，是不愿意跟他——

赵一荻：日本有，不愿意惹起日本的反感。

张学良：同时，那个时候，英国自己他们也是两派，保守党和那个——

访 一：劳工党。

赵一荻：工党。

张学良：工党，那时候，麦克唐纳这个人呐，他一方面是工党，一方面他很摇动，这个人，所以他也很怕。

访 一：那么您所到过的这几个国家，包括北欧的几个国家，可以说是在艺术上，在所谓的西洋的文化艺术上，都是非常有代表性的，而且可以说，接下来的文艺上的遗产是很丰富的。您在，您自己呀，我们对您的了解啦，对书法呀、艺术呀，都有相当的欣赏，那您这个旅行这个过程，有没有接受一些西方的艺术？您对西方艺术的欣赏有没有什么改变？

张学良：那也没什么改变，我们到各处看看，我是喜欢什么玩意儿都看，还到那个什么？

赵一荻：Venezia 呀！

张学良：到那个，那个庞贝古城②，我到庞贝去，我特别到庞贝去。

赵一荻：看看古迹呀。

---

① 1902 年 1 月 30 日，英日两国签订《第一次英日同盟条约》，协调两国在朝鲜和中国东北利益均等的步调。1905 年 8 月 12 日，英日两国签订了《第二次英日同盟条约》。第二次盟约与第一次相比，内容上有明显的扩大，其中以明文承认日本对朝鲜有政治、军事、经济上的卓越利益。1911 年 7 月 13 日，英日又签订了《第三次英日同盟条约》，重申前两次条约的内容。1921 年华盛顿会议上，规定英日第三次同盟条约失效，至此，英日同盟条约废除。

② 庞贝古城，距罗马约 240 公里，是古罗马城市遗迹。

张学良：你知道，Last Days of Pompeii，有部小说，你看了吗？

赵一荻：有部电影嘛，Last Days of Pompeii。

访　一：啊！对，就是那儿呀？

张学良：那个地……你应该去看呢，它有本书。

赵一荻：它就是有一个地震，火山爆发嘛，把整个一个——

张学良：这本书谁作的呢？就是李顿他的爸爸写的。

赵一荻：我不晓得谁作的，人家当年的文化了。

张学良：李顿调查团，他的父亲写的。那庞贝是可以看的啊，那很，现在更好看，现在挖出来很多，还要好看，可以看到那个时代的历史的事情，不能说是全部，看出一部分，我因为喜欢考古哇！

访　一：往往啊，我们有很多中国人，看到一些西方的古迹呀，历史上的遗产呀，就说，呵，这算什么？因为我们的东西多得很，比你们老得多，历史悠久得多。您觉得这种看法怎么样？

赵一荻：不一样。

张学良：不一样，不但不一样，我跟你说，中国人自大，那我到庞贝，我看到一件事情，我心里想，那人家，那庞贝也就几千年了一千多年了，那人家有水管子呢。

访　一：自来水的供应？

赵一荻：不是自来水啦，就是——

访　一：下水。

张学良：我们连懂还不懂呢！没呢！中国人自己，我对中国人这些地方，那个——

赵一荻：我们中国人也有了，不过两种文化。

张学良：不是两种文化，你这话还不对，那我们实在不够进步，在文明上。中国人的文化呀，我跟你说这玩意儿，她说这个，中国的文化，我们受了中国文化的捆绑，中国不在科学方面发展，尽在文字上，在这上搞了，所以才……当年要是有人敢，谁也不敢提，没人，我们中国的科学相当有哇。我说不出来了，在这个，中国有两套这个，《[古今]图书集成》①，《图书集成》里有，这东西好像是在明朝时代。

---

① 《古今图书集成》，原名《古今图书汇编》，是清朝康熙时期由福建侯官人陈梦雷（1650—1741）所编辑的大型类书。全书共10000卷，目录40卷，共分6编32典。本书编辑历时28年，是现存规模最大、资料最丰富的类书。

21. 宋儒理学阻碍了自然科学

访 二：有一个《天工开物》①。

张学良：有一个，后来咱们中国人真是干什么，后来甚至说他怎么，什么巧夺天工，留声机呀什么，他怎么发明了什么不知道，反正是你把话说在这里头，我要跟你有什么几千里地，我要把这东西说在这里头，把这玩意儿带到你那儿，你打开你就可以听。

访 一：啊，那跟现在唱片似的。

张学良：就跟现在留声机是怎么的，好像留声机大概怎么个事儿。后来就，压他不要他了，不要他传这玩意儿。

访 一：您记得当初把他压下来，不要他传这玩意儿，是出于什么原因吗？

张学良：什么？

赵一荻：什么原因不让他出这个东西？

张学良：那记不住了，在《〔古今〕图书集成》上头有。

赵一荻：是不要他出嘛！

张学良：不是，不是，大家都说，不不不不好，这个东西不好，这个东西好像还是政府的，详细的我说不出来了，那有好多事情，中国的，中国有好多，就是在建筑上呀——

赵一荻：墨守成规。

张学良：这东西受了谁的影响？受到这宋儒的影响②。

访 二：宋儒。

张学良：嗯，就讲气③，讲这一套。

访 一：神妙。

张学良：是，讲心学，尽讲这一套，中国在历史上有很多的发明的人呢，那

---

① 《天工开物》，中国古代一部综合性的科学技术著作，初刊于1637年（明崇祯十年）。作者是明朝科学家宋应星。它是世界上第一部关于农业和手工业生产的综合性著作。收录并总结了中国古代农业、手工业、工业——诸如机械、砖瓦、陶瓷、硫黄、烛、纸、兵器、火药、纺织、染色、制盐、采煤、榨油等生产技术。尤其是机械，记述更为详细。作者在书中强调人类要和自然相协调、人力要与自然力相配合。外国学者称它为"中国17世纪的工艺百科全书"。在国外先后被翻译成多种文字。但由于清朝的文字狱而使其失传，直到20世纪30年代才从日本传回来。

② 宋代的儒者，一般是指宋代的理学家。汉代儒者专言训诂，而宋代专言义理。张学良认为这种专言义理，严重地影响了后来的自然科学的发展。

③ 《朱子语类》卷一中有："天下未有无理之气，亦未有无气之理。"认为理气不离，然而两者并不是平等二元，而是"理"为形而上，"气"为形而下。两者的结合才有物的形成和产生。

都给那时政府，不但不提倡，而且压制他。

访 二：妖言惑众！

张学良：不要做这些东西。像火药吧，本来是中国早先，那个时候等于地雷一样啊，后来把这些都给压下来，都不让。

访 一：这话又联系到您在讲武学堂的时候，您自己学习时，后来您整军时，有没有介绍他们一些中国历史上在军事发展上的军火、军械和军事策略？有没有？

张学良：等我出来带兵，就不讲这个，就是出来带兵打仗，都是这个，打仗，那时中国，我的脑筋比较可以说新的，迫击炮在东北，那也是外国人独臂沙顿（Sutton）带来的，他来的，我说赞成他用这个，奉天开了一个迫击炮厂，特别为他开了一个厂。不在兵工厂，在兵工厂之外，专门开了一个厂做迫击炮，我们开始作战，因为这迫击炮威力很大。那时候，直系没有哇。那时候他们不知道这炮怎么来的。我当时还有一种叫枪榴弹①。

访 一：枪榴弹是什么？

张学良：就是用步枪可以打出去，等于手榴弹，手榴弹你只能撇这么远呢，这个枪榴弹可以打出去几十米、一百米了。放在枪上，子弹一打，就能给带出去，而且可以空炸。所以当时，那个我们打了一个小胜仗，当时他们疑惑，怎么有这些炮兵？疑惑是炮兵来了，那时候奉天炮兵本来很有名，说怎么这些炮弹打过来。

访 二：又回到建军，东北讲武堂，这新式军事知识是谁教呢？

张学良：那有教官。

访 二：教官是从哪儿来的呢？

张学良：那时候中国是两派，一派是日本士官的，一派是陆大的。在内地呀，不是在东北了，过去有个速成学校，后来变成了保定军官学校。差不多都从这里来的。

访 一：您说假如我们的文化和我们的民情，对于科学的知识跟对一些文艺的发展一样重要的话，我们基于过去历史上有那么多发明，我们的军火、军事器械会不会的确能够支撑我们的军事？

---

① 枪榴弹，是挂配在步枪管前方用枪和枪弹发射的一种超口径弹药。是步兵近距离上使用的点面杀伤武器，主要用于杀伤有生目标，摧毁各种轻型装甲目标、永久火力点等野战工事。可分为杀伤型和反装甲型。

张学良：这话，就是理想了，那就不知道了，那不敢说。但是我就说，中国由于宋儒［理学］，这种思想就把科学文化压下去了。

访 一：不太注意？

张学良：就是，尽讲这种，本来咱们老总统他是赞成这套，我是不赞成，他让我念《明儒学案》，他也是，我是反对的，我很反对，在中国所谓心学了，比如这些事，我都……阳明学说，我本来研究王阳明学说，蒋先生对阳明，他说这句话我就非常的，我就给他批评，假如我批，讲阳明学说给他们听。就说看花，王阳明说，我看花花就在，我不看花就不在。那这完全心学话来了，懂得吧？那我就给他加上，你看花花也在，你不看花花也在①。（笑声）

访 一：花还在！

张学良：讲这思想，这完全讲心。所以中国现在，我承认，我自个儿承认，当然共产党不同了，那么总是过去这几年也不同了，那么过去的，怎么能这样的低下来，就是这种心学啊，你不注重，你完全注重这套来了那就不行，你这世界人家全都是科学往前推进，你还……所以，我对胡适之这些地方，但是没彻底，什么打倒孔家老店，实在是这些学说的，不过孔家、儒家的，他是一种政治的学说，不是一种整个社会学说，它是整个儿，要说起来这个儒家思想啊，只能说是一种官的，做官儿的一种思想，治国嘛，完全做官的。你没讲到治民怎么发达，农业要发达，没有这思想。

访 一：所以您在欧洲，比如说在庞贝，您看到一千多年以前，就已经有了水管子，从这一个小事情就证明，当初他们文化的发展是平衡的，是科技，科学技术方面和文艺方面是共同发展的。

张学良：这个话也这么讲，我当然对欧洲的这个文艺上的思想，我不是太精通，我看人家的文艺思想，是帮助科学往上上的，明白？

访 一：噢，相辅相成。

张学良：那中国这发展呢，是在文学上压着这个发展。所以有这不同一点，这个不同之点，就是宋儒的思想。

---

① 张学良在被囚禁期间，于1939年12月间被转移到贵州修文县的阳明洞。早在四百年前，王阳明被贬为贵州龙场（修文县治）驿丞。并在这里形成了他的阳明学说，蒋介石安排张学良在这里，有意让他学习王阳明潜心学问。1941年5月，张学良移居贵阳麒麟洞，应贵州省主席吴鼎昌之约参加一次诗会。他即席吟诗一首《答诗友》：犯上已是祸当头，作乱原非余所求。心存广宇壮山河，意挽中流助君舟。春秋褒贬分内事，明史鞭策固所由。龙场愿学王阳明，权把贵州当荆州。

访　二：让人没有精神。
访　一：可是这一点点不同，虽然听起来好像是一个很小的，但影响了以后的。

22. 所谓武力都是科学的武力

张学良：不是很小，这是很大。那么你就是自唐朝下来，唐朝多少还有一点这个，可是大家从来都讲作诗，做文章的，那中国的玩意儿讲唐诗宋词汉文章，打这套来了，没有讲到一个，不研究，不提倡，不但不提倡，它压制这种事。

访　一：假如说现在这件事情，中国文化发展，请您来说一说，根据您过去这么多年的经验，以及您作战、政治以及国家治理方面，您有这么多经验，您现在希望我们应该怎么发展？

张学良：这很简单，你看人家先进国家怎么就可以，在那看得很清楚。那人家是，换句话，不但是你说平行，不是平行，而且完全是在科学着重的，我们现在也知道科学这东西，你明白？这现在你没有科学，你怎么能？你比如说，咱们现在可以看，俄国跟美国他们两个大国竞争啊，他们是争什么？核子武器，那么还不都是科学的事情？现在所谓武力都是科学的武力，不是光你的兵好，我的兵好，不光是那个了。

访　一：除去武器之外，还有一些个其他的军事策略方面。

张学良：那是另外一件事，我就讲刚才说到的军事策略、军事人才，就是教育了。

访　一：刚才说您看到了这些古迹之后，您觉得他们的艺术方面的发展，好像跟科学方面是相辅相成的。

张学良：我说有关系。

访　一：那么，您看到这个，对您回到国里头，您很积极地希望作军事培训的工作有没有影响呢？

张学良：什么？

访　一：就是回来之后，老先生说您挑吧！您本来的意思想给他训练军队，是不是您在海外所看到的这些情况，对您——

张学良：不是，我那时候我就不想打仗。作个训练呢，甚至于想放弃，这是

　　　　　我当时的思想，我不想带军队，我主要不想带军队，甚至于我要脱离开东北军呢！

访　一：这话都是假想了，您如说您想回来脱离军队，我就瞎猜呀，可能猜得很错，因为您看到海外那些国家那些个精华，艺术方面的、科技方面的和当时政治方面的，所以这些，对您思想的改变都有影响。

张学良：那当然都有了，都有。简单的话，虽然我是个军人，我根本就不想做军人，这个原因很大了。

访　一：回来以后，如果说您真的有自己的选择的话，您会不会选择不是训练军人，而是从事整个国家政治方面，您想做点，比如说教育方面，搞全国的教育，应该认为我们——

张学良：那我可没么大的，因为我不是出身教育的，我不是一个真正出身教育的，我是想，简单讲，我自个儿不想带兵。

访　二：蒋先生请您回来的时候，您在什么地方？

张学良：唔？

访　一：您那时候在哪个国家游历？蒋先生给您打电报让您回来？

张学良：那个，我们在意大利吧，我们就在意大利待着了，意大利等于我的家了，等于我的根据地一样，除了出去玩，到英国，到哪儿。

访　一：哦，还是出去了就回来。您那意大利的房子是租的吧？

张学良/赵一荻：租的。

23. 你到外国去你反而要爱国

访　一：您后来有没有机会看看那个房子？

赵一荻：我们游览就没出去过！

访　一：您有没有亲戚朋友……

赵一荻：那叫？米斯克。

张学良：班尼地鲁克。

赵一荻：我们租的房子是在……米斯克。

张学良：后来我们，完了的时候，我们把汽车什么的都给了意大利中国公使了。

赵一荻：他是一个侯爵，好像是。

张学良：谁？

赵一荻：租给我们房子的那人。

张学良：不是，是……

赵一荻：那还小一点点似的，大概是。

张学良：他的房子，我们租人家的房子，全体租，连佣人都有，人家避冬去了。

访　一：那时候中国公使是谁？您不大记得了吧？

赵一荻：记得，中国公使是谁？刘文岛嘛。

张学良：是刘文岛①，后来是刘文岛，先是王，王什么，王荣宝的儿子②，他叫王什么？说不出来。那时候是代理公使，可怜得很，那时候中国，那公使馆没有钱呢！

访　一：那怎么做外交？

赵一荻：你们不知道。

张学良：你别提了，你提这，我加上，这说出来给中国丢人的事儿，你别提了。

赵一荻：不要提。

张学良：别录！

（录音中断，约7分钟）

赵一荻：就是走私了。

张学良：换句话，简单说，他把你看成低下的民族，所以难过得很呢！

赵一荻：你不到外国去呀，你不爱国，你到外国去你反而要爱国。人家看不起你呀，人家的国家怎么样，我们的国家什么样！

张学良：你没人格呀，跟人家不能——

赵一荻：所以亡国奴。

张学良：不是亡国奴，不是，完全把你看成黑人和像那种人一样。

访　一：下流人。

24. "领事贩卖人口"，丢尽中国脸

赵一荻：我那次到菲律宾，那我们还算是特权阶级呢，下了飞机，下了船，那时候没有飞机，下了船，行李就不准拿，不准拿怎么办？那么热，什么

---

① 刘文岛，曾任汉口特别市市长，1933—1941年任驻意大利公使。
② 即王广圻，1915—1930年间历任驻比利时、意大利、荷兰等国的公使和大使。

也没有，找中国领事馆，找中国领事馆要去，上面海关要他们不给。
访 二：什么理由？
赵一荻：你们中国人的东西我要检查嘛！
张学良：都要检查。
赵一荻：要等两天才能拿出来呢！
张学良：都要检查，因为你们中国人乱带，什么都带。
赵一荻：什么走私呀，乱带东西呀！
张学良：鸦片烟啦，什么都往里带。那不怨人家，一点儿都不怨人家呀！
赵一荻：不怨人家呀，不怨人家，你能怨人家吗？
张学良：我跟你说，大概你们都，我跟你说，那个我们中国的一个领事。
赵一荻：还有是你们欺负欺负没关系呀！
访 一：对！这点儿是。
张学良：你们不知道，那中国领事，中国领事，在哪儿的领事？他说，他贩卖人口，他带个女孩子。
赵一荻：他说是他女儿。
张学良：他说他女儿，完了他怎么那么多女儿？叫人查出来，因为那是哪儿？
赵一荻：南美呀！
张学良：因为没有中国女人。
赵一荻：华侨要娶太太，娶不着太太，他要娶中国人。
张学良：卖很多钱。
赵一荻：姓廖，那个公使好像是。
张学良：啊？
赵一荻：那个公使，姓廖好像是，姓什么我不记得了。
张学良：不是公使，不是公使，是领事！是，是好像姓廖。
赵一荻：卖好多钱呢！
张学良：后来叫人家查出来，你怎么这么些女儿？海关他是，怎么你女儿怎么又变了，你……后来查出来他贩卖人口。你看，丢脸不丢脸，人家，这报上登这么大字——"中国领事贩卖人口"，哪个国家干这种事儿？所以有好多地方，现在好得多了，那个时候真是不敢出去，没地方待呀！
赵一荻：出门了结果很丢脸。
访 一：人家看，都是中国人嘛，不知你是谁嘛。

张学良：不是旁的，你中国旁的都好，尽干坏事儿呀，你贩卖人口，贩卖鸦片烟土，你说这事儿！

访 一：您说是不是因为穷才干？

张学良：嗯？

访 二：不见得，穷应该有穷骨头嘛。

张学良：嗯？

25. 那时北京政府发不出饷啊

赵一荻：她说是不是因为穷。穷也是一个理由，那时候北京政府①，有时候一年都不发饷！

访 一：薪水没有？

赵一荻：你都不知道？

张学良：没有钱呢！

赵一荻：这真是历史呀，那时候我父亲在交通部做事，一年一年的不发薪水！

访 一：不发薪水？

张学良：你们这都不知道呀！

访 一：不知道。

张学良：北京那时候欠薪水。

访 一：历史上从来没有人告诉我们。

赵一荻：我那姐姐，我不讲了，她丈夫，留法的学生嘛，在空军里，不能养家呀，就得吃她的嫁妆，就吃她的嫁妆，太太娘家带来的钱呀，东西呀，卖了吃，那时北京政府，那是谁做？

访 一：黎元洪？

张学良：嗯？

赵一荻：那时候，什么年代，民国十年？九年？

张学良：民国十一年、十二年的时候。

赵一荻：民国十一年、十二年的事儿，不知是哪个政府，真差劲！

张学良：那时候反正北京政府。

赵一荻：十一二年，反正那个时候，我都记得，我在北平，那孙中山的灵车

---

① 北京政府，1912—1928 年北洋军阀历届政府统称。

在中央公园里头，我们去瞻仰去嘛，那什么年头？你容易查嘛。

张学良：段祺瑞时期，那个时候，不管是谁呀，那真是没钱呐，要紧是没钱呢！

访　一：不过您说过，奉天是很富足的，在奉天，也就是说，老帅那个时候统治有办法，而且，的确是一个领袖，所以奉天政府没有说缺饷什么的，可是其他政府，您说他们也应该很富足。

赵一荻：常常换嘛，换总统。

张学良：那个时候，北京政府，你这个话，其他政府，这句话你问，换句话，北京政府钱从哪儿来？

访　一：不知道。

张学良：他没地盘，钱从哪儿来？

访　一：直系呀，河北省。

张学良：啊？

访　一：河北省。

张学良：河北省是曹锟呐，是直系呀！他北京政府他哪儿来钱？

访　一：啊！是这样！

张学良：你明白？他养那些官员，他发不出饷来，那哪儿来钱？他没钱，没收入哇！他那个时候，北京政府，你知道愿意干什么呢？最不喜欢干是教育部的，那教育部一个钱没有，喜欢干司法部的。

访　一：司法部？可以贪污？

赵一荻：打官司呀！

张学良：打官司可以拿钱，想法贪钱。

访　一：教育部没钱贪！

张学良：那个时候的事儿——

赵一荻：这就是历史啦，你们都不知道！

张学良：你们一点儿不知道，不知道。

访　一：那大家怎么活呀？

张学良：那，你是说，很好，那一欠饷就欠多少年呢？

赵一荻：一年一年欠呢！

张学良：好几年没领着饷，他还是干，还想法子活着。

访　一：也就是说这件事有两面。

张学良：上帝也没饿死谁。（笑声）

访　一：上帝的恩典，真是上帝的恩典，这件事可以分两方面看，一方面是这些给北京政府做事的人，还这么忠心耿耿地做事，没有薪水也——

访 二：他这样做事，不是为国家尽忠心吗？

张学良：你那尽忠的话，你问我，我是真是没这体验，为什么呢？我没干过这事，我没给政府——

赵一荻：我们那会儿，就在天津、北京，也那么过来了嘛。不过是这样了，问题是这样，当年在这个时代以前呢，大家都有点钱。

访 一：花自己的老本儿。

赵一荻：花老本儿嘛！

张学良：也不是花老本儿，差不多那时候呀，也可以这么讲，到政府［做事］的人，都是相当在自己家里都是——

访 一：有钱的人。

赵一荻：有几个就是以前——

张学良：都是另外，不是搁——

赵一荻：有一部分人就是这样，那个你晓得不晓得，一上任一发表，你是哪个部的，从前不叫部长，从前叫什么？总长，一发表了就给老太太做寿，就收礼，完了就说嫁女儿，收礼！（笑声）

张学良：嫁女儿。（笑声）

访 一：收红包。

赵一荻：所以有财源呐！

张学良：你知道还有这个问题，中国社会的，大概现在，中国那个时候讲捐官①，你们都不知，花钱捐官，可是到了民国，就没有捐官这一说了，那等于捐官一样呀！

访 二：还是捐官。

访 一：变个样儿。

张学良：你发表了，你当这个总长，你最少可以给我个顾问呢！有钱的人，有身份呢，明白？

赵一荻：那也是，他某一个总长，他就带他自己原来那一套，比如，交通部，他有交通系；司法部，他有司法系。是这么样！

---

① "捐官"又称捐纳，是封建社会时期为弥补财政困难，允许士民向国家捐纳钱物以取得爵位官职的一种方式。捐纳泛滥的结果，是官员腐败，贿赂公行，贪污成风。所谓"三年清知府，十万雪花银"，买一个知县要4600两银子，但其薪俸只有60两银子。为尽快拿回"捐官"钱，为事官员多会选择收受贿赂，捞回本钱，却无心做事。吏治一坏，盗贼四起，严重的政治社会问题随之出现。

26. 我姨说你小子不是个东西

张学良：也是这样，大家都是，这怎么讲，富啊就想贵，差不多有钱人呢，很情愿送礼呀，你给我什么。

访 一：小官。

张学良：那弄个小名义，旁的名义弄不到，弄个顾问，你知道我这人，我就不，好像夸我自己口，我自个儿的亲姨，我母亲的三妹，我母亲行二，我的三姨，我三姨总骂我，说我眼睫毛不认亲。（笑声）她儿子，就是我的表兄弟了，她让我给他什么，我说他能干什么？哎呀！只要你给他个事儿就行！我说那事儿不是我的，那是国家的，我不能随便给。你，你就不像你爸爸，你旁的不给，给个顾问。我说干吗给顾问呢？他给我顾什么？她说你小子不是个东西，你就不认亲，你。我不能那样做，我说我不。她骂我，她说你给个顾问还不行？我说他凭什么，我给他［个］顾问？他有什么贡献了，我给他顾问？他什么都不懂挺着个大脑袋，我们就管他叫李大头。她骂我，都骂我，他们都骂我。

赵一荻：鸡狗都升天嘛，一人得势，鸡犬升天。

张学良：到现在是这样子。我有个亲戚他托我，我本来［找他］到我家来还来，就因为他托我一件事儿，我火了。我在我家里我说我不找他来，他两个儿子托我给……他听说我跟他俩好，他两个儿子都在做事。我说，我这人向来一听人家说这套，我不干那个，我说你别来，我也不请他了，我不理他，我这人也是，我这人怪人，我怪。

访 二：您是正直。

张学良：也不是，我怪！我从来不给人推荐什么，写封信什么的，我从来不。给人说人情的事有呀，有过很少，看什么事情，我说人情甚至那人一点儿不知道！

赵一荻：那时候政府也换得很快，几年就换人了，那也没有法子做事，做什么事？

张学良：那时候北京政府呀，我跟你说，有一个时代，北京政府就是我跟张宗昌两个人①，那时候北京政府我们两个人就，那国务院总

---

① 张学良所说的这个时期，是从段祺瑞于1926年4月20日离京赴津，宣告引退下野开始。当时，段祺瑞离京前令准贾德耀内阁总辞职；特任外长胡惟德兼署国务总理，摄行临时执政职权。而此事并未征得胡惟德本人同意。这样，北京政府实际上就出现了权力真空。4月22日，张学良与张宗昌、李景林先行进入北京，以期安定秩序。直到6月28日张作霖和吴佩孚在北京会晤止。

理就是——

赵一荻：顾维钧。

张学良：顾维钧。那等于我们两个人就是皇上一样，有一个时代，有一个小时代。

27. 当了代表说自己"没带表"

访　一：那会儿不也有议员吗？

张学良：有什么？

赵一荻：哪有什么议员呀。

访　一：有没有议会？

赵一荻：没有什么议会，议员、议会我就没听说过！北京政府有议员吗？

张学良：有众议院、参议院，两院①，那个谁就是，那个刘哲②就是参议院副议长。

赵一荻：不知道，那时候我还小。

张学良：咱们看那谁，那个现在姓王，他叫王什么？那个财政部次长，当过财政部次长，他爸爸王家襄③就是参议院的议长，所以我怎么认识他呢！

赵一荻：王什么埗呀？

张学良：王什么埗④。

访　一：那会儿的参议院是怎么选出来的？

张学良：老百姓选出来的。

访　一：那会儿就有选举呀？

张学良：选举呀，各省议会选出来的，和现在的监察院的意思一样，由省议会选出。哎，怎么选，还不一定，反正是选出来的。

---

① 1912年南京临时政府成立了"临时参议院"，由参议院制定了《中华民国临时约法》。1912年8月10日，由袁世凯颁布《国会组织法》规定：国会由参议院和众议院两院构成，两院职权相同。1928年10月8日，南京国民政府公布了《中华民国国民政府组织法》。规定国民政府由"行政院、立法院、司法院、考试院、监察院五院"组成。

② 刘哲，吉林永吉人。历任吉林省议会议员、议长，北洋政府总统府顾问。1922年任国会参议院议员。1927年出任潘复内阁教育总长。后历任东北政务委员会委员、东北边防司令长官公署参议、哈尔滨中俄工业大学校长、行政院驻北平政务整理委员会委员等职。1935年任冀察政务委员会常务委员兼东北大学校长。1947年任监察院副院长。

③ 王家襄，北洋时期参议院议长。

④ 指王绍埗，王家襄之子，曾任台湾省烟酒公卖局局长、"财政部"常务次长等职。

访　一：东北有没有代表？

赵一荻：你给她讲那个笑话。

张学良：那是另外一件事儿。

访　一：您别忘了。

张学良：等我先说这个，那是选出来的。

访　一：是选出来的。

张学良：选出来的，都有代表，众议院、参议院两个，所谓参众两院嘛。

访　二：参众两院，对。

张学良：我跟你说，她刚讲这代表的笑话。我们省政府，各县开一个会议，各县都派一个代表，开一个地方的政治性的会议。那么各县，我就说这个县叫盘山县，是个小县，那么推选的是地方的土绅士，相当一个小绅士，就把他选上了，这个人从来没出过他这个县，外头的事儿一点也不知道，那么就到了沈阳城了。这是旁人告诉我，告诉我这个笑话。那么各县的代表哇，在省政府去报到点名，点名，没地方呆，就坐在那个台阶上。奉天省政府很好，建筑的很好哇，就在那台阶上坐着，人家就喊，就点名。点名嘛，就喊这个县代表，那个县的，他是盘山县，喊盘山县代表，他就没答应。旁边有人〔问〕，你是不是盘山县代表？你是不是代表呀？哎呀，他说穷的呀，苦得很，买不起表，我没带表（笑声）我就没带表，你们都阔气，你们都带表！哎呀！（笑声一片）

赵一荻：当年老百姓，他根本没有这种知识，什么代表不代表！

张学良：什么叫代表？他都不明白什么叫代表，那老百姓说话，说了很多的笑话，我现在想不起来。

赵一荻：你们现在都听不见。

访　二：这真是！

赵一荻：怎么有这个呢？就是对国家有影响，因为老百姓实在是——

张学良：那时候也不像现在交通这么样。我部下，我不跟你说过吗？我的部下，一个师长，他原来是个土匪，察哈尔的，不，不是我直接的部下，后来在我手底下第五师，骑兵师师长①，他原来是察哈尔的收编军队，后来就归我了。那个时候，老总统啊，蒋先生，各地方师

---

① 即白凤翔。白凤翔，东北军将领。原为土匪，1928年率部投靠奉军。1935年任骑兵军第六师师长。

长啊，他都去看一看谈谈话，哈！头一名把他点上了。这下子我说糟糕了，这怎把他点上了，让他去，这怎么办呢？我就告诉他，我说你呀，到那儿，蒋先生这人很好，你见着他跟见着我一样，你不要害怕，也不要畏惧，你要说什么就说什么。我说他人很随便的，你不要畏惧，你不要。这就简单了，他就去了，去了回来，我问他，那时候不叫总统，叫委员长，我说委员长见着了？他说见着了，你怎么回答的？他告诉我，他说了好多。我就说了，"委员长，请你不要讲，你说的话，我一点儿不懂，你说的什么我不懂，你知道我是谁吗？我是土匪呀！我是土匪，我服从张副司令啊，张副司令让我杀谁我就杀谁，要我打谁我就打谁，他说张副司令服从你的，你要杀谁你告诉张副司令我就去杀，我打去，你不要跟我说这些，我都不懂！我都不懂，你不要讲了，你不要说了。"我说委员长怎么样，他说委员长笑了。我说你这个人！委员长没碰见过你这个人！

访　一：不，这事也对呀！

访　二：阶级服从嘛！

张学良：什么？

访　二：服从。

访　一：他服从您，您服从老总统，正合适嘛！

张学良：是，"我就回答委员长，你要杀谁，你告诉张副司令，他告诉我，我就给你杀去。"（笑声）

28. 吴佩孚说我是黄口孺子

访　一：您刚才说在北京有一个时期就等于说您和张宗昌是，就是北京政府，那时候。

张学良：没有政府了。

赵一荻：那以前是哪个总统啊？

张学良：黎元洪，好像是黎元洪，现在你问起来，我都说不出来了，那是民国十二年还是十三年呢，我弄不清楚了，我现在记不清楚了，我向来对——

赵一荻：记得那个总统，不记得什么时期。

张学良：北京〔政府〕没有了，不是，北京那时候，北京国务卿是那海军，那是他，那个时候，我们去的时候，北京政府整个跑了，垮了！那个时候我父亲被通缉呀①！打仗嘛！跟直系打仗！明白？

赵一荻：那总统是直系的。

张学良：直系呀。

赵一荻：谁呀？

张学良：直系任命嘛，大概是，是，黎元洪是谁，政府是海军的那个。

访 一：梁士诒？

张学良：不是，他是海军的，忘了说不出来，那人很好玩，我们到了政府，外交部长是谁嘛，是顾维钧。我跟你说，中国这些大人物呀，军人呐，吴佩孚是中国最有名的，我最看不起他。他这个人呐，吴佩孚这个人呐，我在研究他，他脑筋有点儿，有点神经，是！我不是说笑话，他多少有点神经，我跟你说他几样事情啊，你看看他神经，我就说他这段事情，我别讲太多。他到了北京叫四角堂，四角堂是总统府里有个地方叫四角堂，他到四角堂你说他多骄傲啊，所以我说……（听不清一段古文）。他到四角堂啊，阁员都去见他，这是顾维钧讲的，那时候顾维钧是外交部长，他讲话有点磕巴，他告诉顾维钧他说是是是，他总这么讲，他说"是是是你赶快办外交，我来了，张作霖一定跑了，你上日本办外交，别让他跑到日本去！"你看这个人，这仗还没打呢！我打仗时候，我没跟你说，所以说他有点神经！他那玩意儿我还留着，可惜我在奉天在我家里，哎呀！很好一张纸呀！你们看过从前那办寿呀！给人写，那种——

访 一：寿字。

赵一荻：那种纸。

张学良：那种纸，他自己印好的，这个得从头里说，不说你们不知道。我们在山海关打呢，打得很厉害的时候呀，陆军第一师师长叫张治公②，因为我们后来打，把他侍卫队都抓住，他跑了，他收到这玩意儿，

---

① 1922 年第一次直奉战争，奉军战败，北京政权遂为直系军阀所独占，总统徐世昌遵照直系的旨意，于 5 月 5 日下令以战争祸首罪名通缉叶恭绰、梁士诒、张弧三人。5 月 10 日下令免除张作霖的东三省巡阅使、奉天督军、省长各职，听候查办。

② 张治公，原为豫西镇嵩军标统，后任陕军第二师师长。1920 年投靠直系。第二次直奉战争中，随吴佩孚到山海关与奉军作战，任第七路司令，遭到失败。张学良说其为"陕西第一师师长"有误。

在我打得最激烈的时候,他向吴佩孚去告急呀,求援。这吴佩孚呀,人家告急了。你知道我们军队有一定规矩告急。他(吴佩孚)给他(张治公)来这么一个玩意儿,就给写这个条,我到现在还[感到好笑]。前头一段,后头我忘了,前头一段就是:"张学良什么东西",不是,头句是"张学良黄口孺子,什么东西"?就说我是小孩啦,再往下怎么说,反正"我呀,你不用着急,你不用害怕,我明天来,他一定跑了"。我明天来,到前线他一定跑,所以后来我总开玩笑,我说"我倒没跑,他跑了"!你看这样指挥军队,算什么!我当时看了,我笑了,拿这个指挥军队他怎么会指挥军队,怎么能正式作战?可是那个时候呀……我跟你说,西蜀无大将,廖化做先锋。当时啊,在我打仗以前的时候,中国军人念过书的没有几个,那么他呢,所谓第三师①呀,他也不能说训练太好,他那个第三师最早。我跟直系后来作战,他那个最没能力的,打仗一打就打撒了。不过人家听见第三师,一听第三师都怕,都觉得他怎么样,其实我一点儿看不起他。

赵一荻:你那个战役讲过没有?

张学良:什么?

赵一荻:山海关战役呀!郭松龄撤走,调头回来了。

张学良:那等会儿再说,就说这,把他一下子打完,整个不但把他打完,等于说把北洋军阀整个没有了,他是北洋军阀的末期。

访 一:对呀。

张学良:那么,那我说这个人(即吴佩孚)完全是一个狂啊,狂妄!我认为他脑筋有点,不不不不,不大正常,他的太太很好,后来他到北京,换句话,靠着我吃饭了。

访 一:这兵权也没有了。

张学良:那个时候,那时南京政府也叫我照料他一下,那我们也给他钱,他太太很好,她常常请我们吃饭,我到他家,我最喜欢他山东带来的一种老酒,大概你们多不知,那炒米做的,米都炒煳了,做很少。所以我看这人呢,……我把这话又说得过长了,他在北京闲住的时候,因为他是山东人啦,那时候日本人来,要跟日本对抗啊,那时

---

① 吴佩孚曾任北洋陆军第三师师长,该师是北洋军的主力。

候各地都要做防空，那时候，发起防空呀要买飞机，地方啊，作防空，预备防空，他是山东人，那时候北京在商业上，山东占第一位呀！差不多都他们山东人，那么后来他就出来，"是是是你买什么飞机。"他反对，不要买飞机，不要用钱呐，因为要用钱，他反对。他说飞机来了，我一指唤它，它就掉下一个来。这不是胡扯淡吗？这个人，成了道士了。你还哪像一个重要人物说的话。

访 一：不像一个将军了，是吧？

张学良：不像一个重要人物，好像跟小孩子扯淡一样，所以后来我很看不起他。

访 二：您说他那个时候多大岁数？

张学良：他比我大，大几岁，我说不大清楚。

访 一：也就四十多岁。

张学良：那么他呢，因为他是个秀才。

访 一：对呀，他写的字。

张学良：他念过书，他最要紧的时候，他是在湖南的时候，他跟湖南革命，就是谁，谭延闿①，他跟谭延闿一个秘书，从那儿他出了一点名。他到那儿本来是打仗，他不但没打仗，等于合作了，就从那儿出一点儿名。这个人，就说他在山海关作战，笑话，我常说，我们东北有一位老先生，吴俊陞，你晓得吧？我们叫他吴大舌头。

访 一：对，吴大舌头。

张学良：他总是，他说人要抖起来呀，那是捡的，捡来的；他倒霉呀，那都自己找的。

访 一：也对！

张学良：他的意思就是，你干什么，并不是你的能力。我就说山海关作战，我给你讲过了好像，叫我把他打没有了，不但打败了，全军覆没，这个也是捡来的。

29. 吴佩孚不是一个好军人

张学良：我这个大将郭松龄啊，在山海关打了一半，他老人家火了，我们那

---

① 谭延闿，曾任湖南都督、湖南省省长兼湘军总司令。后任南京国民政府主席，行政院院长。

个时候是两个军，跟那个军闹意见，不干了，不打了，军队都进去了，打了，他老人家把军队给带回来了。

访 一： 对了，您说一会儿又带回去了。

张学良： 我跟你说过吧！

访 一： 以为你是战术。（笑声）

张学良： 结果，一跟人家闹，人家说他，他一火一气，一下子，……这个地形你知道不知道？

访 一： 知道。

张学良： 那我一说就得了，你先得找山海关。

（找地图）

访 一： 哟！咱们没印上。

访 二： 这儿，这儿！

张学良： 找铁路，画一条线，你这没山海关，有山海关吗？

访 一： 这儿，山海关！有！

张学良： 我跟你讲，这山海关，啊，你看铁路啊！

赵一荻： 你们小心感冒啊，好冷啊，这阵儿，穿那一件单衣，一看见你就冷。

张学良： 说热了。

访 二： 您看这是山海关，在这儿，北京在这儿。

张学良： 山海关，前面，往北京，往北京，在中间找秦皇岛。

访 一： 下头呢，北戴河！

张学良： 嗯，过头了，北戴河，山海关中间这儿，秦皇岛。

访 一： 这儿！

张学良： 你听我讲，这边，我们知道是山顶，这是平面图啦，这是山，我们在山海关对抗的时候啊，他所有的军队都在山海关这边，重要的军队，所以吴佩孚这个人不是个军人，不是个好军人。我们，我就说郭松龄一闹一追，跑回来，我一骂他激他，我说你死到前线死去，他又把军队带到秦皇岛去。你知道，就把他留在这儿了，他（吴佩孚）没地方走了，所以他从海上走。他个人走了，把整个的军队全灭了，他们带的军队都完了。

访 二： 他为什么把军队都搁在这边呢？

张学良： 嗯？

访 二： 他想再继续往，出关是不是？

张学良：我们在山海关打仗呢，所以我说他没用就是没用，你这句话问的，他那时候呀，我们在山海关就看见他，看明白了，我们把军队都从这边九门口运去，就简单说得了，我们山海关留了一旅人，留的这一旅还是东北军里头不是好的一旅，假如他那时候肯冲出来，那我们就完蛋了。

访　二：就把您给截断了。

张学良：我们就知道他不会冲，就看出他这指挥军队了。所以整个把他包围了，整个把他，所有的军队都全灭了。

访　二：他自己从海上跑了。

张学良：他从秦皇岛坐船跑了。他那时候，我跟你说简单说，后来这人联系不到，我一个团长，在前线，最前线是他，他就写了一个条子。那时候我当军长，他说军长，你赶快前进，他说我俘虏了兵啊，拿嘴巴子都会把我的兵给打死，他一团人俘虏了一万两万人。所以我跟你说，我看见那事儿，我真的几乎掉眼泪呀！我真是要哭了。一个军人呐，你知道我们当军人，到那个程度看见真难过极了，看见那个，我们那个兵是拿着枪，俘虏一万多人呐，"转过脸去！"都把脸靠着墙，"不许看！"就是，人家都拿着枪啊，不是没枪啊，他拿着枪呐，"架上枪！"就把枪架上。

访　一：哟！那为什么不回手呢？

张学良：所以兵败如山倒！所以我们中国有句话，兵败如山倒呀！那真是，他这两个人到现在我还佩服呢！那他两个。那时候他一师呀，那个师长叫彭寿莘①，那是直隶很有名的一个师。他两个师长都姓郭，那个师长还下命令，让那个兵冲锋，那兵都不动。

赵一荻：那吴佩孚都逃了嘛，你听着上头都逃了嘛！还打什么嘛！

张学良：啊？

赵一荻：他们听说，红胡子逃了！他们打什么？

张学良：是呀！我告诉你们，这兵无斗志呀，那你就……古人说，草木皆兵啊。草木皆兵就是说我们东北军。这旅长是我的干哥哥呢，我把他枪毙了，我父亲为这个事，很不愿意。我们那个时候，是第一次奉直战争退却的时候，他，他退，从滦河这边退，本来说我们到滦河

---

① 彭寿莘，直系将领。第二次直奉战争时任直军第十五师师长。

堵，他突然间把军队撤走了，怎么回事儿？唉！那天，人家那边来了个邮差，他把军队吓跑了。后来查出来，你为什么把军队退了？因为前面来了一个邮差，他看见来了个邮差，那邮差穿着，那时候直隶军队着绿衣服，他看邮差穿绿衣服，他看见绿衣服的，他跑了。所以我跟你说草木皆兵啊。

访　二：太紧张了，您说是不是？

张学良：不是，到那个时候，这个人呐，心理作用很大，这个指挥官，不能说兵无斗志，这指挥官没斗志，所以回来我枪毙他，我父亲为这事情很不愿意。哪有这样指挥军队的！那时候，我很小哇，他们都是我父亲老部下，"哎呀兄弟呀，算了吧！"我说这……我毫不客气。

访　二：您怎个干哥哥呀？

张学良：啊？

访　二：怎么个干哥哥法？

张学良：他是我父亲的干儿子，我妈妈的干儿子！

访　二：您经过很多这个战事大战事，您认为和共产党那时候的彭德怀呀什么的，您认为他们的战术怎么样？

张学良：什么？

访　二：彭德怀，共产党的战术怎么样？

赵一荻：你看共产党的战术怎么样？

张学良：那不，共产党那厉害！

赵一荻：也不光是厉害，人家打的有目的！

访　二：齐心？

赵一荻：不是，战争您得有目的呀！为什么打？人家是争取，要实现他的主义嘛！

第八次访谈
"九一八"事变　日本军人抗日与信仰

访谈者：张之丙（简称"访一"）
　　　　张之宇（简称"访二"）
被访者：张学良
同座者：赵一荻
访问日期：1992 年 1 月 2 日

访　一：今天是 1992 年元月 2 号，民国八十一年。这是我们新年开始，第一次来访问张先生。现在是四点。

1. 从长远看我判断得不错误

访　一：我们现在开始。
张学良：说到什么地方？我忘了。
访　一：我们现在是不能够继续上次说的，可能有些因为时间的关系，也许比较困难一点。但我们想先向您请教一下关于"九一八"这件事情。"九一八"这件事情，历史上和其他外边的出版界有很多不同的说法，也有很多不同的评论。我们现在想，因为基于口述历史的精神，我们希望请您给我们像说故事一样，请您把"九一八"的事情给我们讲一讲。当然我们最希望能够知道"九一八"事情的远因、近因和经过的情况，以及"九一八"后有些什么影响，或者是其他任何您愿意提的事情。您看好不好？
张学良：你要说到"九一八"的问题呀，我们可以分出几成来说。一个说"九一八"发生的远因。远因可以这么讲，日本完全是一种侵略的野心。他看起来好像软得不行了，所以他就……这是我想了。但是"九一八"这事情，说来我是判断错误。我判断错误什么呢？就是我现在还承认我判断不错误，是日本的错误。怎么讲呢？我认为日本不敢。因为我这所谓判断是按照世界大势，按着利害的问题，这么想。我可以大胆这么说，认为日本人鲁莽。我认为日本像"九一八"这种发动，我认为日本人是挑衅。日本挑衅找借口啊，闹点小事啊，办交涉，占点便宜。向来是这样的。那我绝对没想到"九一八"日本是真正来了，这样子来了。那么，这话我得分两层说。假如说我知道、我能确实判断日本是真正的来了，那我的办法就不同了。所谓不抵抗，那我就要拼命了。明白了？但是我认为日本是挑衅，你挑衅我不给你借口，我躲避你。

访　二：以为找碴儿。

张学良：我为什么要这样判断？我认为我判断得不错误。因为日本这样做法呀，那不但于我们不利，不是这样判断，我判断是于他不利，当然于我们不利。你要这样子举动，那你将来在世界上你怎能站住。而你占不了便宜。你占了这便宜，也就是等于吃亏。那我现在承认日本惹出的问题就是"九一八"是开头。所以日本元老，西园寺也承认，日本等于吞了一个炸弹。他也是看出来这种事。所以我认为日本，我们判断认为不智，不智。那么日本对于中国的事情还有比这个［不智］？这是日本少壮军人鲁莽的这种作风，我就是这样认为。结果日本才惹起太平洋战争，这"九一八"开头。日本"九一八"举动，就是看看威逼利诱对我不好使唤，着急了，就真正来实力来了。所以我判断错误，就是我认为日本不会这样子举动。错误了！我要知道这样举动，当然我也会拼命的。我们就说到这儿。后来到"九一八"的事情了。"九一八"的事情，外头很误解的。我那个时候有病，我还是在医院里住着呢。不过那天晚上，是我请英国公使蓝普森①去看梅兰芳的戏②，在戏院里，我知道"九一八"事情时，当时戏院很惊讶，我看戏一半我就走开了。因为他报告说有事变，我

---

① 蓝普森，英国外交官，1926—1933年任英国驻华公使。
② 梅兰芳，著名京剧表演艺术家。1931年8月下旬至9月初，东北各省区发生特大水灾。9月5日，辽宁省救济水灾急赈会召开成立大会，张学良任委员长。当日，张学良致电北方各省市，要求努力劝募救灾。18日晚，梅兰芳在北京举行募捐义演，张学良陪蓝普森一同观看演出。

回来处理这事情，所以大家误会说我跳舞什么的。我那时病得很①。

赵一荻：伤寒病。

张学良：伤寒病刚好，已经好了，正养病的时候，我在医院养病呢。那时候误会，特别是马君武先生，完全是外头误会。误会什么呢？这也不光是马君武先生，外头人家说话，那时我出去总带着两个护士，那两个护士我不让她穿白的衣服，我不愿意，所以人家误会。也许有一个护士长得像胡蝶，也许，那我不知道，反正人家误会我出来怎么总有人。那么我不但那天出来看戏，我也常常到中央公园去早晨散步，在医院我也出去，有时去，不是天天去。有人看见我总带着两个女人出去，明白吗？

访 一：没有辨清实相，因为她们不穿护士的制服。在您没有提到"九一八"到底是怎么开始经过的时候，这以前远因，也就是说，日本，您刚才说也许您的判断错误，因为您想他不会——

张学良：不是，是这样的，"九一八"的事我已经知道了。

访 一：噢，您已经知道了？

张学良：知道。不是说知道，是整个的，不是说"九一八"那一天，是"九一八"这段事情，我已经得到了情报。日本要挑衅，所谓不抵抗主义命令，我的命令大概是 9 月，我是在医院下的命令②。是不是 9 月我忘记了，反正是"九一八"以前。我给东北，说日本来挑衅我们不要跟他抵抗，这就是说我不抵抗命令，他要来挑衅，我们要躲避，就是这样。所以我事前知道，情报我们已经有了。

访 一：但是您没有想到他会干真的。

张学良：不是，没有想到大规模的，就这么实在来，没有想到，这是我判断错误。因为我想，他要这样来的话，于他很不利。它小小的侵略，他占便宜；这种大的来啦，惹得国际的问题、世界的问题都来了。换句话，他真烟火拿出来了。

访 一：关于这一点就是——

---

① 1931 年 5 月 28 日，蒋介石向张学良借飞机 20 架以讨伐广东。是日张率第一批 8 架飞机飞抵南京，当天返回北平患得伤寒，31 日病情加重，6 月 1 日高热达 40℃，晨 2 时住进北京协和医院。直到 6 月下旬病情开始好转，但仍住院治疗。正常工作及重要会议均在医院进行，直至九一八事变。

② 1931 年 9 月初，因"万宝山事件"和"中村事件"，中日关系已十分紧张，东北边防军司令公署参谋长荣臻于 5 日抵平，向张学良汇报东北局势。6 日，张学良致电驻沈阳北大营的王以哲旅长："中日关系现甚严重，我军与日军相处须格外谨慎。无论受如何挑衅，俱应忍耐，不准冲突，以免事端。"

2. 劝阎锡山不要重蹈自己的覆辙

张学良： 我说这段我加上一段故事。阎百川①先生，那时候我也负一点任务。中央让我去见他，我就拿这话问阎百川先生，他那时也是跟日本——跟我这问题差不多——那么他想跟日本妥协。我就问阎百川先生，他是老前辈了，那我问他，你对我"九一八"事情是怎样看法？是不是跟外头一样？他说一样。我说，您想没想，我为什么不抵抗？我说这话，因为我是有任务的，我要劝阎百川不要跟日本人……我是奉命的。我说当时是不是我大事化小，小事化了？我要知道这件事情不能完，我当然要由我了了，我这人的性情，百川你也知道，我说天让我捅一个窟窿，我会捅两个。我还怕惹事吗？但是我判断这事情不会，还是一种……那么我就劝他，我说，您今天的事情，您还蹈我的覆辙吗？了不了啦！我们要知道这事情不能了了，那没法了。朋友们做事，什么事情也是这样。我们都是谈判，想和平了结。那么无论什么事情了结不了，只有决裂了。那么，百川你今天，你还蹈我覆辙吗？不能了啦，免不掉了，你怎么也不能了，你自己想，你应该自己想一想②。

访 一： 您跟他大约记得什么时候说这些话，您还记得是哪一年吗？

张学良： 多少年我记不得了。你知道，多年〔了〕我忘记是哪一年。不是我自己去，也是蒋先生③派我到山西去。

访 一： 您说这个，是不是当时日本人想——

张学良： 想勾他。

访 一： 想勾引他跟日本人合作？

张学良： 恐怕也是。我想出来了，蒋先生五十岁的时候，可以算出来，五十岁生日④，那时山西跟中央，嗯——

---

① 即阎锡山，字百川。

② 张学良劝阎锡山的中心思想是：当年我与日本之间曾试图大事化了，结果是导致日本大规模的武力侵略。今天的形势已不可能出现相互妥协的局面了。"无论什么事情了结不了，只有决裂了。"劝阎不要重蹈自己的覆辙。

③ 此处指蒋介石。

④ 1936年10月22日，张学良与阎锡山会谈。10月29日，蒋介石以避寿为名从西安返回洛阳，实则是布置"围剿"。张学良乘此机会，用自己的飞机把阎锡山从太原接来，一起前往洛阳。借祝寿之机劝蒋停止内战，联合抗日。张学良所说的劝阎锡山，应是10月22日张阎会谈。

访　一：不太合作？

张学良：不大合作。所以我奉的任务，我就把这事情给调解了。这段事我也可以说，那么我说，［我］这个人也会会当说客的，我去跟他调解。那时蒋先生在洛阳做寿，还没做呢，要做生日。我跟他（阎锡山）说，我说您愿不愿意——他那时并不在山西太原，他在他家，是河边村，我说是不是你愿意见见他（蒋介石）？他（阎锡山）说我可以。我说那这样子，我把这事情先容一下，我有飞机，您坐我的飞机去。那我就回来了。所以等于我自告奋勇。我回来就跟蒋先生说，我把他相当说服，他要来见您。我说我的意见是您老先生可不可以不让他来，您去？我陪着您，您到山西去。

访　一：这就不一样了。

张学良：蒋先生说的，好，我去。后来我陪他到山西去，所以到山西，蒋先生去见他，看他去了。后来，他，也是我的飞机，他到洛阳给蒋先生拜寿。他头一名啊！我们领先他。就把这事情差不多了。那么简单说，他那时候摇动，到底是跟——

访　一：日本好，还是——

张学良：跟中央。那时也是土肥原跟他来。土肥原做了，那么把他——

访　一：那是受石友三叛变的影响？

张学良：这与石友三叛变无关。

访　一：这是以后了。

3. 日本人说你只有用箭射回去

张学良：这是另外一件事。

访　一：我要说就是您刚才说在"九一八"没发生之前，您已经知道日本的行动的企图。

张学良：已经有情报了，已经知道，不是计划，要是知道他的计划就不同了。我们知道他挑拨的行动，要有行动，不能说知道他的计划。

访　一：不过他们预备用武力来侵占东北，似乎从1928年就已经开始作了计划。

张学良：那不能说，多少年了，那日本侵略东北是一贯的政策，软的硬的都来。

访　一：硬的一直没有动。一直软硬都来，但是还没有这么大军开入这种事情。他们是在等机会，对不对？

张学良：不是，不是，也不是在等机会，那机会一样，这是我说啊！你说他那样子我不知道，他不是等机会，就是他少壮的军人，你知道日本的少壮军人太嚣张。日本元老西园寺是最大的元老了，他元老都说这句话，换句话，他国内在政治上不赞成，不是不赞成侵略中国，不赞成他们这种武力的作风。你明白？那事实讲啊，这是我讲，我讲日本，假设我是日本的军人，我认为日本人不智，那时东北差不多在日本的掌握之中啊。

访　二：用不着这样。

赵一荻：他要整个控制，对他（指张学良）没有希望了，本来希望他完全做傀儡了。

张学良：那掌握之中啊。简单说，我跟日本的总领事，他叫林久治郎①，那人很好。我们是没有谈判，我说我是地主，权益我应该百分之六十，你百分之四十，那我就很客气了，很公道了；因为与你有特殊的关系，那么我们俩，我百分之五十五，你百分之四十五；现在我居然跟你一对半，咱们俩你百分之五十；现在更退步，你百分之五十五，我变成百分之四十五，连这你都不容我，我怎么办？

访　一：节节逼近。

张学良：我没法了。你说这事情不是我不解决呀，我是做中国的官吏，我要那样解决，我就是卖国贼了。那我当卖国贼，我怎么能做中国官吏？我怎么能领导我那些人？我怎么能领导我的军民人等？那你逼我不能，这件事我没法做了。你想让我做日本的走狗，那我做不到的事情，我不做的。

访　一：我刚才要问的问题，我先停一下。您刚才说东北已经在日本的掌握之中，也许他是很希望把您做成他的傀儡，因为他发现，您不可能接受他们的摆布，据说，因为他们发现，您跟老帅一样，他们实在没有办法，所以他们有意要把溥仪推出来，再度做一个傀儡政府。可有这一说？

张学良：那这很简单，你们这话，他就很想让我做溥仪。尤其是林权助来访

---

① 林久治郎，日本外交官，1928—1932年间任日本驻奉天总领事。

问以后，他回国去，这人（张学良）你不要打算了。

赵一荻：没有希望了。

张学良：绝望了，你不要再跟他谈这事了，他另走别的路了。所以我认为日本是绝望了，对我绝望了，所以他们要动武了。实在我并不是拒绝他，我也答应咱俩好好谈判，什么事情。你比如说这句话吧！后来也惹得我，那时南满铁路旅大到期了，因为交还，我们事前去谈一谈这个事情。我当时就划一个政策，我自己知道他当然不肯。我就说旅大这事情，顶好这样，我的计划我们的居民自决，居民自决当然日本人住旅大住的多了，那么换句话，就是权力、主权是我中国的，我收回。但是旅大这地方变成一个自治区一样。那么住在这地方的人，他们大家有选择权，推出来这些，那对他很让步。那么他回答一句话，这一句话，我就知道这没法谈判，我跟你说过，他说我们日本有句话，这个城是用箭射来的，那您便只有箭射回去。

访　二：没有谈判的余地了。

4. 国联这个团体没有用啊

张学良：那这句话就没话了。你要拿，只有武力打，你想用嘴，条约这些什么的，换句话我都不遵守，那就是。所以后来我把日本很……那时我还很迷信，叫什么结果条约了，世界什么什么，那他，那时不叫国联①。

赵一荻：是叫国联。

访　二：世界组织。

张学良：他一点儿不遵从，他都摧毁，那没法子。

访　二：我们的政府曾经希望国际上对他有点压力，但没有用，这国际组织一点儿用也没有。

张学良：谁？

赵一荻：国联？

张学良：也不能说压力，尊重他是国际一分子，这事情国联也没有拿出力量来。换句话，实际到后来那英国也搞……那时候只有英国力量大了，美国没有，英国自觉都不能。

---

① 国联，国际联盟的简称。第一次世界大战后成立的国际组织。第二次世界大战后被联合国所取代。

赵一荻：自顾不暇了。

张学良：自顾不暇了。所以我们又说回来了，世界不平安，不安静，也就是自那起来的。日本、美国，换句话，国联这个团体没有用啊！

访　一：没作用。

张学良：没有用。压不住这事情，没有用了，那就完了。

赵一荻：希特勒什么的大家都抢了。

访　一：天下大乱。

张学良：意大利就跟着来了。

赵一荻：德国也抢，抢殖民地。

张学良：那就是强权了，没有什么和平，谁能拿就谁拿。

访　一：在这个时候，我们固然是寄望于国联，可是顾维钧先生那时，说实话跟您是好朋友，他没有把这个国际情势，和国联只有空壳没有实力的事情跟您说过？

张学良：不是。当时我们的政府，也是一心一意靠着国联，国联这人叫什么的①，我说不出来了，他就很主张靠着国联，所以那时候南京政府是一心一意靠着国联，在国际方面求解决。结果所以说我们失败了，后来国联也就散了。也就由这个事情国联没有后来——

访　二：没有力量，没人再相信它了。

张学良：没有表现，完了就是。

5. 日本少壮派军人太狂妄

访　一：那么就是说，日本计划已经多年在那儿，一直就想把东北抓过去。

---

① 1931年9月19日，中国政府将日本发动"九一八"事变侵华事实报告国联。国联行政院经讨论后，向中日两国分别发出一个"紧急通告"，要求双方"务须避免一切足以使事变扩大或足以妨害和平解决之行为"，在10月24日，行政院会议主席白里安提出了一个以限期日本撤兵为主要内容的决议草案四条，主要内容是：要求日本军队在11月16日前，将军队全部撤退至铁路区域以内。撤兵完成后，中日两国开始直接交涉，解决两国间的悬案。结果，经行政院常任理事和非常任理事14名代表投票表决，有13票赞成，只有日本1票反对，决议未能通过。对这样表决结果，南京政府表示了乐观的态度。蒋介石认为国联既提出了这个决议，"他们一定能够本着这种决心，确实去达到拥护公理，维护世界和平的目的"。相信到11月16日，日本会将军队撤尽。实际上，国联未能通过这个决议，一方面表明国联对日本不会有更有力的制裁手段；另一方面表明了日本发动侵华战争的决心。在这种形势下，中国当局应及时调整对日方针。即一面从政治和外交上争取国联和国际社会的支持，以达遏制日本扩大侵略；一面要积极组织军事上的反攻，抵抗日本的侵略。并要明确以自我的军事抵抗为主，此时，日本虽然占领了一些城市，但在总体上是处于立足未稳的状态。然而，蒋介石和张学良都未能实行这一转变，而继续实行不抵抗政策，这就为日本扩大侵略提供了条件。

他们政界的少壮派，跟其他那一派在内部也有相争，后来少壮派这军国主义者占了优势，所以才积极——

张学良： 不能说占了优势了，当然他有武装的。他不是占优势，他并不是在政治上占优势。你大概在历史上也不考查，什么"五一五"事变①，他把他元老重臣，把他自己的长官都给杀了，因为这些人不赞成他们这样做，那你还说什么？他对国内如此，那对国外他想要怎么办就怎么办了。那时候你就连我自己，也不知道哪天性命没有了，因为我们在日本的势力范围里，但我毫不在乎，他们请我去。那等于鸿门血宴一样，我照样去。

访　二： 您说他们有没有可能暗算的意思？

张学良： 不能说没有。我不排除，但日本也有一部分人，那时日本，我去看过他们所谓比剑，等于鸿门血宴。那时日本，是关东军②的长官，他这人陪着我，那是真刀在舞剑。我也照样去，当然呐，我不能说人有阴谋了。我就说那日本人，你听我跟你讲，日本陆军部的人事局局长也是一个中将，叫什么名字？这个人，与我们这个事无关，只是可以说明日本的情形，他在他办公的屋子，被一个日本的中校，拿出剑来把他刺死了③。

访　二： 在他自己的办公处？

张学良： 在陆军部办公的屋子，一个中校，因为怎么一件事，我说不出来。你就可以说日本这个军人的狂妄到什么程度！他很有地位的人，等于咱们国防部的次长一样。这个人很好，很稳健的。大概也是与中日关系有关系。他跟他谈话之间，那时日本人带刀，他拿出剑就把他杀了。这刺死人的人后来也被处死刑了。换句话，拿命换命，你不赞成我们的政策，就说日本少壮军人狂妄到什么程度上。

访　二： 据说当时他们对天皇的要挟，都很厉害吗？

张学良： 那时候日本要把当时那天皇废除哇，立他的弟弟秩父宫，要他做天皇。当时日本要把这天皇废了。

---

① "五一五"事变，又称"五一五"事件。1932年5月15日日本海军少壮派军人为主举行的法西斯政变。政变军人杀死日本首相犬养毅。

② 关东军，日本陆军驻扎在中国东北的一支军队。因其侵驻中国东北的金县、大连地区称"关东州"而得名。

③ 指永田事件。1935年8月12日，日本陆军相泽三郎中佐闯入日本陆军省军务局办公室砍死军务局局长永田铁山中将。是日本军队内统制派和皇道派斗争的恶果。

访 一：他们当然会有对您不利的打算了。说不定，因为他这种行为可能对您不利？

张学良：对我不利，那不知道了，那不敢说。

访 一：我再想，说实话，他们发现老帅是他们阴谋的最大阻碍，所以把老帅谋杀了。现在少帅也许容易被他玩弄，又发现您比老帅更坚强，所以他们对您的生命一定有打算。

张学良：那不知道了。问题是在这里，后来一部分日本的军人方面，我想，当然我不知道内容了，但是还有一部分稳健的军人，总是在里边有策划，认为这种事做不到哇。话得这么讲，这是我的判断，他们看出来，我们父子在东北，有这个统治的力量。你换满洲国来了，他统治不了，你统治不了，你利用汉奸也是没用，你还是不能拿。

赵一荻：你要利用有用的汉奸呐。

张学良：所以我跟你说，这里加一段与我毫无关系，我有一个部下，跟共产党作战时，这个人姓牛，我的一个师长①，我很想念他。他被包围的时候，彭劝他投降，他跟彭德怀说，我要投降你也看不起我这个人。

访 二：这就是军人的——

张学良：你也看不起我这人，我情愿死。

访 一：您说当时，我们中央政府，寄望于国际组织来主持正义。

张学良：啊？

赵一荻：寄望于国联，"九一八"事变，我们的中央政府希望国联来处理。

张学良：那时候我们想依靠国联，没想到国联没有力量，没想到。

访 二：我们想依靠他，是不是因为当时中央政府自己本身也有很多问题？

张学良：不是，不是，不是。国联没有力量，不是，他国联没有力量。

访 二：那就是我们认识国际组织不清，外交不好？

张学良：也不能说外交不好。我们靠国联，那没法了，弱国无外交，你没有力量。

赵一荻：你没力量打嘛，没有力量打嘛！

张学良：换句话，你要为这事研究那时的情形，国联后来就垮了，根本就没有了。

赵一荻：说是中央政府根本就没力量打日本，有力量打，何必靠国联呢？

---

① 此处所说的应是1935年11月率部进攻陕北苏区而被红军包围击毙的东北军一〇九师师长牛元峰。

张学良：换句话，那时候不但中央，就是连我们根本没法子跟人打。我们不想打？怎么不想打？打了更坏，日本更高兴，日本就希望你打呀！

访 一：您再给我们详细说一下，日本人既然想统治而且利用军事侵略，他为什么希望我们打呢？

张学良：那打，我们［日本就］占领了。

赵一荻：没话讲了。

张学良：打来的，我占领了。你跟我打仗，我占领的。你明白？打胜了没话说。我们打败了，交涉你得赔偿了。我们跟哪国打仗，打败了，你打嘛，这就是交战国。你跟我打，咱们俩是对手了，这不是我挑衅，是你跟我打了。

6. 那日本军队他不投降

访 二：那会儿，东北、华北都在您的政治之下，那中央怎么觉得呢？中央觉得应该不应该打呢？

张学良：中央当时也正是无主的时候，那时蒋先生不是负责人，蒋先生回到他家去了①。

访 二：退职之后。

赵一荻：他在奉化，下野，下野了。

张学良：那时候负责人是孙科。

访 二：广东派。

张学良：我们有事当然要请示中央。从中央回来，我到现在还记得都是这几

---

① 1930年胡汉民出任立法院长，蒋介石未经立法院通过，与日本签订了《关税协定》，因而胡对蒋不满。蒋又擅自公布《危害民国紧急治罪法》，胡更不满。1931年年初，蒋介石坚持要召开"国民会议"，另制《训政约法》，遭胡反对，两人发生争执，蒋即下令将胡汉民软禁，后送去汤山。胡案发生后，国民党内部矛盾尖锐起来，粤派要人纷纷离开南京去了广州；汪精卫和邹鲁乘机活动指责蒋介石；4月30日，邓泽如、林森、肖佛成、古应芬4个监委正式提出"弹劾"案，要蒋介石"下野"。"九一八"事变发生后，南京的中央大学、金陵大学以及各中等学校学生纷纷集会、游行示威，通电全国，要求蒋介石出兵抗日。蒋介石内外交困，终于"软"了下来。蒋先派陈铭枢携亲笔信去上海说项，又派蔡元培、张继陪陈去香港与粤方会晤。9月28日和29日，粤方之汪精卫、孙科等与陈铭枢等会谈于香港，议定由蒋介石先发一通电，"为时局危机引咎，并声明议定统一政府颁发时，即行下野"。接着双方在广州退思园开会，12月15日，蒋介石在各方压力之下被迫宣布下野，辞去国民政府主席、行政院院长及陆海空军总司令等职。26日，南京国民政府改组为合议制，由林森任国民政府主席，孙科为行政院院长，张继为立法院院长，伍朝枢为司法院院长，戴传贤为考试院院长，于右任为监察院院长。蒋介石虽然下野，仍是国民党中央政治会议常委。蒋在下野前已布置亲信，控制了军队等要害部门。

句话：相应处理。你看情形办吧，这就是擅自为之，好好地做。就完了，没有旁的字，你要怎么办就怎么办。

访　一：“九一八”发生以前，您已经有了日本他们要采取行动的消息。

张学良：不是开始行动，是有挑衅的意思。假设我要知道他有开始的行动，那就不同了。

访　一：您晓得他有挑衅的意思，那么当然您要布局了，您那时估计了一下，您自己军队的力量，当然那时东北军是相当的实力雄厚。但是在您了解他们有挑衅行为的时候，对您的部署是怎么一种分配呢？

张学良：那我们的军队对日本总是有，那我们没有说，知道怎样怎样部署也是打不过他。我们知道，那打不过他。

赵一荻：东西大事化小，小事化无。

张学良：简单说这句话，咱们很丢人的话，人家日本人拿一个师来，后来他就是拿一个师嘛，那整个我们打不过呀！

赵一荻：我们拿什么打呀！

张学良：我们那时候没法子跟他打，实在中国那时候只能怎样呢？就是游击队呀，什么捣乱呀，这可以，正面的作战不行。

访　二：正面作战不行。

张学良：不但不行，换句话，我可以这么说，我是个军人，说这话很……人家拿一个可以当你十个！

访　一：您说那是为什么呢？

张学良：那人家训练好，装备好。我跟你说，这简单的，我们有这样的吗？我对日本军人都恨呐，但我真佩服，那日本军队他不投降，他剩一个人也可以打，后来这作战——

赵一荻：你和美国人打，你看看他怎么样。

张学良：跟美国人打。

赵一荻：跟日本人打仗，他不投降，他剩一个人他还是打呀！

张学良：你跟美国人打，他一个人他也打。

赵一荻：日本兵素质好。

访　一：咱们东北军也有很多，可是抵不过他们？

张学良：那差得太多了。

赵一荻：他们从小训练出来的。

张学良：日本军人实在我可佩服，那是可佩服。

访 一：可是我们要这样说起来的话，东北军在整个中国军队训练算是素质最高的，以您的估计，如果连东北军都比不过日本的话，那中央军？

张学良：中央军①也知道不能打。

访 一：他们晓得，是您告诉？

张学良：蒋先生他是士官学生，他是留学生，他当然更知道，他比我知道得还清楚。

访 二：那就是说我们这仗根本没法子打？

赵一荻：中国人没法抵抗，那怎么打？

张学良：不但从前，假如现在日本拿出他的军队跟我们打，我们还是打不过。

访 二：还是打不过？

张学良：我就说这句话了。那日本的军人，连美国也打不过他。日本现在军人海军，没有这个力量。

访 二：他的士气特别好。

张学良：也不是士气，他的国民呐，历史上训练出来。

赵一荻：从小就是这样。

张学良：我跟你说一件事情——你想想，不用说中国，你想象世界哪个人能做得到——日俄战争的时候，俄国在我们这地方有一个地方叫首山②，在东北一个地方，有铁丝网。那时日本还没有机关枪呢，俄国有机关枪，铁丝网后头有机关枪在那儿，他们（日本）去破坏铁丝网破坏不了，就过不去这个地方，破坏不了。这人得拿剪子给它剪了，那你去这人叫人打死了。后来他们把铁丝网破坏了，你知道他怎么破坏的？他那工兵，破坏这些事是工兵的责任。这工兵身上背着炸药，去一个人到那躺在那儿，炸了，把铁丝网炸了，跟着又去一个人，又躺在那儿——

访 二：人也死了。

赵一荻：自杀。

张学良：那死了就碎了，就那么样把那铁丝网给炸开了。你想想，哪一个美国兵能这样子？哪一国能这样吗？自己身上背着炸药到那一躺，后

---

① 中央军，蒋介石嫡系部队的通称，以黄埔军校学生军官为基础。国民党其他派系军队则相对通称"杂牌军"。

② 首山位于辽宁省辽阳、鞍山两市之间、太子河畔，海拔329.7米，总面积800公顷。首山是一座历史名山，有唐王李世民驻跸山的美誉。自古以来就是兵家必争之地，历史上很多重要的战事如司马懿征公孙渊、唐王东征高句丽、日俄战争等都发生在这里。

头人又背着炸药一躺，哪国人能那样？

访 二： 后来不是也有那自杀飞机，那就是自己自杀了，爆炸那船。

7. 是中国人泄露了中村事件

访 一： 那个就是您很尊敬的张作相将军，好像他是希望能跟日本抵抗。

张学良： 这话是从哪说起我不知道。

访 一： 因为日本想借口挑衅。如果他一挑衅，我们就硬争的话，就给了他借口成了作战国了，可是好像张作相将军说在某种情况之下我们要打，这件事是不是这么说的？

张学良： 没有这回事，我不知道。你从哪得到的消息？

访 一： 就是九一八事变，在那时候日本在各个地方找借口，要跟中国军队起冲突。

张学良： 没有，没有。我不知这从哪说的，那时他在当吉林督军，在吉林。

访 一： 还有一个人是马占山①，有一个将军据说曾经跟日本打了一个很激烈的战争。

张学良： 马占山这人他不服，黑龙江督军是万福麟，他是万福麟手底下一个骑兵师长。当时这件事与他无关。不过后来满洲国时他是黑龙江的督军。马占山，翻过来，翻过去的那样子，这人是一个土匪。

访 一： 那么有好多人说"九一八"事变，有几件事情促成了在"九一八"他们打了北大营。一个是蒙古独立，川岛芳子的父亲叫川岛什么（浪速），接着就是万宝山事件②，中村事件③，柳条沟[事件]④。

---

① 马占山，东北军将领。"九一八"事变后，任黑龙江省代理主席兼东北边防军驻黑省部队副司令。1931年11月率部在黑龙江省泰来、江桥等地抗击日军侵略。1932年2月日军攻占哈尔滨后，马占山曾投降日本，就任伪黑龙江省省长，伪满洲国民政部长。同年4月在黑河举兵反正，通电继续抗日，任东北救国抗日联军总司令。1936年参与西安事变，后任东北挺进军总司令。

② 万宝山事件，是1931年7月日本关东军在吉林省长春县（今属吉林省德惠县）万宝山村导演的流血事件。日军利用侨居在万宝山的朝鲜人与当地农民因租地挖渠引起的冲突，以保护朝鲜人为由，开枪打伤中国农民多人。日本事后颠倒事实，大肆宣传华人排斥朝鲜人，在日本国内和朝鲜半岛上煽起了大规模反华、排华浪潮，为日本侵占东北三省制造舆论准备。

③ 中村事件，是1931年6月日军参谋部大尉中村震太郎在中国东北从事间谍活动，被中国屯垦军第三团所部拘获，由于间谍罪证确凿，团长关玉衡遂下令将中村等人处死而引发的事件。1931年9月18日，日本军队发动"九一八"事变，中村事件是其中的借口之一。

④ 柳条沟事件，又称柳条湖事件，是"九一八"事变的开端。1931年9月18日夜10时20分，日本关东军按照事先的精心策划，自行炸毁了沈阳柳条湖村附近南满铁路的一段路轨，并诬称中国军队所为，立即向东北军驻地北大营发起进攻。

张学良：不是，不是。他是一步一步来，先是万宝山事件在前头，那后来柳条沟事件是他制造出来的。万宝山事件是好像有朝鲜人。那都是很小的事，不是大的事情。那不过是慢慢地积起来的，主要的还有一个中村大尉①。

访　二：中村被杀事件。

张学良：我告诉你，咱们中国人不是人。那个他本来不知道这件事，还是一个中国人泄漏的。

访　二：中国人自己泄露的，当时是因为恨他是不是？

张学良：不是，是这样子。那时我们叫屯垦军②。

访　二：边境上的。

张学良：屯垦军驻的地方，他（中村）到那个地方，这真正是事实：他到那个地方，并不是拿军人身份，他拿一个农学博士身份到那里考察。

访　一：他是真的到那当间谍去了，还是真的考察去了？

张学良：不是，他是到蒙古，那时日本对东北不管了，那是已经到手了。到蒙古方面做这任务去了。叫这里的屯垦军把他捉住了。屯垦军的这个人，当时的一个营长？团长？就把他弄死了，把他的尸首掩埋了。但是这天下事，他身上带着一个金表，我告诉你，咱们中国人没出息。这个金表被一个人拿到了，这个人向日本人告密了。日本人本来就不知道这人哪儿去了，我们不承认，我们不知道这个人哪去了。你明白？后来因为他是证人，我们这个团长（关玉衡③），后面这个事情没了呢，"九一八"事变就起来了。本来这人他出来了，这团长他也是我的一个学生，担任我部下。他自己说当时这事这样办，后来关东军司令部就把他押起来了，他说我承认，我公开承认是我把他杀死的，把我枪毙了，我给他偿命。

访　一：他是希望这样把这事情了了。

张学良：他说把我枪毙了，我情愿死，给他偿命。

访　一：那您把他圈起来了？

---

① 即中村事件中的日军大尉中村震太郎。

② 屯垦军，东北军的一个特殊兵种。1928年7月，兴安岭地区土匪活动猖獗，时任东北军副司令的张学良效仿古代"寓兵于农"，推行屯垦，在兴安区成立了屯垦公署，将炮兵缩编，改编为屯垦军第一、二、三团，分驻索伦、科右前旗的葛根庙和苏鄂公府等地。屯垦军的主要活动是在所辖区域建房、垦荒，开办军垦农场。

③ 关玉衡，东北军将领。1931年任东北屯垦军兴安屯垦区公署军需处长兼第三团团长。同年6月25日，将查获的中村震太郎等四名日本间谍处死，史称"中村事件"。事件后，日本当局威逼东北当局逮捕关玉衡，关不惧，于9月16日到沈阳对质。隔日，便发生了"九一八"事变，关玉衡逃入关，参加东北义勇军后援会，积极参加抗日。1935年到西安，任东北军少将炮兵师长兼横山县县长。

张学良：后来"九一八"就来了。这个［关玉衡］到陕西，不当军人当文人，当县长，当专员。

访　二：这就是说，任何一件小事情都可以成题目嘛。日本任何一个小事情，就可以把它扩大。

张学良：他就是这样子，添油加醋把它扩大。

8. 柳条湖事件是日本故意做出来的

访　二：那您说这个"柳条沟"［柳条湖事件］是他们故意做出来的？

张学良：故意做出来的。那就是故意做的。所以我跟你讲，我跟你说两件事情。柳条沟，柳条沟事件，当时他也干这事，他的南满路断了。

访　一：南满路断了，怎么断的呢？

张学良：火车要走柳条沟，柳条沟是他的火车道。那么他预备要炸柳条沟，所以火车不走了。

访　二：噢！

张学良：我说咱们中国人呐，什么事情——

访　二：不紧密，不缜密。

张学良：不细密，不好好地研究。就"九一八"事变，有一件事情后来李顿调查团，我把这些东西给李顿调查团看，本庄繁那时是关东军司令，他"九一八"事变后出了告示①，那他出的布告，那9月18那字是后添上的。

访　二：噢！先印好了，这就是阴谋。

张学良：早就印好了。那时大概印刷没有现在这么……你就可以看，他早有准备，他要不早有准备，你看，字是后来添上的。换句话，那布告印好了，没用笔添日子。

访　二：哪一天不一定，碰到哪天——

访　二：这东西您给李顿看了？

张学良：李顿，那国联调查团，没用，国联调查团没用。

---

① 1931年"九一八"事变后，19日晨，日军便在沈阳的大街小巷的墙上张贴"安民"布告。关东军司令官本庄繁在布告中称："昭和六年九月十八日午后十点三十分，中华民国东北边防军之一队，在沈阳西北侧北大营附近，爆破我南满铁路，……至于对帝国军队发枪开炮，是彼东北军自对我军来求挑战也明矣……"

访　二：这是一件事情，您说您还有一件事情。

张学良：什么事情？

访　二：您说柳条沟有两件事情。

张学良：就是火车断了。

访　一：他们谋杀老帅的时候，也是这么回事？

张学良：也是这么回事，火车断了。

访　一：火车都不通了，就是老帅这车过去。

张学良：他上头埋着炸药呢！所以中国人实在是对事情不研究，不好好研究。

赵一荻：不深入地研究。

张学良：历史上的事情不好好研究。

赵一荻：随便说，没有根据地随便说。

访　二：估计柳条沟事件就是他们的阴谋，就是唯恐中国不出兵，不管怎么样这件事情发生了，发生之后就引起了攻进北大营去了。

张学良：他那天晚上袭击北大营，日本人要说，他是预备把那一排人牺牲了，他想我们一定反抗，我们并没有，他们袭击我们，我们没反抗。

访　一：您说他们挑柳条沟，有没有什么？

赵一荻：因为在北大营旁边，很近嘛。

张学良：那就是在北大营旁边嘛，他说这柳条沟子事情是我们制造的，因为他的铁道在这儿，我们北大营就在下头，不远……他说柳条沟事情是我们制造的，明白？是我们制造的，来破坏他铁路。

访　二：当时做这事情是关东军？

张学良：都是关东军。

访　二：他的正规军是什么时候？

张学良：那时候关东军恐怕是第二师［团］吧！他日本的第二师［团］①。另外还有守备队，在东北他的守备队很厉害②。什么叫［独立］守

---

① 日本关东军是日本16个师团之一，驻扎中国东北的师团每两年轮换一次。从日俄战争后至"九一八"事变前，已轮换14次，有11个师团来东北驻扎过。1931年四五月间，日军第十四师团撤回国内，第二师团来接防。其司令官是本庄繁中将，参谋长是桥本虎之助少将。该师团分别驻扎在海城、辽阳、奉天、铁岭、公主岭、长春等地。日军师团兵力配备虽无定数，但也有规律性，1925—1931年，每师团平时1.3万人，战时1.8万人。这是第二师团第二次来东北驻扎，第一次是1913年4月—1915年5月。

② "九一八"事变前，日本在中国东北境内的军事力量，除正规师团外还包括独立守备队，即铁路守备队。独立守备队有6个大队，每个大队下辖4个中队，中队下辖分遣所，共6481人，分别驻扎在日控铁路沿线。

备队？就是他南满铁路的一个守备队。

访　二：守南满铁路，那也就是军队的一个名字？

张学良：嗯？那也是军队，不过它名义叫守备队就是了。

访　一：因为我们看日本的记录，他们这个事件完了之后，马上就通过了国家军队的预算，增加了很多。

张学良：那我不知道。

访　一：他居心不善，老早就有这意思了。

张学良：那这事他有预谋的。本来当时驻朝鲜的一个叫什么的大将，他把军队都预备好了，如果发动大战了，他的军队就来了。

9. 政治的事情不是交情的事情

访　一：那么这些情报，当然，因为您在主管东北、华北，您都有，中央政府对这些个情报也有吗？

张学良：那我不知道。我们是有的，情报都告诉中央，中央另外有没有不知道。反正我们是都报告了。

访　一：那时的外交部长是王正廷，他是应该对这事情的国际间之情势和中日关系——

张学良：他王正廷，是不是王正廷？我不敢说啊，当时主持外交的，我跟你说那时主持外交的是谁呢？是——

访　二：姓陈吧？

张学良：不是，不是。

赵一荻：是戴传贤。

张学良：戴传贤①，他是外交委员会委员长。我跟你说，这位先生天天在那儿念佛，他是从来不看报纸，就是念佛，根本什么事他也不知道。可是他指挥我们，这够呛不够呛？！这外交怎么办？戴传贤，他根本［不管事］，这位先生——

访　二：不了解外交。

张学良：他不是不了解，他根本他念……他还骂我，我去见到他，他骂我，不是为这件事情。他就是念佛。

---

① 戴传贤，即戴季陶。原名传贤，字季陶，以字行世。

访 一：他骂您什么呢？

张学良：他骂我不是外交的事，是说旁的事。他说你简直活人事做不完，你做死人的事。他就讲佛。他这是，那你有什么法子？而且蒋先生很信任他的。

访 二：很信任他？

访 一：在外交政策上？

张学良：不是外交政策，对他很尊敬的，不能说信任。

访 一：那么这个说实话，从中东铁路事件①开始，一直到现在，在中日外交方面，中央政府给您是什么样的帮忙呢？因为您是主持东北、华北了，您是地区的长官啦，对外的交涉，中东铁路是跟俄国，现在东北情势又是日本，这方面中央政府应该在外交方面，能给您一些支持和指示，或者是什么？

张学良：这个简单说，后来就是蔡道尹②（蔡运升）。我们自己办外交，中央还处罚，说办得不好。就是这样子！

赵一荻：责备他责备得很厉害。

张学良：让你好好办，你办不好就责备你。这我……你明白？

访 二：可是还有外交部的政令也不统一嘛。

张学良：不能说政令不统一，根本就是打电报，擅自处理，就好好处理。

赵一荻：推卸责任。

张学良：那时已经是孙哲生孙科是——

访 二：是孙科做行政院长的时候，那时外交部长又是谁？

张学良：王正廷。

访 二：还是王正廷？不是陈友仁③吗？

张学良：不是陈友仁，陈友仁没有当过南京外交部长，还是王正廷，大概王正廷，我记不清了。

---

① 中东铁路事件，是1929年张学良所领导的东北政府为收回苏俄在中国东北铁路的特权而发生的中苏军事冲突。中苏双方装备悬殊，而东北军"以东北一隅之力，对抗俄顷国之师"，南京政府却未发一兵一卒出关协助，以致东北军伤亡惨重。张学良只能与苏联和平谈判，无条件同意恢复中东路原状。

② 指蔡运升。蔡运升，曾任滨江道尹。中东铁路事件发生后，蔡运升受张学良之命，担任中方谈判代表，与苏联方面签订《伯力会议议定书》。但之后被南京国民政府指责为擅签和约。

③ 陈友仁，1926年3月接替胡汉民任国民政府外交部长，1927年8月去苏联、法国。1931年回国任广州国民政府委员兼外委员会主席。不久宁粤合作，蒋介石下野，同年6月1日陈友仁继续出任南京国民政府外交部长。由于其对日外交方针得不到支持，一个月后便辞职赴上海。1933年参加福建事变，任福建人民政府外交部长，后流亡巴黎。1938年回香港参加抗日活动。

访 一：这时候，蒋先生不管他下野没下野，他下野是在"九一八"事变以后了。

张学良：不，那时候蒋先生在浙江奉化。

访 一：他跟您这么密切的朋友和工作上的关系，他给您什么样的劝告呢？

张学良：他没说什么。我后来就辞职，走了。

访 一："九一八"以前，"九一八"没发生之前，局势愈来愈紧张的时候，他有没有跟您，您有没有跟他商量商量，或他有没有跟您？

张学良：没有什么，那时中央也自顾不暇。

赵一荻：各自为政。

访 二：对，那时一会儿换这个，一会儿换那个。

张学良：跟广西，粤〔闽〕变时广西闹得很厉害。

访 一：那他还是一国之首呀！

张学良：你不能那么讲，换句话简单说，那时也就是各地为政。

访 一：要是这样说的话，东北军和华北军在您的控制之下，那么这些军队一开始您就知道一定会牺牲了，如果日本动兵，一动真的，咱们就牺牲了。

张学良：你听我讲，问题那时就是各自为政。中央就是，这话怎么讲？中央是个名字，就是了。

赵一荻：一切靠自己呀！

访 一：在这局势发生这么严重的时候，您在斟酌了，我们自己的军队——

张学良：你说的话不对。平常你各自为政，你倒霉了，你没有办法了你找人去，话也不能那么讲，根本换句话，人家说我是华北王，就等于是东北王一样，那么经济什么都在我手里呢。财权、物质权，换句话，甚至于那时中央在军事上，我帮中央的忙。

访 二：经济力量。

赵一荻：他打不了啦，我们去帮他忙。

张学良：枪呀子弹呀，我还帮帮中央忙。不过我不是帮中央正规军了。那简单地说，人家说我华北王，等于真正的华北王，等于独立在那一样，我这人，你干什么去找人家，人家拿什么？明白？

赵一荻：中央也没什么责任。

访 一：可是，好朋友总要危急相助呀！

张学良：那不是这么说，这不是朋友的关系。

访 一：可是中原大战是您帮助中央啊！
张学良：我不是帮中央，我是帮中国。中央不中央，我并不是帮谁，我是想国家统一。
赵一荻：不是讲交情。
张学良：你这意思口口声声，政治的事情不是交情的事情。
访 一：可是如果东北受了日本的侵占，然后下一步就是华北，那么中国大半江山要丢了。
赵一荻：那你得问他去。
张学良：换句话，你说这话，对当时中国的政治情形，就是今天的政治情形一样。
访 二：还有我觉得东北的问题，"九一八"的问题，等于我们是一个一块一块的问题，日本是一个整体。是不是可以这样说？他要跟我们打仗的时候，我们当时不是一个整个统一的政府。
张学良：不是，当然不是。我简单跟你说，今天的中国一定不是当年，我跟你说，广东，广东方面，奉天在哪儿都不知道。

10. 那时是因为中国不统一啊

访 二：您说广东人不知道奉天在哪儿？
张学良：不知道。不但不知道情势是怎么回事，沈阳在哪儿都不知道。你知道当时国内那情形，那时铁道部长是孙科，我到南京为铁道的一件事情，他拿出地图，他说铁道在哪儿呢？我就跟你说，中央管，名称是这个部那个部，管的事他自己都不知道。他也根本管不了，他也不知道。就是名义上是他管，换句话，甚至铁路局长他也换不了，我要换谁就换谁，事实是如此。
访 一：您替我们分析一下，在那个时候，为什么中国分散到这个地步？
张学良：那就是这个样子，为什么是这个样子？那广西，中央也管不了。
访 二：广西管不了，广东也管不了？
张学良：那管不了。
访 二：西北也管不了？
张学良：中央只管的是江苏、浙江、安徽这三省。可以这么样说。旁的省，就连安徽还能说管，也不能说全管住，真正的是浙江、江苏两省。

那实在是这个情形。地方的权力，换句话，唱戏一样，各路诸侯，各自为王。

访　一：有一点像战国时期。

张学良：是呀！比如说山西吧，那谁能问？谁也不能问他。不但那样，就是河南，那也是变化来变化去。石友三什么的这个来，那个去。你要明白当时的情形。

访　一：也就是所谓的中国并没有一个共同点，我也是中国，你也是中国，但是不知道整个中国的情况。

张学良：不能说不知道中国情况，是不管中国情况。我自己独立，我唱戏的，纷纷诸侯，各霸一方。那所谓打，你打我打，就是你抢我地盘，我抢你地盘。

访　二：并没有一个为国家想的。

张学良：不是。我跟你打，我抢你地盘，明白？

访　二：所以那就是说"九一八"事变以后，牺牲最大的是东北。

张学良：人家为东北来的，"九一八"事变就是为东北，人家也不是为整个中国来的。换句话说，那时东北除了怕日本，俄国我们就不怕，那东北势力最大了。我东北自己差不多，可以说有差不多十万，不到十万，那时候我统帅，我可以下命令指挥三十万军队啊，北方。那时候中国的军队差不多在我手中——除去中央蒋先生那时候力量没这么大，后来蒋先生——那差不多我的势力最大。

访　一：不过这个东北、华北，这一受日本的侵略，整个中国最精锐的军队，就是您这三十万大军，也是势力最大的。

张学良：不是三十万都是我的，我指挥的。

访　一：也就是说了，受您指挥的这数额是相当的大了。地方的面积也相当大，军队的力量也相当大，整个就等于损失了。那么在这个时候，也许是中央军很弱了，但是也许是有广西的军队在牵制他，也许有西北军，但是损失这么大的一个……不是中国元气大伤吗？以中国整个来讲，他将来不管是哪一个政府——

张学良：这个是。你这话说回来了，这话我很不愿说的，那时……

（录音空白约8分钟）

访　一：这话又说回来了，东北华北受日本的侵犯，如果说您战胜了，那是您的本分。如果您失败了，倒也解决了一个问题。

张学良：我失败了怎么着？

访 一：您要失败了的话，就替别人解决了一个问题。对不对？

张学良：替别人？怎么替别人？我那时候是这样的——

访 一：当然是替别人了。如果有人想您是对手，可能的对手，可能的问题，日本把您解决了。

张学良：我跟你讲，那不对，你不知道这个问题。我给你说这段。

11. 我曾经想要上山当土匪

访 一：你多给我们说说，我们好懂。

张学良：那时候，有少数人在我手底下，我那时候没有多少人了，跟郭松龄对抗着呢，差不多都是年轻的人。我当时，成功的事情少，失败的方面多。我当时就问他们，还有两个外国人，一个日本人，一个英国人伊雅格。我就问他们，我说我大概现在这情形不一定成功啊，我要是打败了，我就上山为土匪去了。我当土匪了，我走的路、上哪儿去我都说了，我说假如力量大一点，我可能上黑龙江，袭击吴俊陞，我袭击他。

访 二：为什么呢？

张学良：我抢他权力呀。我拿黑龙江，拿到我手里。我说如果我可能做不到，我就往奉天，另外说你也不知道，我就上那山上当土匪去了。既然这样我就不能跟郭松龄妥协。我问你们谁愿跟我上山，你们不……我说各行其政，当然我不强迫谁。愿意跟我的跟我，不愿跟我的拉倒，我走开。我当时手里有几个钱，我父亲给我拿的，我手里有四十万块钱。走的我都给他点钱。那么有的要干这，有的要干那，这不说了，我就说我当时要上山当土匪。你知道，我也会当土匪的①。

访 一：可惜您没有机会。

张学良：我带过土匪的军队，我就跟土匪待过。

访 二：收编的军队？

张学良：是，我带过两营。

访 二：那不是很难带吗？

---

① 1925 年 11 月 22 日，郭松龄在滦州发动反奉战争，张学良去劝郭遭到拒绝，而亲生父亲又称他为"汉卿先生"，让他感到痛心疾首，而又无路可走，才产生这种想法。时间很短暂，当张作霖命他为攻打郭军前线指挥时，就一切恢复正常了。

张学良：那很有意思，跟土匪在一块儿。

访 一：怎么有意思呢？

张学良：要说起来你们小姐听起来，那里头军官叛变了，不是叛变了，那个人犯了罪了，简单说，人家绑的票放人。我要办他们罪呀，把他枪毙啦。拉出枪毙，临枪毙的时候，那人还说你叫我把裹腿给系一系，我谢谢你老人家，我这生不能报效你，我来生再报你。

访 二：这倒真是。

访 一：跟唱戏一样嘛。

张学良：那就是土匪嘛。

访 一：噢，这么英雄的。

张学良：土匪嘛。

访 一：可是土匪真是有骨气哟。

张学良：所以我听见那，其实我可以……我还是照样。他说你叫我把裹腿打打，我死了走路好走。

访 一：结果您枪毙他了吗？

张学良：枪毙了，那还得枪毙。这不是讲感情的，你知道我把我亲堂弟弟枪毙了。

访 一：对，您说过。

赵一荻：有的还要换新衣服呢！

张学良：这带兵的事情啊，现在我九十一岁了，你再让我干，假如我再回去年轻，我可是不干这玩意儿，那没办法，你就得咬牙呀！

访 二：得要下得去狠心。

张学良：那我枪毙好些个①，我们旅长我也枪毙过。那你就得咬牙！

访 二：像斩马谡。

12. 我成功过我也失败过

张学良：那是没话讲的。我父亲有一回骂我，因为我作战时把一老百姓的房

---

① 1926年9月中旬，奉军骑兵师穆春所部，军纪败坏，烧杀抢掠，无所不为，还抢走当地著名喇嘛庙的金佛，民不堪苦，喇嘛不满，便向张学良控诉。张学良对此案异常重视，立即亲自前往张家口处理此案。在张学良召集该师军官和士兵集合训话时有人向其开枪射击，一时间，枪声四起，死伤惨重，卫队长姜化南为掩护张学良而中弹身亡。面临如此险境，张学良临危不惧，指挥部队平息骚乱，当场枪毙该师团长于奉林，然后将师长穆春、旅长王永清和徐永和带回北京关押查处。

子给拆了。因为他的房子挡着，给拆了。我父亲骂我。我说爸爸，你要干什么？您不是要我打胜仗吗？为打胜仗，我什么手段都用啊。所以一个人要做事，你的目的要干什么。我要为打胜仗，什么手段我都使。我的目的就是打胜。你明白？我父亲骂我，所以我说，你老人家要这样子心里慈悲，那你何必打仗！这打没办法。换句话打仗，明明知道他去打，他打不好，回去就把他枪毙了。他要是退却就把他枪毙了。所以你别看我这个人，我部下怕我怕得不得了。我那两个军长，他们在前头要失败，打电话给我，我那时在保定的。我给你说这段故事。我问他说，你们的兵只是冻的冰啊，都化了啊，啊？他们要求退却，我说你们两个人要真有胆量的话，你们敢进个城就算你们……你们要来，提着脑袋来看我！

访 一：退却了不成。不能退却。

张学良：我说你们两人要是有胆量敢进这城，我算你有胆量！我不怕我的部下叛变，我一点不怕，结果把仗给打胜了。打仗这事，你就得逼，你就没话讲。

访 一：我刚才把话头倒回来。"九一八"事变的时候，您因为是相当有势力的，有权威的，东北、华北都是在您的统领之下，在中国那个环境之下，您就等于说是这个地区的首领。我的想法就是说，如果日本跟您之间的冲突，您胜了，那么您替中国整个国家建了功。如果您败了，无形中，替其他的人解决了一个问题，在那时候。我们也不说其他的人是谁了。

张学良：这不管其他的人是谁，你这个判断整个是没有那么回事。怎么呢？没有胜的希望。

访 一：对呀对呀，如果我站在其他人的地位，那就随你去做了，胜了也好，失败对我也有好处。

张学良：当然了，政府就是这样。政府不是说有不好的心在里边，不能这么说。不能以小人之心度君子。政府事实也就是，你去做，换句话，也就全权给你，你怎么处置怎么处置。

访 一：那就是说，您的势力，就是说我们北方人曾经有这样想法：假如这件事不发生的话，我们会生活得好一点儿。可是如果要是说没有日本的侵占，您把我们东北、华北治理得很好。您要打不胜的话，或打败怎么样，这倒可以了解。不过我认为如果我要做一个将领，我有一个强有力的，我应当支持他，维系他。

张学良：嗯，我没明白你什么意思。

赵一荻：就是说如果有一个人强有力的，我应该扶植他，应当想法子。

张学良：你这想法太简单了。

访　一：我也做不成将领。

赵一荻：做不了政治家。

访　一：所以向您请教。

张学良：听我讲，我差不多十八九岁就参与了这种事情，我二十岁就负了责任。你知道这里复杂太多了。那没法子说，很复杂了，不是一句话就能完的事情。你不能把某一件事套到某件事情上，那是没有用的。发生这种事，背景也不同，关系种种也不同，那不一样。那么凭你自己处理。有句话，这也是没有书可教的，我也没念过政治学。

访　二：念完了也不见得处理得了。

张学良：凭你自己的，简单说，小聪明处理就是了。处理好了就成英雄。处理不好你失败了。那你失败的地方有很多很多。发生的事情太复杂了，你自己的，人家来的，种种的……后来我在华北负责任，冯玉祥军队到我手里，山西的军队也到我手里，那你处置上不是一句话能，你得看这人情形，你还得知道他的内容，也知道他们到底怎么决心。那，换句话，你知道他要叛变就得动手把他解决，这很难很难，不是……我这人总是待人，我现在也不做事了，我待人总是尽力宽厚的，但是你到那时候不能宽厚，我也会，很断然的手段我也能拿出来的。

访　二：也得要下决心，所以带兵搞政治都是一样的。

张学良：不是简单的，我现在说，假如我再退回去，那我绝对不带，这不是人干的事。

访　一：您还是学医好一点。

张学良：这不是人干的事。

13. 抗战时有些人净说大话

访　一："九一八"事变倒是激起了全国抗日的热潮。是不是可以这样说？

张学良：那当然。可是抗日那事有什么好处？谁拿出力量？空话。谁干什么了？就老百姓拿出力量了吗？说大话、说漂亮话谁都会说，但是做

　　　　　起来谁做？我问你，有什么帮助？

赵一荻：他是有切肤之痛！后来呢，所以投笔从戎了。后来日本到你家门口来了，日本人进了华中，到你门口了，这学生们才投笔从戎了。

张学良：投笔从戎几个？

访　一：对呀，对呀。

赵一荻：几千里路走到四川，上海的学生到四川去也是很多呀。

张学良：不是，你听我讲。那时候在华北，我跟张伯苓一块商量这件事，对学生谈，我们给学生号召，他什么也不干，他说大话倒说。让他上前线，什么事他不去。

访　一：学生啊？

张学良：唔，他什么事都不干，说大话都说。既然这么闹，怎么办呢？当时我们商量，现在张伯苓先生也不在了。张伯苓先生很好，他给我出几个道。好了，我们就给他（青年学生们）道让他来。谁也不来。

访　一：您出的什么道儿呀？

张学良：让他从军，让他到前线去，不去。

访　二：那怎么去呀？

张学良：后来让他在后头挖战壕，不干，"挺累的，我不去。"都是，你别提，我对这事情，我要说这话，他们骂我，我真是看不起。说大话都会说，骂人都会骂，让你干，你也不干。那有个担子、挑子，你去拿去，那你怎么不拿？让你去拿，我也拿不动。哎呀！我已经九十一岁了，这个经验太大了，我就说啊，说大话使小钱。

访　二：做事时往后跑。

张学良：而且我是中国人，我真看不起中国社会上的事情。这一点，倒是人家白种人比我们强。我就有这朋友，到那时候吃人家朋友，有好多人看到利害不对他就躲开了，倒是外国人他还肯……我跟你说，你知道，我已经九十一岁了，那很难说是，可以说很稀少，稀少。当然历史上是这样，"世人结交需黄金，黄金不多交不深。"这都是我能占点便宜，不能说占点便宜，我能不能自你身上借点光。所以我对这些事情，伤心透了，我九十一岁了，看见过很多事情，我成功过，我也失败过，我也倒霉过，才能有这种经验，才能知道。真正说，到时候肯来看看你的，换句话，东北人都不做了，提东北都不提了。"你是东北人吗？""不，不，不。"

访 一：是不敢提吗？

访 二：为什么不提？是寒心了吗？

张学良：不敢提，怕沾上倒霉，倒霉嘛！

14. 所谓信仰是从内心发出来的

访 一：不过，张先生，我们是这样想，这是题外之话了，您今年九十高龄了，经过成功的，失败的，伤心的，那么您看好像中国有很多中国人做的事情，让您很伤心。那么您好不好告诉告诉我们，要是努力做人的话，应该注意什么事。您给我们点好的训示，叫我们学学做人。

张学良：不能说学习做人，我只能说我，自己做人的道理。

访 一：您讲您讲。

张学良：我跟你讲做人呐，这是我做人，尽量的我不占人便宜。我对不起人的事儿也有很多很多的。换句话，因为做这么多年的事情。可是，问我良心上，我绝对，你跟我有什么私怨，那好，我没有。

访 二：那您太老派了，现在不时兴。

赵一荻：讲利害，现在是讲利害关系。

访 二：愈来愈现实。

张学良：各人做事情……（录音中断）

张学良：那么张作相［是］骑兵团长，他（熙洽）是骑兵科的，他就被派在张作相的那团里当教练官，所以他跟张作相关系很好。后来我被张作相知道，也是因为他是我的教育长了。他后来当教育长，熙洽起来，就是与张作相的关系很大。

访 二：他是满洲人。

张学良：这个人不但是满洲人，他是保皇党，所以他对中国不大好。他是保皇党，不过熙洽和张作相很好。后来他当张作相的教育长。后来张作相在吉林当吉林督军，他做吉林的参谋长，就是他的副手。后来有变化了，满洲国①了，所以他也——

---

① 满洲国，是 1932 年 3 月 1 日—1945 年 8 月 17 日，日本侵略者在中国东北［包括今辽宁、吉林和黑龙江三省全境以及内蒙古东部与河北省承德市（原热河省）］建立的傀儡政权。首都设于新京（今吉林长春），以清朝逊帝爱新觉罗·溥仪为元首（初期称号为"执政"，年号"大同"，后称皇帝，年号"康德"）。1945 年 8 月，日本战败，满洲国灭亡。通过这一傀儡政权，日本在中国东北实行了 14 年之久的殖民统治，使东北同胞饱受亡国奴的痛苦。

访 二：所以他想帮助日本，实际上他还是想恢复满清，对不对？也有这种意思。

赵一荻：帮溥仪①嘛。

张学良：是。他不是投降日本，他完全是帮助溥仪满洲国。

访 二：这人的才干怎么样？很有才干吗？

张学良：很有才干，学问很好。

访 二：他也做过讲武堂的——

张学良：教育长。我就做过他的学生。讲武堂教育长，那讲武堂负责任就是他负责任，我父亲当监督，名义是我父亲。我跟你说这个人多厉害啊，那是真正的好军人。我跟你说他厉害，你们想这事很奇怪。他晚上睡觉，他明天起来要看看他的被窝动了没有。

访 二：被窝动了没有？

张学良：你懂什么意思吗？

访 一/访 二：不懂。

张学良：就是不乱翻身，规规矩矩在那躺着。苦训练自己。日本训练，不动一点。

访 一：（笑声）那就是说也不翻身？

张学良：他训练自己很刻苦，后来，当然成功了，也就不刻苦了。我就说，这人我很尊敬他，不过他是保皇党，他一脑子保皇。他恨段祺瑞这些人，恨透了，他就是保皇嘛！他认为他们都是反叛。他是那时候前清王有一个谁，也是他们宗室，他是宗室，那叫什么？良弼②，他是那一派下来的。这人我很佩服他。后来虽然他当汉奸，因为他等于是我的老师一样。这人是一个很好的军人。不过，他的思想是不同啦。

访 二：宗旨，中心思想不一样。

张学良：他一直想溥仪。

---

① 溥仪，全名爱新觉罗·溥仪，字浩然，清朝末代皇帝。1909—1911年在位，年号宣统，通称宣统皇帝。1931年年底日本扶持溥仪在东北建立傀儡政权"满洲国"，任伪满洲国"执政"。1934年改国号为"满洲帝国"，改称皇帝。1945年8月日本投降，8月19日溥仪被苏联红军俘获。1950年移交中华人民共和国政府。1959年12月被大赦释放。

② 即爱新觉罗·良弼。爱新觉罗·良弼，字赉臣，镶黄旗人。清末大臣。毕业于日本东京陆军士官学校步兵科。归国后，任陆军部军学司监督副史、司长，禁卫军第一协统领兼镶白旗都统。他以知兵自诩，参与清军改军制、统新军、立军学各事，与铁良等人一起被称为"清军干将"。1911年武昌起义后，良弼主张坚决镇压，与溥伟、铁良等皇族成员组织宗社党，反对与革命军议和，反对清帝退位，1912年1月26日，被革命党人炸死于北京。张学良此处所说的应是熙洽而不是良弼。

访 一：那您说张景惠呢？

张学良：张景惠，我父亲当年起来的时候，他是一个，不过这个人是庸庸者，庸厚老实。是我父亲的大将之一。我父亲一个张作相，一个张景惠，一个汤玉麟，都是这几个大将。

访 二：您说他们后来走在保皇的这一条路上，您觉得他们这样做对不对？就是说他们组织了"满洲国"啦。

张学良：那当然不对！我是反对的。不能说对不对，那是他们。我个人说，我非常反对！

访 二：不过有人说，就说他们这样做，可以把老百姓弄得不太苦了，没战争了。

赵一荻：怎么能没有战争呢？

访 二：可是日本的势力就是整个进去了嘛！他们做傀儡了。

张学良：是傀儡。你知道一般的老百姓，那时愿意满洲国，不是愿意，还想着前清。我是革命思想。

赵一荻：没有皇上了，现在倒霉了，非有皇上不行。

张学良：我反对。我说你要那么干我真要揍你，我是一定要打，我是革命党。

访 一：一个时代，到一个时代有一个潮流。

张学良：也不是潮流。个人的信仰啊！我今天想，我的信仰也套不到你头上。所谓信仰是从内心发出来的自个儿的。

访 二：不过个人的信仰与时代和潮流也有关系呀！

张学良：那当然有关系。不过打年轻起，我的信仰就往前走的。我不守旧的。

访 二：那您那时也是很摩登嘛。

张学良：那时摩登，我不守旧。

访 二：您的想法、您的作风都是很新的。

张学良：你听我说一句话，我跟我太太，原来的太太于凤至，我说你嫁错了男人。

访 二：怎么样呢？

张学良：我说你是贤妻良母，但是我不要贤妻良母。

访 一：说起来了，于凤至女士是东北什么地方的人？

张学良：他父亲跟我父亲两个是最好的朋友。我说这更有意思。你不要录了最好。

访 一：OK。

第九次访谈
日本侵华　用感情带兵　中央军与杂牌军

访谈者：张之丙（简称"访一"）
　　　　张之宇（简称"访二"）
被访者：张学良
同座者：赵一荻
访问日期：1992 年 1 月 6 日

1. 我是站在日本方面判断的

（讨论访问、整理、成稿的时间及安排约 7 分钟）

访　一：我们是说，这次我们只待到 18 号，掐头去尾没几天了，我们先按着张夫人所提的几个建议向您请教，但是在那几个题目之外，我们想加上一两个，就是双十二之后的加上三个不同的题目。您认为可以的话，当然我们不一定这次访问您，我们 3 月要来讨教，5 月也要来，暑假也要来，等我们来的时候，您哪天有空，哪天有兴致，愿意跟我们聊聊，我们就再上来跟您聊。补充后边三个题目，您看怎么样？

张学良：你要问的事情是不是你必须要的？因为什么我说这话呢，因为 3 月，我这人行动不是一定的，3 月、5 月我是不是在台湾我不敢说。

访　一：我们知道，如果大题目您说可以，以后凡是有机会我们可以问的话，我们来了您在，您空着，我们就过来看看您。您不在，那没关系。我们反正常来常往，我们什么时候来，您什么时候在，我们什么时候跟您讨教。您看好吗？

张学良：那好。所以我问你，假如这个事情你认为很必须要。

访 一：我们是很希望作一个比较全的比较完整的。我们还有过去的关于教育家张伯苓先生的事情要补充。另外，把这段录音回去翻成文字、整理，看看有什么要补充的。也就是说，主要的，我们希望在17号以前跟您讨教完了。

张学良：好，好。

访 一：还有什么要跟张先生讨教的？大概我们刚才想的就是这些吧？还有什么？

张学良：嗯？

赵一荻：就是余日章跟张伯苓，她们想再谈一谈这个。

张学良：是这样的，我随便说。我年轻时受他们两个影响很大，因为他们两个对我很看得起，常常教训、跟我谈话。张伯苓先生我跟他谈过不是一次了，随时谈话，我一时想不出来，大概的话——

访 一：不要紧，我们以后再来，有机会，我们以后到台湾来，您心情舒畅，愿意跟我们见个面，我们就再到山上来拜望拜望您，那也一样啊。不过，今天我们还是想，还是要紧的"九一八"和双十二的事情。我们今天先谈"九一八"。关于"九一八"，我们跟张夫人也讲，我们不是要来说"九一八"是不是如此，是应该这样，还是应该那样。我们是希望，外边说的话很多，有这样说的，有那样说的。但是这个口述历史最主要的，是希望知道您的说法。有很多人都认为您很委屈。这件事情"九一八"，关于日本的侵略，我们是不是对他的估计呀，对他的部署啊，我们没考虑到。有的人就是说，主要的原因，并不见得在您一个人，因为国家的事，当然您是北方的首领了，但是做什么决定也不一定就是您一个人。因为您对国家的观念很深，所以您做决定的时候一定想到整个全国的问题，也许可能有别人的影响。另外就有人说，好像华北我们一直靠着的就是您啦，可是呢，现在东北就让日本给侵占了。所以有两种不同的说法，我们愿意知道，有人说您委屈，替别人背了黑锅。有人认为，哎呀！您怎么会把我们的大好家乡，您是家乡父母，您把家乡丢了。我们现在就说，外边有这样的说法，我们是希望听到您自己，假如我们是您的后生晚辈，您愿意给我们解释解释"九一八"怎么来的怎么去的。请您解释解释。

张学良：我大概说过一次了吧。这"九一八"事变时候，那时我在医院里养病。但是这事前我也听说一点，我知道消息了，但是我还是说这句话，我不能说是政府什么，当然，政府对我也有相当的指示了。那时政府的指示都是让我好好处理，相应处理。就这样，明白？换句简单的话，政府当时差不多就是给我全权。你要明白这个意思，政府并没有明确的指示，你一定要怎么的怎样的，没有那样的。那么我自己承认，我这人不像人家说话，我不推辞，我自己承认"九一八"事变就是我判断错误。我判断什么错误？我就认为日本是挑衅。我不知道日本是整个这样来。因为我到现在，到今天我不承认我判断错误是错，我判断我是合理的判断。因为我判断，我不站在我的方面利害的判断，我是站在日本的方面利害的判断。我认为日本不会打的，像后来他的举动，我认为这个举动对他是不利，于他自己是不利的。这是我整个判断错误，明白？我认为日本是挑衅，找点麻烦，可以多要点好处哇。我是这么个判断。我当时也曾经跟阎百川，也讲过这话。我这人是天要捅一个窟窿，我敢捅两个的。那我要知道他整个来，那，甚至我可以说这句话，他要整个来，我可以把［全部力量拼上］，我都敢这么做，在奉天日本附属地的日本人，我都把他杀了。我都敢这样做。可是我没判断他这样来。我只判断他是挑衅。这我承认，我是错误的。

赵一荻：你的意思，日本人只是制造事件。

张学良：对，制造事件。

访　二：您想他不会要硬干。

2. 日本人都给日本打报告的

赵一荻：不是要来占领，是制造事件。

张学良：是制造事件。不是要占领、整个出兵，就好像两国打仗。

访　一：当然了，我们不是统率大军的人，也从来没有做过大规模统领的事情。但是我们在想，当初您对他的估计不够正确，因为您想他只是挑衅，造事件。那么我们是不是可以这样说：当时您正在生病，当然您作这样绝大的一个决策的时候，以前一定有很多人给您提供一切的资料和情报。那么可不可以说，这情报和资料送到您面前，请您做决策的资料不够？

张学良：不能这么讲。当时我们资料不够的原因，也可以这么说，我们不知道日本要整个来。这个情报是没有的。换句话，我们也不能有那么厉害的情报。我们中国不像人家，花很多钱很多钱。还有我跟你说，这种情报的事情，这是添出来的，与正事没关系。这种情报，我相当地，我对情报不太重视。为什么呢？因为情报的事有很多错误，有时你买的情报更错误，中国说句话叫情报贩子。他给你多少情报，你给多点钱。那么情报，日本的总领事，我们是很好的朋友，他就跟我说过一句话，这是另外一件事，不是这件事了。他说你要知道我们政府，他自己批评他的政府。他说你知道日本领事馆有多少情报费？这是他不应该说的话，他都跟我讲，我们俩是很好的朋友，他说我们日本领事馆就有十万，每个月。

访　二：专门做中国情报？

张学良：就是情报费，不能说专做。他说我们差不多为情报所误。就是这个情报来得太多，你自己也不知道哪个是真，哪个是假的。我跟你说一个简单的，这个事情我判断是绝对没有。日本给我一个勋章，那么他（日本的总领事）说，我得的情报，说你拿过这个勋章来就给摔在地上了。这是我判断的，哪有这样的事情。他说，这完全是挑，是说我一种反日力量很厉害。

赵一荻：挑拨是非。

张学良：他（日本的总领事）告诉我，他是对日本军部不太满意的，他说日本的军事方面的人，多数为情报所误。那么换句话，就是连我自己，你把情报拿到手里，你自己看看这是真的，还是假的呀？这是确实的，有用的呀？这很难呀！换句话你现在听到好多的消息，哪个是真的？哪个是假的？尤其是情报，他要钱的，他给你一份情报要一份钱。

访　一：所以您说那时一个小问题，就是十万，在那时预算上是相当大的。

张学良：那当然，他一个领事馆，他的经费有多少？差不多情报费要十万。

赵一荻：那很值钱了。

访　一：占很大的百分率了。

张学良：不但占百分率，可以说比他领事馆经费都大，我不敢说他领事馆多少钱，那不知道。

访　一：的确，美国还不是说，现在情报局所做的情报不正确，做的情报不够，所以有很多对中东的事情不了解。我的这个问题都是因为我在美国受的社会教育，所以我觉得也许是情报没有做好。您的看法很对，就是在那时的情报，对那时的情报搜集的效用。我觉得您的判断很对。另外，您那时那些参谋，其中有一个姓黄的，据说是日本人，可是他姓黄，是吗？

张学良：不是，我手底下有一个人，给我做事的，当然我不能，我从来不把日本人看成他不是间谍的，你明白？

访　一：您知道他是日本人？

张学良：是我手底下的。他是给我带的军人。他另外练的有军队。荒木，他本人叫荒木①，他改称中文名字叫黄木。这是有这么件事。

访　一：他还要给您训练军队什么的？

张学良：他不是给我训练军队。他特别训练我一部分军队。

访　一：您明明知道他可能是间谍。

张学良：不是可能。日本人没有不给日本做报告的。有这么一句话。

3. 我手底下有两员大将

访　一：还有一个王将军，在您那时的参谋还有一个王将军，是不是？

张学良：王什么？王树常②？

访　一：就是他儿子叫王冀③。

张学良：哦，王树常。

访　一：王树常他那时是您的参谋？

张学良：不是。他是我的大将。我手底下两个大将，一个是于学忠，一个是王树常。

---

① 即荒木五郎。荒木五郎，曾用汉名黄木、黄慕等，日本石川县人。曾被张作霖聘用为中尉级日本教官，1927 年任张学良的第三、四方面军模范学生队队长。1928 年 8 月模范队裁撤后，调充总司令部顾问。荒木在东北时，与土肥原来往密切。后曾任日本天津驻屯军的情报员，"冀北防共自治政府"顾问等。

② 王树常，字霆五，辽宁辽中县人。东北军主要将领。曾任奉军第二十七师参谋长，镇威军司令部参谋长，黑龙江督军公署参谋长兼第十六军军长，东北边防司令长官公署军令厅厅长，东北边防军第一军军长，河北省政府主席，天津卫戍司令部司令，军事参议院中将副院长等职。1937 年 6 月加上将衔，抗战爆发后辞去军事参议院副院长职务，闲居香港、北平。1949 年后，任中华人民共和国水利部参事，全国政协委员。1960 年 4 月在北京病逝。

③ 王冀，东北军将领王树常之子。年轻时就到美国就学，获得乔治城大学历史学博士。1967 年受聘为美国国会图书馆中文部主任直至 2004 年退休。退休后任美中政策基金会总裁。自 1990 年起，定期拜访张学良直至其去世。

访 二：那时王将军在您身旁边吗？

张学良：他啊，你说的什么时候？"九一八"时？

访 一："九一八"。您身体不好，生病，这些事情都在那时发生的。

张学良："九一八"时，他恐怕是河北的主席，我现在记不清楚了。

访 一：所以，我们等一会儿再说他。

访 二：那个王树翰还是王树常啊？

张学良：他俩不是一回事。王树翰是我的秘书长。两人毫无关系。

访 一：您知道以前还有人怀疑张作相将军，跟张作霖老帅有关系呢，您知道吗？

张学良：不是。都是东北人，都是奉天人。我们不同县也不同宗。

4. 苗剑秋这人很好玩的

访 二：据说是"九一八"事情发生之后，没有多久，有一个人是许世英①，被派到日本去，去跟日本政府会谈，是不是希望日本不要再侵犯，保住中国十八省地位的安全。然后我们一想，十八省，那不是没有东北吗？

张学良：这是哪儿来的？

访 二：日本的一个资料。日本自己的资料。

张学良：齐世英②这个人算是给我做事的。他是郭松龄手底下的，简单的话，后来他是反对我的。

访 一：那他怎么代表国家跑到日本去的？这人姓许，言午许，不姓齐。

张学良：啊？许世英呀，不是齐世英。那是政府的人，与我毫无关系。要是派也是政府派的，与我毫无关系。

访 一：他在日本的记录上，他代表中国。

张学良：也许南京政府派的，我毫不知道。

访 一：您不知道，他是要求保障十八省的安全。

---

① 许世英，曾任北洋政府大理院院长、司法总长、安徽省省长、段祺瑞执政府内阁总理等职，1936—1938年任南京政府驻日本大使。

② 齐世英，辽宁铁岭人。曾先后留学日本、德国。1925年学成归国，佐郭松龄筹办同泽中学。是年冬参与郭松龄反奉之役，事败后流亡日本。次年返国，加入国民党，复赴日入步兵学习军事，间曾为中日外交奔走。1929年返国，任国民党中央政治委员会秘书，嗣迁委员，主持东北党务，并兼第六届中执委、国民参政会参政员，创办中山中学，及《时与潮》杂志。

张学良：我不知道，我不知道。

访　一：后来您有一位很得力的苗剑秋①先生。

张学良：呵，这人外号叫苗疯子。这人随便说话的，他外号叫苗疯子，随便骂人，随便说话。我跟你讲这人很好玩的，这人还在不在了我不晓得。这人很有地位，他是日本帝国大学的学生。他不但是帝国大学，你知道日本有大山愚夫，你们晓得不？

访　一：大山愚夫？我没听说过。

张学良：他是他（大山愚夫）的学生。不但他是他的学生，日本近卫文麿②，你晓得，他跟近卫文麿是同学。他外号叫苗疯子，我们东北很有名。那时候，他相当反对蒋先生，正经开会的时候，蒋先生提倡个什么……我忘了，有个名词，叫什么运动③。蒋先生讲卫生，苗疯子他说："咳，我不听这套。"吐口痰。（笑声）正经开会，他往地上吐口痰，表示他反对。哼哼。（笑）

访　一：他也到了日本去了，主要是看看日本占领侵犯——

张学良：那毫无关系，他也不是政府的代表。

访　二：也不能代表您？

张学良：不能代表我。外号叫疯子嘛。

（祷告、吃饭、闲谈，有关食品、音乐、茶道、中国各地风景、民情和人的性情，张插话很少。约51分钟）

5. 好像拿鸡蛋碰石头一样

访　一：我们还是说到"九一八"的事。我来给您提个头。"九一八"这个事情，就是您说好像我们对日本的估计错误了。"九一八"他把东北占领了，占领后还剩下华北啦。华北地区，您又联系了许多将领，是不是预备要跟日本再作一次坚强的奋斗？是不是这么回事？

张学良："九一八"事变以后我就下野了，走开了，我就辞职了。

访　一：噢，"九一八"以后马上您就——

---

① 苗剑秋，西安事变前任张学良机要秘书，与孙铭九、应德田等成为东北军少壮派首领，参与西安事变，后又制造"二二"事件。抗战时期流亡日本并创办《自由中国》月刊。晚年回到台湾。

② 近卫文麿，1937年至1941年，三次出任日本首相。首相任期内，发动全面侵华战争，是日本侵华祸首之一。1945年日本投降后，畏罪服毒自杀。

③ 此处当指新生活运动。

张学良：不久我就辞职了。大概，我记不清楚了。"九一八"事后不久，不多时我就到了上海了。大概，我忘记了。

访　一：您那时有没有想，因为他是出其不意把东北占领了，那么我们华北地区，至少还可以跟他硬干一次，有没有这种想法？

张学良：那时，我脑子里不是怕日本，我根本恨透了日本人。我们不能打，那打不过的。

访　一：所以您的心情一定相当相当烦躁。那就根本是眼看着让日本把咱们吞了？

张学良：那时我对日本军事上相当地了解。那等于说，简单说，好像等于拿鸡蛋碰石头一样，绝对打不过的。

访　一：白牺牲？

张学良：不是白牺牲，打不过的。绝对打不过的。换句话，那差得太多了。军事训练上，武器上，那都不如他。

访　一：您认为华北也没有办法？全中国力量也不见得能够？

张学良：那后来事实在那摆着呢。你想想，在那个时代的时候，日本算是世界上的第三强国。

赵一荻：要不是太平洋战争，他不袭击珍珠港①，我们中国人哪年哪月能打胜呢？根本打不胜。我们都要预备跑到西康去了。日本已经到了贵州啦，日本在我们后头追过来。我们打贵州逃出来的，到了贵州就要到四川呐。

张学良：拼命，那就不说。要说真打，那是没法儿跟他打的。那所谓抗日，我就是那句话，我死了你不让我出血，我没法子了。那就是没办法了。

赵一荻：我们没有力量。中国哪有那种力量去抗日本。

张学良：你想，日本到中国作战，出兵才出多少人？不过一个师。他不过那时是第二师〔团〕。在东北这一师人呐……咱们这随便谈，你说我们兵可以这个样吗？日本他剩一个兵他也打。

赵一荻：他都去偷袭珍珠港，你想他有多大力量？美国他都敢去打！那么远

---

① 日本偷袭珍珠港，是 1941 年 12 月 7 日清晨，日本帝国海军的航空母舰舰载飞机和微型潜艇突然袭击美国海军太平洋舰队在夏威夷基地珍珠港以及美国陆军和海军在欧胡岛上的飞机场的事件。太平洋战争由此爆发。这次袭击最终将美国卷入第二次世界大战，它是继 19 世纪中墨西哥战争后第一次另一个国家对美国领土的攻击。这个事件也被称为"珍珠港事件"或"奇袭珍珠港"。

他都敢去！

张学良：美国人也不敢跟他们斗哇，美国后来就是因为力量大。

赵一荻：硫磺岛，那美国牺牲多大呀①！

张学良：那是，他们那兵，我在日本我是受日本训练的。那实在我佩服他们。恨他是恨，人家那真厉害。昨天我跟谁说过，那日俄战争时候，日本的军队不如俄国，机关枪他都没有。那时俄国才有机关枪。奉天有个地方叫首山，俄国有铁丝网在那边，过不去。

赵一荻：你讲过。

张学良：噢，讲过。人家有机关枪在那打，他爆破不了，想把那铁丝网剪断，那就背着炸药，一个躺一个躺，到那就是死掉，就是拿肉体去打。世界上哪有这么样的军人？

访　一：他们这叫什么精神呐？敢死精神？

张学良：也不是。他们所谓武士道哇！

赵一荻：军国精神。

张学良：日本武士道，我也是受日本［教育］，但是武士道有一句话，就是武士道出门，就是今天早上我出家门，我还回来不回来，我不知道。

访　二：哦，拼命三郎。

张学良：就是把死字——

访　二：把生死置之度外。那他们每一个人都这种想法，就不得了。

张学良：美国人哪有这样的！

赵一荻：所以日本人一来就自杀了。后来，很多大将都剖腹了。

6. 打不过共产党的原因是我们没有中心思想

访　二：那您说后来共产党军队，是不是也有这种——像彭德怀、徐向前②，他们这种部队——是不是也有这种精神？

---

① 硫磺岛战役（1945年2月16日—3月26日）是在第二次世界大战中，日军和美军为争夺硫磺岛进行的一次激战，双方伤亡惨重，其中23000名固守硫磺岛的日军里，只有1083人生还。美军则有6812人伤亡，19189人负伤。

② 徐向前，中华人民共和国元帅，是中国人民解放军的创始人和领导者之一，中国共产党和中华人民共和国的领导人之一。1930年至1949年期间，历任中国工农红军第一军副军长兼第一师师长、第四方面军总指挥兼第四军军长，八路军一二九师副师长，八路军第一纵队司令员，晋冀鲁豫军区副司令员，华北军区副司令员兼第一兵团司令员兼政委等职。

张学良：那个不同，共产党这种事，我跟你说也是厉害的，不同在他们完全是党的主义，守着党。我对我部下说过一句话，他们所谓万里长征①，我说我们都带军队，谁能这样子?!

访　二：您说他过两万五千里那山，是吧？

张学良：是啊。他说所谓的两万里长征，几万里长征。被包围出来逃，那早没了，人都走散了。他那么苦哇，可是他还在一块儿回来。总是没有吃的。

赵一荻：他有目的，他相信共产主义。所以人信仰就是力量。

张学良：那倒是共产主义。现在共产党也不是那样了。那个时候，所以他能成功。

赵一荻：日本也是军国主义，他信仰他那个。

张学良：日本军队，实在我是佩服他极了。所以老先生他（蒋介石）骂我，有句话我跟他说，我跟老先生说，我们两个吵嘴，他也是受日本教育。日本就没有"投降"这个字。

访　二：绝对没有投降，宁可牺牲。

张学良：所以，我不跟你说嘛，皇上的兄弟去求援，那谁就写个"死"字。什么求援，你打不了你就死。求援呐，没有援军给他去了，他就在他求援书上简单地画个圈，写个"死"。你没办法，叫人包围了，你就死吧！

访　一：对，您说蒋总统也是日本训练出来的？

张学良：他是日本士官学生。

访　一：在日本，也是军事学校出来的。他对日本的军国主义，有没有贯穿到中国的国军里边？

张学良：那时，何应钦他们都是日本士官学校出来的。贯穿谁也想啊，但是贯穿不了哇！

访　一：您说共产党能够有长征，成功了，是因为他们好像是信共产主义。日本能够有一师就可以整个地侵占了中国，也是有武士道精神。

赵一荻：不是侵占中国，一师占领东北。

访　一：占领东北，也就是他有武士道精神。就刚才您说，他跟俄国打仗也是。那您说当初在东北的时候，张氏父子也罢，东北军也罢，那时

---

① 即二万五千里长征，指1934年10月至1936年10月，中国工农红军主力从长江以南各革命根据地向陕甘革命根据地会合的战略转移。其中红一方面军长征行程约二万五千里。

候的军队对您和老帅忠心耿耿，但是您那时的思想也不是共产主义，也不是武士道，您是以什么样的精神能够把您的军队——

张学良：我跟你说，那个时代，可以说所谓东北军，我随便一说了，那时的军队可以说是"张家军"，就是我冲着你，明白？像广西军队就是白崇禧①、李宗仁，那都差不多是个人的军队一样。是这种意思。

赵一荻：我忠于你。

张学良：我忠于你。

访 一：还是得有一个中心思想，那中心思想就是老帅跟您——

张学良：这中心思想，是不能那么坚固的呀。

赵一荻：不是信仰呀！

访 一：我就是说不是信仰，所以……那您跟老帅对张氏父子军队，以及阎锡山先生对他的军队，您是怎么让他们对您能够忠心耿耿呢？

张学良：这话也不能问怎么样，这就是中国那时候传统思想。

赵一荻：我的家将。

张学良：我跟着你，我就是你的军、你的兵了。你要说那怎样坚固，不能那么坚固。就是你待人好啊，他就对你好一点，你待人刻薄他就差一点，那就看人待人了。我父亲这人是非常宽大的。我跟你讲过我父亲这段小故事，我讲过吧？就是一个人扔炸弹炸他的事。

访 一/访 二：对，对。

张学良：哎呀，差点儿把小命送掉。他说，我没那个事情，那是你误会。他说，我是这样，我跟你没仇没恨。

赵一荻：这就是刚才讲的，你要人怎样待你，你怎样待人。

张学良：就是大家可以说，现在我还有相当的部下还有呢！你问他们。就是大家，我对你这人很不错。中国那时带兵，所以中国军队不行的原因是，没有中心思想。

赵一荻：就是冲着你了。

张学良：所以说后来中国军队打不过共产党的原因，也就是我们没有中心思想。就是彼此的感情，我就是跟着你。这种话得那么说，彼此的感情并不是兵啊，是些军官呐。兵都是招来、募来的。我今天换句话，我跟这人可以当兵，我跟那人也可以当兵，没关系的。那时候军官

---

① 白崇禧，国民党桂系首领之一。曾任南京国民政府国防部部长、华中军政长官等职。

勇敢点的，那就是带着兵的。简单的话，那时那兵对我就说："你都舍得了，我们还有什么舍不得的。"差不多就是这样子，你明白？等于意气用事，那么你是好汉，我就跟你，你敢干，我还怕什么。

赵一荻：这就是感情，不是信仰。

7. 是一种感情不是什么主义

访　二：所以我就想起来一个跟着来的问题。您从国外回来，蒋先生还是希望您去带您的子弟兵了。这时候是不是会有一个想法，就是您的兵别人还是带不了？

张学良：也不能说带不了，没有那么好。

访　二：没有那么有用。比如说，后来何应钦替您带东北军，是不是他觉得自己做不到？

张学良：是。统一是统一了，但统一不那么坚固。

访　二：不像您自己带兵的。

张学良：我跟你简单地说，这都是过去的事了。那时我已经出国了，我那军队有要紧事，他还打电报问我呢。

访　二：所以我那天跟她提起一个问题，你出国这段时间，是您真的是玩去啦，还是您还得要照顾着，并没有完全摆脱您的这个——

张学良：可是我并不是一定还要统治这事。可是他们有事，军队里出什么问题了，人要调换，那时都是于学忠，他还是问我的意见是什么。

访　二：所以蒋先生在最后——

张学良：现在说一句新话，叫作遥控。（笑声）

访　二：您那么早就发现遥控了。

张学良：这完全是一种感情。不是什么主义。这就是感情。

访　一：不过以那个时代来说，那时候以感情来带军队，也就等于现在的主义了。当时我们没有什么主义之称，但您对他们的感情好像家长一样，是不是？

张学良：是。

赵一荻：没有什么主义，就是感情了。你对我好，我对你好。

张学良：这个你对我好是一种。还有一种，就是一个人呐，你做的事情使他佩服。

访　一：噢，敬畏。我正想跟您讨教。

张学良：比方说，我对他们也相当凶啊，我也枪毙人呐，我枪毙不是和你有仇有恨，我自己的亲堂弟我都枪毙了，都一样。我做事我不管，换句话可以说，咱们中国军队法规就是公正，没有私。这很要紧。

访　二：不要为你自己想。

张学良：不是，他看到你做事情不能说不为自己想，你这句话还不够，不是不够，你不为自己想，那军队就是你自己的。你说什么国家那套——

访　一：还有我们是不是可以说，在那时候什么事情要以身作则，因为您是家长，您那时带兵，困难的情况比现在有主义、有组织要困难多了。因为全都靠您一个人了。

张学良：是。那个时候带兵，换句话，我就是冲着你个人。我跟你说过简单的一件事，有人对我说，你这个军队没人肯带，他们拿你当圣人。这就是感情问题。

访　一：我再问一下，您跟他们的感情这都已经成为事实了。您怎么维系感情？比如您说军队中，您下边的这些部属有了小的纷争了，您去安抚他们，去给他们解决这个问题？又比如说谁家里头有了困难，您要去给他们解救。您是不是这样？

张学良：也不是这样的。我跟你简单地说，他们有需要我的时候，求我帮忙，我能帮的我当然帮忙，可它也不是这样。我就对他们，假如他们有困难的事，我能知道。简单说吧，蒋先生问我，你那么多军队，你回来怎么能解散到那么些个？我原来军队很多了，我到东北时整顿军队，养不起了，作战时。他说你怎么办的？蒋先生让我给他改编，我说这事情我做不到。他说你在东北能做到，你怎么做不到？我跟你说，我那些军长下来了，都没事了，我自己的家产我分给他们很多。我自己在东北有地，我分给他们，完了，我给钱，你们去盖房子。东北沈阳有一个地方叫开埠地①，特别区一样，算是高尚住宅区。我有很多地，一人分多少，不但分地，我把钱给他们多少，

---

① 早在1903年，美国向中国提出开放奉天（沈阳）、安东（丹东）、大东沟三地为商埠的要求，在同年10月修改后的《中美通商行船续约》、《中日通商行船续约》中确定下来，但还未施行，因日俄战争爆发而被搁置。1905年12月签订的《中日会议东三省事宜条约》中，日本除要求承认俄国转让的权益外，还规定东北应开放16处商埠，其中第一处就是奉天。1906年奉天当局根据两条约规定自行开埠，将东至大西边门（今青年大街），南至十一纬路，西至"满铁附属地"（今和平大街），北至皇寺路南，总面积约21.3平方公里的土地，辟为商埠地副界。此外，由南市场向南至砂山一带，作为商埠地预备界。商埠地与今天的特区不同，当时商埠主要是为外国人居住、经营提供方便，其建筑等均体现这一特色。

你去盖房。

赵一荻：解决他们的生活问题。

张学良：就是我自己安置，不是政府的钱呐，是我自己的。那么我父亲给我留下相当多的钱，我就是这样。你知道中国的事情是很难说的。那时你要真正靠政府那是做不到的。所以后来我这事不能做了，没法做了，我自己也没那么多钱了。

赵一荻：你没有东北了，没有财源了。

张学良：没有财源了，没有那钱了，我自己不能做了。

赵一荻：阎锡山他们还都有地盘呢。

8. 失败我也问心无愧呀

张学良：我没有地盘了。

赵一荻：没有东北，像原来的时候。

张学良：我在西北，我没有财源。靠的这些小钱发的饷就是了。自己没有法子，你比如说补充了，政府也不补充，那我没法子了。那些人对我起了怨望，他们说，你对蒋先生，我们算什么？我们牺牲干什么？我们想回家。就因为这，我损失了两个师。因为这事起了反感很大的。

访　二：等于抚恤金也没有了。

赵一荻：什么都没有了。

张学良：不但抚恤金，我跟你说中央很不讲理，那打死的人有恤金。

访　二：您不是说要到你家乡的地方去领。他们没有家呀。

张学良：他给你个单子，你是江苏人，到江苏省去领去。那么我们上哪儿领去？所以有些事，后来我就没办法，实在没办法。

访　一：那么到后来这些军队全靠着您。军饷也没有了，地盘也没有了。

张学良：军饷有，政府给。差不多一百万，照着规矩给钱。

访　二：那您从国外回来，您带东北军，做剿匪司令。那时在武汉，在湖北了。

张学良：在武汉、湖北了。当然，这时我跟蒋先生说我不要带东北军。我跟蒋先生说我愿把这包袱脱掉。你让我做，所有军队我都可以指挥，但是我不愿意带东北军。但蒋先生说你还是指挥东北军，指挥容易。对这事，我跟蒋先生讲，我不想，我想跟他们脱开这关系。我不愿背这包袱了。这是我的一个包袱哇。后来，蒋先生他不，还是我自己。

访 一：这个事情您没有在……您在欧洲的时候，是怎样的一个因素，让蒋先生给您一而再，再而三地打电报请您回来？

张学良：我不想回来的。

访 一：什么原因刺激他，一而再再而三地希望您回来？

张学良：蒋先生让我回来，主要的原因是粤［闽］变。你晓得吧？那时因为北方，我虽然没有回北方去，但北方也……［有我的影响］。政治上，他想我回来帮他稳定北方局面。

访 一：换句话说，您易帜是帮助稳定国家一个很大的局势。然后巧电又是您帮助稳定国家的一个纷乱的情势。您到南京又是替国家稳定一个。也许就是说，这次国家里边又有了极端不稳定的情况。于是把您从外边抓回来，请您回来，又再稳定。所以您这一而再，再而三的都是国家有了纷争，不稳定的时候，靠您回来稳定。

张学良：也不能说靠我。有一部分力量就是了。不能说靠我稳定。

访 一：那么我的想法就是，在这以前，您没回来时，他给您打电报，您有没有想一想，也许我正在游山玩水，在清闲，在恢复我的身体，在戒毒之后。是不是可以跟他研究研究，你让我回来做什么？希望我做什么？

张学良：那我没有，他让我回来我就回来。你这话问我就很有意思。有什么意思？我这人，一般人恐怕看我是怪人。我从来不会为我自己打算。我这人真的，一般人绝对想不到我，就连我自己的好朋友看我这人很怪。我从来不为自己打算。我假如为自己打算，可以，我没有饿死。我从来没有那么打算。我为人家倒是有时想想，我不为我自己。她知道（指赵一荻），她跟我这么多年，我从来不。我跟你说，郭松龄之变呀，我有个秘书老爷跟我很亲近。我从前线回来他给我整顿衣服，打开一看，他说，哎呀，就那么几个钱在屋子里头。（笑声）我说从来我也没有钱。

访 一：您没有私房钱。

访 二：所以您的子弟兵才能那么忠心您。太秉公了。

张学良：我跟你讲，我跟郭松龄两人不同。那时我们俩为这事常常争。比方说一个团有三个营，那么出个营长缺，他一定任一个人跟那两人不一样的。为什么呢？

访　二：互相牵制。

张学良：对，互相牵制。我说你这人做事，何必？咱们是看在谁合适，哪个人应该合适。我这人是用人不疑，疑人我就不用。我这不同，我说你，我拿你，现在全权交给你了。我这话从来当公证言一样。我说那我不怕你叛变吗？当然你也会叛变，结果他叛变了。可是等你自己已叛变的时候，什么叫成功？什么叫失败？这是我的议论。一个人呐，成败不足论英雄，失败我也问心无愧呀。我说我对你怎样？他说我们俩不同。我说我的部下哪个不同哇。我说一样呀，你怎么用人这样的用法？我说我不这样。我们俩为人的事情争，他一定要把这一个团里，比如三个都是讲武堂的人，他绝不，他一定要摆一个另外的人。我说你这法子我不赞成。那么后来他反抗我。等我到了前线呀，他的军队整个不听他话了。那时军队都在他手里。人呐，我告诉你，好在你们都是女人，也不在……做事情啊，都不能昧良心。人都有良心，谁的眼睛都是精光的，他把这事情看得很清楚。所以她（张太太）说，你怎样待人，人怎样待你。她这句话说得太过，你怎样待人，人家怎样待你。

9. 我没有存心损害他人为自己

赵一荻：你要人怎样待你，你得怎样待人。

张学良：不是那样讲。你这话太过了。你要想你怎样待人，人怎么待你。那你就过分。

访　二：你已经有了要求了，这是。

张学良：你给人十个，人能还你一个，那已经不错了。

访　一：我懂了。只问耕耘不问收获。

张学良：不是只问耕耘不问收获。你别想说，我待你那么好，你怎么今天对我这样呀？我从来不想的。

赵一荻：我应该怎么做就怎么做。

张学良：我本我良心。那是你，不是我。比方说郭松龄之变，到最后他给我写个条子，他说我只求速死，但是我想我后事，我只能托付给你。那就是人心的问题呀！我是不计较这个。我们两夫妻了，你问她我跟她计较吗？我从来不计较。我从来一辈子是这样一个人，奇怪的一个人。我现在已经九十岁了，不是，九十一岁了，这话我不说的，因为我自个人做事，好像我自己夸自己。我从来不计较的。人家亏我那活该亏我。我也杀过人，我都不是为我自己的恩怨的问题。我都是为大局将来，是这样子。所以我自己到现在说，到阎王爷那里我说问心无愧。现在我自己一天高兴，我自己上不愧于天，俯不怍于人。我这乱七八糟的事情多了，可我没存心损害他人为我自己。我从来没有。我十九岁就做事了，从来没有。那在我手下杀人也死了好多。

访　二：所以您这说法就是说，有人是存心为善。
赵一荻：你就是凭我自己良知，我要这么做就这么做。
张学良：所以我做事情就是，我九十一二岁了，才肯说这话。
访　一：这是人生的至理名言。的确是值得年轻人研究研究。
张学良：我也不做事了，我做事也从来不用手段。我也不用这种手段，我是直接来。我告诉你我用你，我就用你。比方说我的两个大将，一个于学忠，一个王树常，这两个人都不是我的部下。
访　一：于学忠是吴佩孚的。
张学良：王树常也不是。实实在在他是跟杨宇霆接近的。
访　一：杨宇霆事件过去之后，他——
张学良：不是过去之后，他就跟我做事情了。他可以说是忠心耿耿。
访　一：那我再回过去说。您刚才分析说，因为有主义的思想，有武士道思想，日本人怎么样，共产党怎么样。在那时候，您认为中国的非共产党、非日本，中国的军队所需要的是什么呢?
张学良：可以说我带兵就是一种感情。我这个人相当胆大。比如，人家说奉天的杨宇霆枪毙了，你知道奉天主席臧式毅，是杨宇霆大将。我说让他做奉天主席。因为他是人才，他有他一定的功劳。那我不管。大家都想杨宇霆、常荫槐两个人，那他个人的罪过，他其余的人，我一点儿都没问题。有能力我还照样用，我不分的，他个人事是他个人的事，我不追究恩怨问题。
访　一：选贤与能。
张学良：后来杨宇霆的兵工厂督办，就是他手底下，原来他对我很害怕，赶快走开，我把他找回来。
访　一：这点就是服人的地方。

10. 欧洲、英国他们都自顾不暇呀

访　一： 我后来想，如果我们分析一下，在东北奉天，东三省，你所面临的是俄国和日本，两个外国。那么在那时候，军事上、经济建设上、教育上可以说从老帅到您，东北那是扎扎实实的。唯一就是有两个外国强敌在那里，也就是在外交上在东北就是，如果我们撇开自己说，张氏父子东北的政治建设上，外交是最困扰的。然后您到欧洲去旅行，当然您是休养身体，而且也是为了华北的关系，您想卸职，到欧洲去了。意大利、法国、英国这些欧洲最大的、很有建设性的国家您都去了。如果我们不知道您自己的故事，我们从外边想，我们看到张学良将军在东北这次的挫折是因为外交上两个外力。现在您借着因为您要去旅行，您到了很多欧洲的强国。会不会有人想，也许张学良将军借这次机会，要把自己的外交界和欧洲大国外交界取得联系，来补足将来您回到国里，在外交界的加强的地方。会不会有人这样想呢？

张学良： 换句话，欧洲这些外交界的事情，根本与东北没关系。

访　一： 可是与张将军有关系。

赵一荻： 与他们也没多大关系。我们也不能靠他们，他们也对这没兴趣。

张学良： 你听我一句话，那时墨索里尼跟我讲的一句话。那时他意大利最强了，他说你到欧洲来，你别想欧洲、英国什么的能帮中国什么忙。他说我们自己都自顾不暇呀！

访　一： 他们那时不是很强吗？意大利不是很强吗？

张学良： 自顾不暇。他说能帮中国的也只有美国。那他也说实话，他说现在英国自顾不暇，意大利自顾不暇，自己没有力量。

赵一荻： 他有力量他自己出去侵略，他到中国来干吗？他到非洲去。

张学良： 他给我说的也是实话。

访　一： 那时您没想到美国去一趟？

赵一荻： 美国也无能为力呀！

访　一： 我的想法不是说您上这几个国家去求援，不是这个意思。我的意思是，因为您有了跟日本和苏联交往的外交经验，在东北两个最大的外国。您也许借这个可以跟欧洲这些国家，了解他们的情况，增强张学良将军外交政策上的联系。

张学良：那联络是联络。换句话，那时国际间的情形，就认为东北是日本人的势力呀。没有人干涉。

访 二：没有人支持中国。

赵一荻：自己也没力量。

张学良：没人想声援，那时什么国联，一点儿也帮不上忙。那时"九一八"事变诉诸国联，国联也没有帮着我们。那我们可以说失败呀！

赵一荻：总而言之自己没力量。

张学良：那时这个条约、那个条约。

赵一荻：条约也没有用。

张学良：那时有很多的保护条约。

11. 我是随着老百姓意愿去抗日

访 二：您知那时候"九一八"以后，当时不管是学生，还是老百姓对抗日情绪都很高哇。那时候是不是我们的政府有误会的地方，认为抗日行动是受共产党的鼓动。您想可能吗？

张学良：这话我没听明白。

访 二：比如说那时大家抗日，各地都抵制日货啦，闹得很厉害。不只是学生方面，社会上都有这抗日情绪。那会不会有人觉得，这是受共产党鼓动才起来的。还是就是真的？

张学良：这话不能说共产党鼓动的，这话得翻过来说，共产党利用。还是人民自动。我叙说一句话，我跟日本的一个武官，过去是朋友，我到日本时他招待过我。后来他当驻中国的大使馆的武官。我就跟他说一句话，我说你骂我们跟政府蒋先生，你骂我们无能。你说我们无能，在那儿不客气，可是又翻过来说我们在鼓动抗日。那么到底是无能呢还是有能呢？那我说，你说我们抗日，我们俩公开说，真正的抗日，是你们鼓动起来的，是你日本呀！

访 二：您给我们讲一讲。

张学良：不是我，怎么说我鼓动哇？我不是鼓动抗日。我是随老百姓意愿去抗日。我做着中国官，我得顺着中国老百姓，我不能做中国官给你日本做汉奸呐！换句话，我给你日本做汉奸，你也拿我不当东西呀！所以我跟他说公开话，你一方面说我们无能，另一方面你又说我们抗日。但我们倒是无能还是有能呢？这鼓动抗日，是你们鼓动起来的，不是我们鼓动起来的。跟日本也公开地说，我说你们防范我们种种的东西，就是让我们再过一百年也赶不上你日本。我还能抗你日本吗？你这种动作，你就是等于你要做小偷不许我关门呢！你明明知道我不能打，你就为什么怕我们好像有力量对你防范呢。那你让我们开大门就是了。你也不公开讲。你也不傻瓜，我也不傻瓜。所以我劝日本人，你还有侵略的心，那你是总也得不到的。就是最近我跟日本人说，我说你用这经济侵略，你知道将来的后果是一样的。你怎么不翻过来经济合作呢？你还是用侵略的这种思想，你最后怎样出来不知道，它会出来一个变化。这是我的思想。

访　二：那您怎么觉得当时是受了共产党的利用呢？您说不是他们的鼓动。

张学良：嗯？共产党能起来是利用民气这种意思。大家赞成这意思，那我共产党去做。明白？共产党的厉害，就是共产党能够看这事情什么趋势，民众往哪走，他就可以——

赵一荻：利用民众的趋向。

张学良：也不能说利用，他能够真正去那么做。

访　一：运用，我们可以说运用。

赵一荻：也不是运用，也是利用这形势，人民抗日。

张学良：共产党能起来还不是因为抗日。

赵一荻：因为大家愿意抗日嘛！那时没有一个人不要抗日。

张学良：那是，都要抗日。

访　二：那是后来，等到"一·二八"① 以后。

12. 利用剿共来消灭我们军队

赵一荻：抗日从"五三"就开始。

张学良：问题在这，蒋先生这个人呐，我认为，他已经去世了，我不必，但是蒋先生失败最大的原因就是，他把共产党看成第一个敌人。换句话，

---

① 1932年1月28日，日本海军上海陆战队在指挥官鲛岛大佐指挥下向中国守军阵地进攻，蒋光鼐、蔡廷锴、戴戟命令后方部队迅速向上海推进。29日1时，蒋、蔡、戴三人向全国各界发出通电，称："为救国保种而抵抗，虽牺牲至一卒一弹，绝不退缩。"日军首次进攻以失败告终，时称"一·二八抗战"。

他认为共产党是他的，在国民政府方面是最大的敌人，非要先把共产党消灭，明白？问题在这里出来的。那我劝蒋先生说你这事情做不了，你做不到。为什么做不到？因为他后头有人民支持他。我们（国民党）这人民支持力量没他（共产党）大。那么我们现在只有能跟共产党想法子合作。这是我，所以我跟蒋先生冲突就是这原因。蒋先生说你要想让中国平安，你先要安内攘外。什么叫安内，就是先把共产党消灭。我说你消灭不了他，你这样消灭，那共产党方面的力量，跟我们自己的力量都消灭很多。那么我后来就怀疑了，我现在可以公开，我怀疑蒋先生很有意思利用共产党，利用我们剿共来消灭我们的军队。不是我呀！是杂牌的军队。明白？真正跟共产党打仗，不是真正中央军队，都是所谓我们杂牌，不是所谓嫡系军队。那么这问题，我认为蒋先生对政治上运用，比方说我们东北军，我带的军队，我很注重的，那去剿共，两个师全灭。蒋先生真把两个师补充了，那就不同了。他后来一点不管，你消灭就消灭了。

访 一： 人家看出来了。

张学良： 并且，蒋先生对我连安慰的话都没说过，甚至不但没安慰我，后来他还责备我。

访 一： 为什么？

张学良： 指挥不当，你怎么把军队指挥成这样？怎叫人把你消灭了？你明白，这是我们军队，可以责备你这个。

访 一： 那事前事后您都没有跟他说，这个仗不容易打。

张学良： 那不能那么讲啊，我不能说。后来跟他说他也不承认，那就是失败主义，你怎么说这个话？

访 一： 在没有丧失两个师之前，您对他当初的局势当然有分析了，您知道这仗不容易打了。

张学良： 对蒋先生这个，到现在我不能随便怀疑蒋先生，我就对打仗这段故事，现在蒋先生也不在了，我们两个——

赵一荻： 这要录了不太好。

张学良： 这个不要录下来。

赵一荻： 已经录了不少。

张学良： 我就和蒋先生争得很厉害，他用这个办法……（录音中断）

访 二： 事无不可对人言，我们真的需要知道。

张学良：不是，我不愿意对蒋先生说责备他的话。

访　一：不是责备。事实嘛，事实可以讲。

张学良：比方说那时候中央的事情，后来我发现这事情，我就很难过。那时候不许我们招兵，政府啊——

访　二：不能招兵？

张学良：不能招兵。

赵一荻：杂牌军队不能招兵。

张学良：因为军队太多了嘛，不用裁呀。军队没有兵时不许招兵。全国都不能招兵。这不能说不对了，政府下的命令，嘿嘿，那么我们发现蒋先生暗中，让胡宗南①他可以招兵。

访　一：嫡派的。

张学良：是他最大的嫡派。让他暗中招兵，不让人家知道。

访　二：噢，还暗中招兵？

张学良：那我们也知道，不会不知道。

13. 打不打你们自己看着办吧

访　二：这还打什么打呀！

张学良：所以我那时还指挥好多旁的军队，杂牌的，不是我自己的，明白吗？那人家请示我，他说张副司令，我是打呀还是不打？就是打共产党。那么打了，你给我补充不补充？那这句话我没法答。我有什么法子给他补充？我连我自己都顾不了。我也不能说不让他打，我说你自己看着办吧。我只能说这句话。

访　一：那您处境实在是相当令人困扰。

张学良：是啊，比如说杨虎城②，他也是被我指挥的。让我们去打，钱呢？你知道军队行动要钱呐，没有。他问，副司令，怎么办？

---

① 胡宗南，蒋介石嫡系的主要军事将领。是黄埔军校一期生。其历经黄埔建军、东征、北伐、"剿共"、抗日战争，直到1947年指挥进攻占领中共中央所在地延安。官至第一战区司令长官、西安绥靖公署主任，是名震一时的"西北王"。1950年被解放军战败后，从西昌逃往台湾。

② 杨虎城，著名抗日爱国将领。早年参加陕西的靖国军，后又参加国民军。1924年参加国民党，先后担任师长、军长、十七路军总指挥、陕西省政府主席、西安绥靖公署主任等职。1936年与张学良发动西安事变。事变后，被迫辞职出国。1937年回国准备参加抗日工作，被蒋介石下令囚禁。1949年9月6日，被杀害于重庆中美合作所。

访　二：您有什么办法呀？

张学良：我没办法。我用我的副司令部里头有存的钱，给他拨十万块钱。所以那时中央不是我说，指挥军队不公平啊！对人家不公平，谁也看得明白。所以那时杂牌军队，他都不打呀！谁也不打。我打什么？你等于用外头的力量来消灭我们。你也不给我补充，你也不给我钱，你也不给我弹药，你也不许我招兵，这干什么呢？

访　一：慢慢一点儿一点儿消减。

张学良：就是啊。所以说那马家的①问我，副司令我打不打？我很难说，我说你看着办吧！他说我打了，你给我补充不补充？换句话，枪药、弹药都是我自己的本钱一样，我打完了我上哪儿领去？没人补充。我花的钱，谁给我？没人给。兵，不许我再招，那我怎么办？那就是把我消灭就是了。这不是明摆的吗？谁也不是傻瓜，所以我中间当这个——

访　二：两面不讨好。

张学良：儿媳妇一样，我怎么做？没法做了。你没法回答。人家问我话，真话。我怎么回答？那么我只能说你看着办吧。

访　二：那么以你过去在华北、东北，对军人，刚才我们分析说，完全凭感情，军人有需要我自己可以拿出钱来，您完全是以热诚和爱护——

张学良：不是。我跟你说，比如于学忠，我跟你说，做事呀，就是你得公平待遇。当年于学忠先来并不是对我来的。他是对张宗昌来的。他跟吴佩孚不对，那么他带了三个师，就是三个旅呀，我们后来叫三个师。那他后来算我的部下。他到奉天，我把他的枪都给他换了新枪，都和奉天军队一样。旁人的杂牌军乱七八糟的，枪我都给他换了。所以他对我，我跟奉天军队一样待遇，我没把他，好像他是后来军队。我把他都换成自己军队一样。他的人事我不干涉。他的人事出了问题，我还帮他解决。那你待人，所以于学忠对我忠心耿耿。换句话，我没有什么对不起你的地方，那你对不起我。就像郭松龄，我没什么对不起你的。郭松龄叛变，我父亲骂我，你对郭松龄除去你老婆不跟他睡觉，你没有什么不给他的。那我仁心待人。所以我说我这人，我自己的哲学，成败不足论英雄，那你自己问心无愧就完了。古人多少败的那个。

---

① 指宁夏马鸿宾、马鸿逵的势力。

14. 红军也不和杂牌军死乞白咧打

访 二： 胡宗南不也在西北吗？

张学良： 胡宗南是蒋先生最得意的。我跟胡宗南也是很好的朋友。胡宗南这个人，也可以说很对得起蒋先生，但后来他的军队也没有什么。

访 二： 您说他能够征兵，那他应该是军备也好，军队人员也足，可是他跟共产党打的时候并没有胜啊？

张学良： 他一度打得不错，在终南山一度打得不错，跟徐，徐——

访 二： 跟徐向前？

张学良： 他俩同学，他们原来都是黄埔的。

访 二： 您说蒋先生对杂牌军的这种方法，难道共产党不知道吗？

张学良： 什么方法？

访 二： 就是对于想消灭杂牌军的这种……

张学良： 那我们自己情报没供给他们，共产党当然也明白。

访 二： 那他应该又是可以运用的地方吗？

张学良： 也可以说。这我不敢说。共产党跟杂牌军也不死乞白咧打。他也知道，他也不打。

访 一： 我不知道您所谓杂牌军队都是哪些？

张学良： 那太多了，那太多了。

访 二： 所有都是杂牌。

访 一： 只有一个不是，其他都算杂牌。

张学良： 太多了，只有中央军队是直系的。哪像我们东北军都是杂牌，不是中央的。东北军我在东北的时候不拿中央的钱。

访 二： 您自己的？

张学良： 不是自己，是东北自己地方的钱。

访 一： 那这等于说，给您送到前线，一个一个，慢慢慢慢，慢慢慢慢……

张学良： 那也不能那么讲啦，也许有这个意思在里边。那时我们像唱戏一样，各路诸侯，自霸一方。比如说山西阎锡山，他霸着山西。比方东北，那就是我。后来华北也到我手里去了。原来华北不在我手里。

访 二： 四川也有。

张学良： 那到处都是。

访　二：云南、广东、广西……

张学良：各路诸侯，各霸一方。中央只有江苏、浙江，安徽还有一部分。

访　一：所以我这思想太幼稚了，那怎么可能他一共就是浙江、江苏，一部分安徽，可是能让这么多的其他的军事将领能支持他？怎么会让他能够变成全国的领袖呢？

张学良：换句话，他占着中央。

赵一荻：中央政府嘛，他代表中央政府嘛！

张学良：发号施令是中央啊。没有中央，还是南京是中央，原来北京是北京中央，还不是一样。

赵一荻：国民政府嘛！

访　一：那时候还有在西北，连马鸿逵①这些人和杨虎城几位将军都说是您让我打，您能给我钱吗？您没有办法了，就只好说你看着办吧。那这些将军，没有一个人跟您说过什么反对的话吗？他们心里一定，在那时候跟您这样的交接，绝对跟以前所谓的张学良将军作风不一样，以前那时您可以自己掏东西。忽然间跟您请教，请教。

赵一荻：以前那也不是，你也不指挥山西军队，也不指挥西北军队。

15. 杂牌军对中央都是不满的

张学良：你这句话问我，为什么有西安事变？我先问你？

访　一：我不知道呀，您告诉我吧。

张学良：西安事变就是杨虎城，当然我们两个人，那就是杨虎城不平啊。

访　二：杨虎城当时有多少军队呀？他的人很少，是不是？

张学良：那少多了的。他有三个师吧。后来有一个师跟他离开了。

访　二：您提起西安事变，当时日本人，北京是他们的总领事，还是什么人打电报给郑州，估计西北的军队有多少。他说您有18万差不多，杨虎城大概有8万吧！他当时估计的包括了阎锡山、冯玉祥、盛世才②，而且还包括了共产党。他说整个加起来当时将近有40万人。

---

① 马鸿逵，西北军阀之一，曾任宁夏省主席达17年。后任西北军政长官公署副长官、西北行辕副主任等职。1949年逃往台湾。

② 盛世才，1933年至1944年间新疆的军事、政治首领，曾任新疆省主席，有"新疆王"之称。后被调任国民政府农林部部长。

张学良：我不能指挥那个。

访　二：您不能指挥，可是当时日本人给郑州的领事的秘密电报，讲这力量不是中央可以对付得了的，就是当时他们日本人估计，以为这些人将来都会合在一起，跟中央作对。

张学良：你这消息自哪来的？

访　二：就是日本他们的电报。

张学良：我想这个不一定对的。从哪里出来这消息？

访　二：是他们从日本的资料里头，他给他们，一个总领事给郑州领事的一份秘密电报。

张学良：我不信这是真的，不可能，他说得不对。

赵一荻：也许是日本人想，你在西北，你可以把这些人弄到你手底下来，对抗中央。

张学良：我认为这不对。那日本知道得很详细很详细的。我们自己的情形，他们用不着给他（指郑州领事）电报。外头瞎传。日本的事情，我知道得很清楚。他的领事也不管这些事。

访　一：我还是得回来跟您请教这一点，因为大家以前虽然不是属在您的部下，不是受您统领，但是对所谓的张学良将军带军的方式一定有所敬仰。到西北了，跟您要军饷没军饷，补给没补给。当然他们不会怪您了，都知道怎么回事。那么这些人虽然说不是您直接的部属，对您的敬仰，没有一个人跟您做点什么特别的建议吗？

张学良：比如说杨虎城，他对中央的事，比我知道还清楚。因为我倾向中央的，那他们在我之前，中央也开过会的，他讲过去他们对中央很不满的。

访　二：噢，已经很不满了？

张学良：中央做的事情不对嘛！要裁军了什么的不管了。过去他很不满。那西安事变，可以说杨虎城他已经去世了，已经没有了。那可以说他是主角哇，不过名义是我是主角了，当然由我负责任。他那很不满。

赵一荻：不公平。

访　二：不平则鸣。

访　一：那他对中央不满已不自那一年始了？

张学良：不，不。所谓杂牌军对中央都不满的。

访　一：已经有多年了。

张学良：多年了。都是心怀不满。

访 二：您说那时蒋先生他自己不知道？

张学良：也不能说不知道。知道他也没办法，蒋先生这人做事情不同的，他是另外一个作法，作风不同。

访 一：他也知道，是要如此，就是要如此，别人没人劝劝他？

赵一荻：没有人去劝他。（笑）她（指访者）这是美国思想。

张学良：蒋先生这人不听人家的话的，他自己唯我独尊的。

访 一：他跟您很近了。

张学良：很近，他也对我很好哇。所以蒋先生死我有吊他的对联，他对我实在很好哇！可是蒋先生这脾气呀，我跟你说，蒋先生已经不在了，你没录吧？

访 一/访 二：没录、没录。

张学良：那我随便说啊。

赵一荻：你还录着的嘛！关了，关了。

访 一：OK